该著作得到华东师范大学中央高校基本科研业务费"精品力作"项目（批准号2017ECNU-JP003）、西南大学中央高校基本科研业务费专项资金资助重大培育项目（批准号SWU1609107）及教育部人文社会科学研究一般项目（批准号10YJC770047）的资助。

古巴比伦时期
动产交易活动研究

A study on the movable property trading
activities during
the Old Babylonian period

李海峰 ◎ 著

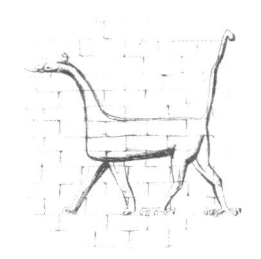

上海三联书店

序

　　李海峰博士的《古巴比伦时期动产交易活动研究》是一个专业性很强的研究课题，现在适逢结题出版，嘱我作序。我不是亚述学家，对古巴比伦王国的动产交易所知不甚了了。但因长期从事世界古代史教学和科研，浸淫在学术读物和交流之中，也多少知道一些世界上古史学科、包括各个分支学科的过去和现状。因此就作序之机谈谈这本专著的出版与我国世界古代史学科建设的关系。

　　历史学有一些难度很大的领域，比如中国古史相对中国现代史就难度大一些，主要体现在欲从事中国古史研究，一个必要的前提是研究者需具备释读古汉语的功力，包括具备古文字学、音韵学、文献学、考古学的综合技艺能力。所以中国古代史向来是显示我国大学历史学系学术造诣高低和学术积淀是否深厚的学科。

　　与中国古史的技艺难度相比，世界古史要更难一筹，因为古汉语与现代汉语毕竟属同一语系，有亲缘联系，识记和理解相对容易。世界古史不仅需要掌握另一个语系的现代外语，比如学科高地普遍应用的英语、德语、法语、俄语，而且还需跨越各分支学科的古语言门槛，即掌握相对应的古代死语言的能力。譬如李海峰博士本书所用泥板文书上的楔形文，以及埃及学的象形文、古典学的古希腊文和拉丁文、犹太学的希伯来文、赫梯学的赫梯文等等。我们知道，学好一门语言并不容易，以我们自己的母语为例，穷毕生精力也很难说融会贯通，应用自如。学习并掌握另一个语系至少两门以上的外语，而且其中有一门是死语言，其内部还有进一步的语言区分，如亚述学的苏美尔语、阿卡德语和波斯帝国的阿拉米语，认知的难度成倍增加，达到较熟练运用与比较精通的程度，起码需要几十年的功夫。是故愚以为世界古史是历史学难度最大的二级学科。

　　这门学科在我国初建于上个世纪五十年代。但当时还只是有了定向的教学队伍，开展的只是浅尝辄止的半入门研究，即译介和自编一些教材、相关读物和利用二手史料撰写少量论文。语言的训练与把握限于现代英文和俄文。客观地说，当时最好的研究成果按专业要求，只是在学科的门口徘徊。真正跨越学科门槛、步入学科的殿堂，是在改革开放以后，主要是从1980年代初开始，三十多年来，我国学人在文革前期业已初步奠定的基础之上，采取请进来和走出去的人才培养策略，邀请国外埃及学、亚述学、古典学专家到国内教学，派出研究生到德英美等高校的相关专业攻读博士学位。至上个世纪九十年代，这种播撒种子的工作开始收获果实。一批受过基本语言和专业知识训练的博士逐渐进入高校和研究单位，成为世界古史教学与科研的新生力量，迄今则已取代老一代古史学人，成为我国世界古史教学科研的中坚。李海峰博士属于我国第一批具有专业语言能力的亚述学家再培训出来晚后一代亚述学家了。

据不完全统计，目前亚述学积累的楔形文字泥板文书已达到40多万块，其中大多数没有得到释读和应用。亚述学虽由西方学者创立，有一个多世纪的学科史，但因不似古典学那样与西方文明有直接的源流关系，所以已积累的40多万块泥板并未像希腊和拉丁铭文一样，得到西方学界的重视，进行广泛的整理、分类和汇编出版（《希腊铭文集成》与《拉丁铭文集成》），而且亚述学的专业研究队伍远不如古典学那般庞大。因此，亚述学领域存在许多缺口需要当代学人加以填补。海峰博士的这本专著便是带有一定原创性的学术成果。

古代两河流域文明是法制意识最强的文明之一，人类史上的第一部成文法以及最早的一批成文法便诞生在这里。法制意识强意味在处理人与人的利益交换时注意书面契约关系，所以两河流域幸存下来的泥板文书有大量的经济契约，包括动产交易契约。它们是重建古代两河流域社会经济史的一手史料。海峰博士能以实证的方法分析有关古巴比伦时期动产交易的楔形文字泥板契约，并进而归纳出一些有关古巴比伦社会性质的大结论。这一结论是否经得起数据的检验可以见仁见智，但他的研究达到了亚述学的专业水准却可以确认。此为我国亚述学、埃及学和古典学正在走向国际前沿的又一个例证。我为李海峰博士取得的成绩感到由衷的高兴。是为序。

郭小凌 2017/12/20 于京师园

目　　录

序　　　　　　　　　　　　　　　　　　　　　　　　1
缩略语　　　　　　　　　　　　　　　　　　　　　　1
符号说明　　　　　　　　　　　　　　　　　　　　　1
导论　　　　　　　　　　　　　　　　　　　　　　　1

上编　动产的买卖与继承活动研究

第一章　动产买卖契约的基本模式　　　　　　　　　3
第一节　一般动产买卖契约的基本模式　　　　　　3
第二节　奴隶买卖契约的特殊条款　　　　　　　11

第二章　奴隶的买卖　　　　　　　　　　　　　　15
第一节　奴隶的主要来源　　　　　　　　　　　16
第二节　奴隶的价格　　　　　　　　　　　　　26
第三节　影响奴隶价格的主要因素　　　　　　　36
第四节　奴隶价格变化的总体趋势　　　　　　　41

第三章　羊毛、椰枣及牛、羊等动产的买卖　　　　43
第一节　"期货买卖"与赊购买卖　　　　　　　43
第二节　大麦作为实物货币的动产买卖　　　　　48
第三节　羊毛、椰枣及芝麻等的买卖　　　　　　51
第四节　牛、羊及驴子等的买卖　　　　　　　　63

第四章　动产继承契约的基本模式　　　　　　　　70
第一节　动产分割契约的基本模式　　　　　　　70

第二节　动产遗赠契约的基本模式　　75

第五章　不同群体的动产继承权　78
　　第一节　男子的继承权　　78
　　第二节　女祭司的继承权　　87
　　第三节　世俗女儿的继承权　　92
　　第四节　妻子的继承权　　97

第六章　继承动产的种类和份额　101
　　第一节　继承动产的种类　　101
　　第二节　继承动产的份额　　103

第七章　继承权的丧失　113
　　第一节　继承人犯有重罪　　113
　　第二节　继承人没有履行赡养义务　　114
　　第三节　继承人否认父亲指定的隔代继承人　　115
　　第四节　继承人否认收养关系　　117

下编　动产的租赁与借贷活动研究

第八章　奴隶的租赁　121
　　第一节　奴隶租赁契约的基本模式　　121
　　第二节　奴隶租赁中各方的权利与义务　　123
　　第三节　奴隶租赁的用途　　127
　　第四节　奴隶租赁的租期　　129
　　第五节　奴隶的租金　　132

第九章　奴隶租赁与自由民雇佣的比较　137
　　第一节　契约模式的比较　　137
　　第二节　使用领域的比较　　140
　　第三节　服务期限的比较　　148
　　第四节　服务酬金的比较　　154
　　第五节　古巴比伦时期雇佣劳动的性质　　163

第十章　牛、驴子及船只等其他动产的租赁
第一节　耕牛的租赁　165
第二节　羊、驴子及船只等其他动产的租赁　171

第十一章　动产借贷契约的基本模式　174
第一节　常规借贷契约的基本模式　174
第二节　收据的基本模式　189

第十二章　借贷动产的物品种类、数额、用途与期限　194
第一节　借贷物品的种类　194
第二节　借贷的数额　200
第三节　借贷的用途　211
第四节　借贷的期限　222

第十三章　动产的借贷利率　238
第一节　利息条款的用词　238
第二节　借贷利率分析　240

第十四章　借贷活动中各方身份分析　280
第一节　债权人身份分析　280
第二节　债务人身份分析　287
第三节　证人身份分析　291

余论　310

契约文件索引　315

附录　319
一、古巴比伦时期的度量衡　319
二、古巴比伦时期的月份名与年历　320
三、中西文专有名词对译字表　321
四、参考文献　322

后记　330

缩 略 语

一、文献缩写

AO	*Der Alte Orient* (Leipzig 1900 ff.).
AUAM	*Tablets in the Collections of the Andrews University Archaeological Museum.*
AUCT IV	Sigrist, M., *Andrews University Cuneiform Texts*, Vol. IV: *Old Babylonian Account Texts in the Horn Archaeological Museum*, Andrews University Press, 1990.
AUCT V	Sigrist, M., *Andrews University Cuneiform Texts*, Vol. V: *Old Babylonian Account Texts in the Horn Archaeological Museum*, Andrews University Press, 2003.
BE	*The Babylonian Expedition of the University of Pennsylvania* (Philadelphia 1893 ff.).
BM	*Museum siglum of the British Museum.*
CAD	*The Assyrian Dictionary of the University of Chicago* (Chicago 1956 ff.).
CBS	*Tablets in the Collection of University Museum of the University of Pennsylvania.*
CT	*Cuneiform Texts from Babylonian Tablets in the British Museum* (London 1896 ff.).
EDUBBA 1	Muhamed, A. K., *Old Babylonian Cuneiform Texts form the Hamrin Basin, Tell Haddad.* Nabu Publications, 1992.
EDUBBA 7	Al-Rawi, F. N. H. and Dalley, S., *Old Babylonian Texts*

1

	from Private House at Abu Habbah Ancient Sippar. Nabu Publications, 2000.
HAM	*Old Babylonian Account Texts in the Horn Archaeological Museum.*
HamG	*Hammurabis Gesetz* (Leipzig 1904 – 23).
IM	*Museum siglum of the Iraq Museum in Baghdad.*
JAOS	*Journal of the American Oriental Society.*
JCS	*Journal of Cuneiform Studies.*
JESHO	*Journal of the Economic and Social History of the Orient.*
LEDA	H. F. Lutz, *Legal and Economic Documents from Ashâjly*, University of California Press, 1931.
MAH	*Museum siglum of the Musée d'Art et d'Histoire, Geneva.*
MHET I	Lerberghe, K. V. and Voet, G., *Mesopotamia History and Environment Texts I. Sippar-Amnārum the Ur-Utu Archive 1*, Ghent, 1991.
MHET II/1	Luc Dekiere, *Old Babylonian Real Estate Documents from Sippar in the British Museum*, MHET Vol. II, Part 1: *Pre-Hammurabi Ducuments*, Ghent, 1994.
MHET II/2	Luc Dekiere, *Old Babylonian Real EstateDocuments from Sippar in the British Museum*, MHET Vol. II, Part 2: *Documents from the Reign of Hammurabi*, Ghent. 1994.
MHET II/3	Luc Dekiere, *Old Babylonian Real Estate Documents from Sippar in the British Museum*, MHET Vol. II, Part 3: *Documents from the Reign of Samsu-Iluna*, Ghent, 1995.
MHET II/4	Luc Dekiere, *Old Babylonian Real Estate Documents from Sippar in the British Museum*, MHET Vol. II, Part 4: *Post-Samsu-Iluna Ducuments*, Ghent. 1995.
MHET II/5	Luc Dekiere, *Old Babylonian Real Estate Documents from Sippar in the British Museum*, MHET Vol. II, Part 5: *Documents Without Date or with date lost*, Ghent, 1996.

MHET II/6	Luc Dekiere, *Old Babylonian Real Estate Documents from Sippar in the British Museum*, MHET Vol. II, Part 6: Documents from the Series 1902-10-11 (*From Zabium to Ammi-Saduqa*), Ghent, 1997.
NABU	*Nouvelles Assyriolgiques brèves et Utilitaires* (Paris 1987 ff.).
OLA	*Orientalia Lovaniensia analecta* (Leuven 1975 ff.).
PBS 8/1	Chiera, E., *Legal and Administrative Documents from Nippur, Chiefly grom the Dynasties of Isin and Larsa*, Publications of the Babylonian Section, Vol. 8/1, University of Pennsylvania, 1914.
PBS 8/2	Chiera, E., *Old Babylonian Contracts*, Publications of the Babylonian Section, Vol. 8/2, University of Pennsylvania, 1922.
RDSO	*Rivista Degll Studi Orientall*, Nuova Serie, Vol. 82, *Harvest Texts in the British Museum*, Rome, 2011.
SLB I/2	*Studia ad Tabulas Cuneiformas Collectas Ab De Liagre Bohl Pertinentia*, Volume I, Part 2: *Legal and Economic Recordsa from the Kingdom of Larsa*, Leidon, 1954.
SLB I/3	*Studia ad Tabulas Cuneiformas Collectas Ab De Liagre Bohl Pertinentia*, Volume I, Part 3: *Legal and Administrative Documents of the Time of Hammurabi and Samsuiluna*, Leidon, 1960.
TCL	*Texts Cunéiformes du Louvre* (Paris 1910 ff.).
TIM	*Texts in the Iraq Museum* (Baghdad/Wiesbaden 1964 ff.).
TIV	Greengus, S., *Old Babylonian Tablets from Ishchali and Vicinity*, Leiden & Istanbul, 1979.
UCBC	*University of California Press Berkeley, California*.
UCP 10	Lutz, H. F., *Legal and Economic Documents from Ashjâly*. University of California in Semitic Philology, Vol. 10, University of California Press, 1931.
UET	*Ur Excavations. Texts* (London 1928 ff.).
VAB	*Vorderasiatische Bibliothek* (Leipzig 1907 ff.).
VS	*Vorderasiatische Schriftdenkmäler der (Königlichen)*

	Museen zu Berlin（Berlin 1907 ff.）.	
YBC	*Tablet siglum*, *Yale Babylonian Collection*（New Haven）.	
YOS	*Yale Oriental Series*, *Babylonian Texts*（New Haven 1915 ff.）.	

二、西帕尔与古巴比伦国王名称缩写

Il	*Ilumma-ila*	伊鲁马伊拉
Im	*Immerum*	伊美如姆
SA	*Sumu-abum*	苏穆阿布
Sl	*Sumu-la-el*	苏穆拉埃勒
Sa	*Sabium*	萨比乌姆
As	*Apil-Sin*	阿皮勒辛
Sm	*Sin-muballit*	辛穆巴里忒
Ha	*Hammurabi*	汉穆拉比
Si	*Samsu-iluna*	叁苏伊鲁那
Ae	*Abi-ešuh*	阿比埃舒赫
Ad	*Ammi-ditana*	阿米迪塔那
As	*Ammi-ṣaduqa*	阿米嚓杜喀
Sd	*Samsu-ditana*	叁苏迪塔那

符 号 说 明

[ ]　　　表示楔形字符残缺
[]　　　　表示楔形字符部分残缺
x　　　　 表示一个未知的破损字符
<>　　　 表示古代书吏遗漏的字符
<<>>　　 表示古代书吏错误增加的音节字符
*　　　　 表示楔形符号模糊不清

导　论

一、有关概念和研究时空的界定

本著作研究的主题为古巴比伦时期的动产交易活动。首先我们要厘清古巴比伦时期"动产"概念的内涵和外延。一般来讲不动产是指不能移动，或移动后经济价值遭到破坏的物品，主要指房屋、土地等财产。不动产的内涵和外延在古代与现代没有太大的差别。动产一般认为是指能够移动而不损害其用途与经济价值的物品，与不动产相比，一般指银钱、大麦、牛、羊等具有价值，可以轻易移动的物品。古巴比伦时期的动产可以划分为三种类型：一类是奴隶，这是比较特殊的有生命力且会讲话的动产，也是最重要的一类动产；一类是没有生命力的生活资料，主要包括食品如大麦、椰枣、芝麻等，以及生活、生产用品，如羊毛、桌椅、犁、磨石等；第三类为有生命力的既可作为生活资料又可作为生产工具的牛、羊、驴子等。古巴比伦时期动产的内涵和外延与现代社会相比一个最大的差别是，在古代奴隶社会奴隶属于一种动产。奴隶虽然从生物特性来说属于人种，但在古代奴隶社会，奴隶却被看作为物，是主人的私有财产，奴隶与牛、羊一样都属于动产的一种，可以被买卖、租赁及继承等等。奴隶可谓是古巴比伦时期一种最重要的、可以创造价值的动产。

本著作研究的时空为广义上的古巴比伦时期。古巴比伦时期有狭义与广义之分。狭义的古巴比伦时期从时间上来说是从公元前1894年苏穆阿布在巴比伦城建立王朝开始，结束于公元前1595年古巴比伦王朝的火亡。从地理位置上来说，狭义的古巴比伦王朝只包括早期古巴比伦王朝统治的狭小地区以及后来古巴比伦王朝实际控制的地区。广义的古巴比伦王朝，时间上从公元前2004年乌尔第三王朝崩溃开始，比狭义的古巴比伦王朝提前了100多年。从空间地理位置上来看，广义的古巴比伦不仅包括古巴比伦王朝控制的地区，还包括早期的伊新王朝、拉尔萨王朝及埃什奴那等王朝控制的地区，几乎包括了整个两河流域南部地区。本著作中的古巴比伦概念采用广义的古巴比伦时期,而非狭义的古巴比伦时期,特此说明。

二、国内外关于古巴比伦时期动产交易的研究现状

古代两河流域文明是人类历史上最早诞生的古文明,这个文明取得了一系列辉煌的成果,但它却是一个"死文明"。近代楔形文字的破译,亚述学的诞生使这个古文明死而复生。随着大量考古材料的发掘和楔形文字泥板的发表,亚述学家对两河流域文明的研究日益深入。学者们对古代两河流域政治制度、军事制度等上层建筑的研究已取得了较多的成果,这些传统的研究领域已不再是当下亚述学家们的研究重点。学者们开始日益关注下层人们的日常生活,重点研究他们的各种日常经济活动。古巴比伦时期(公元前2004—前1595年)是古代两河流域历史上苏美尔文明向巴比伦文明转化的重要历史阶段,因此古巴比伦时期是学者们重点研究的一个时期。学者们对属于这一阶段的大量经济文书进行了研究,对古巴比伦时期的一些宏观性问题如土地制度①、总体经济性质②等取得了一些重要成果,但对于微观的人们日常生活中各种动产交易活动的研究却稍显不足。西方学者对古巴比伦时期动产交易活动的研究可以分为以下三个层面:

第一个层面是直接发表动产契约泥板,并不做拉丁化转写与研究。目前欧美等一些国家图书馆里保存着大量动产交易的楔形文字泥板,亚述学者不断把关于动产的泥板契约进行临摹,发表泥板的拓片,如大型楔形文献集 CT③、TCL④ 及 YOS⑤ 等就包含了大量关于动产交易的泥板契约。

---

① M. J. Ellis, *Agriculture and the State in Ancient Mesopotamia*, University of Pennsylvania Press, 1976.; V. A. Jacobson, "Some Problems Connected with the rise of Landed Property (Old Babylonian Period)," in H. Klengel ed., *Beitäge zur Sozialen des Alter Verderasien*, Berlin, 1971.

② N. Yoffee, *The Economic Role of the Crown in the Old Babylonian Period*, Yale University Press, 1973.; R. Harris, "On the Process of Secularization under Hammurapi", *JCS* 15, 1961.; I. M. Diaknoff, "The Rise of the Despotic State in Ancient Mesopotamia," in I. M. Diaknoff, *Ancient Mesopatamia*, *Socio-Economic History*, Moscow, 1969. I. J. Gelb, "On the Alleged Temple and State Economic in Ancient Mesopotamia", in *Estratto da Studi Onore di Edouardo*, *Volterra*, Vol 11, Rome, 1969. pp. 137 – 154.; P. Vargyas, "The Problems of Private Economy in the Ancient Near East", *Bior.*, XLIV No. 3/4 1987, pp. 376 – 385.

③ *Cuneiform Texts from Babylonian Tablets in the British Museum*, London, 1896ff..

④ *Textes cunéiformes*, *Musées du Louvre*, Paris, 1910 ff..

⑤ Yale Oriental Series, Babylonian Texts, New Haven, 1915ff..

除了发表纸质版的泥板摹印,欧美一些大型图书馆开始采用现代的先进技术直接把泥板拍照后上传到互联网,供各国学者进行研究使用。如美国加州大学洛杉矶分校在美国国家科研基金的支持下,目前正在进行一项大型的泥板数字化工程。他们计划把世界上所有已发掘出土的20多万块泥板文书都拍照或临摹下来,把临摹版和照片版的图片上传到互联网,然后在数字化图书馆全部免费开放。现已上传了5万余幅照片和10万余份楔文文书的拉丁化资料。这些数字化的泥板材料成为研究动产买卖、租赁、借贷及继承等一些列交易活动的珍贵的第一手原始材料。

第二个层面是对动产交易的楔形文字泥板进行拉丁化的转写,但并不做现代语的翻译。这种做法一是节省了大量的版面,可以在一本册子里收集上百个泥板契约,二是为不能直接认读楔形文字但能掌握阿卡德语及苏美尔语的学者提供研究的素材,他们可以直接从拉丁化转写的契约进行学术研究。如1994—1997年,比利时学者戴基雷相继发表了六卷本楔形文献集《大英博物馆所藏出土于西帕尔地区的古巴比伦时期不动产经济文献》[①],这六卷文献集收录了古巴比伦时期关于土地、房屋等不动产交易的932个泥板契约。这些契约里也包含了大量关于奴隶、银钱等动产继承契约,这些契约都是楔形文字泥板拉丁化转写后的契约,没有做现代语的翻译,这些原始契约文件为研究古巴比伦时期的动产继承活动提供了宝贵的原始文献。

第三个层面是对原始楔形文字泥板契约进行现代语的翻译及进一步的专题研究。西方亚述学者大多是对发表出来的楔形文字契约翻译成现代语,并不做系统的分析研究。这种资料集类型的著作很多,如:席格雷斯特编辑的《霍尔考古博物馆所藏的古巴比伦时期的账目文献》第四、五卷[②]、罗波格和沃特编辑的《一个属于古巴比伦后期的神庙档案》[③]、莱门斯所编辑的《汉穆拉比及其子叁苏伊鲁那时期的法律与管理文献》[④]、穆哈默德所著的《出土于哈姆林盆地哈达德土丘的古巴比伦时期的楔形文字文

[①] Luc Dekiere, *Old Babylonian Real Documents from Sippar in the British Museum*, MHET Vol. II, University of Ghent, 1994 - 1997.

[②] M. Sigrist, *Old Babylonian Account Texts in the Hor Archaelogical Museum*, AUAC IV;V, Andrews University Press, 1990;2003.

[③] K. Van. Lerberghe and G. Voet, *A Late Old Babylonian Temple Archive from Dur-Abieshuh*, CDL Press, 2009.

[④] W. F. Leemans, *Legal and Administrative Document of the Time of Hammurabi and Samsu-iluna (Mainly form Lagaba)*, Leiden, 1960.

献》①、阿腊威和达雷所著的《出土于阿布哈巴古代西帕尔地区的私人房间里的古巴比伦文献》②、鲁兹所著的《来自阿什雅里的法律和经济文献》③以及凡·雷伯格和菲特所著的《古代两河流域历史与环境文献·第一卷：西帕尔阿穆那如姆城乌尔乌图私人档案》④等等。这些著作中记载了大量动产交易方面的契约文献，为我们进一步的研究提供了宝贵的第一手的资料。

在专题研究方面，芝加哥大学学者法尔波在论文《古巴比伦时期北部地区的价格和工资研究》中，对奴隶、牛羊、大麦、油、羊毛等动产的价格及波动趋势进行了研究，并对使用银子或者大麦支付的雇佣劳动力的工资进行了分析，对价格和工资变化的规律和相互间的关系进行了探究。通过研究可以看出，古巴比伦时期银子和金子的比率在10∶1至3∶1之间波动变化，并分析了其中的原因。作者指出动产买卖和租赁的交易一般使用两种等价物：银子和大麦，而大麦的交易往往延期到农作物收获的时节，实质是一种租赁或者赊欠行为。文章分为三大部分，作者首先根据大量的原始契约文件，总结了古巴比伦时期契约文件的基本元素：1. 交易的主题；2. 卖方或提供者；3. 买方或接收者；4. 交易的特征，如买卖、雇佣、出租、租赁合同等；5. 达成的酬金；6. 证人；7. 日期。文章第二部分，作者分别对奴隶、公牛和母牛、房屋租赁、大麦、羊毛、土地、劳动力的价格和工资进行了描述和分析，每个单元配以一个或多个表格和柱状图，对价格和工资的变化进行了形象的说明。第三部分作者对价格和工资的波动进行了总结。附录部分作者列出了文章所依据的原始契约文件⑤。

亚述学者斯开斯特对古巴比伦时期的借贷活动进行了研究，发表了专著《古巴比伦借贷契约》。在该著作中作者较详细地分析了各种借贷契约的结构、基本条款、用词等多个方面⑥。该书旨在通过对借贷契约的历史与地理的综合研究来了解当时的经济、社会发展状况，具有较高的学术价

---

① A. K. Muhamed, *Old Babylonian Cuneifom Texts from the Hamrin Basin Tell Haddad*, EDUBBA 1, Nabu Publications, 1992.

② F. N. H. Al-Rawiand Dalley, *Old Babylonian Texts from Private House at Abu Habbah Ancien Sippar*, EDUBBA 7, Nabu Publications, 2000.

③ H. F. Lutz, *Legal and Economic Documents from AshJaly*, University of California, 1931.

④ K. Van. Lerberghe and G. Voet, *Mesopotamia History and Environment I：Sippar-Amnarum Ur-Utu Archive*, Ghent, 1991.

⑤ H. Farber, "A Price and Wage Study for Northern Babylonia during the Old Babylonian Period", *JESHO* 21, 1978, 1 - 51.

⑥ A. Skaist, *The Old Babylonian Loan Contract*, Bar-Ilan University Press, 1994.

值。美国女亚述学者哈瑞斯在其论文《古巴比伦神庙借贷》中,对古巴比伦时期的神庙借贷做了详细的介绍,分析了神庙借贷双方的身份、借贷原因、神庙的重要作用、借贷利率等[1]。布莱尼库特和米库于2014年编辑出版了论文集《古代近东文明和爱琴海文明中的羊毛经济》。在这本论文集中,有几篇论文论述了羊毛在人们生活中的重要作用,羊毛的买卖价格,宫廷的羊毛借贷活动等等,论述了两河流域地区的羊毛贸易、羊毛经济在整个经济中所起的重要作用等等[2]。

综上所述,西方学者虽然对古巴比伦时期的动产交易活动有较多研究,但这些研究大多是停留在拉丁化或现代语的文献翻译,或者是对某一个方面的专题研究,缺乏对动产交易活动的整体、系统的研究,因此动产交易活动研究还具有较广阔的研究空间。

由于原始资料的缺乏和古代语言的限制,国内学者对古巴比伦时期动产交易活动的研究非常薄弱,有关的专题论文较少,专著则没有。陕西师范大学的霍文勇博士对古巴比伦时期奴隶买卖活动进行了研究,写成了博士学位论文《古巴比伦时期两河流域地区奴隶买卖文献研究》,[3]此后发表了专题论文《古巴比伦债务奴隶买卖研究》[4]和《古巴比伦时期外国奴隶买卖文献研究》[5]。霍文勇博士的这几篇论文对古巴比伦时期两河流域的奴隶买卖文献进行了较深入的研究,依据的原始契约文件约有70条,这些契约文件主要来源于YOS(《耶鲁东方系列古巴比伦泥板文献》)、UET(《乌尔考古发掘文献》)和TIM(《伊拉克博物馆所藏文献》)等等。霍文勇博士的学位论文首先分析了这些买卖契约的来源分布,认为南北奴隶买卖基本上处于相同的水平。然后作者分析了奴隶买卖契约的一般格式及奴隶交易的价格,认为影响奴隶价格的因素除了奴隶自身的先天条件、手艺技能、身体状况、劳作范围等相关外,也受到社会政治形势变化的影响,并认为奴隶价格在和平时期比战争动荡时期时略高。论文第三部分是有关债务奴隶契约的分析,作者认为债务奴隶在奴隶中占有一定比重,是古巴比伦时

---

[1] R Harris, "Old Babylonian Temple Loans", *JCS 14*, 1960, pp. 126–137.
[2] C. Breniquet and C. Michel, *Wool Economy in the Ancient Near and the Aegean*, Oxbow Books, 2014.
[3] 霍文勇:《古巴比伦时期两河流域地区奴隶买卖文献研究》,东北师范大学博士学位论文,2006年。
[4] 霍文勇、吴宇虹:《古巴比伦债务奴隶买卖研究》,《历史教学》,2008年第8期,第12—16页。
[5] 霍文勇、吴宇虹:《古巴比伦时期外国奴隶买卖契约研究》,《古代文明》,2013年第2期,第2—9页。

期奴隶的一个重要来源。但对于古巴比伦时期是否存在着债务奴隶,国内学者也有不同意见,于殿利先生在其论文《古巴比伦社会存在债务奴隶制吗?》中,通过对《汉穆拉比法典》第 117 条中"债务""出卖"及"债奴"几个核心词的分析,认为正确的翻译应为"义务""抵押"及"抵押物",并认为《汉穆拉比法典》中并没用支持和保护债务奴隶制的规定,反而是限制债务奴隶的发生,古巴比伦社会并不存在着债务奴隶制。[①] 霍文勇博士在其论文的最后部分对购买国外奴隶的文献进行了分析,认为国外奴隶占有一定市场份额,国外奴隶以女奴为主,价格较高。论文总结认为奴隶在古巴比伦时期的经济活动中扮演着重要的角色。霍文勇博士运用第一手契约文献对奴隶买卖文献进行了研究,论文具有较高的学术价值。但作者的研究仅限于对奴隶买卖的研究,对于奴隶的租赁等活动,作者并未涉及,因此对于古巴比伦时期最重要的一种动产奴隶交易活动的研究,也仍然具有广阔的研究空间。辽宁大学的禹本华副教授对古代两河流域的借贷活动进行了研究,发表了论文《古代两河流域的借贷及影响》[②]。在论文中,他对乌尔第三王朝的货币借贷、古巴比伦时期的神庙借贷以及《汉穆拉比法典》中涉及的借贷类型进行了分析,对各种借贷所涉及的债务人及借贷中介、借贷利率及借贷用途等方面都进行了分析,并对借贷活动对两河流域经济发展所起的重要作用进行了分析。国内学者除了对古巴比伦时期的奴隶买卖及银钱借贷有所研究外,对其他动产比如牛羊的买卖与租赁、奴隶的租赁及继承等等较少涉猎,对于动产交易活动的诸多方面,如奴隶的租赁价格,奴隶的数量、大麦、牛羊、油、羊毛等动产的价格,动产买卖、租赁借贷等交易活动双方的身份等等问题还不甚了解。本著作将对上述问题进行细致的研究,以期填补相关的学术空白。

三、研究方法及学术价值

著者从 2000 年以来,在伊拉克亚述学专家 F. Al-Rawi 教授、英国利物浦大学 M. Widell 博士及本国专家的指导下,系统学习了阿卡德语和苏美尔语语法,基本掌握了释读楔形文字的方法。本著作正是在释读大量原始动产契约文献的基础上,对古巴比伦时期的动产交易活动进行研究。本著作侧重于微观研究,采取实证研究的方法,依据大量动产原始契约文件

[①] 于殿利:《古巴比伦社会存在债务奴隶制吗?》,《北京师范大学学报》,2004 年第 4 期,第 70—75 页。
[②] 禹本华:《古代两河流域的借贷及其影响》,《东北师范大学学报》,2009 年第 6 期,第 116—120 页。

进行研究,笔者共考察了动产契约一千多个,直接全文翻译引用的契约达到了167个,本著作提供了大量的原始资料,具有较高的史料价值。本著作还采用了定量分析与定性分析相结合的方法,通过大量的数据、图表来准确地表述动产交易中的诸多问题。此外,笔者还借鉴了社会学、文献学、经济学及法学等相关学科的研究方法,对古巴比伦时期动产的买卖、租赁、借贷及继承等各种交易活动进行了细致的综合研究。本著作所采用的原始文献多数是近期发表的,如有些羊毛借贷契约引用自2014年出版的论文集《古代近东地区与爱琴海地区的羊毛经济》,[①]自由民租赁的契约来自于2011年出版的《大英博物馆所藏收割文献》,[②]全文翻译的契约中有一半以上来源于2009年出版的文献集《一个属于古巴比伦后期的神庙档案》及2003、1990年出版的文献集《古巴比伦账目文献》第5卷、第4卷。文献的较新性保证了本研究成果的创新性和前沿性。笔者10多年来一直从事于古代两河流域经济活动的研究,对古巴比伦时期的不动产经济活动进行了深入细致的研究,并出版了专著《古巴比伦时期不动产经济活动研究》,该专著入选了2010年度《国际哲学社会科学成果文库》,得到了学术界的广泛关注和好评。对动产的研究实际上是笔者对不动产研究的进一步扩展与深化,动产与不动产是不可分割的一个整体,只有把两者结合起来进行研究,才能达到对古巴比伦经济的整体认识。本著作与不动产研究的著作无疑是姊妹篇,希望本著作也能得到学界专家及相关专业读者的关注及认可,同时希望本著作能对亚述学在中国的发展起到一定的推动作用。

本著作主要讨论动产的买卖、继承、借贷和租赁等四种类型的交易活动。动产的买卖与继承均发生了动产所有权的变更,动产由一方转移到另外一方,因此我们把动产的买卖与继承放在一个板块进行研究,作为本著作的上编。动产的租赁与借贷均是动产使用权的转移,并不发生动产所有权的变更,因此我们把动产的借贷与租赁放在一个板块进行分析研究,作为本著作的下编。

---

① C. Breniquet and C. Michel, *Wool Economy in the Ancient Near and the Aegean*, Oxbow Books, 2014.
② A. Rositani, *Harvest Texts in the British Museum RDSO Vol. 82*, Rome, 2011.

上编
动产的买卖与继承活动研究

一般认为,动产是第一批私有物,"无论在古代或现代民族中,真正的私有制只是随着动产的出现才出现的"。① 古巴比伦时期是私有制比较发达的一个时期,动产、不动产的买卖异常活跃,财产的自由继承也反映了私有制的发达,继承在本质上与买卖一样,实现了财产所有权的转移。古巴比伦人具有很强的契约意识和法律观念,他们在进行各种动产交易活动时都要在泥板上签订比较完备的契约文件。特殊的书写材料和自然地理环境,使得很多泥板在高温的环境中变干后显得坚硬无比,在干燥的沙漠里可以保持上千年。近现代考古发掘出土了大量的动产买卖与继承契约泥板,为我们进行相关研究提供了大量真实可信的一手原始资料。

---

① 《马克思恩格斯选集》第 3 卷,人民出版社,1972 年,第 70 页。

第一章　动产买卖契约的基本模式

在古巴比伦社会,动产作为一种重要的财产形式,是经济财产的重要组成部分,而动产的买卖活动则是对交易双方原有财产的再次调整与重新分配。古巴比伦人进行动产交易活动都要签订条款完备的契约。"所有原始的契约都是财产易手的契约",[1]财产易手的契约关系到交易双方的切身经济利益,买方和卖方都十分重视订立严格而又规范的契约,这是约束不当行为、保护双方权益的重要手段。在古代历史中,严格规范契约也是比较常见的。在古代罗马社会,成为拥有奴隶的合法主人有六种不同的途径,其中之一是通过"铜横式买卖"的方法,从一个合法拥有奴隶的人手中购买奴隶。"铜横式买卖"的运作模式中,需要举行一个仪式,就是在六个成年公民的见证下,买方将自己的手放在所买奴隶的身上,声明自己对这个奴隶的所有权,自己为此花费了多少钱币。[2]

第一节　一般动产买卖契约的基本模式

古巴比伦时期涉及各种财产买卖、租赁、借贷,或者子女收养、抵债等内容的交易行为时,交易双方签订契约也同样是必不可少的交易程序之一。古巴比伦人在动产买卖活动的实践中形成了格式比较固定的契约模式。一个标准的动产买卖契约一般包含以下几个要素:

1. 交易的主体:对交易主体的描述
2. 买方和卖方:从 A 手中,B 买下了它
3. 买卖对象的价格:称出 X 银子,作为它的全价
4. 对交易完成的描述:木杵被传递了,交易结束

---

[1] 马克斯·韦伯:《经济与社会》(下卷),林荣远译,商务印书馆,1997年,第35页。
[2] 瓦罗:《论农业》,王家绶译,商务印书馆,1981年,第141—142页。

5. 对交易效力的承认：双方起誓，不得反悔

6. 对反悔一方的惩罚

7. 证人

8. 日期(年名、月名、日期)

9. 印章

下面我们通过几个动产买卖的具体契约，来分析一下这些契约所包含的基本要素。如：

LEDA no. 22

日期：残缺

类型：奴隶买卖

UCBC 778

1. 1 sag urum	一个男奴隶，
2. ᵐÌ-lí-tu-kul-ti	他的名字叫
3. mu-ni-im	伊里图库提，
4. urum Ma-aš-qum dumu U-bar-rum	这个奴隶属于乌巴如姆之子、
5. ki Ma-aš-qum dumu U-bar-rum	马什库姆。从他的主人，
6. lugal-a-ni-ir	乌巴如姆之子、马什库姆手中，
7. ᵐIlu-šu-na-sir	布尔辛之子、
8. dumu Bûr-ᵈSin	伊鲁舒那采尔，
9. in-ši-in-šám	买下了他。
10. šám-til-la-a-ni-šù	他要称出银子，
11. kubabar in-na-al-lal	作为他的全价，
12. šàg-ga-a-ni ni-dúg	他心满意足。
13. inim-bi al-til	交易完成了。
14. [u-kur-šù] [lù]-lù-ra	在将来，一方不得向
15. [nu-mu-um]-gé-gé-dam	另一方提出争议。
16. mu ᵈIštar ù I-ba-al-pi-el lugal	他们以伊什塔尔神和国王伊
17. in-pád-dé-meš	巴拉勒皮勒的名义起誓。
18. ba-qir i-ba-qa-ru 2 ma-na kaspu qa-la	他将来如果反悔提出诉讼，将支付2"斤"①优质的银子

---

① 古巴比伦时期的重量单位，苏美尔语为 mana，我们意译为"斤"。1 mana 等于 60 šiqlu，约等于 500 克。对于本书中出现的古巴比伦时期的度量衡，为了能给读者一个大体的概念均采用了现代语言给予意译，而没有采用音译的方法。古巴比伦时期度量衡的意译名称以及和现代度量衡之间的换算关系，参见附录一、古巴比伦时期的度量衡。

19. ù li-ša-an-šu iš-ša-la-ap　　　　　银子,他的舌头将被扯下。
20. mahar ᵈSin-mu-ba-lí-it šakkanakku　证人:官吏辛穆巴里特、
21. ᵐIg-mil-ᵈSin mâr Ša-ma-ia　　　　沙马亚之子伊格米勒辛、
22. ᵐWarad-ᵈŠamaš mâr Silli-Sin　　　采里辛之子瓦腊德沙马什、
23. ᵐIr-ṣi-tum-rabium mâr Be-el-šu-nu　贝勒舒奴之子伊尔采吞腊比乌
24. ᵐᵈSin-i-qí-ša-am mâr I-bi-iq-ᵈBu-ni-ni　姆、伊比库布尼尼之子辛伊
25. ᵐᵈBu-ni-ni mâr Il-lu-rum　　　　　齐闪、伊勒鲁如姆之子布尼
26. ᵐA-na-ili-li-si mâr ᵈA-?-da-ṣu-rum　尼、[……]阿达苏荣之子阿那伊
27. ù Mu-na-nu-um tupšarru　　　　　里里采书吏穆那奴姆。
28. tuppu Igu-mil-Sin　　　　　　　　印章:伊古米勒辛、
29. tuppu Ma-aš-qum　　　　　　　　马什库姆。

契约首先介绍了交易的主题,奴隶或其他动产。在这个交易中,交易的主体是奴隶,契约中一般要给出这个奴隶的性别和名字。在这份契约中的奴隶是一个男奴隶,他的名字是伊里图库提。然后出现的是卖方或提供者,这个奴隶的主人是乌巴如姆之子马什库姆。交易开始,使用"ki"(from)这个介词,表示从某某人手中……然后契约出现买方或接受者,布尔辛之子伊鲁舒那采尔。交易的进行一般使用"从卖方手里,买方买下了他"这样的句式来表示。交易时完成使用的短语是"šám-til-la-a-ni-šù"意为他的全部价格,"in-na-al-lal"意为称出(银子)。双方对交易表示满意,交易完成。然后是双方以国王或者神灵的名义起誓,不得反悔,一方不得向另一方提出诉讼请求。

值得注意的是,契约中一般都写明卖方对于引起的诉讼将承担责任,也就是说,无论是卖方本人,还是交易双方以外的第三方,如果发生对奴隶所有权的争议,向契约中的买方索要其买到的奴隶,他的诉求都将遭到拒绝。该奴隶仍然属于买方所有,卖方将承担所有法律责任与经济损失。《汉穆拉比法典》第279条对此也有相关规定:

>　　如果一个人,买了男奴隶(或)女奴隶,但是,他遇到了(他人对该奴的)索要,他的出卖者应该对索要负责。[①]

国家以法律的形式对奴隶买卖完成后可能会产生的法律后果进行了

---

① 吴宇虹等:《古代两河流域楔形文字经典举要》,黑龙江人民出版社,2006年,第183页。

明确的责任认证,责权清晰的买卖关系有利于奴隶贸易的进一步展开与完善。这也说明古巴比伦时期的买卖契约,法律上是保护买方的权益,限制卖方无故反悔的行为,[①]体现了人们对契约精神的重视和保护。

因涉及到奴隶所有权的变更,所以需要众多证人作证,以确保买卖的法律效力。一般会有很多证人的名字出现在契约里,少则1—2人,多则10多人,一般情况下证人为3—5人。证人的身份和地位也因为买卖双方的身份和地位而有所变化。如果买卖是在贵族和高官之间进行,那么证人一般也具有较高的社会地位。如果买卖只是平民之间的交易,那么证人一般也就没有什么社会身份,证人的数量也比较少。在上述契约中所列举的8个证人的名字,排在第一位的,往往也是地位最高的一位,他将对这份契约的履行负主要保证,在文字上使用了"在官吏辛穆巴里提面前",也就是其具有官吏的身份。之后的证人则没有注明社会身份,使用"某某之子某某"[②]的模式依次列出:沙马亚之子伊格米勒辛、采里辛之子瓦腊德沙马什、贝勒舒奴之子伊尔采吞腊比乌姆、伊比库布尼尼之子辛伊齐闪、伊勒鲁如姆之子布尼尼、[……]阿达苏荣之子阿那伊里里采和书吏穆那如姆。一般最后一位证人的身份是书吏,他往往也就是这份契约的书写者。这份契约直接表明了穆那如姆的书吏身份,有些契约则并未写明书吏的身份。

契约的最后一般要滚上[③]交易双方的印章。一般情况下,如果印章中"某某之子某某"后面,以其是某神或某国王的仆人来结尾,那么这些人的身份应该是城邦长老会中的长老。古巴比伦时期,城邦长老会中的长老拥有司法权、推选城邦的王、决定城邦外交政策、决定战争与和平、抵抗与投降等权力。[④] 阿卡德语"长老会"(*shibūtum*)一词就是由"老人"(*shibu*)一词加上抽象名词格尾 *ūtum* 构成,而"老人"一词的另有一个含义就是"证人"。

下面我们再来看一个内容和模式都比较相似的契约:

---

① 李海峰:《古巴比伦时期不动产经济活动研究》,社会科学文献出版社,2011年,第303页。
② 古巴比伦时期的人名往往都是"某某之子某某"的格式,这样做主要是为了避免重名造成的误会,同时列出父亲的名字也就宣告了其家族名,显示了他的社会地位等。
③ 古巴比伦时期的印章一般都是圆筒印章,在圆筒的侧面刻上主人的名字或者其他图案。需要印章时,把圆筒印在泥板上滚压,印记就留下了,因此比较准确的用字是滚,而不是压或者按。参见王林:《苏美尔文化的瑰宝——圆筒印章》,《大众考古》,2013年,第2期,第70—72页。
④ 吴宇虹:《古代两河流域的长老会》,《世界历史》,1977年第2期,第76—83页。

LEDA no. 90

日期：残缺

类型：奴隶买卖

UCBC846

1.	[1 sag urum]	[一个男奴隶]
2.	[...][mu-ni]	他的名字是......，
3.	[mâr...]	[……]之子，
4.	ki [...]-rum	从他的主人，鲁伽勒阿尼尔之子
5.	lugal-a-ni-ir	[……]手中，
6.	ᵐIlu-šu-na-ṣir	布尔辛之子，
7.	mâr Bûr-ᵈSin	伊鲁舒那采尔，
8.	inši-in-šám	买下了他。
9.	šám-til-la-a-ni-šù	他称出了银子，
10.	kubabar in-na-al-lal	作为他的全价，
11.	šàg-ga-a-ni ni-dúg	他感到心满意足。
12.	inim-bi al-til	交易完成了，
13.	ᵍⁱšgan-na ib-ta-bal(!)	木杵被传递了。
14.	u-kur-šù lú-lú-ra nu-mu-um-gé-gé-dam	在将来，一方不得向另一方提出争议。
15.	mu ᵈIštar ù I-ba-al-pi-el lugal	他们以伊什塔尔神和国王伊巴拉皮勒的名义起誓。
16.	in-pád-dé-meš	
17.	ba-qir i-ba-qa-ru 2 ma-na kaspu ni-lal-e	将来，如果他反悔提出诉讼，他将支付2"斤"银子，
18.	ù li-ša-an-šu iš-ša-la-ap	并且他的舌头被扯下。
19.	maḫar A-bu-um-ilu mâr ᵈSin-eri-ba	证人：辛埃瑞巴之子阿布姆
20.	[ᵐᵈŠamaš]-na-ṣir mâr ᵈSin-i-qi-šam	伊鲁、辛伊齐闪之子[沙马什]
21.	[ᵐIm-gur]-ᵈŠamaš mâr Ib-ni-ᵈEn-lil	那采尔、伊波尼恩里勒之子[伊姆古尔]沙马什、[……]-阿勒-[……]。
22.	[ᵐ...]-al-[...]	

这份契约的模式与上一份契约比较相似，有一点不同的是，这份契约有描述交易结束时的仪式：ᵍⁱšgan-na ib-ta-bal，"木杵被传递了"。"木杵被传递了"是古巴比伦时期北方地区买卖交易结束的一个固定仪式，在土地、房屋买卖契约中也有相同的表述。① 南部地区和北部地区的契约中存在

---

① 李海峰：《古巴比伦时期不动产经济活动研究》，第2、64页。

7

一个明显的差异,即北部地区的奴隶买卖契约中往往提到"木杵被传递了",作为契约的重要组成部分,但是南部地区的契约没有这个要素。南北部地区契约的这个不同之处,为我们判断契约出土地点的大概地理方位提供了判断依据。①

在上述两个奴隶买卖契约中,都规定了对卖方反悔行为的处罚。处罚较为严厉,罚金为2"斤"银子,相当于至少6个一般奴隶的价格,并且要给以肉刑,把舌头扯下,这种肉刑意味着对自己说过的话不能反悔,否则舌头要被惩罚。可惜上述两份契约的日期都残缺了,没有具体日期。

接下来我们再来分析一个关于船只买卖的契约。这份契约的内容比较简单,首先是买卖的价格5"钱"②银子,作为船的全价。买方伊鲁舒那采尔把钱给了卖方伊勒塔尼,这里契约的买方先出现在契约行文中。契约的最后,是契约签订的时间,包括年名③、月名、日期。中间省略了一些契约通常具有的其他元素。契约如下:

AUCT V no. 274

日期:叁苏伊鲁那 11/03/01
类型:船只买卖
HAM 73.2634
正面:

1. 5 gín kù-babbar	5"钱"银子
2. šà á^{giš}má	作为船
3. mu-túm	的全价,
4. A-wi-il-^{d}Na-bi-um	阿维勒那比温

背面:

5. a-na Il-ta-ni	给了伊勒塔尼。
6. iti sig$_4$-anu^4 1-kan	日期:3月1日,
7. mu bàd Uri^{ki}?	叁苏伊鲁那第11年④。

---

① 霍文勇:《古巴比伦时期两河流域地区奴隶买卖文献研究》,第55页。
② 古巴比伦时期的重量单位,阿卡德语为 šiqlu。1 šiqlu 约等于8.3克。
③ 古巴比伦王朝的纪年方法,国王在年末用自己在当年最重要的政绩或宗教方面的业绩作为下一年的名字。一般每年只有一个年名,正式的年名为完整的一两句话,往往很长。但在实际应用中,书吏常用两三个词的短语来表示年名。参见吴宇虹:《古代两河流域文明史年代学研究的历史与现状》,《历史研究》,2002年第4期,第119页。
④ 因为本书对年名并不做专门的研究,所以在契约中不再将年名表述"直译",而是直接根据国王的年名给出这个年名所表示的国王在位年数。下同,不复说明。

下面这个,如果契约虽然属于伊新王朝,但契约模式与古巴比伦王朝时期基本一致。伊新王朝也属于广义上的古巴比伦时期,因此,我们把这份契约也归于古巴比伦时期的契约文件。这份契约是一个比较少见的整个奴隶家庭成员的买卖契约,也是一个典型的奴隶买卖契约,几乎包含了一个奴隶买卖契约的全部要素。

PBS 8/2 no. 162

日期:布腊布瑞亚什 24
类型:奴隶买卖
Nippur CBS 7219

1. ^{sal}šú-gi-at bi-ši-tum 5 gìn guškin dìm-nam
2. ^{sal}dumu-sal ama-^{d}še-ru-ú-a dumu-sal-a-ni
   6 gín guškin dìm-nam
3. ^{kal}dumu warad-^{d}gu-la dumu-a-ni
   7 gìn guškin dìm-nam
4. ^{sal}dumu-sal tu-kul-ti ^{d}gu-la dam-a-ni
   6 gìn guškin dìm-nam
5. 4 nam-lù-gàl-lu šá ^{m}gi-mil-lim
   ligal-ne-ne-gè
6. guda ^{d}nin-líl-lá dumu ú-ba-a-a
7. ^{md}IM-šar-ilâni^{meš} dumu be-lí-e-mu-ga-a-a
8. ^{lù}sag nibru^{ki}-di-ni pisan-dub-ba-a nibru^{ki}
9. in-ši-in-šám
10. šám-tìl-la-bi-[šù]
11. 1/3 ma-na 4 gìn guškin in-[na-an-la]
12. ū-kur-šù ^{m}gi-mil-lum
13. guda ^{d}nin-líl dumu ^{m}ú-ba-a-a
14. ibila-bi ù ní-ri-a-bi
15. a-na-me-a-bi
16. ^{md}IM-šar-ilani^{meš}-šù dumu ^{m}be-lí-e-mu-ga-a-a
17. ^{iù}sag ^{m}nibru^{ki}-di-ni
18. pisan-dub-ba-a nibru^{ki}-a
19. inim-nu-má-má-ám
20. inim-nu-gé-gé-ám
21. mu ^{d}en-líl ^{d}nin-líl ^{d}nin-urta ^{d}nabu
22. ù bur-ra-bu-ri-ia-áš lugal-e

一个女人舒吉塔,价值5"钱"金子,女孩阿马舍如乌阿,她的女儿,价值6"钱"金子。一个年轻男人瓦腊德古拉,她的儿子,价值7"钱"金子。一个女人图库勒提古拉,他(瓦腊德古拉)的妻子,价值6"钱"金子,4个奴隶属于吉米勒林,他们的主人、宁里勒拉的祭司,乌巴亚之子。贝里埃穆夻阿之子伊姆沙尔伊拉尼和尼普尔城的档案管理者,官吏尼布如迪尼买下了(他们)。称出了
1/3"斤"4"钱"金子
在将来,吉米勒林,宁里勒拉的祭司,乌巴亚之子,
他的继承人和他家庭成员,无论何时,对贝里埃穆夻阿之子伊姆沙尔伊拉尼
和尼布如迪尼、
尼普尔城的档案管理者
都不能提出争议。
他们以恩里勒神、宁里勒神、宁乌尔塔神、那布神
和国王布尔腊布瑞伊阿沙的

9

23. ur-bi in-pad-da-ne-eš
24. igi ᵐᵈnin-urta-ra-i-im-zerim dumu ᵐú-ba-a-a
25. igi ᵐki-di-nu-ú dumu ᵐbe-lí-i-din-nam
26. igi ᵐᵈmarduk-še-mi dumu ᵐan-nu-ia-ú dub-sar
27. itu šú-numun-na
28. mu 24-kam-ma
29. bur-ra-bu-ri-ia-áš lugal-e
30. nà kišib ᵐgi-mil-lim guda ᵈnin-líl-lá
31. dumu ᵐú-ba-a-a

名义起誓。证人：乌巴亚之子
宁乌尔塔腊伊寅载荏、
贝里伊丁那姆之子基迪奴乌、
安奴伊阿乌之子
马尔杜克舍米。
日期：第 24 年
布腊布瑞亚什。
印章：吉米勒林、宁里勒拉
乌巴亚之子。

  契约中首先描述的是买卖的对象：这是一个奴隶家庭，他们之间具有血缘关系。第一个奴隶是女人舒吉塔，价值 5"钱"金子。这份契约的一个特殊之处是货币的单位是金子，而不是一般的货币银子。金子的价值比银子要大，据法尔波研究银子与金子的比值在古巴比伦时期是从 10∶1 降到 3∶1[①]，我们按照 5∶1 的比值来计算的话，母亲舒吉塔的价格为 25"钱"银子，这是一个相对较高的价格了。因为舒吉塔是整个奴隶家庭的女性家长，所以她的名字放在第一位。同时契约对其他奴隶的描述也是站在舒吉塔的角度，使用了"她的女儿""她的儿子"等字样。第二个奴隶是舒吉塔的女儿，女孩阿马舍如乌阿，价值 6"钱"金子（约等于 30"钱"银子）。这里值得注意的是，舒吉塔女儿阿马舍如乌阿的价格高于舒吉塔，因为是比较年轻的缘故吧。第三个奴隶是舒吉塔的儿子，年轻男人瓦腊德古拉，价值 7"钱"金子。由于瓦腊德古拉属于"年轻男人"，年轻力壮，所以价格更高为 7"钱"金子。第四个奴隶是瓦腊德古拉的妻子，女人图库勒提古拉，价值 6"钱"金子。图库勒提古拉的价格与阿马舍如乌阿的价格相同，应该年龄相仿，可以做同样的劳动。

  契约接下来是奴隶交易的卖方和买方：奴隶的卖方是乌巴阿阿之子吉米勒林，他的身份是宁里勒拉的祭司。奴隶的买方是贝里埃穆旮阿之子伊姆沙尔伊拉尼和尼普尔城的档案管理者、官吏尼布如迪尼。这里有两个买方，其中一个是城市档案管理者，属于国家机构管理人员。

  契约的下面部分是买卖的价格和对交易完成的描述：买下了（他们），称出了金子。这份契约中使用的货币是金子，古巴比伦时期的买卖活动，通常的货币为银子。

[①] H. Farber, "A Price and Wage Study for Northern Babylonia during the Old Babylonian Period", p. 3.

交易结束后,交易双方要在神和国王的面前起誓,不得反悔。在将来,宁里勒拉的祭司、乌巴亚之子吉米勒林,以及他的继承者和他的家庭成员,无论何时都不能对贝里埃穆叴阿之子伊姆沙尔伊拉尼、尼普尔城的档案管理者尼布如迪尼提出争议。他们以恩里勒神、宁里勒神、宁乌尔塔神、那布神和国王布尔腊布瑞亚什的名义起誓。契约中的起誓部分,往往是以神和国王的名义起誓,一般是具有全国性崇拜的神或代表公平和正义的沙马什神①,也有契约以买卖所在城市的城市守护神起誓。这个交易涉及了一个奴隶家庭的买卖,涉及的金额也较大,所以交易双方以四位神及国王的名义起誓,这在一般的买卖交易中也不常见,显示了交易双方对这次交易的无比重视。

契约接下来是证人和日期:这份契约的证人包括乌巴阿亚之子宁乌尔塔腊伊寅载茬、贝里伊丁那姆之子基迪奴乌、安奴伊阿乌之子马尔杜克舍米。日期是布腊布瑞亚什第 24 年。

最后,在契约泥板的第 30—31 行是吉米勒林和乌巴亚之子宁利勒拉的印章,以表示对契约的证明和认同。通过对奴隶买卖契约中印章的分析,我们知道,古代两河流域地区的契约一般都会附有印章,这些印章三分之二是契约证人的印章,偶尔也出现契约的卖方或买方来加盖印章,甚至出现了买卖契约中奴隶本人印章的情况,这应该是因为奴隶本身是自由民,但是因为某些原因被迫沦为奴隶。②

第二节　奴隶买卖契约的特殊条款

古巴比伦时期,奴隶作为一种最重要的动产,其买卖契约的基本模式与一般动产买卖契约基本模式相一致,主要包括以下基本内容:

1. 奴隶及其姓名
2. 奴隶的主人及其姓名(卖方)
3. 奴隶的买方
4. 奴隶的价格
5. 买方称出银子,木杵被传递(仪式)
6. 不得诉讼的说明
7. 以神或国王的名义起誓

---

① 太阳、正义之神,掌管司法,也是西帕尔城的守护神。
② 霍文勇:《古巴比伦时期两河流域地区奴隶买卖文献研究》,第 58 页。

8. 证人

9. 日期及印章。

我们来看一个奴隶买卖契约,其模式也大体相同,契约如下:

UET 5 no. 184

日期:苏穆埃勒 3/11/[……]
类型:奴隶买卖

1. 1 gemé *Nu-tù-up-tum* mu-ni	一个女奴隶,她的名字为奴图坡吞。从埃鲁提手中
2. ki *É-lú-ti* -ta	
3. md *Sin-e-ri-ba-am*	辛埃瑞板
4. in-ši-sa₁₀	买下了她。
5. 6 1/2 gínkù-babbar	6 1/2"钱"银子
6. šám-til-la-ni-šè	作为她的全价,
7. in-na-lá	被称出。
8. ud-kúr lú lú	在将来,任何一方不得向另一方提出争议。
9. nu-mu-un-gi₄-gi₄-ne	
10. mu-lugal-bi in-pàd	他们以国王的名义起誓。
11. inim gál-lá-kam	对女奴隶引发的诉讼,
12. *É-lú-ti*	埃鲁提
13. in-na-gub-bu	要承担责任。
14—22:(witnesses)	(证人略)
23. Iti z í z-a	日期:11 月
24. mu ᵍⁱˢgu-za gal kù-sig₁₇	苏穆埃勒第 3 年。
25. ur-mah urudu 2-a-bi	
26. é ᵈ *Inanna* -ra in-ni-ku₄-re	

契约首先是买卖的对象,一个女奴隶,她的名字是奴图坡吞。在奴隶买卖契约中,一般都会给出奴隶的性别,苏美尔语"sag-arad"为男奴隶,"sag-gemé"为女奴隶。买卖的双方,从卖方埃鲁提手中,买方辛埃瑞板,买下了她,6 1/2"钱"银子,作为她的全价,短语"šàm-til-la-ni-šé""为她的全部价格"。这里使用的是有生命的后缀"ni"来表示"她的"。在有些契约中则使用没有生命的后缀"bi"来表示"他的"[①],用非生命的后缀 bi,表明了奴隶的地位低下,被看成了一种物品,而不是一个人。为了保证买卖的合法性

---

① Y. H. Wu, "Two OB Tablets and the Sale Document Formula šám-til-la-ni(or-bi)-šè", Nabu, 1993, p. 79.

和不可更改性，契约中专门写明在将来，任何一方不得向另一方提出诉讼。他们以国王的名义起誓。对女奴引发的诉讼要求，卖方埃普提要承担责任。然后是证人，最后是日期。

在奴隶买卖契约中，也经常会有一些特殊的条款，如对奴隶三天试用期和一个月的癫痫病考察期的规定。如：

AO no. 4499

日期：阿米迪塔那 37/12/11
类型：奴隶买卖

1.	1 sag-arad *Anum-ma*-[*x-x*]	一个男奴隶，名叫阿农[……]
2.	uru^{ki}[Š]a(?)- *al-hu-ú*	来自沙勒胡城
3.	sag-arad *Id-da-tum* dumu *Ta-ri-ba-tum*	他是塔瑞巴吞之子伊达吞
4.	*ù Qi-iš-ti-^dNa-bi-um*	和伊丁沙马什之子
5.	dumu *I-din-^dŠamaš*	齐什提那比乌姆的奴隶
6.	*itti Id-da-tum ù Qi-iš-ti-^dNa-*[*bi-u*]*m*	从伊达吞和齐什提那比乌姆
7.	*be-le* sag-arad	奴隶的主人手中
8.	^{md}*Sîn-i-din-nam* dumu ^d*Adad-ra-bi*	阿达德腊比之子辛伊丁楠
9.	*in-ši-in-sa*₁₀	买下了他。
10.	*šám-til-la-bi-šè*	作为他的全价
11.	12 [gín] kù-[babbar]	12"钱"银子
12.	*in-na-an-lá*	被称出了。
13.	*ù* igi-6-gál kù-[babbar]	并且额外提供了
14.	diri-ga *iš-ku-un*	1/6"钱"银子
15.	iti-1-kam *bi-in-*[*nu*]	一个月的癫痫考察期，
16.	3 ud *te-ib-i-tum*	三天的试用期，
17.	*a-na ba-ag-ri-šu*	他们要根据国王的敕令
18.	*ki-ma si-im-da-at šar-ri*	来承担对奴隶引发的
19.	*iz-za-a-az-*[*z*]*u*	诉讼要求。
20—24.	（witnesses)	（证人略）
25.	iti *še-kin-kud* ud-11-kam	日期：12月11日
26.	mu *Am-mi-di-ta-na* lugal-e	阿米迪塔那第37年。
27.	*bàd-da bàd*^{ki}-[ke₄]	
28.	*erén* n [*e*]-*in*(?) [*x-x*]	
29.	*Id-da-tum*	印章：伊达吞

在这份契约中，有一个较特别的地方是有一个专门的条款规定了奴隶的

13

试用期及患病的考察期。奴隶的试用一般为3天,在这3天里可以考察奴隶的基本服务态度及服务技能等等,三天之内如果发现奴隶患有疾病,或者发现奴隶不听使唤或者有其他缺点,那么买主可以反悔,退回奴隶。此外,还有一个月的考察期,因为有些病短时间无法察觉,如癫痫病,所以可以有一个月的患病考察期,考察期内如果发现患有癫痫病,买主同意可以退还奴隶。在其他文明中我们也可以发现类似的情形,如公元前3世纪,按照罗马法的条文,颁布的"司市谕令"规定,买卖标的物在品质上有瑕疵时,买方可以提出解除合同或降低价格。① 可能这一时期,癫痫病在奴隶中间流行,所以在古巴比伦后期的奴隶买卖中大多都标明了一个月癫痫考察期的条款。在《汉穆拉比法典》278条中也出现了关于癫痫病的规定,条款如下:

> 如果一个人买了一个男奴隶(或)女奴隶,而且他的(试用)月未满,但癫痫病在他(奴隶)身上发现了,他可以将其还给他(奴隶)的出卖方,而且买方可以将他称付的银子拿回。②

从这个条款也可以看出,如果在1个月的试用期内,奴隶犯了癫痫病,那么买主可以退回奴隶,拿回自己的银子。可见当时奴隶患癫痫病是常有的事情,为了保护广大买主的利益,除了在契约中有一个月的试用期外,国家还通过法律的方式对购买患病奴隶买主的合法利益进行保护,体现了公平交易的原则。

古代巴比伦时期大量规范、完备的动产买卖契约,说明了古代巴比伦社会动产的买卖活动十分频繁,从而形成一种普遍的、标准的、成熟的契约模式。这种规范的契约模式不仅可以节约买卖成本,简化买卖程序,还可以形成一种稳定有效的买卖规则。同时,古巴比伦时期买卖契约的基本模式,是在充分考虑各方面关系和利益,预测各种因素和风险,贯彻国家法律原则和规定的情况下形成的,这种完备的契约可以充分保证买卖活动的正常有序进行,维护买卖双方的基本利益,形成良好的市场秩序,保障社会经济政治稳定、和谐发展。总之,古巴比伦时期买卖契约的基本模式是古巴比伦社会经济、政治、文化不断发展的产物,也从侧面反映出了古代两河流域文明商业经济的成熟。

---

① 周怡天:《关于黑劳士的阶级属性与农奴制的历史始源问题》,《史学理论研究》,1999年第2期,第122—137页。
② 吴宇虹等:《古代两河流域楔形文字经典举要》,第183页。

第二章　奴隶的买卖

恩格斯在《反杜林论》中曾经说过:"一切文明民族都是从土地公有制开始的。在已经经历了一定的原始阶段的一切民族那里,这种公有制在农业的发展进程中变成了生产的桎梏。它被废除,被否定,经过了或短或长的中间阶段之后变为私有制。"[①]古代两河流域地区,奴隶制的起源与土地的私有制有密切关系。正如恩格斯所论述的那样,古代两河流域地区初始时期的土地也是属于全体公民共同所有的,后来土地私有制度逐渐开始形成。古代两河流域丰富的经济契约表明:在人类社会发展的漫长过程中,土地私有制先于奴隶制产生,奴隶制社会产生的根本动力正是土地私有制度的发展。

由于生产力水平的不断进步,社会上各阶层开始出现分化,一部分公民拥有土地的数量不断增多,需要大量劳动力从事大规模的农业生产,他们就雇用另一部分失去土地的公民作为雇农或把私有土地租给他们,当失去土地的那部分公民的经济地位进一步恶化时,他们的社会身份只能沦为地主的债务奴隶。另一方面,由于社会上大土地所有者需要大量外族奴隶耕种土地,国家放弃了屠杀战俘的做法,把外族战俘作为奴隶分配或出售给公民从事农业生产。除了战俘外,外族奴隶还可以通过贸易从国外购买。当奴隶成为国家和私有土地上不可或缺的生产工具时,奴隶社会就自然而然地产生了。早期苏美尔时期契约中没有发现奴隶买卖的契约,古代两河流域历史上首批奴隶买卖的契约出现在其后的苏美尔经典城邦时期,我们可以判定初始文字和早期城邦时期是两河流域由原始社会向奴隶社会的过渡阶段。

古代奴隶社会的重要特点是把居民分为公民和奴隶两大范畴:公民对国家尽义务,也享有国家授予的各种权利,而奴隶只能为公民和国家尽义务不能享有任何公民权,特别是人身自由权。在奴隶制文明的法律中,

---

[①] 《马克思恩格斯选集》第3卷,第178页。

国家和法律对自由人和奴隶加以十分清楚的区别,并给予完全不同的对待。① 奴隶完全从属于主人,是主人的私有财产,一种重要的动产,可以被雇佣、买卖及继承等等。

第一节　奴隶的主要来源

通过了解古代两河流域奴隶制的起源过程,我们可以发现奴隶买卖中奴隶的来源主要有4种途径:

一、外族战俘

通过对外战争和掠夺,将战俘直接作为财富的一种掠为奴隶,这在古代社会是比较普遍的现象。当生产力比较低下时,没有多余的食物来供养奴隶,多余的人口是一种极大的负担,所以人们一般采取杀死战俘的方法。这种方法即是对敌人的一种威慑,也同时减轻了自己的负担。但随着生产力的发展,食物供应的增多以及对劳动力需求的增加,人们不再杀死战俘,而是开始奴役他们,占有他们,让他们为自己服务,于是人类开始走上奴役自己的同类,走上剥削压迫奴隶的道路。《汉穆拉比法典》第32条也涉及了赎回战俘的条款:

> 如果一个士兵或"渔夫"士兵,在国王的征途中失踪(被俘获),一个商人赎回了他并把他送到他的城邑,如果在他的家中有赎身物,他应该将自己赎回;如果在他的家中没有赎身物,他应该由他的城邑的神庙赎回;如果他的城邑的神庙中,没有赎身物,宫廷应该赎回他。其田、其椰枣园和其宅不能为他的赎金而被卖掉。②

根据该条法典条文可以看出,古巴比伦时期存在战争中战俘沦为异邦奴隶的现象,并且专门制定了法律,规定宫廷、神庙、商人及个人应尽的义务,以防范本族社会成员沦为外邦奴隶。鼓励商人将已经沦落外邦的本族社会成员通过合法购买的方式带回,费用将由其本人、神庙或宫廷负责。

---

① 吴宇虹:《古巴比伦法典与秦汉法典比较:私有奴隶制和国家公有奴隶制》,《东北师大学报》,2006年第6期,第5页。
② 吴宇虹等:《古代两河流域楔形文字经典举要》,第57、58页。

同时,士兵是国家政权统治的重要支柱,法律保护士兵的政治地位和经济独立,士兵的兵役份田、份椰枣园、份宅等是他的私有财产,不得买卖,不得被豪强任意侵占。

在古代两河流域楔形文字中,男奴隶的名称 ardum,意为外邦男人,女奴隶的名称,amtum 意为外邦女人。这说明战俘是奴隶的重要来源,甚至是比较早期的来源。女性奴隶一词的楔形文字符号是由"女人"和"山"两部分构成的,意思是"来自山上的女人",这或许也说明了古代两河流域地区的奴隶最初可能主要来自古代两河流域与周围山区之间战争中掠夺而来的战俘。

古巴比伦时期国家保护公民对奴隶的占有,严禁个人释放奴隶,如有违反则给予严厉的处罚。《汉穆拉比法典》对此给予了严格的规定,条文如下:

> 226条:如果一个理发师在没有征得奴隶主同意的情况下,把奴隶的特殊发型标志剃掉了,致使奴隶无法被追回,人们应该将该理发师的手腕割掉。
>
> 227条:如果一个人欺骗了一个理发师,因此他将一个奴隶的发型标志剃掉了,致使该奴隶无法被追回,人们应该将该人处死,并在城门上悬挂示众。理发师应该发誓:"(如果)我知道(实情),我绝不会剃掉(他的发型)",然后他应该被释放。[1]

古代奴隶社会为了防止奴隶冒充自由民或逃亡,迫使奴隶在身体上留有记号,使其在外表上容易与自由民区别。这样就可以使奴隶在社会生活中具有明显的辨别标志,同时避免奴隶的逃亡,奴隶无论逃到什么地方也很容易被追回。古巴比伦时期,奴隶的记号是独特的长发发型,沦为奴隶的战俘必须保留原来特有的长发发型以示外族奴隶身份。究其原因,可能是由于两河流域本地的苏美尔和塞姆语族男人一般是短发,而外族如埃兰人、鲁鲁布人的发型为长发披肩或马尾辫。[2] 特殊长发发型,是外族奴隶的显著标志。

---

[1] 吴宇虹等:《古代两河流域楔形文字经典举要》,第162—163页。
[2] Y. H. Wu, "The Slave Hairstyle: Elamate and Other Foreign Hairstyles in the 3rd and 2nd Millenia", *JAC*, 13, 1998, pp. 131—138.

二、债务奴隶

土地私有化的发展和商品经济的繁荣,极大地促进了巴比伦社会成员的内部流动及阶层分化。在经商活动中,一部分人成功了,获取了大量的经济利益,成为大奴隶主。但有一部分具有独立身份的自由民,经商失败,背负了大量的债务,如果他们无力偿还这些债务,他们不得不用自己进行抵押,出卖自己的劳动力而沦为债务奴隶。结合古代两河流域最早的土地交易情况,我们可以看出,拥有土地的自由民因为生活窘迫,首先出卖自己的土地,以换取食物、衣物等生活必需品。当其经济状况进一步恶化的时候,他们只能出卖自己本身,从而沦为奴隶。古巴比伦时期存在较多因债务而出卖自己沦为债奴的契约,如:

YOS 8 no. 31

日期:瑞穆辛 21/01/[……]
类型:奴隶买卖

1. ᵐ*Gu-ur-ru-du-um* mu-ni-im 　　　　　一个自由民,名为古如杜姆;
2. ᵐ*Nu-ú-a-tum* mu-ni-im 　　　　　　　一个自由民,名为奴瓦吞;
3. dumu-meš *A-bí-ku-bi-š*[*u x*] 　　　　他们是……阿比库比舒的两个儿子,
4. šeš *Ha-ba-na-tum* šu[*x*] 　　　　　　是……哈巴那吞的哥哥。
5. ki ní-te-na-[ne-ne] 　　　　　　　　　从他们自己手里,
6. ᵐ*Bal-mu-nam-h*[*é*] 　　　　　　　　巴勒穆楠赫
7. in-[ši]-sa₁₀-meš 　　　　　　　　　　买下了他们,
8. *a-na i-ih-el-ti-šu-nu* 　　　　　　　　为偿还他们的债务。
9. 1/3 ma-na kù-babbar 　　　　　　　　1/3"斤"银子
10. šám-til-la-ni-šè 　　　　　　　　　　作为他们的全部价格,
11. in-na-an-lá 　　　　　　　　　　　　被称出了。
12. *ba-qí-ra-an i-ba-qá-ru-šu-nu-ti* 　　　以后,如果他们提出诉讼,
13. 1 ma-na-an-lá kù-babbar 　　　　　　1"斤"银子
14. in-na-an-lá 　　　　　　　　　　　　将被称出。
15—29. (witness) 　　　　　　　　　　　(证人略)
30. iti ab-è 　　　　　　　　　　　　　　日期:10 月
31. mu ᵍⁱˢtukul kalag-ga ᵈEn-líl mu-na-sum 瑞穆辛第 21 年。
32. Unugᵏⁱ mu-um-hul-a
33. erén á-dah-bi šu-a ni-a sá bí-in-[dug₁₀]
34. e[gir] nam-lú-ulù-bi šu-gar mu-<un>-gar-ra

18

在这份契约中,古如杜姆和奴瓦吞,他们的身份是自由民,可以完全行使民事权利,因此在契约中他们是自己卖掉了自己,短语"ki ní-te-na-[ne-ne]"意为"从他们自己手中",买方巴勒穆楠赫,买下了他们。他们自己出卖自己的原因为" a-nai-ih-el-ti-šu-nu ",为偿还他们的债务。1/3"斤"即20"钱"银子,是他们两个人的价格。自卖为奴隶的情况价格一般较低,两个男子一共只有20"钱"银子,低于一般的奴隶的价格。但在这种交易中,卖方处于绝对的劣势,为了还债只有低价卖掉自己,别无选择。与一般的买卖契约一样,如果古如杜姆和奴瓦吞以后反悔,提出诉讼,他们将承担法律责任,遭受重罚,罚金为交易价格的3倍,即60"钱"银子将被称出。通过债务奴隶买卖契约的低价格与对违约行为高价的罚金可以看出,在债务奴隶的买卖交易中,卖方处于绝对劣势地位。我们再看另一个债务奴隶买卖的契约,其模式基本相同,如:

YOS 8 no. 17

日期:瑞穆辛 15/12/[……]
类型:奴隶买卖

1. ᵐÌ-li-ma-a-bi	伊里马阿比,
2. ní-te-ni	他自己
3. šu ní-te-ni	卖掉了自己。
4. ᵐBal-mu-nam-hé	(从他手中)巴勒穆
5. in-ši-in-sa₁₀	楠赫买下了他。
6. šám-til-la-bi-šè	他的全部身价,
7. 1/3(?)ma-na kù-b[abbar]	1/3"斤"银子
8. in-na-an-lá	被称出了。
9—20.(witness)	(证人略)
21. iti še-kin-kud	日期:12月
22. mu Ka-id-da ᵏⁱ ù Uruᵏⁱ Pi-na-za-ru-um ᵏⁱ	瑞穆辛第15年。
23. ᵍⁱˢtukul kalag-ga-ni i[n-dab₅-ba]	

在这份契约中,伊里马阿比,他自己卖掉了自己。买方巴勒穆楠赫买下了他,他的全价是1/3"斤"即20"钱"银子。对比上述两份契约发现,两份契约只相隔6年时间,但是价格却有较大差距。同为男性,伊里马亚比,价格为20"钱"银子,相当于上一份契约2个人的价格之和。两份契约的买主都是巴勒穆楠赫,可见买主可能是一个大奴隶主,大商人,有足够的财力来买进债务奴隶。

19

最初一般是外来的战俘奴隶留着标识奴隶身份的长发型,后来随着国内债务奴隶的增多,数量比外族少得多的本族奴隶也可能必须蓄留长发以示身份了。① 正因为古巴比伦自由民有沦为奴隶的可能,由于其自由民身份,而且多半是巴比伦人,不是外族,故国家应该对这些自由民加以保护,尽量避免他们沦为债务奴隶。如果大量自由民沦为奴隶将不利于社会稳定和城邦团结,过多的债务奴隶,也会影响了国家的税收来源,国家不得不采取一些措施来保护自由民的基本权益,防止他们被肆意地掠为奴隶。《汉穆拉比法典》第114条做了相关规定:

> 如果一个人对于另一个人没有大麦或银子之债权,却扣押了他的人质,对于每一个人质他应量出三分之一"斤"的银子(作为赔偿)。②

这条法典条文的目的是防止经济政治处于优势的豪强或官吏利用社会权势,随意强制欺压贫困的自由民,掠夺和扣押自由民,使他们变为自己的奴隶。

对于已经沦为债务奴隶的自由民,也不能肆意地虐待他们,如果虐待他们,使他们致死,那么要接受惩罚。《汉穆拉比法典》第115、116条做了相关规定:

> 如果一个人对于另一个人具有大麦或银子的债权,并且扣押了一个人作为他的人质,(如果)人质在他的扣押者的家里自然地("于其宿命[尽头]中")死亡,这个诉讼没有请求的权利。
>
> 如果人质在其扣押者家里由于殴打或由于虐待而死亡,人质的主人应先证实他的商人债主(有罪)。于是,如果(死者)是(自由)人之子,他们应该处死他(债主)之子;如果(死者)是(自由)人之奴隶,他(债主)应称出二分之一斤的银子(作为赔偿),同时他要放弃他所贷出的任何东西。③

对于债务事实清楚,已经沦为债权人奴隶的自由民,法典保障其基本生存权利,确保其在债权人的控制下不会受到虐待和折磨。如果人质被虐

---

① 吴宇虹:《古巴比伦法典与秦汉法典比较:私有奴隶制和国家公有奴隶制》,第6页。
② 吴宇虹等:《古代两河流域楔形文字经典举要》,第96页。
③ 吴宇虹等:《古代两河流域楔形文字经典举要》,第96—98页。

待致死,债主要受到严厉的处罚。如果人质是自由人身份,如果他被虐待而死,他们债主要拿自己的儿子抵命。从这点也看出,虽然自由民的人质已沦为了债务奴隶,但他实际上还保留有其自由民的身份地位,与一般的奴隶不同,因为这种人质身份的债务奴隶,有随时被赎回身份的可能,实际上他们还是潜在的自由人,因此如果债主把他们虐待致死,要拿自己的儿子抵命。即便是奴隶身份的人质,也不能随意欺压,如果奴隶身份的人质非正常死亡,其罚金为1/2"斤"银子,罚金高于一般奴隶的价格1/3"斤"银子。可见,国家竭力保护债务奴隶的合法权益。

《汉穆拉比法典》还对债务奴隶的期限做了明确规定,如法典第117条做了如下规定:

> 如果一个人债务缠身,他将他的妻子、儿子或女儿卖掉为银钱,或把他们作为债务奴隶交出,3年是他们(人质)在他们的债务奴主家中服务(之期限),在第四年,他们的自由应被确立。①

即便是确实存在债务关系,沦为奴隶的自由民,他也不会永远成为奴隶,永远处于被奴役的地位。法律规定,因债务而沦为奴隶的债务人,其为债权人服务的时间期限为3年,第4年将恢复自由民的身份,即无论所欠债务多少,债务奴隶将用自己3年的无偿劳动所创造的价值偿还债权人。这样既保证了债权人的基本权利,使其债务损失得到一定数量的补偿,同时,也保证了过多的人口沦为债务奴隶,保障自由民的数量不至过度减少,防止阶级矛盾的激化,保证社会的和谐和稳定。

其他文明中,也出现防止债务奴隶过多而出现的一些改革措施。如公元前594年,雅典发生了著名的"梭伦改革",其中之一就是颁布《解负令》,废除债务及由于负债而遭受的奴役,在自由民中废除债务奴隶制。不仅使得雅典的下层解除了沉重的负担和沦为奴隶的风险,还对雅典和希腊的奴隶社会产生极其深远的影响,城邦社会内部更加巩固,奴隶制经济走向繁荣。

古代两河流域也有颁布《解负令》的传统。拉伽什王恩美台美那(约公元前2400年)在敕令中,如此写道:他在拉伽什建立了自由,他让(被奴役的)母亲回到儿子身边,让(被奴役的)儿子们回到母亲身边。他豁免了使自由人变为奴隶的大麦债务。他确立了乌鲁克、拉尔萨和巴德提比腊三城

---

① 吴宇虹等:《古代两河流域楔形文字经典举要》,第98页。

沦为奴隶的公民自由,并把沦为奴隶的人民送回乌鲁克等三城。① 拉伽什公侯古迪亚的铭文中也记载了他颁布免除债务的命令:"债权人不得进入(债务)人的家中(要债);当我(古地亚)为他(国神)建筑了他喜欢的庙'五十庙'后,我解除了所有债务,我举行了'洗手仪式',在几天的洗手仪式中,大麦不再被(女奴隶)碾磨,于是婢妾们等同了她们的女主人,隶臣们和他的男主人并肩站在了一起。"② 汉穆拉比的继任者叁苏伊鲁那也颁布了著名的《解负令》,释放债务奴隶,缓和阶级矛盾。叁苏伊鲁那之后的几乎所有国王都颁布过解负令,释放债务奴隶。债务奴隶的大量存在,会使奴隶主和奴隶两个阶层的对立更加尖锐,同时国家所属自由民的大量流失,造成兵源匮乏,国王无法组织有效的兵力进行对内统治以及对外征服。因此,古巴比伦时期的国王登基之后,通常会发布解负令,释放沦为奴隶的大量自由民,在国内建立了公正,大多国王的年名中都包含了以"建立了公正"命名的年名,显示了国王追求公正和平的执政理念。

三、国外购买

古代两河流域文明是一个商业经济较为发达的文明,商业经济的发达不仅表现在国内贸易的繁荣,还表现在国际贸易的广泛开展。从公元前3千纪开始,两河流域地区就与安纳托利亚地区、埃及、中亚及阿拉伯半岛地区展开了广泛的商业交往。铜器、木材、天青石等等都是两河流域地区与其他地区贸易交往的主要物品。当奴隶制度建立后,奴隶也渐渐成为贸易中的一个重要商品,从两河流域以外的地区或城邦购买奴隶,成为古巴比伦时期奴隶买卖的一个重要来源。《汉穆拉比法典》280、281条提到了从外国购买奴隶产生纠纷的处理办法:

> 如果一个人从敌对的国家将一个人的男奴隶或女奴隶买了,当他们回到国内时,男奴隶或女奴隶的主人将他的男奴隶或女奴隶认出了,如果这些(被认出的)男奴隶或女奴隶是国家的人民("儿子们"),不需要赎银,他们的自由也应该被建立。
>
> 如果他们是另一个国家的人民,(他们的)买方应该在神的面前说出他称付银子的(数量),然后,男奴隶或女奴隶的主人应该把商人称

---

① 吴宇虹:《古代两河流域国家保护弱势公民群体的历史传统》,《东北师大学报》,2007年第6期,第6页。
② 吴宇虹:《古代两河流域国家保护弱势公民群体的历史传统》,第7页。

出的银子付给他,然后,他可以赎回他的男奴隶或女奴隶。①

这两个条文实际是对自由民沦为奴隶的一种保护,是对奴隶的释放。法典第 280 条,如果本国的公民因欠债等其他原因逃到了外国,变为奴隶,当他们被买回国内,被原来的主人认出后,能证明他们以前是本国的公民后,他们要被立即释放。但如果他们是外国人的身份,当他们的主人要赎回他们时,他们要称出买主付出的银子,可以赎回他们。虽然这两条法律规定重要目的是对赎回奴隶的规定,但也体现了古巴比伦时期存在着奴隶买卖的国际贸易,奴隶可以从外国购买而来。在考古中也发现了众多的国外购买奴隶的契约,如:

CT 33 no. 41

日期:阿米迪塔那 04/01/20
类型:奴隶买卖

1. 1 sag-gemé *Ab-mi-ᵈTà-bi-it* mu-ni	一个女奴隶,名叫阿卜米
2. mí su-bir₄^(ki) *Zu-ta-ad-ni*	塔比特,来自苏巴里亚地区
3. ki ᵈ*Sîn-mu-ša-lim* ba-ni	的祖塔德尼城。从辛穆沙里姆
4. ᵐ*Ri-ba-am-i-lí*	手中,阿达德旮勒祖之子
5. dumu ᵈ*Adad-gal-zu*	瑞板伊里
6. in-ši-in-sa₁₀	买下了她
7. *šám-til-la-bi-šè*	称出 64"钱"银子
8. 1 ma-na 4 gín kù-babbar	作为她的全价。
9. in-na-an-lá	他要额外
10. *ù* 1 gín kù-babbar má-bi *iš-ku-un*	提供了 1"钱"银子。
11. ud-3-kam *te-eb-i-tum*	女奴的试用期为 3 天,
12. iti-1-kam *be-en-kúr*	一个月的癫痫期考察期。
13. *a-na ba-aq-ri-šu*	(他们)要根据国王的
14. ki-ma *si-im-da-at* lugal	法令来承担
15. *iz-za-az*	所引起的诉讼。
16. (witness)	(证人略)
17. iti bará-zag-gar ud-20-kam	日期:1 月 20 日
18. mu *ám-mi-di-ta-na* eš-bar	阿米迪塔那第 4 年。
19. mu gibil-egir mu nam-á-gál-la	

---

① 吴宇虹等:《古代两河流域楔形文字经典举要》,第 184—185 页。

20. ^{d}Marduk -[ke$_4$]

通过这份契约,我们可以发现,在契约中第二行,写明了女奴隶来自"苏巴里亚地区的祖塔德尼城"。这个名叫"阿卜米塔比特"的女奴隶是从外国购买的奴隶。从其他契约中可以发现,从苏巴里亚地区购进来的奴隶数目较多,苏巴里亚地区是供给古巴比伦王朝的一个奴隶贸易市场,两地有着较频繁的奴隶买卖贸易。

四、家生奴隶

家生奴隶也是奴隶来源的一个重要途径,特别是和平时期,随着战俘的不断减少以及社会生活的稳定,家生奴隶逐渐替代战俘奴隶和债务奴隶,成为和平稳定时期主要的奴隶来源。奴隶家生的子女仍然归属父母的原有主人。家生奴隶属于奴隶人口的自然增加,也是奴隶数目稳定增长的重要保证之一。在许多奴隶买卖中,明确说明了奴隶的来源,是家生奴隶。如:

YOS 12 no. 74

日期:辛穆巴里忒 22/04/10
类型:奴隶买卖
YBC 6744

1. 1 sag-gemé *Ištar$_8$-tár-mu-ba-la-li-t a-at mu-a-ni*	一个女奴隶,名叫伊什塔尔穆巴里忒,
2. ùr-ra tu-ud-da	她是家生奴隶。
3. ki *Mu-zu-šè* dumu *Annum-pi$_4$-Ištar$_8$-tár*	从安农皮伊什塔尔之子穆祖
4. ^{m}*Be-li-i-dí-nam* dumu *Sîn-ereš*	舍手中,辛埃瑞什之子贝里
5. in-ši-sa$_{10}$	迪楠买下了她。
6. 11 gín kù-babbar	他称出了 11
7. šám-til-la-ni-šè	"钱"银子
8. in-na-an-lá	作为她的全价
9. inim gál-la gemé-bi-šè	穆祖舍要承担
10. ^{m}*Mu-zu-šè*	关于他的女奴
11. in-na-ab-gub-bu	的诉讼要求。
12. ud-kúr-šè inim-ma nu-gá-gá	在将来,一方不得向另一方
13. mu *Sa-am-su-i-lu-na* ligal in-pàd	提出争议。他们以国王叁苏伊鲁那的名义起誓。(证人略)
14—19.(witnesses)	

20. iti du₆-k[ù ud-15]-kam   日期：7月15日
21. mu íd Sa-am-su-i-lu-na   叁苏伊鲁那第3年。
22. ga-[ab-nu-hu]
23. mu-un-ba-al
24. Mu-zu-šè   印章：伊拉卜腊特的仆人、
25. dumu Annum-pi₄-Ištar₈-tár   阿农皮伊什塔尔
26. arad ᵈIlabrat   之子穆祖舍。
27. Gi-mil-i-lí   宁席安那的仆人、
28. dumu Nu-ru-um   奴荣之子
29. arad ᵈNinsianna   吉米勒伊里。

契约中这个名伊什塔尔穆巴里忒的女奴隶，明确表明她是家生女奴隶，表明了她的来源。值得注意的是，虽然契约中伊什塔尔穆巴里沓忒的身份是女奴隶，但是她的名字中出现了神的名字伊什塔尔（Ištar），表明这个奴隶家庭还是具有一定的身份地位，或许是从属于神庙的奴隶家庭。

我们再来看另外一份契约：

UET 5 no. 188

日期：瑞穆辛 08/04/[…]
类型：奴隶买卖

1. 1 gemé ᵈ Na-zi-mi mu-ni   一个女奴隶，名叫那孜米，
2. ù A-ma-at -ᵈSîn dumu-mí-a-ni   她的女儿名叫阿马特辛。
3. Ki ᵈ Sîn-e-ri-ba-am   从辛埃瑞板手中
4. ᵐ Ìl-šu-i-bí-šu   伊勒舒伊比舒
5. in-ši-sa₁₀   买下了她和她的女儿。
6. 1/3 ma-na 4 gín kù-babbar   他称出了24"钱"银子
7. šám-til-la-a-ni-šè   作为她们的全价
8. in-na-lá
9. inim gál-la gemé ù dumu-mí-a-ni   对女奴及其女儿的诉讼要求，
10. ᵐ Sîn-e-ri-ba-am   辛埃瑞巴姆
11. in-na-gub-ba   要承担责任。
12. mu-lugal-bi in-pàd   他们以国王的名义起誓。
13—23：(witnesses)   (证人略)
24. iti šu-numun-[na]   日期：4月
25. mu é-ᵈEn-ki ša Uriᵏⁱ-ma   瑞穆辛第8年。
26. <<ba-ni(?)>>

25

27. ù é-^d Nin-é-nim-ma

28. ša é-^d Nin-mar-ki

29. mu-un-dù-a

在这份契约中,一对母女被卖为奴隶,毫无疑问,女儿属于家生奴隶。女儿没有人身自由,仍旧属于母亲的主人所有,主人有权出卖她们两人。

从以上分析可以看出,古巴比伦时期奴隶主要有四个来源,战俘、债务奴隶、国外奴隶及家生奴隶。这四种奴隶的数量随着社会状态的变化而变化,总体而论,国外购买的奴隶及债务奴隶的数目应该相对较少,而战俘和家生奴隶的数目则相对较多。在战争平息后的初期可能战俘奴隶数目较多,而在和平时期,则家生奴隶成为奴隶的最重要来源。四种奴隶所占的比重,则是一个不易搞清楚的难题。

第二节 奴隶的价格

奴隶在古巴比伦社会中占有重要的地位,是构成古巴比伦时期社会阶层的重要组成部分。古巴比伦社会是一个等级社会,整个社会被分为阿维鲁、穆什根努、奴隶三个等级。阿维鲁是拥有公民权的自由民。阿维鲁等级中有大奴隶主、中小奴隶主,占大多数的则是受压迫的下层自由民。穆什根努是无公民权的自由民,大概来源于破产失地的公民或原无公民权的自由民。穆什根努等级中有的上升为奴隶主,多数则是下层自由民。奴隶是社会的最低等级,奴隶人身依附于他的主人,但奴隶具有价值,是奴隶主最重要的动产。主人可以通过买卖、抵押等方式获取利益。首先我们通过一些奴隶的抵押来寻找奴隶价值的线索。如:

AUCT IV no. 85

日期:叁苏伊鲁那 05/10/20
类型:奴隶抵押
Larsa AUAM 73.2306
正面:

1. 1 sag-géme Ta-tu-ra-am-Eš₄-tár mu-ni	1个女奴隶,名叫塔图冉埃什塔尔,属于马奴姆。
2. ša Ma-a-nu-um	
3. ki Ma-a-nu-um lugal-gemé-ke₄	从她的主人马奴姆手中,
4. ^INa-bi- ^dEN.ZU	那比辛接收了她,

5. *a-na ma-an-za-za-nu-*[*tim*]   作为抵押。
6. *šu-ba-an-ti*   当马奴姆带来
7. u₄ᵘᵐ 2 gín kù-babbar   2"钱"银子
8. *ub-ba-*「*lam*」 的那一天,
9. ᴵ*Ma-a-nu-um*   他能够

背面:

10. sag-géme *ita-*[*ar*]   带回奴隶。
11. igi *Du-mu-qum*   证人:杜穆群、
12. igi ᵈUtu-hé-gál   沙马什希呑勒、
13. igi *A-pil-Ìr-ra*   阿皮勒伊尔腊。
14. iti ab-è u₄-20-kam   日期:10月20日,
15. mu *Sa-am-su-i-lu-na* lugal-e   叁苏伊鲁那第5年。
16. ᵍⁱˢ̌gu-za nesag-gá-a ᵈNanna
17. *Ma-a-nu-um*   (印章):宁希安那神的
18. dumu *Li-pí-it-Eš₄-tár*   仆人、里皮特埃什塔尔
19. ìr ᵈNin-si₄-an-na   之子。马奴姆。

  奴隶主人马奴姆将一个名叫塔图冉埃什塔尔女奴隶,抵押给那比辛,当马奴姆带来2"钱"银子的时候,他将可以带走奴隶。在这份契约中,女奴的价值不高只抵押到了2"钱"银子,但2"钱"银子并非是女奴隶的实际价格,因为一般抵押得到的银子都远远低于抵押品,这样才能保证接受抵押一方的权益,这也是抵押能够顺利进行的基本原则。《汉穆拉比法典》第118条也涉及了奴隶的抵押,内容如下:

  如果他把一个男奴隶或一个女奴隶以抵债奴身份交出,商人(债主)应该允许度过(一个抵押)期限,然后,他可以卖掉(抵债奴)抵银(债),他(奴)不得被(原主)索要。①

  从这个条款可以看出,如果抵押的奴隶到期后,抵押奴隶者还不来赎回的话,那么奴隶可以被卖掉抵债,奴隶的主人不能索要。可惜这个条款并没有涉及奴隶抵押的价格是多少。但说明了奴隶不仅可以直接买卖,还可以进行抵押,实际上是一种变相的奴隶买卖。
  在奴隶买卖中,奴隶的价格无疑是一个最重要的问题。但这个问题也

---

① 吴宇虹等:《古代两河流域楔形文字经典举要》,第98—99页。

是一个不容易做出确切结论的问题。奴隶的价格受多种因素的影响,个体差异性较大,因此我们很难对每个时期的奴隶价格有一个确定的数字。即便是对长时间奴隶价格趋势的描述,也是一个学术难题,我们只能根据有限的资料,对奴隶的价格做一大概的描述。我们首先通过《汉穆拉比法典》的相关条款来探析奴隶的一般价格。《汉穆拉比法典》第213、214条规定:

>213条:如果他将一个人的女奴隶殴打了并使她流掉了她的胎儿,他应该将2"钱"银子称给(主人,作为赔偿)。214条:如果该女奴隶死了,他应该将三分之一"斤"(20"钱")银子称给(主人,作为赔偿)。①

从该条款中可以看出,一个女奴隶的价格是20"钱"银子,或者是18"钱"银子,因为还有一个胎儿,胎儿的价格是2"钱"银子。我们再来看《汉穆拉比法典》第251、252条规定:

>215条:如果一个人的牛,是一个牴人的牛。他的社区将它是一头牴人牛,通知了它的主人,但是他没有将其角弄短,也没有管教他的牛,因为那头牛把一个自由人牴了并导致(其)死亡,他(牛的主人)应该将二分之一斤的银子支付(给死者家作为赔偿)。252条:如果(牛牴死了)人的奴隶,他应该将三分之一"斤"(20"钱")的银子支付(给主人作为赔偿)。②

从这个条款中可以看出,一个奴隶的价值是20"钱"银子,这个条款中的奴隶我们假定为男奴隶,结合法典的第213、214条款,可以看出古巴比伦时期一个奴隶的价值大概是20"钱"银子。但20"钱"银子是属于赔偿价格,是属于犯了伤害罪的惩罚价格,这个价格应该比一般的交易价格稍高。20"钱"银子或许是古巴比伦时期官方的奴隶价格,当然也可能是一个价格的参考,在实际奴隶买卖中则具有多变的价格标准。

下面我们通过一些具体的奴隶买卖契约来分析奴隶的买卖价格。如:

---

① 吴宇虹等:《古代两河流域楔形文字经典举要》,第158页。
② 吴宇虹等:《古代两河流域楔形文字经典举要》,第173页。

CT 33 no. 38

日期：汉穆拉比 34/06/03
类型：奴隶买卖

1. 1 sag-gemé *Iš₈-tàr-ga-at* mu-ni
2. gemé *E-li-e-ri-tab* lukur- ᵈ*Šamaš*
3. ki *E-li-e-ri-tab*
4. dumu-mí *A-ni-ellati*
5. ᶠ*Ni-ši-i-ni-šu* lukur- ᵈ*Šamaš*
6. dumu-mí ᵈ*Sîn-iš-me-a-an-ni*
7. *i-na* ur₅ kù-babbar in-ši-in-sa₁₀
8. šám-til-la-bi-šè
9. 17 gín kù-babbar in-na-an-lá
10. ᵍⁱˢgan-na íb-ta-bal
11. inim-bi al-til
12. šag₄-ga-a-ni al-dùg
13. ud-kúr-šè inim nu-gá-gá
14. mu ᵈ*Šamaš* ᵈ*A-a* ᵈ*Marduk*
15. *ù Ha-am-mu-ra-bi* it-mu
16—24.（witnesses）
25. iti kin-ᵈInanna ud-3-kam
26. mu ᵈ AN ᵈ Inanna ᵈ*Na-na-a*

一个女奴，名叫伊什塔尔旮特，
她是沙马什女祭司埃里埃瑞塔
卜的女奴。从阿尼埃拉提之女
埃里埃瑞塔卜的手中
辛伊什美安尼之女、沙马什
女祭司尼西伊尼舒
买下了她。
17"钱"银子被称出，
作为她的全价。
木杵被传递了，
交易完成。
她心满意足。
在将来，一方不得向另一方提
出争议。他们以沙马什、阿亚、
马尔杜克以及汉穆拉比的名
义起誓。（证人略）
日期：6月3日
汉穆拉比第 34 年。

CT 8 no. 22c

日期：汉穆拉比 35/10/21
类型：奴隶买卖

1. 1 sag-gemé *Be-el-ti-ma-gi-ra-at* mu-ni-im
2. *ù* dumu-ni
3. gemé *Šarrum*-ᵈ*Adad ù Ha-am-mu-ra-bi*-ᵈ*Šamši*
4. *itti Šarrum*-ᵈ*Adad* dumu ᵈ*Adad-na-ṣi-ir*
5. *ù Ha-am-mu-ra-bi*-ᵈ*Šamši* dam-a-ni
6. ᵐᵈ*Na-bi-um-ma-lik*
7. dumu ᵈ*Adad-na-ṣi-ir*
8. in-ši-in-sa₁₀
9. šám-til-la-bi-šè
10. 16(?) 1/2 gín kù-babbar

一个女奴隶，名叫贝勒提
马吉腊特，与她的儿子。
她是沙如姆阿达德和汉穆
拉比沙姆西的女奴。
从阿达德那采尔之子沙如姆
阿达德和他的妻子汉穆拉比
沙姆西手中，阿达德那采尔
之子那比乌姆马里克
买下了她们。
16 1/2"钱"银子
被称出了，

29

11. in-na-an-lá 作为她的全价。
12. ud-kúr-šè lú lú-ra 在将来,任何一方
13. inim nu-um-gá-gá-a 不得向另一方提出争议。
14. mu ^{d}Marduk ù Ha-am-mu-ra-bi 他们以马尔杜克神和国王
15. in-pàd-dè-meš 汉穆拉比的名义起誓。
16—23. (witnesses) (证人略)
24. iti ab-ba-è ud-21-kam 日期:10月21日
25. mu Ha-am-mu-ra-bi lugal-e 汉穆拉比第35年。
26. inim an ^{d}En-líl-lá-ta
27. bùd Má-ri^{ki}
28. ù Mà-al-gi$_4$-a^{ki} mu-um-gul

  以上两份契约签订的时间分别为汉穆拉比第34年与汉穆拉比第35年,价格分别为17"钱"和16 1/2"钱"银子。但在第二份契约中,买主是买下了一个奴隶和一个孩子,孩子也有价值,所以第二份契约中,女奴隶的价格应该不高于15"钱"银子。这两个女奴隶的价格与《汉穆拉比法典》中规定的法定赔偿价格稍低,则是合情合理的,也证实了我们上面分析的奴隶交易价格应稍低于赔偿价格。在这两份契约中,卖主都是女祭司,女祭司属于社会上层,她们的交易价格一般高于自由民的交易价格,所以一般的女奴隶的价格还应该略低。以上两份契约涉及的是女奴隶的买卖,现在我们分析关于男奴隶买卖的价格:

UET 5 no. 187

日期:瓦腊德辛09/[...]/[...]
类型:奴隶买卖

1. [1 sag-arad x-x-x] 一个(男奴隶)
2. [x-x-x-x] mu-ni 他的名字是[……]
3. arad ^{d}Nanna-ma-an-sum 是南那曼逊的奴隶。
4. Ki ^{d}Nanna-ma-an-sum 从南那曼逊与
5. [ù] ^{d}Nin-gal-la-ma-zi dam-a-ni 他的妻子宁旮勒拉马孜
6. ^{d}Lugal-ereš 于中,卢旮勒埃瑞什
7. in-ši-sa$_{10}$ 买下了他,并称出
8. 1/3 ma-na 1 2/3 gín kù-babbar 21 2/3"钱"银子
9. šám-til-la-a-ni-šè in-na-lá 作为他的全价。
10. ud-kúr-šè níg-hè(?)-lá 将来,[……]
11. inim-gál-la arad-šè 南那曼逊

12.	ᵐᵈ*Nanna-ma-an-sum*	要承担，
13.	ì-gub-bu	对奴隶的诉讼要求。
14.	mu-lugal-bi [in]-pàd	他们以国王的名义起誓。
15—33：	(witnesses)	（证人略）
34.	[iti x-x-x]	日期：[……]月
35.	[mu alan] kù-sig₁₇ ku-du-ur-ma-bu-uk	瓦腊德辛第九年。
36.	[é-ᵈUtu]-šè in-ni-in-ku₄-re	

YOS 8 no. 86

日期：瑞穆辛 27/01/[...]
类型：奴隶买卖

1.	[1] sag-arad	（一个）男奴隶
2.	ᵈŠamaš-lu-ut-tù-ul mu-ni	名叫沙马什鲁突勒。
3.	ki Ni-da-na-at-ᵈSîn	从尼达那特辛手中，
4.	ᵐᵈNanna-ì-mah	南那伊马赫
5.	in-ši-sa₁₀	买下了他，并称出
6.	1/3 ma-na kù-babbar	20"钱"银子
7.	šàm-til-la-ni-šè	作为他的全价。
8.	in-na-lá	他（卖方）要对
9.	inim-gál-la arad-šè in-na-gub	奴隶的诉讼（负责）。
10.	inim-ma nu-gá-gá	在将来，一方不得向另
11.	mu-lugal-bi in-pàd	一方提出争议。（他们）
12—16.	(witnesses)	以国王的名义起誓。
17.	iti bará-zag-gar	（证人略）日期：1月
18.	mu e gù-num-di	瑞穆辛第 27 年。
19.	in-si-ga	

TIV no. 34

日期：残缺
类型：奴隶买卖

1.	1 sag-arad Ìr-ra-ga-mil	一个男奴隶，他的名字是
2.	mu-ni-im	伊腊卺米勒，他的代理人
3.	aš-šu-mi-šu ᵈUtu-[na]-ah-[ra-ru]	是沙马什那赫腊如。他是
4.	ša a-na 18 gín kù-bi ša-mu	伊图尔阿杜马之子伊姆
5.	a-naIm-gur-ᵈEn-zu dumu I-túr-aš-du-ma	古尔辛以 18"钱"银子的价
6.	ᵐᵈNanna-me-dím	格买来的。代理人把他卖给

31

7. dumu ᵈUtu-*mu-uš-te*(!)-*pi-iš*
8. *id-di-nu-ma ip-t ú-ru-uš*
9. *u₄-um* Ìr-*ra-ga-mil* kù-bi
10. *ì-lí-šu ub-ba-lam*
11. ᵐÌr-*ra-ga-mil*
Rev.
12. *pa-ga-ar-šu i-pa-t à-ar*
13—24：（witnesses）
25. A-*lí-ia*
26. dumu Iš-*bi-ir-ra*
27. arad Da-*nu-um-ta-ha-az*
28. Ì-*lí-we-de-ku*
29. dumu ᵈEn-*zu-ba-ni*
30. Ip-*qú-ša*
31. dumu Ìl-*mi-li* [k]
32. arad ᵈŠul-*pa-è-a*
33. [kišib Šu-m] *i-a-hi-ia*
34. [kišib Mu-na] -*wi-rum*

了沙马什穆什台皮什之子南那美迪姆，并释放了他。
在将来，伊腊旮米勒要为他的"命运"给出银子，伊腊旮米勒就可以释放他自己（不再为南那美迪姆服务）。
（证人略）。
（印章）阿里亚
伊什比尔腊之子
达奴姆塔哈兹的仆人；
伊里维戴库
恩朱巴尼之子；
伊坡苦沙、
伊勒米里克之子，
舒勒怕埃亚的仆人；
舒米亚希亚；
穆那维如姆。

前两份契约属于拉尔萨王朝时期，第三份契约虽然日期残缺，但是出土于伊什嚓里（Ishchali），属于埃什奴那王朝。这三份契约都不属于狭义的古巴比伦王朝，奴隶的价格分别为 21 2/3 "钱"、20 "钱"、18 "钱"银子，价格稍高，但相差不是很大，总体上来讲，古巴比伦时期各个地区奴隶买卖的价格具有一定的统一性。

我们搜集到了约 100 个奴隶买卖契约，这 100 份契约所记载的奴隶价格如下表所示：

表 2-1　奴隶买卖价格一览表

契约	日期	城市	奴隶	价格
CT 48 87	Sl	Kisurra	1 女奴	12 "钱"
UET 5 184	Sl 3	Ur	1 女奴	6 1/2 "钱"
Edzard Tell ed-Dēr 118	Apa	Ed-Dēr	1 女奴 1 女奴	3 "钱" 20 "钱"
VAS 8 26	Sm 7	Sippar	1 女奴	24 "钱"

续 表

契约	日期	城市	奴隶	价格
VAS 9 164	Ha	Sippar	1女奴	5 1/3"钱"
TCL 1 81	Ha 7	Kazallu	1女奴	16"钱"
CT 2 25	Ha 10	Sippar	1女奴	10"钱"
CT 8 43c	Ha 18	Sippar	1女奴	10 1/2"钱"
CT 33 38	Ha 34	Sippar	1女奴	17"钱"
CT 8 22c	Ha 35	Sippar	1女奴,1孩奴	17 1/2"钱"
CT 6 3b	Si 1	Sippar	1女奴	7 1/2"钱"
YOS 12 74	Si 3	Larsa	1女奴	11"钱"
YOS 12 76	Si 3	Larsa	1女奴	20"钱"
CT 47 54	Si 3 或 4	Sippar	2女奴,1孩奴	40"钱"
YOS 12 222	Si 7	Larsa	1女奴	3 2/3"钱"
YOS 12 275	Si 7	Larsa	1女奴	4 1/3"钱"
YOS 12 302	Si 8	Larsa	1女奴	8 2/3"钱"
YOS 12 312	Si 8	Larsa	1女奴	8 1/6"钱"
CT 48 28	Si 9	Sippar	1女奴	11"钱"
TCL 1 133	Si 11	Dilbat	1女奴	3 5/6"钱"
AO 2713	Si 11	Dilbat	1女奴	3 5/6"钱"
TCL 1 134	Si 12	Kish	1女奴	5 1/2"钱"
SLB 1/3 158	Si 13	Lagash	1女奴	3 1/2"钱"
TLB 1 216	Si 13	North Babylonia	1女奴	25"钱"
YOS 12 552	Si	?	1女奴	15 1/4"钱"
BA 5/4 26	Si 18	Sippar	1女奴	13"钱"
Waterman Bus. Doc. 20	Si 18	Sippar	1女奴	8 1/2"钱"
TLB 1 215	Si 19	North Babylonia	1女奴	6"钱"
YOS 13 248	Ae u	Babylon	1女奴	43 2/3"钱"
CT 8 27a	Ae m	Sippar	1女奴,1孩奴	85"钱"
TL 1 147	Ae h	Sippar	1女奴	13"钱"
CT 48 47	Ae c	Sippar	1女奴	60"钱"

33

续　表

契约	日期	城市	奴隶	价格
VAS 18 15	Ad 1	Kish?	1女奴	66"钱"
CT 45 45	Ad 3	Sippar	1女奴	25 1/3"钱"
CT 33 41	Ad 4	Sippar	1女奴	65"钱"
VAS 7 50	Ad 7	Dilbat	1女奴	51 2/3"钱"
YOS 13 39	Ad 7	North Babylonia	1女奴	36 1/2"钱"
YOS 13 253	Ad 13	Dilbat	1女奴	21＋＜1"钱"
VAS 16 207	Ad 13	Dilbat	1女奴	21 5/12"钱"
VAS 7 53	Ad 20	Dilbat	1女奴	58"钱"
Meissner BAP 3	As 3	Sippar	1女奴	4 7/12"钱"
YOS 13 89	As 6	Sippar	1女奴 1女奴	30 1/2"钱" 28 1/2"钱"
YOS 13 48	As 8	North Babylonia	1女奴	8 1/2"钱"
Edzard Tell ed-Dēr 48	As 11	ed-Dēr	1女奴	5 1/4"钱"
TCL 1 170	＞As 16	Sippar	1女奴	13"钱"
YOS 14 128	SA 1	Dilbat	2男奴、1女奴	40"钱"
PSBA 33 27：239	SA 13	Kish	1男奴	16"钱"
UET 5 185	Sl 8	Ur	1男奴	8"钱"
UET 5 190	Sl 9	Ur	1男奴	8 1/2"钱"
UET 5 186	Sl 17	Ur	1男奴	15"钱"
RA 54/1 38：33	＜Sl 13	Kish	1男奴	11"钱"
AO 19660	Sl 23	Babylon	1男奴	11"钱"
RA 54/1 39：36	Abdiarah	Kish	1男奴	13"钱"
Edzard Tell ed-Dēr 116	＜Apa	ed-Dēr	1男奴	27"钱"
CT 6 40c	Sa 2	Sippar	1男奴	24"钱"
VAS 9 146	Ha	Sippar	1男奴	10"钱"
CT 48 65	Ha 37	Sippar	2男奴	35"钱"
CT 48 62	Ha 40	Sippar	1男奴、1女奴、1孩奴	80"钱"

34

续　表

契约	日期	城市	奴隶	价格
VAS 9 154	Ha 40	Sippar	1 男奴	6"钱"
BA 5/4 11	Ha 42	Sippar	1 男奴	20"钱"
Speleers Recueil 238	Si	Kish	1 男奴	20"钱"
Speleers Recueil 264	Si	?	1 男奴	12 1/6"钱"
CT 47 52	Si 1	Sippar	1 男奴	22"钱"
CT 47 53	Si 2	Sippar	1 男奴	18"钱"
YOS 12 108	Si 4	?	1 男奴	18"钱"
YOS 12 225	Si 7	Larsa	1 男奴	19"钱"
TIM 5 9	Si 8	?	1 男奴	13"钱"
CT 47 61	Si 8	Sippar	1 男奴	15"钱"
TIM 1 9	Si 9	North Babylonia	1 男奴	13"钱"
YOS 12 317	Si 10	Larsa	1 男奴	5"钱"
YOS 12 322	Si 10	Larsa	1 男奴	10 1/6"钱"
Unpub. BM 82357	Si 1–18	Sippar	1 男奴	8"钱"
Waterman Bus. Doc. 46	Si 33?	Sippar	1 男奴	17"钱"
CT 6 29	Ae 24	Sippar	1 男奴	90"钱"
CT 45 44	Ad 2	Sippar	1 男奴	108 1/3"钱"
YOS 13 5	Ad	Sippar	1 男奴	51"钱"
YOS 13 246	Ad 21	Dilbat	1 男奴	54 5/6"钱"
CT 48 66	Ad 22	Babylon	2 男奴	24"钱"
YOS 13 279	Ad 31	North Babylonian	1 男奴	20"钱"
TCL 1 156	Ad 37	Sippar	1 男奴	12 1/6"钱"
AO 4499	Ad 37	Sippar	1 男奴	12"钱"
Meissner BAP 4	As 10	Sippar	2? 男奴	20 2/3"钱"

35

续 表

契约	日期	城市	奴隶	价格
Edzard Tell ed-Dēr 49	As 12	ed-Dēr	1男奴	10"钱"
JNES 21/2 p. 75	Sd 13	North Babylonia	1男奴	20"钱"
RA 54/1 37：32	Halium	Kish	孩奴？	8"钱"
RA 54/1 40：36 ff.	Abdiarah	Kish	2孩奴	15"钱"
Edzard Tell ed-Dēr 129	<Ha	ed-Dēr	1孩奴 1孩奴	12"钱" 11-12"钱"
CT 8 22b	Ha 12	Sippar	1孩奴	5
Edzard Tell ed-Dēr 45	As 2	Sippar	2[孩奴]	7 5/6"钱"

通过对上表中50个女奴隶买卖契约中价格的计算,其平均价格约为18"钱"银子。对50个男奴隶买卖价格的计算,其平均价格比女奴隶略低为16"钱银子",孩奴的价格约为10"钱"银子。契约中奴隶的平均价格与《汉穆拉比法典》中规定的奴隶的价格大体相当,略低于法典中的赔偿价格。法典中规定的价格是一种具有指导意义的价格,在实际的奴隶买卖中,奴隶价格受到多种因素的影响,故价格存在着一定的变化。

第三节 影响奴隶价格的主要因素

在奴隶买卖中,众多因素影响了奴隶的交易价格,如奴隶的性别、健康状况、是否具有特殊技艺等等,因此导致了奴隶价格的多样化。平均价格只能反映奴隶买卖价格的一般趋势,对奴隶价格的个体分析才能反映奴隶买卖的实际。影响奴隶交易价格的主要有以下因素。

一、性别因素

性别是影响奴隶价格一个比较重要的因素。男女奴隶在体力上有差异,在使用领域方面也会有所不同。女奴隶多用于家内劳动,而男奴隶则更多用在生产领域。在契约中,对男女奴隶的性别也非常重视,一般在契约的开始都会明确标明奴隶的性别。男奴隶用苏美尔语为"sag-arad"表示,女奴隶则用"sag-gemé"来表示。可见奴隶的性别是交易双方特别是买方特别关注的一个问题,性别因素是影响奴隶价格的一个重要因素。古巴比伦时期,女奴的价格普遍高于男性奴隶的价格。霍文勇博士的研究成果显示,女奴的平均价格为22"钱"银子,而男性奴隶的平均价格为12"钱"银子。[①] 我们在上一节中的研究表明,女奴隶的平均交易价格为18"钱"银子,男奴隶为16"钱"银子,也显示了女奴隶的价格稍高于男奴隶。

身强力壮的男奴隶的价格为何还要低于女奴隶的价格呢？这大概有两个因素：一是与古巴比伦时期的奴隶制有关,这一时期的奴隶制处于初级阶段的家庭奴隶制阶段。奴隶主要用于家内劳动,较少用于农业生产之中。家内劳动多是一些相对精细、不需要多大劳动力的工作。在家内劳动中,女性奴隶更占优势,因此女性奴隶更受买主的青睐,导致了女性奴隶价格的偏高；二是与古巴比伦时期的婚姻制度有关。古巴比伦时期的婚姻制度规定,如果一个男人取了不能生育的女祭司为妻子,那么他可以再娶一个妻子,这时这个男子可以买一个女奴隶为妻。如果妻子因患病而不能生育,丈夫也可以娶第二个妻子,他也可以买一个女奴隶为妻。因此在女奴隶的买卖活动中,买主购买女奴隶的目的之一或许是用来作为第二个妻子,因此交易中的女奴隶多是体健貌美的年轻女奴,她的交易价格必定要高一些。上述两个因素造成了在古巴比伦时期女奴隶价格总体上要高于男奴隶,性别是影响奴隶价格的一个重要因素。

二、年龄因素

除了性别因素之外,年龄因素对奴隶的交易价格也有所影响。年龄因素在我国近代彝族社会奴隶的交易中也有所体现,"壮年男子的价格略等于一匹马。孩童易驯服,且使用期间较长,以年龄计算,如十岁者倍于壮男,十五岁者三倍。老人甚贱,二人略等于一匹马。"[②]可见,奴隶的年龄也是影响其价格的重要因素。年轻的奴隶身强力壮,不易生病,并且使用的年限更长,可以获取更多的劳动力价值,所以较受买方青睐。虽然年轻的奴隶备受青睐,但也并非年龄越小越好。年龄太小的奴隶,把他养大,需要花费较多的精力和财力,所以这些孩奴的价格一般比较便宜,是成年奴隶的一半或更少。同时应该注意,在古代两河流域地区,还有一种特殊形式

---

① 霍文勇:《古巴比伦时期两河流域地区奴隶买卖文献研究》,第60页。
② 郭沫若:《奴隶制时代》,人民出版社,1954年版,第288页。

的奴隶买卖,即收养。没有继承人的自由民或者不能生育后代的女祭司,经常会收养奴隶作为自己的"儿子""女儿",以照顾自己的晚年生活。被收养的奴隶将以"获得自由"作为回报,但没有财产继承权,不能继承养父的遗产。如:

BE 6/1 no. 13

日期:无
类型:奴隶收养

1. ᶠ*Su-ur-ra-tum qá-du* dumu-munus gaba
2. dumu-munus *Erišti-* ᵈ*A-a* lukur ᵈUtu
3. *ša Erišti-* ᵈ*A-a* lukur ᵈUtu *mu-ma-ša*
4. *ú-da-am-mi-qú-ši-ma*
5. *a-na ma-ru-ti-ša iš-ku-nu-si*
6. [*ù*] *Erišti-* ᵈ*A-a* lukur ᵈUtu dumu-munus *šar-rum-* ᵈIškur
7. [*ú*]-*ul-li-il-ši*
8. *pa-ni-ša a-na s͟īt šamšim iš-ku-un*
9. [*a-di*] *Erišti-* ᵈ*A-a* lukur ᵈUtu *um-ma-ša*
10. *ba-al-ṭa-at*
11. *it-ta-na-aš-ši-Ši*
12. *iš-tu Eristi-* ᵈ*A-a* lukur ᵈUtu *um-ma-ša*
13. *i-lu-ša iq-te-ru-ši*
14. *el-le-et ša ra-ma-ni-ša ši-i*
15. *ma-la li-ib-bi-ša ma-ṣi-a-at*
16. *a-na warkiāt ūmī i-na* dumu-meš *Erišti-* ᵈ*A-a* lukur ᵈUtu
17. dumu-munus *šar-rum-* ᵈIškud
18. *ù* dumu-meš *Ka-lu-mu-um a-ḫi* -*ša*
19. nita₂ *ù* munus *ša ib-šu-ú*
20. *ù ib-ba-aš-šu-ú*
21. *a-na* ᶠ*Su-ur-ra-tum qá-du* dumu gaba
22. dumu-munus *Erišti-* ᵈ*A-a* lukur ᵈUtu
23. [*ma-am-ma-an la*] [*i*]-*ra-ag-ga-mu*

苏腊图姆带着一个吃奶婴儿,
沙马什那迪图女祭司埃瑞什提阿亚收养了她,
把她作为女儿。
沙如姆阿达德之女、
沙马什那迪图女祭司,
埃瑞什提阿亚
使她获得了自由,
她(苏腊图姆)面向东方。①
只要埃瑞什提亚活着,
苏腊图姆就应该赡养她。
她的母亲埃瑞什提阿亚被她的神召唤(她死了),
她(苏腊图姆)就获得了自由,
她可以做她想做的事。
在将来,沙如姆阿达德之女沙马什那迪图女祭司,
埃瑞什提亚的
孩子们,她哥哥
卡鲁蒙的儿子们,不管是现在的或是将来的(出现的)
男人和女人,任何人
不能对埃瑞什提亚的养女苏腊图姆以及这个吃奶的婴儿提出要求。

---

① 在古巴比伦时期,奴隶的解放需要参加一个仪式,奴隶将脸面向东方,然后他们就获得了自由。通常用动词"ullulu"表达,意为"释放"。

24.（winiesses） （证人、日期略）

CT 8 no. 48a

日期：无
类型：奴隶收养

1. ᴵᵈ Kal-kal-mu-ba-lí-it　　　　　　　　卡勒卡勒穆巴里式
2. dumu ᵈ A-a-damqat　　　　　　　　是阿亚达姆喀特的养子。
3. ᴵᵈ A-a-damqat　　　　　　　　　　伊里舒伊比苏之女，
4. dumu-munus Dingir- šu-i-bi-šu　　沙马什的那迪图女祭司
5. um-ma-šu ú-li-il-šu　　　　　　　　阿亚达姆喀特、他的母亲，
6. a-na ṣí-it ša-am-ši　　　　　　　　释放了他，使他获得了自由。
7. pa-ni-šu iš-ku-un　　　　　　　　　他要面向东方。
8. ᴵᵈ kal-kal-mu-ba-lí-it　　　　　　　　只要他的母亲活着，
9. a-di ba-al-ṭà-at　　　　　　　　　卡勒卡勒穆巴里式
10. i-ta-na-aš-ši-ši-ma　　　　　　　　就应该赡养她。
11. i-na warkīt ūmim ma-am-ma-an　　在将来，
12. mi-im-ma e-li ᴵᵈ Kal-kal-mu-ba-lí-it　卡勒卡勒穆巴里式
13. ú-ul i-šu-ú　　　　　　　　　　　不能继承她母亲的财产，
14. ul-lu-ul　　　　　　　　　　　　他获得了自由。
15. dumu-meš Dingir- šu-i-bi-šu　　　伊勒苏伊比苏的儿子们和
16. ù dumu-meš bur-nu-nu　　　　　布尔奴奴的儿子们
17. ma-am-ma-an ú-ul i-ra-ga-am-šum　他们中的任何人不得向他提
18. mu ᵈUtu ᵈa-a ᵈAmar-utu　　　　出要求做奴隶。他们以沙马什神、
19. ù ḫa-am-mu-ra-pí　　　　　　　阿亚神、马尔杜克神和
20. itmû　　　　　　　　　　　　国王汉穆拉比的名义起誓。
21.（winiesses）　　　　　　　　　（证人、日期略）

收养实际上也是一种变相的买卖，在这种收养形式中，养父虽然开始不用付出价格的银子，但是当他去世后，他收养的奴隶可以获得人身自由，变为自由民，家族里的其他人不能要求他继续作为奴隶使用。养子付出的代价就是当养父母活着的时候，他要给养父母提供赡养，除了生活上的照料外，还要提供日常的生活所需的生活资料等。但养子没有继承权，养父母的遗产由家族里的其他人继承。

三、身体条件或特殊技能

奴隶身体条件出众，价格一般很高，甚至高于平均价值数倍。如果购

买的奴隶具有某种特殊技能,可以从事特殊技术性的手工业劳动,价格自然也较高。

我们可以对比分析以下两份契约:

UET 5 no. 185

日期:苏穆拉埃勒 08/10/[...]
类型:奴隶买卖

1.	1 sag-arda	一个男奴隶,
2.	ᵐA-bu-ni mu-ni	他的名字是阿布尼
3.	ki Gu-la-[x-x]-ba-ni	从古拉[……]巴尼手中,
4.	ᵐSu-mi-a-bi-ia	苏米阿比亚
5.	in-ši-sa₁₀	买下了他。
6.	8 gín kù-babbar	8"钱"银子
7.	šàm-til-la-ni-šé	作为他的全价
8.	in-na-lá	被称出。
9.	ud-kúr lú<lú>-ra	在将来,任何一方不得向
10.	nu-mu-un- gi₄- gi₄-ne	另一方提出争议。
11.	mu-lugal-bi in-pàd	他们以国王的名义起誓。
12—18:	(winiesses)	(证人略)
19.	iti ab-è	日期:10 月
20.	mu uru-ka-id-[da]	苏穆埃勒第 8 年。
21.	ba-[ḫul]	

UET 5 no. 186

日期:苏穆拉埃勒 17/06/[……]
类型:奴隶买卖

1.	1 sag-arad Da-da-a	一个男奴隶,他的名字是
2.	mu-ni	达达亚。
3.	ki ᵈSin-i-din na-aš(! am)	从辛伊丁那姆手中,
4.	Za-li-i-a	扎里亚
5.	in-še-sa₁₀	买下了他。
6.	15 gín kù-babbar	15"钱"银子
7.	šàm-til-la-ni-šé	作为他的全价,
8.	in-na-lá	被称出。
9.	ud-kúr lú lú	在将来,任何一方不得
10.	nu-mu- gi₄<- gi₄>-ne	向另一方提出争议。

11. mu-lugal-bi in-[pàd]　　　　　　　他们以国王的名义起誓。
12—17：(witnesses)　　　　　　　　（证人略）
18. iti kin-^{d} Inanna　　　　　　　　日期：6 月
19. ús-sa è-duru₅　　　　　　　　　　苏穆拉埃勒第 17 年。
20. Ì-sà^{ki} ba-an-dab₅　　　　　　　（印章）
21. ^{d} Sîn-i-din-na-aš　　　　　　　　辛伊丁那什
22. Za-li-i-a　　　　　　　　　　　　扎里亚

　　这两份契约都属于苏穆拉埃勒时期,第一份契约奴隶的价格为 8"钱"银子,第二份契约奴隶的价格为 15"钱"银子,是第一份契约价格的两倍还有要多。或许第二份契约中的奴隶是一个具有特殊技艺的手工业奴隶,所以价格较高,但可惜的是契约中并未写明该奴隶具有某种技艺。此外,在这份契约中,印章为交易双方的印章,这种同时由买方和卖方两个人都加盖印章的契约也不常见,一般以加盖证人印章的情况居多。或许,因为这个交易不是一般奴隶的交易,为了保证交易的严肃性和不可更改性,需要盖上交易双方的印章,证明交易双方的认同。因此,本条文献中的交易对象不是普通的一般奴隶,而是具有特殊手工技艺的奴隶,具有特殊性。

第四节　奴隶价格变化的总体趋势

　　奴隶价格在古巴比伦时期按照平均价格计算,女奴隶的价格稍高于男奴隶的价格,但如果按照不同时间段来考察,可能会得到不一样的结论。在古巴比伦早中期,女奴隶的价格一般高于男奴隶,但在古巴比伦后期,则是男奴隶的价格明显高于女奴隶。从汉穆拉比时期开始,女奴隶的价格有明显的下降趋势,男奴隶的价格不变。叁苏伊鲁那时期女奴隶和男奴隶的价格都明显下降,并保持在整个古巴比伦时期的最低水平。从叁苏伊鲁那统治后期开始,古巴比伦社会的奴隶价格开始一路升高,并达到历史的最高水平。奴隶价格普遍走高的原因可能和古巴比伦王朝的政治形势有关。随着政治强人汉穆拉比去世之后,叁鲁伊鲁那时期开始战乱频发,王朝式微,对外战争往往以失败告终,战俘奴隶的数量开始减少。国内为了缓解阶级矛盾,频发"解负令",释放债务奴隶,扩大兵源,也导致了债务奴隶的数目不断减少。这一时期奴隶成为稀缺物品,导致了价格的升高。在古巴比伦最后两位国王执政期间,奴隶价格又恢复到之前水平。古巴比伦时期

41

奴隶价格的变化趋势如下表所示：

表 2-2　奴隶买卖价格的变化趋势示意图①
（注：表中价格的重量单位"钱"）

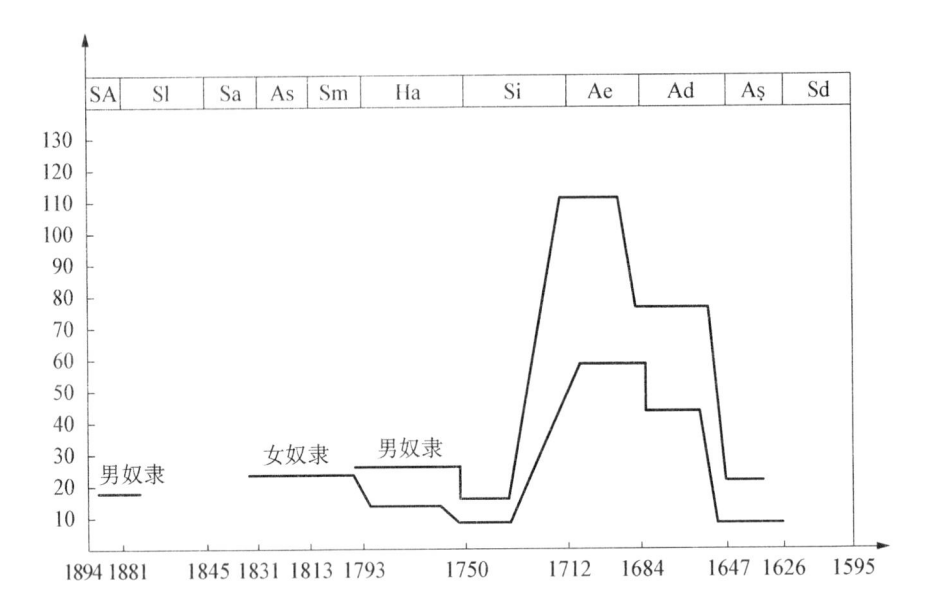

古巴比伦时期奴隶价格的变化主要受供求关系的影响，但也受生产力水平的影响。古巴比伦早期，社会生产力低下，家务劳动是奴隶的重要用途，女奴隶的价格较高。但到了古巴比伦中后期，随着生产力的发展农业生产成为奴隶的主要用途，男性由于在智力和体力上的优势，从事更繁重的生产劳动，掌握更高水平的技能，从而创造出更多的价值，所以男奴隶的价格呈现上升趋势，价格高于女奴隶。

---

① H. Farber, "A Price and Wage Study for Northern Babylonia during the Old Babylonian Period", p. 13.

第三章　羊毛、椰枣及牛、羊等动产的买卖

古代两河流域地区,得益于幼发拉底河和底格里斯河源源不断的水源,在美索不达米亚平原上发展了高度发达的灌溉农业,但长期的灌溉活动也造成了无法避免的严重后果,即土壤的盐碱化。大麦因为更加耐盐碱性,所以逐渐成为古代两河流域地区最重要的粮食作物,[①]甚至于大麦经常会充当交换的媒介,具备了货币的功能,成为古巴比伦时期现实生活中的一种实物货币。除了广泛种植大麦之外,两河流域人还广泛种植椰枣,椰枣从古到今也是人们生活中必不可少的一种食物。芝麻是古巴比伦时期农业的重要油料作物,为人们提供生活必需品——芝麻油。除了发达的农业之外,古代两河流域的畜牧业也比较发达,牛、羊、驴子等等都是古代两河流域常见的家畜,它们不仅可以作为生产工具用于犁地、打谷、播种、运输等农业活动中,它们还可以用作食物成为人们的生活资料。羊对古巴比伦人还具有一种特殊的功能,即它可以提供羊毛,用于纺织衣物,成为古巴比伦人最重要的一种衣料来源。古代两河流域的衣服大多由羊毛纺织而成,因此羊毛成为古巴比伦时期一种生活必需品,在经济交易活动中经常出现。大麦、椰枣、芝麻油和羊毛与古巴比伦人的生活息息相关,成为他们最重要的生活资料,牛和驴子则是一种重要的生产工具,它们都成为买卖交易中的重要物品。古巴比伦人留下了众多关于这些动产的交易契约,通过这些契约可以深入了解古巴比伦人的日常生活。

第一节　"期货买卖"[②]与赊购买卖

动产的买卖交易按照货款支付方式可以分为一手交钱一手交货的现

[①] 吴宇虹:《生态环境的破坏和苏美尔文明的灭亡》,《世界历史》,2001年第3期,第114—116页。

[②] 古巴比伦时期存在着一种较为特殊的契约,在契约中,一方从另一方得到了金 (转下页)

货买卖、先付款后取货买卖方式(我们借用现代的名词称之为"期货买卖"),以及先取货物后付款的赊购等三种方式。在这三种交易类型中,最常见的是现货买卖,但有时也会存在"期货交易"和赊购。下面我们来看先付款后取货的交易方式:

AUCT V no. 40

日期:阿比埃舒赫[……]/08/09
类型:芝麻买卖
HAM 73.2663

正面:

1. 4 gín kù-babbar	4"钱"银子,
2. *a-na* šám še-giš-ì	用来购买芝麻,
3. ki Ni-di-in-[tum]	从尼迪伊吞手中,
4. ǀ Ì-lí -[...] dumu GAZ- Eš₄-tár	沙吉什埃什塔尔之子,
5. šu-ba-an-ti	伊里[……]收到了。
6. [u₄ ebur še]-giš-ì	在芝麻收获的季节里,

背面:

7. ki-ma *ib-ba-aš-šu-ú*	根据当时市场的价格,
8. še-giš-ì	芝麻,
9. ì-ág-e	他将称出。
10. igi ᵈEN.ZU- *ba-ni-i* dumu *Ha-ab-li*	证人:哈阿布里之子辛巴
11. igi *E-tel-pí-Eš₄-tár* dumu Šu-[...]-li-en	尼伊、舒[……]里尼之子埃台勒
12. iti apin-du₈-a u₄ 9-kam	皮埃什塔尔。日期:8月9
13. mu A-bi-e-šu-uh lugal-e	日,阿比埃舒赫第[……]年。
14. ᵈNanna en gizkim-ti-la-<ni>-šè	

AUCT V no. 275

日期:叁苏伊鲁那 28/04/20
类型:芝麻买卖
HAM 73.2720

正面:

(接上页)钱,在一段时间后他归还的不是金钱而是某种物品。这种交易活动与一般的借贷不同,借贷发生后归还的是借贷的实物和利息。因此,我们把这种借贷金钱得到实物的交易方式认为是一种先付款后取货的买卖行为,这种交易我们借用现代词语"期货交易"予以命名,当然这种买卖方式与现代意义上的期货交易并不完全相同。

1. igi 6-gál kù-babbar　　　　　　　　1/6"钱"银子，
2. ki Ib-ni-ᵈMar-tu　　　　　　　　　从伊布尼马尔图手中，
3. | Ib-ni-ᵈAdad　　　　　　　　　　伊布尼阿达德，
4. dumu ᵈEN.ZU-e-ri-ba-am　　　　　辛埃瑞巴按之子，
5. a-na še-giš-ì　　　　　　　　　　 收到了，
6. šu-ba-an-ti　　　　　　　　　　　用来购买芝麻。

背面：

7. u₄ ebur-šè še-giš-ì　　　　　　　　在将来芝麻收获的季节，
8. kar Ib-ni-ᵈAdad　　　　　　　　　伊布尼阿达德，在码头
9. še-giš-ì ì-ág-e　　　　　　　　　　将称出芝麻。
10. igi Ib-ni-ᵈŠamaš　　　　　　　　 证人：伊布尼沙马什、
11. igi lú-ᵈUtu dub-sar　　　　　　　　书吏鲁沙什杜布萨尔。
12. iti ne-IZI-gar u₄ 20-kam　　　　　 日期：4月20日，
13. mu Sa-am-su-i-lu-na lugal-e á-ág-gá　叁苏伊鲁那第28年。
　　ᵈEn-líl-[lá-ka]

这两份契约都属于先付款、后取货的"期货交易"，取货的时间都是在收获季节里。我们可以从这两份契约，大体看出这种"期货交易"契约的基本模式：

1. 买卖所使用的货币
2. 买卖对象
3. 买方和卖方：从 A 手中，B 得到了货币
4. 交货的时间、物品、数量
5. 证人
6. 日期(年名、月名、日期)。

契约中首先是这次交易所涉及的货币的种类和数量，一般货币是使用金属货币，有时也使用实物货币，一般用大麦来充当。上述两份契约都是使用的金属货币银子，一个是 4"钱"银子，一个是 1/6"钱"银子。然后是买卖的对象，一般是羊毛、芝麻、椰枣等生活用品。在上述两份契约中，都是用来购买芝麻。芝麻是一种重要的食品，既可以碾碎作为某种调料，也可以用来榨油，两河流域地区多使用芝麻油，是人们生活的必需品。虽然大麦是两河流域最重要的一种生活资料，但是买卖大麦的现象却并不太多见，最常见的是大麦的借贷。一般人们采用借贷的方式来取得大麦的使用权，在收获的季节里归还大麦和利息。可能一般大麦交易的数量都比较大，人们拿不出那么多的银钱来购买，所以一般采取借贷

的方式。在这种"期货交易"中,一般都是买主预先支付货币,买主收到货币,这是交易的第一步。买卖的第二步是双方在约定的时间内卖主提供货物。一般交货的时间都是在"收获的季节里"交货。特别值得注意的是,交货的数量是根据当前的价格来计算需要缴纳的货物数量,而并不是根据签订契约时的价格计算货物的数量。契约接下来是交易的证人及契约签订的日期。

这种"期货买卖"的契约与借贷契约十分相似,有一些学者把这种类型的契约划归为借贷契约。如果把这种交易看做借贷行为,那么为什么借下的是银子,归还时不归还银子,反而是归还大麦、羊毛、椰枣等货物呢?一般来说,借贷的一个核心要素是借贷利率,债权人的主要目的是获得利息收入,因此在借贷契约中都需要有利息条款,归还借贷的物品是要归还本金和利息。但在"期货交易"这种类型的契约中都没有利息条款,归还时要归还的是椰枣、芝麻、羊毛等等。在用词上,苏美尔语"šu-ba-an-ti"可以翻译为"借下了",当然也可以翻译为"收到了,得到了"等等,或许还包含有"预付""预支"的意思。综合以上诸多因素,我们认为,这种"先得到银子,后提供货物"的契约属于买卖契约可能更符合实际。

古巴比伦时期为什么会存着这种先付款,后取货的交易行为呢?这种行为对先付款一方具有哪些利益呢?我们从契约最后交货的方式"在收获季节里,根据现行价格交还商品",找到了问题的答案。我们知道,供需关系是决定货物价值的一个重要因素,货物多了,价格就下降。在收获的季节里,是各种货物价格最低的时候,甚至低于平常价格的一半。[①] 因此,在收获季节里面,根据现行价格,预付货款的一方就可以拿到较多的商品,这时他可以获得一部分利益。然后,他再把这些货物囤积起来,等到一般农户都把粮食消耗殆尽时,他再高价把这些粮食向外出售,又可以获得高额利润。采用这种方式,豪强们可能会得到50%的利润,要远高于借贷获取的利息,因为过高的利息是国家限制的,《汉穆拉比法典》规定了大麦的借贷比率是33.3%,银钱的借贷比率是20%,[②]而在实际借贷中,利率又远低于《汉穆拉比法典》所规定的借贷利率。[③] 这种买卖的行为,应该大多发生

---

① H. Farber, "A Price and Wage Study for Northern Babylonia during the Old Babylonian Period", pp. 19 - 20.
② 吴宇虹等:《古代两河流域楔形文字经典举要》,第83—84页。
③ 李海峰:《从民间契约看古巴比伦时期的借贷利率》,《安徽史学》,2016年第3期,第111—118页。

于收获季节前夕,当一部分贫农已经消耗完了家中的存粮无法度日时,为了生存,他只有向富人寻求帮助,借款或者采取这种先得到付款,然后根据较低的"收获季节的价格"交纳粮食,忍受更大的剥削。这是富商一种隐形的,暗藏在貌似公平交易外衣下的更加残酷的一种新的剥削方式。贫困的农民为了生存,别无选择。

与"期货买卖"相比,赊购买卖正好相反,买方现在获得商品,但并不立刻支付商品价值的货币,而是在延迟一段时间后,根据约定,向卖方归还拖欠的货币。例如:

SLB I/3 no. 74

日期:叁苏伊鲁那
类型:芦苇买卖
LB 1084

1.	30 gi-sa-hi-a	30 捆芦苇,
2.	eš-dé-šè	无息,
3.	ki A-hi-we-di-im	从阿黑维丹手中,
4.	ᵐE-tel-pi-ᵈNa-bi-um	埃台勒皮那比乌姆
5.	šu-ba-an-ti	得到了。
6.	a-na u₄ 10-kam	10 天以后
7.	gi-sa-hi-a	他将归还
8.	ù-ta-ar	那些捆芦苇。
9.	a-na u₄ 10-kam	如果他没有归还那些捆
10.	gi-sa-hi-a ú-ul ú-ta-ar-ma	芦苇,在 10 天后,
11.	1 gín kù-babbar ì-là-e	他将支付 1 "钱"银子。
12.	igi Lù-ᵈNin-si₄-an-na	证人:鲁宁希安那、
13.	igi Sîn-a-hi-i-din-nam	辛阿黑伊丁楠。
14.	itu kin-ᵈInanna u₄ 12-kam	日期:6 月 12 日,
15.	mu Sa-am-su-i-lu-na lugal	国王叁苏伊鲁那
16.	á-ág-gá ᵈEnlil-lá	恩里勒的命令。
17.	ᵈNanna-ma-an-sì	(印章)南那曼希
18.	[ara]d ᵈNin-si₄-	宁希安那的仆人。
19.	An-na	

这份契约表面上是一个芦苇的借贷契约,10 天之后,埃台勒皮那比乌姆要归还芦苇,如果逾期不归还则要缴纳 1 "钱"银子。但从实际情况

47

来看，这更可能是一个赊购契约。因为，芦苇是一种易消耗的物品，无论埃台勒皮那比乌姆用做什么用途，在这个过程中，芦苇一定会有消耗。如果只是归还借用的芦苇，那么出借方必定会有损失。如果是归还新的芦苇，那么这个借贷的时间非常短，只有 10 天时间，借贷者可能不会在这么短的时间内有新芦苇，所以这份契约更可能是一种赊购契约。埃台勒皮那比乌姆先拿走芦苇使用，10 天后他再来交付芦苇的价格 1"钱"银子。

第二节　大麦作为实物货币的动产买卖

古巴比伦时期存在两种货币，一种是金属货币，一种是实物货币。在买卖活动中，一般使用金属货币，但偶尔也会使用实物货币。在早期古代两河流域地区的经济活动中，牲畜（包括奴隶）、各种有价物品和衣食等生活用品都曾经作为实物货币出现在买卖活动中。但随着贸易的发展，其他物品逐渐不再作为一般等价物充当货币职能，而大麦因为其普遍性和实用性，逐渐成为两河流域地区通用的实物货币，出现在各种动产的买卖活动中。如：

AUCT V no. 138

日期：叁苏伊鲁那 08/06/[...]
类型：芝麻买卖
HAM 73.2218
正面：

1. 2/5 gur [še]　　　　　　　　2/5"石"[1]大麦，
2. šám 40 sìla še-[giš-ì]　　　　用来购买 40 升芝麻，
3. šu-ti-a　　　　　　　　　　从沙马什旮[米勒]手中，
4. | A-pí-il-lum ? -[...]-ra　　　阿皮伊勒隆（?）
5. ki ᵈŠamaš-ga-[mil]　　　　　收到了。

背面：

6. i-na re-eš [iti...]　　　　　　在 x 月开始的时候，
7. i-na kar Larsaᵏⁱ-ma　　　　　在拉尔萨的港口，
8. še giš-ì ì-ág-[e]　　　　　　　他将要称出芝麻。

---

[1] 古巴比伦时期的容量单位，苏美尔语为 gur，1 gur 约等于 300 升，我们意译为"石"。

9. igi I-ba-šár-[rum]	证人：伊巴沙如姆、
10. | Ú-ba-zú-[um]	乌巴朱姆、
11. | Iz-kur-ᵈ[...]	伊兹库尔[……]。
12. iti kin-ᵈInanna	日期：6月，
13. mu Sa-am-su-i-lu-na lagal	叁苏伊鲁那第8年。
14. ᵘʳᵘᵈᵘki-gub-lugal	

这是一份使用大麦购买40芝麻的契约。大麦为2/5"石"即120升,购买了40升芝麻,芝麻的价格是大麦价格的3倍。这也是属于一个先支付货款,后取货的交易类型。交货的时间为某某月的开始,可惜月份残缺。交付的地点是拉尔萨的港口,也就是拉尔萨城的货物贸易中心。

我们再来看一份用大麦购买椰枣的契约：

AUCT IV no.16

日期：叁苏伊鲁那 28/05/14
类型：椰枣买卖
Jahrum-šaplum AUAM 73.2469

正面：

1. 80 sìla še	80"升"大麦，
2. a-na zú-lum	购买椰枣。
3. ki Ib-ni-ᵈMar-tu	从伊波尼马尔图手中，
4. ᴵA-la-ba-ri-iš	阿拉巴瑞什
5. šu-ba-an-ti	收到了。
6. a-na iti 2-kam	在2月，
7. ka-ra-at	根据当时的价格，
8. i-ba-aš-šu-ú	他将称出

背面：

9. zú-lum ì-ág-e	椰枣。
10. igi ᵈNa-bi-um-é-gal	证人：那比温埃旮勒、
11. igi U-bar-rum dumu Ha-ab-lum	胡阿布隆之子乌巴尔润。
12. iti ne-ne-gar u4-14-kam	日期：5月14日，
13. mu Sa-am-su-i-lu-na	叁苏伊鲁那第28年。
14. ia-di-ha-bu-um	
15. ù mu-ti-hur-sag	

  这是一份用大麦购买椰枣的契约,也是属于一份"期货交易"契约。80"升"大麦充当货币,用来购买椰枣。契约规定了交货的日期是2月,而契约签订的日期是5月14日,两个日期间隔了8个半月,属于典型的预订货物。交货时根据当时的现行价格称出椰枣,因为交货时的现行价格现在还未知,所以不知道需要缴纳多少升椰枣,也就无法知道在这份契约中椰枣的具体价格。但一般来说,椰枣的价值应该大于大麦。除了大麦充当货币进行交易之外,有时其他物品也可以充当货币进行商品交易。如:

AUCT V no. 46

日期:叁苏伊鲁那 28/03/01
类型:椰枣买卖
HAM 73.2605

正面:

1. 1/5 gur [še-giš-i]	1/5"石"芝麻
2. a-[na šám zú-lum]	用来购买椰枣,
3. ki Ib-ni-[^{d}Mar-tu]	从伊波尼马尔图手中,
4.	Si-lí-^{d}Šamaš-be-lí-ia	采里沙马什贝里亚
5. šu-ba-an-ti	收到了。
6. u$_4$ ebur zú-lum	在椰枣收获的季节里,

背面:

7. kar ib-ba-aš-šu-ú	根据当时市场的价格,
8. zú-lum ì-ág-[e]	在码头,他将称出椰枣。
9. igi Lú-^{d}Inanna ugula [mar-tu]	证人:"校尉"鲁伊南那
10. iti sig$_4$-a u$_4$ 1-kam	的监工。日期:3月1日,
11. mu Sa-am-su-i-lu-na lugal	叁苏伊鲁那第28年。
12. á-ág-gá ^{d}EN-líl-lá	
13. [nam]-á-gal-[bi-ta]	

  在这份契约中,芝麻充当了实物货币,用来购买椰枣。芝麻的数量为1/5"石"即60升,也是一个不小的数量。交货的时间为椰枣收获的季节,仍然是按照当时的现行价格,也就是价格较低的时候。这份契约的买主是伊波尼马尔图,与上一个用大麦购买椰枣的买主是同一个人,签订契约的时间也都是叁苏伊鲁那28年,一个为3月1日,一个为5月14日,时间相差不多。可见,买主伊波尼马尔图可能是一个大富商,拥有较多的财富,经

常以预支货款的方式收购椰枣等商品,以获取高额利润。

第三节 羊毛、椰枣及芝麻等的买卖

羊毛、椰枣等生活资料的买卖是人们日常生活中最为常见的动产买卖活动。但这种买卖多是小数量的非正式的买卖活动,一般不会签订正式的契约,因此,这类生活资料的契约数量并不多,只有一些数量稍大的交易契约保留下来。

一、羊毛的买卖

羊毛是两河流域地区一种重要的生活资料,羊毛可以用来纺织衣物,是每个人都需要使用的物品。正因为羊毛对人们日常生活无比重要,所以羊毛的生产与贸易流通往往是由政府主导的,属于一种垄断经营。这种政府主导的贸易可以防止一些不法商人随意抬高价格,剥削百姓。研究认为在乌尔第三王朝时期,羊毛交易控制在王宫即政府手中。但古巴比伦时期羊毛交易是否也一样被控制在政府手中呢?现存的文献没有具体记载,但许多证据显示,这一时期的羊毛贸易大多也被王宫控制。如在汉穆拉比国王给他大臣的一封信中显示,王宫中有几千个工人在剃羊毛,甚至要求伊丁楠加派更多的人手来完成这项工作。在另一个出土于西帕尔城的泥板显示,剃下的羊毛由一个王宫官员负责,他负责羊毛的分发、运输等工作,甚至他会雇佣一些中间商人负责羊毛的买卖。一些羊毛买卖契约也显示了这一时期有比较固定的羊毛价格,即 1 塔兰特[①](60 斤)羊毛 10"钱"银子,这个固定的价格可能就是政府的定价。[②] 或许正是由于羊毛贸易控制在官方手中,价格固定,个人于官府购买羊毛无需签订契约,所以在考古中并没有出土太多的羊毛买卖契约文件。但即便是官府控制羊毛交易,也不可能完全杜绝羊毛的私人交易,我们还是发现了一些羊毛交易的具体契约,由这些契约可以管窥古巴比伦时期的羊毛贸易,下面我们来具体分析几份羊毛买卖契约。

[①] 古巴比伦时期的重量单位,苏美尔语为 gú,1 gú 等于 60 ma-na,约等于 60 斤。
[②] H. Farber, "A Price and Wage Study for Northern Babylonia during the Old Babylonian Period", pp. 25 - 26.

AUCT V no. 67

日期：叁苏伊鲁那 08/07/05
类型：羊毛买卖
HAM 73.2449
正面：

1. 36 ma-na síg	36"斤"羊毛，
2. kù-bi 3 gín	它的价值是 3"钱"银子。
3. ki *Ipiq-Eš₄-tár*	从伊皮喀埃什塔尔手中，
4. | *Da-aq-qí-ia*	达阿齐亚
5. šu-ba-an-ti	收到了。
6. [...*e-ru-*]*ub*	[……]
7. [12] ma-na *a-na* 1 gín	12"斤"对等价值 1"钱"
8. *ši-ip-ra-am*	银子的工作，
9. *i-na-di-in*	他将给出。

背面：

10. igi ᵈEN.ZU-*i-din-nam*	证人：辛伊丁楠、
11. | *A-pil-i-lí-šu*	阿皮勒伊里舒、
12. | *Ma-an-ni-ia*	曼尼亚、
13. | *Ma-*[*di*?]*-i*	马迪[……]
14. kišib-a-ni *ib-ra-aš*	他们的印章被滚动。
15. iti du₆-kù u₄ 5-kam	日期：7月5日，
16. mu *Sa-am-su-i-lu-na* lugal	叁苏伊鲁那第 8 年。
17. ᵘʳᵘᵈᵘki-lugal-gub-ba	
18. [kù-bab]bar ḫur-sag <id>di-dli-[bi-ta]	
19. ᵈEN.ZU-*ú - sì-lí*	（印章）辛乌采里
20. dumu *Ib-ni-Den-ki*	伊布尼登基之子

在这份契约中，36"斤"羊毛的价格是 3"钱"银子，相当于 12"斤"羊毛的价格是 1"钱"银子，这个价格与标准价格 10"斤"羊毛 1"钱"银子相差并不太大。或许正是因为价格稍低，所以有人愿意从私人手中购买羊毛。我们再来看下面一份契约：

AUCT V no. 42

日期：叁苏伊鲁那 07/12/23
类型：羊毛买卖
HAM 73.2724

正面：

1. [3]＋1/3 gín kù-babbar　　　　　　　　[3]1/3"钱"银子，
2. šám 33 1/3 ma-na síg　　　　　　　　用来购买33 1/3"斤"羊毛。
3. [ki] I-p-qú-Eš₄-tár　　　　　　　　　从伊坡苦埃什塔尔手中，
4. [Sa]-li-mu　　　　　　　　　　　　　萨里穆
5. šu-ba-an-ti　　　　　　　　　　　　 收到了。
6. [...]　　　　　　　　　　　　　　　 [……]
7. [...]-ka-ni　　　　　　　　　　　　　[……]
8. ša 1 gur ì-giš　　　　　　　　　　　 [……]的1"石"芝麻油。

背面：

9. igi Ta-ri-bu-<um> rá-gaba　　　　　 证人：信使塔瑞布温、
10. igi Si-lí-ᵈŠamaš dumu ᵈEN.ZU-i-[din-nam]　辛伊丁楠之子采里沙马什、
11. igi ᵈEN.ZU-a-hi-i-din-nam　　　　　 辛阿黑伊丁楠。
12. [iti še-kin]-ku5 u4 23-<kam>　　　　 日期：12月23日，
13. [mu Sa-am]-su-i-lu-na lugal　　　　 叁苏伊鲁那第7年。
14. [ᵍⁱˢtukul] šu-nir

在这份契约中，羊毛的数量是33 1/3"斤"，我们按照标准价格10"斤"羊毛。1"钱"银子进行计算的话，那么这些羊毛的价值刚好是3 1/3"钱"银子。虽然在这份契约的价格部分，只残留了部分价格，1/3前面的符号残缺，这个残缺的符号应该就是3的符号，我们可以把这个符号合理地加以恢复。

AUCT IV no. 5

日期：叁苏伊鲁那 07/01/20
类型：羊毛买卖
Larsa AUAM 73.2664

正面：

1. 6 gín kù-babbar　　　　　　　　　　 6"钱"银子，用来
2. šám 16 ma-na ᵘʳᵘᵈᵘšen　　　　　　　 买16"斤"铜制品。
3. 2 gín kù babbar šám 25 ma na síg(?)　2"钱"银子是25"斤"羊毛
4. e-zi-ib KA i-ib-ri-e-šu　　　　　　　的价格，从伊皮苦埃什塔尔
5. ša 1/3 ma-na kù-babbar　　　　　　　手中，采里沙马什
6. ki I-p-qú-Eš₄-tár　　　　　　　　　 和阿那帕尼伊里
7. ᴵSi-lí-ᵈUtu　　　　　　　　　　　　 收到了。写在盖印泥板上
8. ù A-na-pa-ni-ili　　　　　　　　　　伊皮库埃什塔尔的义务

53

9. šu-ba-an-「ti」-[eš] 　　　　　　　　是 1/3 "钱" 银子，

10. iš-tu i-na [harrani itur] 　　　　当他旅行归来的时候，

背面：　　　　　　　　　　　　　　他将要支付银子，

11. kù ì-lá-e 　　　　　　　　　　如果他超过了期限，

12. ḫa-da-an-šu i-ti-iq-「ma」 　　　他要按照 3 "石" 大麦

13. 3 gur a-na 1 gín 「kù」-[babbar] 　1 "钱" 银子的标准

14. še ì-ág-e 　　　　　　　　　　支付大麦。

15. igi A-pil-ì-lí-šu 　　　　　　　 证人：阿皮勒伊里舒、

16. igi Ip-qú-^dŠa-la 　　　　　　伊皮苦沙拉、

17. igi Ma-an-ni-ia 　　　　　　　曼尼亚。

18. kišib lú inim-ma ib-[ra] 　　　　他们的印章被滚动。

19. iti bára-zag-gar u₄-20-kam 　　日期：1 月 20 日，

20. mu ^{giš}tukul šu-nir kù-sia₁₇ 　叁苏伊鲁那第 7 年。

21. Ip-qú-^dŠa-la 　　　　　　　（印章）马尔图神的祭司、

22. dumu I-din-^dUtu 　　　　　　伊丁沙马什之子，

23. ìr ^dAN Mar-tu 　　　　　　　伊皮苦沙拉。

在这份契约中，羊毛的价格为 2 "钱" 银子 25 "斤" 羊毛，相当于 12 1/2 "斤" 羊毛的价值是 1 "钱" 银子，稍低于标准价格 10 "斤" 羊毛 1 "钱" 银子。私人交易的价格比官府的定价低是合理的，只有这样才会产生垄断之外的私人交易市场。私人交易中，买卖双方都可以获益，对卖方来说，官府的收购价格肯定要比官府制定的标准价格要低，卖给官府的价格未必会高于卖给个人的价格。对于买方来说，从私人手中买到的羊毛价格更低，交易更方便。16 个羊毛买卖契约的价格情况如下：

表 3-1 羊毛买卖情况一览表

契约	日期	城市	羊毛	价格
SLB I/3 100	Ha 38	Lagaba	6"斤"	1"钱"
YOS 12 23	Si 1	?	12"斤"	1"钱"
YOS 12 61	Ha 43-Si 3	Larsa	300"斤" 120"斤"	32 1/2"钱" 13"钱"
SLB I/3 138	Si 4	Lagaba	40"斤"	8?"钱"
YOS 13 340	Ae	North Babylonia	6"斤"	3"钱"

续　表

契约	日期	城市	羊毛	价格
Unpub. BM 80644	Ad	Sippar	31 7/10"斤"	6 13/36"钱"
BE 6/3 91	Ad 4	Sippar	60"斤"	6"钱"
CT 8 30b	Ad 15	Sippar	60"斤"	10"钱"
Unpub. BM 80636	Ad 23	Sippar	30"斤"	6"钱"
Unpub. BM 81591	Ad 24	Sippar	6"斤"	1"钱"
CT 8 36a	Ad 26	Sippar	60"斤"	10"钱"
Waterman Bus. Doc. 19	Ad 29	Sippar	1"斤"	1/2"钱"
CT 6 35c	As 2	Sippar	60"斤"	10"钱"
CT 8 21a	As 13	Sippar	60"斤"	10"钱"
CT 48 119	As 17	Sippar	60"斤"	10"钱"
CT 8 11c	As 17	Sippar	60"斤"	10"钱"

在这16份羊毛买卖契约中，单价为6"斤"羊毛1"钱"银子的契约有7个，占了总数的43%。这些契约大多属于古巴比伦后期阿米嚓杜卡时期。6"斤"羊毛1"钱"银子与标准价格10"斤"羊毛1"钱"相比，羊毛的价格上涨了40%。可能由于古巴比伦后期，兵荒马乱导致了畜牧业的萧条，羊的数量大减，从而导致了羊毛价格的提升。

二、椰枣的买卖

两河流域是椰枣的故乡，是当今世界上产椰枣最多的地区。目前，世界上大约有枣椰树1亿棵，其中伊拉克就有大约7000万棵，椰枣被称为伊拉克的"绿色金子"。椰枣的种植历史已经有了几千年。在3600多年前的古巴比伦时期，古巴比伦人就普遍种植椰枣，椰枣是人们重要的一种生活资料。人们在进行土地买卖的过程中也经常进行椰枣园的买卖。[①] 当然，相对于椰枣园的买卖，椰枣的买卖更是普通人日常生活中的常见现象。古巴比伦人给我们留下了一些关于椰枣的买卖契约。如：

---

① 李海峰：《古巴比伦时期不动产经济活动研究》，第96—106页。

AUCT V no. 43

日期：叁苏伊鲁那 28/05/10
类型：椰枣买卖
HAM 73.2220
正面：

1. igi 6-gál kù-babbar　　　　　　　　1/6"钱"银子，
2. *a*-na zú-lum　　　　　　　　　　　用来购买椰枣。
3. ki *Ib-ni-^dMar-tu*　　　　　　　　从伊波尼马尔图手中，
4. | *Ib-ni-^dMarduk*　　　　　　　伊波尼马尔杜克
5. ki-bal-maš-dà^{ki}/Elip^{ki}　　　　　在埃里坡城，

背面：

6. šu-ba-an-ti　　　　　　　　　　　收到了。
7. iti ne-IZI-gar u$_4$ 10-kam　　　　　日期：5月10日，
8. mu *Sa-am-su-i-li-na* lugal　　　　叁苏伊鲁那第28年。
9. [á-ág-gá] ^dEn-líl-lá

AUCT V no. 28

日期：叁苏伊鲁那 28/03/20
类型：椰枣买卖
HAM 73.2516
正面：

1. 1/2 gur še　　　　　　　　　　　　1/2"石"大麦，
2. *a*-na zú-lum　　　　　　　　　　　用来购买椰枣。
3. ki *Ib-ni-^dMr-tu*　　　　　　　　从伊波尼马尔图手中，
4. | *Tu-kà-pu-um*　　　　　　　　　　图卡普姆
5. [šu]-ba-an-ti　　　　　　　　　　　收到了。
6. [u$_4$ eb]ur zú-lum　　　　　　　　在椰枣收获的季节里，
7. [ki-lam] *i-ba-aš-šu-ú*　　　　　　　根据当时的价格

背面：

8. [ì-ág-é]　　　　　　　　　　　　　他要称出。
9. igi [...]　　　　　　　　　　　　　证人：[……]
10. igi [...]　　　　　　　　　　　　　[……]
11. tit sig4-a u$_4$ 2-[kam]　　　　　　日期：3月20日，
12. mu *Sa-am-su-i-lu-na* lugal　　　叁苏伊鲁那第28年。
13. [á]-ág-gá^dEn-líl-lá
14. *Ia-di-a-bu-um-ma*

AUCT V no. 45

日期：叁苏伊鲁那 08/04/10
类型：椰枣买卖
HAM 73.2438
正面：

1. igi 6-gál kù-babbar	1/6"钱"银子，
2. [a-na] zú-lum	用来购买椰枣，
3. [ki Ib]-ni-^{d}Mar-tu	从伊波尼马尔图手中，
4. [∣ Ra]-bu-ut -^{d}EN.ZU	[腊]布乌特辛
5. [ù Be-el]-šu-nu ugula mar-tu	和"校尉"

背面：

6. šu-ba-an-ti-[èš]	[贝]勒舒奴收到了。
7. tit šu-numun-a u$_4$ 10-kam	日期：4月10日，
8. mu Sa-am-su-i-lu-na lugal-＜e＞	叁苏伊鲁那第8年。
9. á-ág-gá ^{d}EN-líl-lá	

上述三个用银钱和大麦购买椰枣的契约中，买主为同一人，伊波尼马尔图。前两份契约的时间都为叁苏伊鲁那第28年，第三份契约的时间为叁苏伊鲁那第8年。伊波尼马尔图至少还在其他两份契约中，以买主的身份预付大麦或银子购买椰枣。可见，伊波尼马尔图可能是一个专门从事椰枣生意的大商人，经常以预付货款的形式收购椰枣。可惜这些买卖都是属于"期货"交易的方式进行，椰枣是在收获季节以当时价格计算货物，是一种不可预知的价格，在契约中没有体现出来。

下面这份契约有些特殊，既像一份银钱借贷契约，又类似于"期货"交易契约。

AUCT V no. 29

日期：叁苏伊鲁那 25/08/05
类型：椰枣买卖
HAM 73.2289
正面：

1. 1/3 gín kù-babbar	1/3"钱"银子
2. máš nu-tuk	无息，
3. ki Síl-li-^{d}Nin-šubur	从采里宁舒布尔手中，
4. ∣ A-pil-^{d}Mar-tu	阿皮勒马尔图
5. šu-ba-an-ti	收到了。

57

6. [u₄ eb]ur zú-lum　　　　　　　　　在椰枣收获的季节里，

背面：

7. i-na gú-un na-<aš>-pá-ki-im　　　从应缴税的存放地，

8. zú-lum i-ha-ra-ás　　　　　　　　他要扣除同等价值的椰枣。

9. igi ᵈUtu　　　　　　　　　　　　证人：沙马什神、

10. igi ᵈMarduk　　　　　　　　　　马尔杜克神。

11. iti apin-du₈-a u₄ 5-kam　　　　日期：8月5日，

12. mu Sa-am-su-i-lu-na lugal　　　叁苏伊鲁那第25年。

13. alan ᵍᶦˢtukul kù-sig₁₇

在这份契约中，第二行明确地写明了无息，属于银钱借贷契约。但借贷人归还的不是银子，而是椰枣，时间也是在椰枣收获的季节里，所以这份契约有类似于"期货买卖"的契约。

三、芝麻、芝麻油及其他动产的买卖

芝麻是古巴比伦时期最主要的一种经济作物和油料作物，芝麻可以用来做各种食品，可以用作调料，最重要的用途是可以用来榨油。芝麻油不仅可以在日常生活中食用，还经常被用于宗教领域，用来给神像涂油，此外芝麻油还可以用于医药领域。虽然芝麻和芝麻油是一种较为重要的动产，但保留下来的交易契约并不多，可能人们是通过一种非正式的交易方式，并未签订契约，我们仅仅从有限的几份契约来了解一下当时人们的交易场景。如：

AUCT V no. 275

日期：叁苏伊鲁那 28/04/20

类型：芝麻买卖

HAM 73.2720

正面：

1. igi 6-gál kù-babbar　　　　　　1/6"钱"银子，

2. ki Ib-ni-ᵈMar-tu　　　　　　　　从伊布尼马尔图手中，

3. | Ib-ni-ᵈAdad　　　　　　　　　伊布尼阿达德，

4. dumu ᵈEN.ZU-e-ri-ba-am　　　　辛埃瑞巴按之子，

5. a-na še-giš-ì　　　　　　　　　收到了，

6. šu-ba-an-ti　　　　　　　　　　用来购买芝麻。

背面：

7. u₄ e bur-šèše-giš-ì　　　　　　　　　在将来芝麻收获的季节，

8. kar Ib-ni-ᵈAdad　　　　　　　　　　　在码头，伊布尼阿达德

9. še-giš-ì ì-ág-e　　　　　　　　　　　　将称出芝麻。

10. igi Ib-ni-ᵈŠamaš　　　　　　　　　　证人：伊布尼沙马什、

11. igi lú-ᵈUtu dub-sar　　　　　　　　　鲁沙什杜布萨尔。

12. iti ne-IZI-gar u₄ 20-kam　　　　　　 日期：4月20日，叁苏

13. mu Sa-am-su-i-lu-na lugal-e á-ág-gá ᵈEn-lil-[lá-ka]　伊鲁那第28年。

　　在这份契约中，买主又是伊布尼马尔图，交易涉及的金额为1/6"钱"银子。由于芝麻的价值较高，所以能购买的芝麻数量并非很大。交货的时间仍然是在芝麻收获的季节，根据现行价格计算应交付的芝麻数量。

AUCT V no. 39

日期：阿米迪塔那 18/05/26
类型：芝麻买卖
HAM 73.2364
正面：

1. [...gín] kù-babbar　　　　　　　　　[……]"钱"银子

2. [a-na šám] še-giš-ì　　　　　　　　　购买芝麻，

3. [ki] Ap-la-tum ša nagar?　　　　　　从木匠阿坡拉吞手中，

4. | Ap-la-tum dumu 30-[a-ḫi]-i-din-nam　辛阿黑丁楠之子、

5. [šu-ba]-an-ti　　　　　　　　　　　　阿坡拉吞收到了。

6. [u₄ ebur še]-giš-ì　　　　　　　　　　在芝麻收获的季节里，

7. [ki-lam ib]-ba-[aš-šu-ú]　　　　　　　根据当前市场的价格，

8. še-giš-ì mu-ba!-[ág]　　　　　　　　他将称出芝麻。

背面：

9. mu ᵈMarduk-mu-ba-li-iṭ　　　　　　 以伊比阿隆之子，马尔

10. dumu I-bi-ilum　　　　　　　　　　 杜克穆巴里伊式的名义。

11. igi ᵈŠamaš-na-ṣi-ir gudu₄　　　　　　证人：沙马什那采尔。

12. iti ne-IZI-gar u₄ 26-kam　　　　　　 日期：5月26日，

13. mu Am-mi-di-[ta-na lugal-e]　　　　 阿米迪塔那第18年。

14. [du₁₁-ga gu]-la ᵈUtu [lugal-a-ni-ta]

15. [gá-gi₄-a tùr dagal ᵈUtu-ke₄]

　　在这份契约中预购芝麻的买方身份是木匠，属于一般的自由民阶层。双方约定"在芝麻收获的季节"，根据当时市场的价格，辛阿黑丁楠之子、阿

59

坡拉吞将卖给木匠阿坡拉吞芝麻。

AUCT V no. 44

日期：叁苏伊鲁那 28/03/16
类型：椰枣、芝麻买卖
HAM 73.2488
正面：

1. 1 gín kù-babbar	1"钱"银子，
2. a-na zú-lum	用来购买椰枣
3. ù še giš-[ì...]	和芝麻，
4. ki Ib-ni-[ᵈMauduk]	从伊布尼马尔图手中，
5. [¹ Ib-ni-[ᵈMauduk]	伊布尼马尔杜克

背面：

6. [šu-ba-an-ti]	收到了。
7. iti sig₄-a u₄ 16-kam	日期：3月16日，
8. mu Sa-am-su-i-lu-na lugal-e	叁苏伊鲁那第28年。
9. á-ág-gá ᵈEn-líl-lá	

这是一份同时购买芝麻和椰枣的契约，说明卖方伊布尼马尔杜克同时从事了芝麻和椰枣两种农作物的种植工作。

下面这份契约虽然是一份银钱借贷契约，但却包含了芝麻油的价格信息。契约如下：

AUCT IV no. 93

日期：叁苏伊鲁那 03/11/30
类型：借银子买油
Larsa AUAM 73.2141
正面：

1. 1/2 gín kù-babbar	1/2"钱"银子，
2. šám 4 sìla ì-sag	为了购买4"升"芝麻油。
3. ki ᵈEN.ZU-ú-sé-li	从辛乌采里手中，
4. ¹A-pil-i-lí-šu	阿皮勒伊里舒
5. šu-ba-an-ti	收到了。
6. iti sig₄-a	在3月，
7. kù ì-lá-e	他将归还银子。

背面：

60

8. igi ᵈEN. ZU- *im-gur-ra-an-ni*   证人：辛寅古尔腊安尼，
9. kišib-ba-ni íb-ra-aš   他的印章被滚动。
10. iti zíz-a u₄-30-kam ba-zal   日期：11月30日，
11. mu ⁱᵈ*Sa-am-su-i-la-na*   叁苏伊鲁那第3年。
12. hé-gál ma-un-ba-lá

这份契约从形式来判断属于银钱借贷契约。阿皮勒伊里舒从辛乌采里手中，借了1/2"钱"银子，在3月他将归还银子。虽然这是一份借贷契约，但契约中明确说明了借贷银钱的用途是用以购买芝麻油，并且给出了芝麻油的数量是4升。4升芝麻油的价格是1/2"钱"银子，那么1升芝麻油的价格是1/8"钱"银子。这个价格较低。据法尔波的研究，叁苏伊鲁那时期一般质量的芝麻油的价格为1"升"1/2"钱"银子，到了阿米嚓杜卡时期上升为1"升"芝麻油1"钱"银子。①

除了上述羊毛、椰枣及芝麻等主要动产的买卖活动之外，我们还发现了一些其他日常生活用品的买卖契约，如：

AUCT V no. 38

日期：阿比埃舒赫 01/10/10
类型：大蒜买卖
HAM 73.2243
正面：

1. 2 gín kù-babbar   2"钱"银子
2. šám sum^sar   用来购买大蒜，
3. ki *Mu-ti-<ib>-li-ib-bi-šu-nu-*ᵈ*Marduk*   从马尔杜克伊丁楠之子、
   dumu <*Marduk*>-*i-din*-<*nam*>   穆提里比舒奴马尔杜克
4. | *Be-la-nu-um* dumu 30-*a-ha-am*-<*ar*>-*ši*   手中，辛阿哈姆希之子，
5. šu-ba-an-ti   贝拉奴姆，收到了。
6. u₄ᵤₘ ebur sum^sar   在大蒜收获的季节里，
7. ki-lam i-gin-a-gim   根据当时市场的价格，

背面：

8. sum^sar i-na-pa-al   他将称出大蒜。
9. 1 lú *a-na za-ba-li i-na-di-in*   他将提供一个劳力来搬

---

① H. Farber, "A Price and Wage Study for Northern Babylonia during the Old Babylonian Period", p. 23.

10. igi I-na-é-sag-íl-ba-la-[tù]	运它。 证人：伊那埃萨格伊勒巴拉图。
11. iti úd-duru₅ u₄ 10-kam	日期：10月10日，
12. mu A-bi-e-šu-uh lugal-e	阿比埃舒赫第1年。
13. du₁₁-du₁₁-ga á [mah]	

这是一份购买大蒜的契约，契约同样是买方先预付了大蒜的费用2"钱"银子，然后约定在大蒜收获的季节，按照当时市场价格交付大蒜，完成交易。契约中有关于商品运输的规定，是由卖方来提供劳动力，运输货物给买方，由此也显示了买方在买卖交易活动中处于优势地位。

下面是一份关于碱的买卖契约：

AUCT V no. 41

日期：叁苏伊鲁那 11/[...]/[...]
类型：碱的买卖
HAM 73.2810
正面：

1. 1 1/3 gín 12 še kù-babbar	1 1/3"钱"12"粒"①
2. a-na ú-hu-li	银子，用来购买碱。
3. ki Ib-ni-ᵈMar-tu	从伊波尼马尔图手中，
4. Ta-ri-bu-um	塔瑞布温
5. šu-ba-an-ti	收到了。

背面：

6. iti [...] u₄ [...]-kam	日期：[……]月，
7. mu [Sa-am-su-i-lu]-na lugal-e	叁苏伊鲁那第11年。
8. du11-du11-gá<án>ᵈEn-líl-lá	

这份契约是一个买卖碱的契约，可见早在古巴比伦时期人们就已经开始懂得了制碱、用碱的技术，并广泛应用在人们的日常生活中。

AUCT V no. 141

日期：瑞穆辛 59/11/09

---

① 古巴比伦时期的重量单位，苏美尔语为 še，我们翻译为"粒"。1 še 约等于 1/20 克。

类型：木制品的买卖

HAM 73.2777

正面：

1. 1 ^{giš}[...]	1 件木制品[......]
2. igi-6-gál kù babbar	价值 1/6 "钱"银子。
3. šu-ti-a	伊布比辛
4. ǀ I-bi-^dEN.ZU	从达达亚
5. ki DA-da-a	和辛乌采里手中。

背面：

6. ù ^dEN.ZU-ú-sé-li	收到了。
7. iti úd-duru5 u₄-9-kam ba-zal	日期：11 月 9 日，
8. mu ki-30	瑞穆辛第 59 年。

这是一件木制品的买卖契约，可惜这件木制品的符号残缺，无法得知这是一件什么物品。但从价格来看，它的价格是 1/6 "钱"银子，价格不低，可能是一张床，或者一扇大门等等。

综上所述，古巴比伦时期存在着较为发达的商品经济，羊毛、椰枣、芝麻及芝麻油等等都可以自由交易，甚至大蒜、碱等物品也出现在交易活动中，可见古巴比伦时期动产交易活动的种类之多。古巴比伦时期商品交易的方式也多种多样，现货交易、"期货交易"及赊购交易等都已存在。较多"期货交易"的存在及赊购交易的出现，都说明这一时期已经形成了较发达、成熟的市场体系，也反映出古巴比伦人的契约意识和社会诚信，社会成员严格遵守诚信，按照契约规定执行交易，保证了各种交易活动的顺利进行。

第四节　牛、羊及驴子等的买卖

牛、羊、驴等大型牲畜在古代社会主要用于生产、运输活动，而不像现代社会，主要用于制作食品。牛、羊等是一种具有重要意义的动产，但关于它们买卖的契约文件却数量不多，我们只能根据少量文献资料对这几种动产的买卖活动进行简单的分析研究。

一、牛的买卖

在古代农业社会，农业生产主要的动力为畜力和人力，牛是一种最重要的畜力，从而在农业生产中具有重要地位。牛耕技术，是人类农业生产技术的巨大进步,极大地提高了农业生产效率,扩大了农业生产规模。古代中国社会,春秋战国时期也开始使用耕牛作为动力进行农业生产。春秋时期,孔子学生的名字中,出现了牛、耕字眼,如冉耕,字伯牛;司马耕,字子牛等等,这也从一个侧面说明牛、耕已经与人们的生活息息相关。社会上人们把"牛""耕"等字眼作为名字,也从侧面反映了耕牛的重要和社会对耕牛的推崇。西汉时期牛耕技术不断提高和进一步推广,"二牛抬杠"的新技术出现。在古巴比伦时期,比中华文明早1000多年的时候,牛耕就已经开始广泛使用。农业生产中耕牛同样占居重要地位,对于两河流域农业发展起到重要作用。

耕牛是重要的生产工具,是保证农业顺利进行的一个重要条件,因此耕牛具有与土地、房屋等不动产一样的地位,国家也以法律的形式确定了耕牛的这种重要地位。我们知道士兵的土地不能自由买卖,主要是防止豪强通过买卖的方式夺取士兵的不动产,那么法律也规定了士兵的牛、羊等等也不能自由买卖。《汉穆拉比法典》第35条做了如下规定:

> 如果一个人将王给士兵的牛群或羊群从士兵手中买了,他应放弃他(付)的银价(牛群或羊群应还给原主)。①

从这条规定可以看出,国王赏赐给士兵的牛、羊不能自由买卖,目的是保护士兵的牛、羊不被豪强以买卖的方式巧取豪夺。因为牛、羊是一种重要的生产工具,是农业生产活动中不可缺少的。通过这条规定,解除了士兵的后顾之忧,可以让士兵放心地在前线服役。

牛是一种具有重要意义的动产,那么它的价值有多大呢?我们可以从《汉穆拉比法典》及买卖契约中得到一些初步的认识。《汉穆拉比法典》第241条作了如下规定:

> 如果一个人把一头牛作为(债务)抵押物,扣押了,他应该称给(牛主)三分之一斤银(作为牛价)。②

从这条规定可以看出,古巴比伦时期一头牛的价值是三分之一"斤",即20"钱"银子,一头牛的价格与一个奴隶的价格相当。而这一时期一个自由人的价格也才仅仅是"30"钱银子,可见牛的价值有多宝贵。下面的一份契约也反映了一头牛价格的多少,如:

---

① 吴宇虹等:《古代两河流域楔形文字经典举要》,第61页。
② 吴宇虹等:《古代两河流域楔形文字经典举要》,第169—170页。

AUCT V no. 52

日期：叁苏伊鲁那 26/05/26
类型：奴隶抵押，赔偿一头牛
HAM 73.2441

正面：

1. šu-dù-a Sí-lí-^{d}Šamaš	采里沙马什作为抵押，
2. ki ^{d}Šamaš-ga-mil	从沙马什旮米勒手中，
3. ǀ Ì-lí-a-wi-lim	伊里阿维林
4. šu-ba-an-ti	接收了。
5. i-na iti kin-^{d}Inanna u$_4$ 7-kam	在 6 月 7 日，
6. ǀ Sí-lí-a-wi-lim	采里沙马什
7. uš-za-az ú-ul uš-za-az-sú-ma	他将出现，如果他没有出现，
8. ǀ Ì-lí-a-wi-lim	伊里阿维林要赔偿
9. 1 gu$_4$ i-ri-a-ab	一头牛。

背面：

10. igi ^{d}Šamaš-ki-nam-i-de ra-bi-a-nu	证人：市长沙马什基楠伊迪，
11. igi ^{d}EN.ZU-im-gur-an-ni	辛寅古尔安尼、
12. igi I-di-di-i	伊迪迪伊、
13. igi Sà-ni-iq-pi$_4$-šu	萨尼伊喀皮舒、
14. igi I-bi-^{d}Nin-šubur àga-uš lugal	伊比宁舒布尔,国王的卫兵、
15. igi A-wi-il-ì-lí	阿维伊勒伊里、
16. kišib-a-ni íb-ra	他们的印章被滚上了。
17. [iti] ne-í-gar u$_4$ 26-kam	日期：5 月 26 日，
18. [mu ^{id}] Sa-am-su-i-lu-na	叁苏伊鲁那第 26 年。
19. [na-qá-ab]-mu-úḫ-<ni>-ši	
20. [mu-u]n-ba-lá	
21. A-wi-il-ì-lí	(印章)阿维伊勒伊里
22. dumu Gu-ru-du-um	古如杜温之子
23. ìr [^{d}...]	神[……]的祭司
24. ^{d}Šamaš-ki-nam-i-de	沙马什基楠伊迪
25. dumu [...]	[……]之子
26. ìr [^{d}...]	神[……]的祭司
27. Sà-ni-iq-pi$_4$-šu	萨尼伊喀皮舒
28. dumu A-pil-[...]	阿皮勒[……]之子。
29. ìr ^{d}Nè-iri$_{11}$-gal	

65

这是一份关于奴隶抵押的契约,奴隶采里沙马什作为抵押,从他的主人沙马什旮米勒手中,抵押给了伊里阿维林。约定在 6 月 7 日,采里沙马什将出现,归还给主人,但如果他没有出现,伊里阿维林要赔偿一头牛。这份契约的证人有:市长沙马什基楠伊迪、辛寅古尔安尼、伊迪迪伊、萨尼伊喀皮舒、国王的卫兵伊比宁舒布尔、阿维伊勒伊里等 6 人。证人的数目较多,并且身份较高,包含了市长及国王的卫士等等,可见这是一个非常重要的交易活动。从这个交易里可以看出,一个奴隶被当做人质进行了抵押,如果在规定的日期不交还人质的话,那么可以以一头牛来代替,可见一头牛的价值只会高于一个奴隶的价值,那么才可以用来替换。这个抵押契约充分反映了古巴比伦时期牛的价值。下面这个表格,详细地列举了牛的年龄及牛的交易价格,具体情况如下:

表 3-2　牛的买卖情况一览表

契约	日期	城市	牛	价格
CT 8 1b	Ae n	Sippar	1 公牛(3 岁)	30"钱"
Meissner BAP 2	Ae 28	Sippar	1 公牛（小于 1 岁）	6 1/6"钱"
CT 8 30c	Ad 3	Sippar	4 头公牛	47"钱"
YOS 13 259	Ad 7	North Babylonia	1 公牛	10 1/6"钱"
VAS 16 206	Ad 11	North Babylonia	1 公牛	13 3/4"钱"
YOS 13 354	Ad 20	North Babylonia	100 公牛(三岁)	600"钱"
YOS 13 380	Ad 20	Dilbat *	1 公牛	8 2/3"钱"
TJA UMM H26	Ad 21	Kish *	2 公牛	＞18 2/3"钱"
Unpub, BM 80408	Ad 27	Sippar	1 公牛	10 1/12"钱"
CT 8 2b	Ad 34	Sippar	1 公牛?(3 岁)	＞17"钱"
YOS 13 379	Ad 34	Dilbat *	1 公牛(1 岁)	2 5/12"钱"
BIN 7 207	As 10	Dilbat *	1 公牛(两岁)	7 1/12"钱"
Riftin 26	As 13	Dilbat	1 公牛	6 8/15"钱"
Birot Tablettes 31	As 14	Dilbat *	1 公牛(3 岁)	8"钱"
Birot Tablettes 34	As 17	North Babylonia	1 公牛	4 1/2"钱"
YOS 13 349	As 17	North Babylonia	1 公牛	12 1/4"钱"
Unpub. BM 80389	Ae r	Sippar	1 母女、1 小牛犊	20?＋4"钱"

续 表

契约	日期	城市	牛	价格
YOS 13 244	Ad 24	Dilbat *	1母牛(3岁)	8 1/4"钱"
YOS 13 245	Ad 20	North Babylonia	1母牛(3岁)	5 7/12"钱"
YOS 13 243	Ad 25	Dilbat *	1母牛(2岁)	3 7/12"钱"
YOS 13 263	As 2	Dilbat *	1母牛(1岁)	1 19/24"钱"
Szlechter, TJA UMM G29	As 11	North Babylonia	1母牛,1小牛犊	14<15"钱"
BIN 7 208	As 13	Dilbat?	1母牛	8 1/6"钱"
BIN 7 209	As 13	Dilbat?	1母牛(1岁)	4 1/12"钱"
YOS 13 371	As 17	Dilbat *	1母牛(2岁)	6 2/3"钱"
YOS 13 262	Sd 2	Kish *	1母牛(3岁)	18 1/3"钱"
PSBA 39 24	Sd 16	North Babylonia	1公牛、1母牛	66+4?"钱"

从这个表格来看,成年公牛(三岁)的价格高于10"钱"银子。成年母牛的价格也较高,在契约YOS 13 262中,价格达到了18 1/3"钱"钱银子,可能这是一头可以生育的母牛,所以价格较高,但一般母牛价格较低,在10"钱"银子以下。小牛犊的价格更低,一般在5"钱"银子以下。与奴隶买卖契约类似,牛的交易价格也低于《汉穆拉比法典》中具有惩罚性质的价格,这是完全正常的。牛的平均交易价格大约在10"钱"银子左右,低于一个奴隶的平均交易价格。

二、羊与驴子的买卖

古巴比伦时期羊的主要用途是用来提供羊毛,因为古巴比伦时期衣料的主要原料就是羊毛。在宗教祭祀活动中,羊也经常被用作牺牲来向神献祭。在农业活动中,羊也可以用来打谷。《汉穆拉比法典》中有相关的条款,表明了羊可以用来从事农业活动,条款如下:

> 如果他租一只山羊来踏谷,它的租金是1升大麦(每天)。[1]

从这条规定可以看出,羊可以用来打谷。总之,羊具有多种用途,也是

---

[1] 吴宇虹等:《古代两河流域楔形文字经典举要》,第180页。

一种相对重要的动产。在一份借贷契约中,提到了羊的价格,契约如下:

YOS 13 no. 287

日期:阿米迪塔那 27/09/01
借贷种类:银子

1. 4 gín kù-babbar	4"钱"银子,
2. šám 12 u$_8$-udu^{hi-a}	是 12 只羊的价格,
3. ša ^{d}Sin-i-din-nam sipa	属于阿达德伊齐闪之子
4. dumu ^{d}Im-ra-bi	"牧羊人"辛伊丁楠,
5. ša i-na qá-ti İ-lí-i-qí-ša-am	在"宫廷财政官"伊里伊
6. gal-unken-〈na〉 erén-ká-é-gal i-[il-qi-ma]	齐闪允许下,
7. [ug]u Na-bi-um-mu-ša-lim	埃瑞板马尔杜克之子
8. [dumu E-]〈ri〉-ba-am-^{d}Marduk	那比乌姆穆沙林
9. [i]-šu-ú	借下了。
10. a-na iti-1-kam	在 1 月,
11. [a-na na-ši ka-ni-k]i-šu	4"钱"银子,12 只羊的
12. [4 gín] kù-babbar šám 12 u$_8$-udu^{hi-a}	价格,他将归还给他的债主。
13. i-na-ad-di-in	
……	(证人略)
17. iti gan-gan-è u$_4$-1-kam	日期:9 月 1 日,
18. mu Am-mi-di-ta-na lugal-e	阿米迪塔那第 27 年。
19. ^{d}uraš ur-sag-gal	
20. urud-mah-a	

这是一份银钱借贷契约,契约的开始明确说明了借贷的 4"钱"银子,是 12 只羊的价格,即 1 只羊的价格为 1/3"钱"银子。

驴子也是古巴比伦时期的一种重要动产,由于驴子的体积较大,一般用驴子来驮运货物。在两河流域的对外贸易中经常会遇见驴队来往于边境处。有时驴子也可以用在农业活动之中,驮运谷物或用来踏谷。《汉穆拉比法典》也有相关的规定,如:

> 如果他租一头驴子踏谷,它的租金是 1 斗(10 升)大麦(每天)。[1]

---

[1] 吴宇虹等:《古代两河流域楔形文字经典举要》,第 180 页。

  从该条款可知,驴子可以用来打谷。可惜的是,我们并没有发现驴子的买卖契约,无从知道驴子的交易价格,但我们可以从驴子与羊的租金来大体推测一下驴子的买卖价格。租赁羊进行打谷的租金是 1 升大麦,而驴子的租金是 10 升大麦,是 1∶10 的关系。一只羊的价格是 1/3"钱"银子,那么驴子的价格应该约为 3 1/3"钱"银子。从法典可知,租赁一头牛打谷的租金是 20 升大麦,[①]羊的租金和牛的租金是 1∶20 的关系,按照这个比例推测出牛的价格为 7 1/3"钱"银子,而 7 1/3"钱"银子刚好就是一头牛常见的买卖价格。因此,通过租金的相互关系来计算驴子的买卖价格具有一定的合理性,也大体反映出了驴子的实际价格。

[①] 吴宇虹等:《古代两河流域楔形文字经典举要》,第 179 页。

第四章　动产继承契约的基本模式

动产继承是动产交易活动的一种重要方式,通过该种方式实现动产所有权转移。古巴比伦社会是阶级社会,不同的群体具有不同的社会地位,因此他们的财产继承权也不尽相同。此外,古巴比伦时期动产继承的方式复杂多样,既有法定继承,又有遗嘱继承。古巴比伦人在进行财产继承时都要签订契约,这两种继承方式对应在继承契约上分别为遗产分割契约和财产遗赠契约。通过对这些契约的研究,我们可以对古巴比伦时期的动产继承习俗得到较为全面的了解和认识,也为我们深入了解古巴比伦社会家庭婚姻生活及社会经济提供了一个较为独特的视角。

在6卷本《古巴比伦时期不动产经济文献》中,有大量的契约是关于财产继承契约。这些契约不但包含了土地、房屋等不动产的继承,也包含了奴隶、牛、羊、磨石、椅子等等各种动产的继承,动产、不动产是家庭财产不可分割的组成部分。

财产继承契约按照不同的继承方式可以分为遗产分割契约和财产遗赠契约两种类型,具有不同的契约模式,本章就对这两种不同的契约模式进行分析研究,为进一步分析古巴比伦时期的财产继承问题的各个方面打下一个良好的基础。

第一节　动产分割契约的基本模式

动产分割契约是指在父亲去世后,继承人之间根据法定继承原则分割遗产而签订的契约。契约的签订人是财产继承人,是法定继承方式下的有效法律文件。在《古巴比伦时期不动产经济文献》中,大约有18份契约属于法定继承下的动产分割契约。通过分析这些契约可以看出,古巴比伦人在动产继承活动的实践过程中,形成了格式比较固定、条款完备的契约模式。一个典型的遗产分割契约主要包含以下几个要素:

1. 继承的遗产（动产、不动产）
2. 遗产继承人
3. 参与遗产分割的其他继承人
4. 双方的誓言：在将来，一方不得向另一方提出诉讼要求。
5. 证人
6. 契约签订的时间、印章。

试举一例：

MHET II/2 no. 143

日期：汉穆拉比 03

类型：遗产分割

BM 92596

正面：

1. 5 sar é *gibil ma?-la ZU? Ka an[x]*　　　5"分"①新房，位于……
2. 0.0.1 iku a. šà a. gàr Na-gi-[im]　　　1"亩"②土地，位于那吉姆灌溉
3. i-ta a. šà ᵈUtu-na-s ir dumu Ne-me-[lum]　　区，邻接耐美隆之子沙马什
4. 0.0.5 iku a. šà i-na Ta-wi-ir-tim　　　那采尔的土地。5"亩"土地，位
5. ša E-ri-ib-ê. a　　　于塔维尔汀地区，属于埃瑞布
6. i-ta Na-pa-šum　　　埃阿。一面邻接那帕逊（的土地）。
7. 0.0.3 iku a. šà i-na Zi-mu-ra-[ah]?　　　3"亩"土地，位于孜穆腊赫地区。
8. 1 sag. ìr ᴵRi-im-ᵈiškur mu.[ni]　　　1个男奴隶，名叫荏阿达德。
9. 1 sag. géme Tab-ni-iš₈-tár mu. ni　　　1个女奴隶，名叫塔布尼伊什
10. mi-im-ma an-mi-im　　　塔尔。上述所有财产，
11. ha. la Dingir-[šu-ba-ni]　　　是伊里舒巴尼的遗产份额。
12. ša ki [Dingir]-[...]　　　它们是与伊里[……]、伊丁辛、

下边沿：

13. ᴵI-din-sin ᴵSin-i-[din?/qí?]-[...]　　　辛伊丁?/齐?[……]和希亚吞之女
14. ù Géme-ᵈutu lukur ᵈutudumu. me Sì-ia-[tum]　沙马什那迪图女祭司

背面：　　　　　　　　　　　　　　　阿马特沙马什

15. i-zu-[zu]　　　分割得到的。
16. iš-tu pí-e a-di guškin [x][...]　　　从谷糠到金子，
17. zi-zu ga-am-ru li-ib-ba-šu t à-[ab]　　　分割完成了，他们心满意足。

----

① 古巴比伦时期的面积单位，苏美尔语为 sar，我们意译为"分"。1 sar 等于 1/100 iku，约等于 36 平方米。

② 古巴比伦时期的面积单位，苏美尔语为 iku，我们意译为"亩"。1 iku 约等于 3600 平方米。

71

18. ud. kúr. šè lú. lú. ra	在将来，一方不得向另一方
19. inim nu. um. gá. gá. a	提出争议。他们以
20. mu ᵈutu ᵈAMAR. UTU ᴵHa-am-mu-ra-bi	沙马什神、马尔杜克神、国王
21. ù ᵘʳᵘud. ⌈kib⌉. nunᵏⁱ in. pàd. èš	汉穆拉比和幼发拉底河的名义
22. igi Dingir- pi₄-ša dumu Li-pí-it-sin	起誓。证人：里皮特辛之子伊辛
23. igi Ìr-ᵈŠEŠ. KI dumu Sin-tillat-sú	提拉特里皮沙、苏之子伊尔舍什
24. igi Sin-ma-gir dumu A-bu-wa-qar	基、阿布瓦喀尔之子辛马吉尔、
25. igi Sin-ri-me-ni dumu I-pí-iq- ᵈutu	伊皮喀沙马什之子辛瑞美尼，阿
26. igi E-la-li sanga ᵈiškur	达德神庙的"神庙主持"埃拉里。

  契约的开始是对继承的遗产进行详细的描述。一般来说，继承的遗产包括不动产和动产两个部分，对不动产的描述比较仔细，一般都详细地描述了土地或者房屋的四邻。在一些契约中，契约只记载了不动产的继承，而没有记载动产的继承。在动产继承中，最主要的动产就是奴隶，因此一般的动产继承契约中，都会有关于奴隶的继承，奴隶一般都注明了他们的姓名和性别。在这份契约中，伊里舒巴尼继承了一男一女两名奴隶。除了奴隶之外，牛、羊、驴子、大麦、椰枣、银子、家具、磨石、犁等动产也经常会出现在动产继承契约里，有时契约会用短语"*ištu pī adi hurāsim*（从谷糠到金子）"来指代所继承的一切财产，包括动产和不动产。

  介绍完继承的动产及不动产外，契约接下来是这些财产的继承人，并说明参与财产分割的其他继承人的名字，即说明了该契约签订的另外一方。分割完成了，参与遗产分割的各方表示满意，在将来，一方不得向另一方提出任何财产要求的诉讼。然后是双方的誓言，他们要以沙马什神、马尔杜克神等神的名义，以及国王或幼发拉底河的名义起誓，不得反悔。契约的签订需要有众多的证人在场，以增强契约的法律效力，确保契约的真实性、公平性，最后一个证人通常为书吏，也是这份契约的书写者。这份契约中，最后一人的身份是神庙主持埃拉里，他也可能是这份契约的书写者，因为神庙主持、祭司一般都属于知识阶层，能掌握楔形文字的书写。由于遗产继承涉及到财产的所有权，关系到个人财富的归属问题，所需的证人数量就比较多，一般在5—10人左右。证人大多都属于一般自由民阶层，但证人的身份也会随契约签订人的身份不同而不同。在这份契约中，证人虽然只有5位，但是最后一位证人的身份是"神庙主持"，属于社会上层，因此这份契约中所涉及的财产继承人也应该具有较高的的社会地位。

  最后是契约签订的时间，此外在契约泥板的边沿要盖上双方的印章，以表示对契约的满意和认同。

对于继承人动产分割财产契约的记载方式,南北地区有所不同。两河流域南部地区如尼普尔,所有继承人的财产继承份额大多写在同一块泥板上。而北方地区如西帕尔,一般每个继承人所继承的财产份额要写在不同的泥板上。① 当然,在西帕尔地区有时也会有一块泥板记载所有继承人继承份额的情况出现。例如:

MHET II/6 no. 921

日期:无

类型:遗产分割

BM 97034

正面:

1. [... iku a].⌈šà⌉ šà. ba *é Ra-bi?-im　　［……］"亩"土地,在腊奔灌溉区。
2. [i]-⌈ta⌉ ᵈUtu-ba-ni　　1 间房子,邻接沙马什巴尼(的
3. [...]⌈iku⌉ a. šà i-na bi-ri-it na-ri-im　　房子)x"亩"土地,位于河岸边,
   [i]-⌈ta⌉ a. šà Géme-ᵈutu lukur ᵈutu　　邻接黑里姆之女那迪图
   dumu. munus *Hi-e *-lim　　女祭司盖美沙马什的土地。
4. [ù i]-ta a. šà Hu-za-la-tum lukur ᵈutu　　另一面邻接苏穆埃蜡赫之女 dumu. munus
   Su-mu-e-ra-⌈ah⌉　　迪图女祭司胡扎拉吞的土地。
5. [1]⌈sag⌉. géme Aš-šu-mi-ia-li-bur　　1 个女奴隶,名叫阿舒米亚里
6. [1] sag. géme ᵈMa-mi-re-me-ni　　布尔,1 个女奴隶,名叫马米瑞美尼。
7. [...] ᵍⁱˢná. ni 1 ᵍⁱˢná ú-DU-um　　1 张床,
8. [...] ᵍⁱˢgu. za. ni 1 ᵍⁱˢka. kara₄　　［……］椅子,
9. 4 ᵍⁱˢdílim. gal 2 ᵍⁱˢdílim　　4 个大木勺,2 个木勺,
10. 2 sà-ap-pu zabar 1 é ᵍⁱˢbal
11. 1 ᵍⁱpisan šu. i 1 ᵍⁱpisan *⌈šu. SAR⌉*　　1 个理发师的篮筐,
12. 1 ⁿᵃ⁴har zíd. gu　　1 个线面粉磨石,上述财物是
13. ha. la Ni-ši-i-ni-šu lukur ᵈutu　　沙马什那迪图女祭司尼西尼舒
14. 0. 0. 4 iku a. šà šà-ba 0. 2. 0 iku [a].⌈šà⌉　　的遗产份额。4"亩"土地在 12
15. ša i-na Maš. maš^ki　　"亩"地中间,位于马什马什地

下边沿:

16. 6 sar é ša Bi-ri-šu-nu-ma　　区。6"分"房子,属于比瑞舒奴马
17. 1 sag. ìr Lu-mur-gi-mil- ᵈutu　　马。1 个男奴隶,名叫鲁穆尔吉米

背面:

18. 1 sag. munus Ha-bi-il-a-bi　　勒沙马什。1 个女奴隶,名叫哈比

---

① G. R. Driver and J. C. Miles, *the Babylonian laws*, p. 334.

19.	1 áb 1 ᵍⁱˢka.kara₄	拉比。1头母牛，
20.	1 ᵍⁱˢná.ni 2 ᵍⁱˢgu.za.ni1	张床，2把椅子，
21.	1 ⁽ᵍⁱ⁾pisan didli 1 ᵍⁱpisan šu.⟨i⟩	1个理发师的篮筐，
22.	2 [...]⌈zabar⌉ 1 gír zabar	2个青铜[……]，1把青铜柳叶刀。
23.	[...]⌈x⌉	
24.	[...] šà Hi-ri-tim	
25.	[...] wa-ar-ki	
26.	[...][x+] 4 sar é ša Bi-ri-šu-nu-ma	4"分"房子，属于比瑞舒奴马，
27.	[...]⌈x⌉	
28.	[... ᵍⁱˢgu].za.ni	椅子，
29.	[... sà-a p]-pu zabar	
30.	[...] ᵈutu	……沙马什神，
31.	[... šà] Hi-ri-tim	……属于黑瑞汀。
32.	[...]⌈x x⌉ wa-ar-ki	……在将来。
33.	[...] *⌈x⌉* ša Bi-ri-šu-nu-ma	属于比瑞舒奴马。
34.	[1 sag].⌈ìr⌉ Lu-mur-ša-ᵈé.a 1 amar	1个男奴隶，名叫鲁穆尔沙埃阿，
35.	[...]⌈x⌉ 2 ᵍⁱˢgu.za.ni	2把椅子，
36.	[...] 4 ᵍⁱpisan *ša⁇* esir⁇*	4个篮筐，
37.	[...] gír 1 na-aš-pa-ku	柳叶刀，1座谷仓，
38.	[...]⌈x⌉ Na-ra-am-i-lí-šu	[属于]那冉伊里舒。

这块泥板记载了沙马什那迪图女祭司尼西伊尼舒、比瑞舒奴马和那冉伊里舒三个人的遗产继承份额。第一位继承人尼西尼舒的身份是女祭司，由于她献身于神，地位较高，具有完全的继承权，她继承的遗产份额包括了两块土地、一处房产、两个女奴隶，还有一些床、椅、木勺等生活用品。她的继承份额应该是最高的，可惜的是继承的土地面积残缺，无法知道这两块土地的面积，但是一块土地位于河边，是一块地理位置较好，属于比较肥沃的土地。第二个继承人比瑞舒奴马，继承了一块土地、一处房产、一男一女两个奴隶，此外还有耕牛、床椅子等生活用品，继承的份额也较大。他应该是一个男子，继承了耕牛用来进行农业生产。第三个继承人那冉伊里舒可能是一个女孩子，她没有继承房屋等不动产，只继承了一个男奴隶、两把椅子、篮筐等等，继承份额较少。这块泥板契约具有较大价值，一份泥板契约清楚地体现了女祭司、男子和世俗女子三种人群不同的继承权及社会地位。这种记载方式在两河流域北部地区并不多见，每个继承人的继承份额一般是记在个人的泥板上，由个人保存。这种重要契约的泥板一般都保存

在一个泥板封套里面,泥板封套上面重复刻写了泥板的契约内容。古巴比伦人这种特殊保存泥板的方法,客观上最大限度地保存了契约的留存,因为在后来的考古发掘中,虽然有些泥板封套被破坏,有些泥板本身被破坏,但是往往可以通过对照封套和泥板的存留部分从而恢复出泥板契约的全部或大部分内容,为我们进行相关研究提供了最大可能的可资利用的原始资料。

第二节　动产遗赠契约的基本模式

财产遗赠是被继承人根据自己的意愿进行财产分配的一种方式,我们称之为遗嘱继承。遗嘱继承实际上是保护弱势群体的一种方式。因为在古巴比伦时期,世俗女性、妻子等等没有完全的财产继承权,在继承财产时受到诸多限制,因此父亲或者丈夫为了保护世俗女儿或妻子的权益,就在生前留下遗嘱,把一些财产赠给女儿或妻子,并与之签订契约。遗嘱继承具有法律效力,是得到国家承认和保护的一种合法行为。在《汉穆拉比法典》中就有两条是关于财产遗赠的相关规定:授权于女祭司的遗产可赠人;马尔杜克女祭司可分父产及赠遗产。条款如下:

> 第179条:如果一个乌格巴波图、那迪图或塞克雷图女祭司,她的父亲赠给她一份遗产,将一个加印文件为她写了,在他为她写的泥板文书中,他为她写明她可以把她的遗产给予她喜欢的任何人,因此,他授予了她随心所欲处置权,在父亲走到宿命(尽头)以后,她可以将她的遗产给予她喜欢的任何(人),她的兄弟们不能向她要求(它们)。

> 第182条:如果父亲向他的女儿——一个巴比伦的马尔杜克神的那迪图女祭司——没有赠给遗产,他没有将加印文件写给她,在父亲走到宿命(尽头)以后,她应该从父亲的家产中,和她的兄弟们同样,分得她的等于一个继承人的份额的三分之一(财产),而且她可以不履行(财产附带)兵役,马尔杜克神的那迪图可以把她的遗产给予她喜欢的任何人。[1]

在实际生活中,古巴比伦人常常采用遗嘱继承的方式来分配自己的财产。在《古巴比伦时期不动产经济文献》中,大约有20份契约属于财产遗赠契约。财产遗赠契约与财产分割契约有所不同,财产遗赠契约是财产继承人与被继承人直接签订的契约,而不是继承人之间签订的契约。一个标

---

[1] 吴宇虹等:《古代两河流域楔形文字经典举要》,第143—146页。

准的遗赠契约主要包含以下条款：

1. 赠与的财产（动产、不动产）
2. 财产赠与人
3. 继承人
4. 证人
5. 双方的誓言
6. 契约签订的时间、印章。

试举一列：

MHET II/6 no. 889

日期：阿比埃舒赫 t?/08/22

类型：财产遗赠

BM 97187

正面：

1. 1 1/2 sar é *pi-i pa-a-ši-im*　　　　　　1 1/2"分"房子，一面邻接
2. ⌈*da*⌉ é dumu. meš Dingir -*šu-i-bi* PA a. gàr　伊里舒伊比的儿子们的房子，
3. ⌈*ù*⌉ da é dumu. meš Dingir -*šu-i-bi-ma*　另一面邻接伊里舒伊比马的儿子
4. ⌈sag⌉. bi sila. dagal ^{d}lugal. gú. du$_8$. a^{ki}　们的房子，前面是鲁旮勒古杜阿
5. egir. bi é *Si-bi-bu-um*　　　　　　　宽街，后面是希比布姆的房子。
6. 1 ^{na4}har. zíd. gu 1 ^{na4}har. zíd. še　1 线面粉磨石、1 个大麦
7. 1 ^{giš}ná 2 ^{giš}gu. za　　　　　　　面粉磨石、1 张床、2 把椅子。
8. *mi-im-ma an-ni-i-im*　　　　　　　上述所有财产，是她的父亲
9. *ša Si-bi-bu-um a-bu-ša*　　　　　　希比布姆遗赠给他的女儿
10. *a-na El-me-eš-tum* lukur ^{d}AMAR. UTU　马尔杜克那迪图女祭司
11. *ma-ar-ti-šu id-di-nu*　　　　　　　埃勒美什吞的财产。
12. Ìr -*sà a-pil-ša*　　　　　　　　　她的继承人是她的兄弟。

下边沿：

13. *ah-hu-*⌈*ša*⌉
14. *ú-ul i-*⌈*ra*⌉*-ag-mu-ši-im*　　　　　他们不得争议。他们以

背面：

15. mu ^{d}utu ^{d}a-a ^{d}AMAR. UTU　　　沙马什神、阿亚神、马尔杜克神
16. *ù A-bi-e-šu-uh* lugal *it-mu-ú*　　　和国王阿比埃舒赫的名义起誓。
17. igi Dingir- *pi*$_4$-*ša* gudu$_4$. abzu　　证人：马如舒奴之子伊里皮沙、
18. dumu ⌈*Ma*⌉-*ru-šu-nu*
19. ⌈igi⌉ [...]-*tum* dumu Ìr- ⌈*e*⌉-*la-li*　瓦腊德埃拉里之子[……]吞、
20. igi [...] *ma?/si?* dumu ^{d}EN. ZU -*ga-mil*　辛旮米勒之子[……]马/斯、

76

21. igi *Pir-hi-i-li-šu*   舒坡舒喀里之子皮尔黑伊里舒、
22. dumu *Šu-up-šu-uq-a-li*
23. igi SIG-ᵈ*a-a kal-la-tim*〔dumu *Qur*〕*-ru-du*   苦尔如杜之子希格阿亚、
24. 〔igi〕ᵈUtu-*ba-ni* dumu Dingir-*ha-bil*   伊里哈比勒之子沙马什巴尼、
25. 〔igi〕*Gi-míl-lum* dub. sar   "书吏"吉米隆。
26. itu apin. du₈. a ud. 22. kam   日期：8月22日，
27. mu *A-bi-e-šu-uh* lugal. e   阿比埃舒赫 t? 年。

上边沿：

28. usu šà. aš. ša₄ᵈAMAR. UTU. ka
29. éren kalam èš. nun. naᵏⁱ
30. ki. in. gub ta ši il ki ka ta
31. ag. a nam. dugud. ba in. ne. šub.〔bí〕

  与财产分割契约一样,财产遗嘱契约的开始也是对遗赠财产的介绍。遗赠的财产一般包括土地、房屋等不动产。对这些不动产契约给出了较为细致的位置描述,这也显示了古巴比伦时期契约的高度完备和成熟,在契约里不会留有让双方产生争议的地方。不动产之后是遗赠的动产,动产中最重要的财产是奴隶,一般要写出奴隶的姓名和性别。除了奴隶之外,遗嘱的动产还可以包括牛、绵羊、大麦、银子、木犁、床、椅子、量斗、磨石等动产。当然在有些遗嘱契约中只有不动产和奴隶,在有些契约中只有不动产和其他一些生产用具而没有奴隶。在这份契约中,遗赠的财产包括一处房子和大麦、磨石、床、椅子等等动产,而没有遗赠奴隶,可能这是一个不太富裕的家庭,所以父亲没有赠给她女儿奴隶。介绍完遗嘱的财产之后,是财产的赠与人与接收人,赠与人大多是父亲、母亲、兄弟或丈夫,他们与财产接受人之间一般是亲属关系。有时也并非亲属关系,而是赠与人喜欢的没有血缘关系的任何人。财产遗嘱双方要以神和国王的名义起誓,表达对契约内容的认可,将来任何一方不得反悔。由于财产遗赠也属于财产所有权的转移,所以遗赠契约签订需要有众多证人作证,一般在5—10人左右。这份契约中的证人较多,有7人。最后一个证人的身份明确指出了是一位书吏,也是这份契约的书写者。契约最后是签订契约的时间。这份契约在古巴比伦晚期,阿比埃舒赫在位期间,可惜根据这份契约的年名并不能推算出是他在位的哪一年,日期是8月22日。在古巴比伦早期的一些财产遗赠契约中,一般并没有写明契约签订的时间,但我们可以从誓言中得知契约签订的大体时间,属于哪位国王在位期间。此外在契约泥板的边缘,要盖上双方的印章,以表示双方对契约内容的满意和认同。

第五章　不同群体的动产继承权

古巴比伦社会是一个男权社会,男子在社会上具有主导地位。男子、女祭司、世俗女儿、世俗妻子等不同群体具有不同的社会地位,以及不同的权利和义务。在财产继承方面也具有各不相同的继承权,所以只有对这些不同人群的继承权做细致的考察,才能得到对古巴比伦时期动产继承的全面认识。

第一节　男子的继承权

古巴比伦时期,男子具有较高的社会地位,具有全权继承权,他们可以继承父亲留下的遗产。但男子继承财产也有一定的继承顺位及继承原则。首先我们来探讨一下男子继承权的基本原则。

一、男子继承权的基本原则

古巴比伦时期家庭财产继承的基本原则是父系单线继承,即继承人是儿子、兄弟、伯父、侄子、堂兄等具有父系血统的男性家族成员。[1] 财产继承人首先是被继承人的儿子们,儿子们享有全权继承权。儿子们继承、分割遗产是古巴比伦时期最典型的财产继承方式。

从《汉穆拉比法典》关于继承法的相关规定中也可以得到关于男子继承权的印证:在20条继承法中,前13条是对儿子继承的各种规定;5条是关于女祭司的继承,但其被继承权属于兄弟们,除非授权,财产不能赠人;最后2条关于世俗女儿,无继承权,可分得一份嫁妆。另外,我们从民间契约中也能看出男子继承权的优势地位。在《古巴比伦时期不动产经济文献》中

---

[1] R. Harris. On kinship and inheritance in Old Babylonian Sippar, *Iraq*, 1976(38), p. 129.

的18份动产分割契约（其中3份契约的继承人残缺）中，有9份契约的遗产继承人是儿子，其中8份契约遗产分割人之间的关系为兄弟关系。如：

MHET II/3 no. 460

日期：叁苏伊鲁那
类型：遗产分割
BM 17398

正面：

1. [...] [x sar a. šà] 　　　　　　　　　　[……]"分"土地，
2. [x] [...] a. šà Dingir -pí-[x] 　　　　　[邻接]伊里皮[……]的土地。
3. 0.2.0 iku 10 sar a. šà [...] 　　　　　　12"亩"10"分"土地。
4. 1/3 sar 1 gín igi. 4. gál é 　　　　　　 1/3"分"1 1/4"厘"①房子，
   Ud.[kib. nun]ki- ia-ah-ru-rum 　　　　　 在幼发拉底亚赫润地区，
5. da é Dingir- pí -dutu 　　　　　　　　　邻接伊里皮沙马什的房子。
6. 19 1/3 gín é Ud. kib. nunki- am-na-nu-um 19 1/3"厘"房子，在幼发拉底安
7. da é Dingir- pí- dutu 　　　　　　　　　那农地区，邻接伊里皮沙马什的
8. 2/3 sar 5 gín é Íp-la-hi-iki 　　　　　　房子，2/3"分"5"厘"房子，在
9. da é Dingir- pí -dutu 　　　　　　　　　伊坡拉黑地区，邻接伊里皮沙
10. 1 sag. ìr Ú-qá-a- dingir -lum 　　　　 马什的房子。1个男奴隶，名叫乌喀
　　　　　　　　　　　　　　　　　　　　　伊里隆。
11. [1] sag. ìr Šu-zu-ub- dutu-[ra]-[...] 　1个男奴隶，名叫舒朱布沙马什
　　　　　　　　　　　　　　　　　　　　　腊[……]。

下边沿：

12. [1] gu₄ 11 us₅. udu. hi. a 　　　　　　 1头公牛，11只绵羊，
13. 1 giš*x*AB/dub 1 ì. dub 　　　　　　　 1个谷仓，
14. 1giš érin giš banšur 1 bán 　　　　　　1张桌子，1个量斗，

背面：

15. 1 ša *uru *ša zabar 　　　　　　　　　 1个青铜的……
16. wa-tar-tum ša i-li-a-am ša bi-ri-šu-nu-ma 上述所有财产，
17. mi-im-ma an-ni-im 　　　　　　　　　　是瓦腊德辛的遗产份额。
18. ha. la Ìr-dEN. ZU ša [it-ti dEN]. ZU- be-el-ap-lim 它们是与他的6个兄弟
19. ¹Úhki-i-din-nam ¹[Lu-uš-ta-mar- dEN. ZU] 辛贝拉坡林、乌赫伊丁楠、
20. ¹Pu-zur₈- dutu ¹Dingir- pí- dutu 　　　鲁什塔马尔辛、普朱尔沙马什、
21. ¹Ta-ri-[bu]-ša ah-[hi]-šu 　　　　　　 伊里皮沙塔马什、瑞布沙

---

① 古巴比伦时期的面积单位，苏美尔语为gín，我们翻译为"厘"。1 gín约等于3/5平方米。

79

22. ù Dumu-ir-⌈si-tum⌉⌈x x⌉i-zu-zu　　　　和杜穆伊尔采吞分割得到的。
23. ⌈zi-zu⌉[…]⌈x⌉[…]⌈x x x⌉um　　　　分割完成了，一方不得向
24. [… a-hu]-um a-na a-hi-⌈im⌉ ú-ul i-ra-gu-um　　另一方提出主张。他们
25. [mu …] ᵈAMAR.UTU ù ⌈Sa-am-sú-i-lu⌉-[na …]　以马尔杜克神和国
　　　　　　　　　　　　　　　　　　　　　王叁苏伊鲁那的名义起誓。
　……　　　　　　　　　　　　　　　　　（残缺）

上面这份契约中，明确写出了继承人瓦腊德辛得到的遗产份额是与他的6个兄弟分割得到的。兄弟们之间分割继承遗产是古巴比伦时期最常见的一种继承方式。但如果一个儿子先于被继承人去世，那么他的儿子可以代替他与他的叔叔们进行财产分割，即代位继承。如：

MHET II/3 no. 413

日期：叁苏伊鲁那 08/07/14
类型：遗产分割
Case（BM 82453）
正面：

1. ⌈5/6 sar⌉ é i-na Hal-hal-⌈laᵏⁱ⌉　　　　5/6"分"房子，在哈勒哈拉地区，
2. ús-sa-da ᵈUtu-še-me　　　　　　　一个短边（邻接）沙马什舍美（的
3. 1/3 ma-na kù-babbar ba-ma-at […]　房子）。1/3"斤"银子……
4. šám é ša gá-gi-[a]　　　　　　　　一个位于女观院中房子的价格。
5. 10 gín kù-babbar ba-ma-at ša […]　10"钱"银子，属于……
6. 0.0.3 iku a-šà a-gàr ⌈murub₄?⌉[…]　3"亩"土地，位于穆如布灌溉渠。
7. 0.1.0 iku a-šà Ta-wi-[…]　　　　　6"亩"土地位于塔维……
8. 1 gu₄ […]　　　　　　　　　　　　1个公牛……
9. 1 ᵍⁱˢig 1 ᵍⁱˢ*x*[…]　　　　　　　　一个门、一个……
10. 1 ᵍⁱˢná 2 ᵍⁱˢgu-[za]　　　　　　　一个床、2个椅子、
11. 1 ᵍⁱˢbán 1 * x x *-[…]　　　　　　一个量斗、一个……
12. ha-la Šu-i-li-šu […]　　　　　　　它们是沙马什舍美之子
13. dumu ᵈUtu-še-me　　　　　　　　舒伊里舒的遗产份额。
14. ki Dingir-šu-ib-ni-šu　　　　　　　他与他的哥哥马尔杜克那采尔
15. ù É-ma-gir　　　　　　　　　　　的两个儿子伊里舒伊布尼舒

左边沿：

16. dumu-meš ᵈAmar-utu-na-sir a-hi-[šu]　和埃马吉尔
17. i-zu-⌈zu⌉[…]　　　　　　　　　　　分割了遗产。
　……　　　　　　　　　　　　　　　　（残缺）

Tablet
上边沿：
18'itu du₆-kù ud-14-kam   日期：叁苏伊鲁那第8年，
19'mu ki-lugal-gub hur-sag   7月14日。
20'íd sìla didli bi

在这份契约中，舒伊里舒与他的两个侄子伊里舒伊布尼舒和埃马吉尔共同分割了遗产。儿子代替去世的父亲继承遗产的代位继承在许多古代文明中都存在，充分显示了男子的权利和地位，也体现了一种公平的原则。

如果一个人没有儿子作为继承人，那么他可以把他的女婿收养为继承人，[1]也可以收养他人作为继承人。在继承财产方面，养子具有与亲子一样的继承权利。如果一个人在收养了养子以后，又有了自己的亲子，那么养子同样作为他的长子，具有全权继承权。如：

VAB 5 no. 9

类型：收养

1. ᴵA-hu-wa-qar	阿胡瓦喀尔，
2. dumu Ša-at-ᵈAdad	沙特阿达德之子，
3. ki Ša-at-ᵈAdad um-mi-šu	从他的母亲沙特阿达德手中，
4. ᴵṢillī-ᵈAdad dumu E-ri-ib- ᵈEN.ZU	采里阿达德，埃瑞布辛之子
5. a-na ma-ru-ti-šu	收养了他作为他的儿子。
6. il-qé	
7. ù ma-ri ša-nu-tim Ṣillī-ᵈAdad	如果采里阿达德有了其他的
8. li-ir-ši-i-ma	
9. ᴵA-hu-wa-qar a-hu-um GAL	儿子，阿胡瓦喀尔仍是长子。
10. ᴵA-hu-wa-qar a-na Ṣillī-ᵈAdad	如果阿胡瓦喀尔对他的父亲
11. a-bi-šu ú-ul a-bi	采里阿达德说"你不是我
12. at-ta i-qa-bi-ma	的父亲"，
13. ...	
14. ᴵA-hu-wa-qar a-na ku-babbar i-na-di-	他将会卖阿胡瓦喀尔为银子。
15. ù Ṣillī-ᵈAdad a-bu-šu	如果采里阿达德，他的父亲，
16. a-na A-hu-wa-qar	对阿胡瓦喀尔说
17. ma-ri-šu ú-ul ma-ri	"你不是我的儿子"，
18. at-tai-qa-bi-ma	

---

[1] R. Harris. *Ancient Sippar*, Te Istanbul, 1975, p. 362.

19. i-na é... 他将会丧失房子等财产。
20. it-ta - as-sí

如果被继承人没有亲子,也没有养子,那么他去世后,他的财产被他的兄弟或他的侄子继承。如果他既没有财产继承人,也没有兄弟,那么他的财产被政府收回,由市长和城市长老卖给他人。

二、遗产分割的基本原则

古巴比伦时期,儿子继承家产的分割原则一般是诸子平分,阿卡德语为 *mithariš izuzzu* 。一般长子管理被继承人留下的遗产,并主持遗产分割。在两河流域南部地区,长子有优先选择财产份额的权利,有时长子也可以得到一点多余的财产,但长子的这种分配优势在法律上并没予以规定。《汉穆拉比法典》对遗产的分配原则做了如下规定:

> 第165条:如果一个人赠给了顺他眼睛的继承人以田地、椰枣园和宅,并为他写了一个加印文件,在父亲走到了宿命后,当兄弟们分家时,他(继承人)应该将父亲给他的赠物拿走。在此之外,他们应将父亲的家产平均地分配。
>
> 第167条:如果一个人娶了妻,而且她为他生了儿子们,后来,那个女人走到了宿命(尽头),在她之后,他又娶了另一个女人,而且她也(为他)生了儿子们,在父亲走到了宿命(尽头)之后,儿子们不应该根据母亲们(先或后)分割家产,他们应该将他们的各自母亲的嫁妆拿走,然后他们应该将父亲家的财产平均地分割。
>
> 第170条:如果一个人,他的正妻为他生了儿子们,而且,他的女奴也为他生了儿子们,父亲在他在世时,对女奴为他生的儿子们说:"(你们)是我的儿子们",(于是)他把他们与正妻的儿子们算在一起了,在父亲走到了宿命(尽头)后,正妻的儿子们和女奴的儿子们应将父亲的家产平均地分割,但正妻的长子可以从份额中先选一份并拿走它。[①]

这三条法律条款都明确地规定了儿子们应该平均分割父亲留下了的遗产,即便是女奴隶生的儿子也和正妻生的儿子具有平等的继承权,充分显示了古巴比伦时期奉行的公平正义理念。

---

① 吴宇虹等:《古代两河流域楔形文字经典举要》,第127—132页。

在遗产分割契约中,众多的契约也充分体现了诸子平分遗产的原则。如:

MHET II/3 no. 438

日期：叁苏伊鲁那第 22/12/30

类型：遗产分割

Tablet（BM 16813）

正面：

1. 0.0.4 1/2 iku a-ša a-gàr ká ^{d}Amar-utu
2. i-ta a-šà [dumu-munus] ^{d}Sin-ri-me-ni
3. 0.0.3 iku a-šà a-[gàr] * murub$_4$? / šir ? *
4. šà ša dumu-munus * x x *
5. i-ta a-šà SIG -i-li-šu PA dam-gàr-[meš]
6. 1/2 iku a-gàr a-gàr [murub$_4$]
7. šà ša dumu-[munus] síl-lí -^{d}utu
8. 0.1.2 iku a-šà
9. 5 sar é-dù-a é A-si- dingir
10. [i]-ta sila-dagal-la
11. [1/2] sar é šà ^{uru}Zimbir-[gal]
12. [i-ta] é Sin-i-qí-ša-am šeš-ni
13. [1 sar] me-er-šui-ta ^{d}Sin-i-qí-ša-am šeš
14. [6 1/2] sar é
15. [1 sag-géme] Wa-ra-sà-ri-iš
16. [1 ^{na4} har zíd]-gu 1 ^{na4} har zíd-še
17. [1 ^{giš}ná] ^{giš}gu-za 1 ^{giš}bán ì
18. [mi-im-ma an]-ni-im
19. [ha-la ^{d}Iškur] -zi-mu
20. [ša ki ^{d}Sin-i-qí]-ša-am

下边沿：

21. [^{m}Ib-ni- ^{d}Iškur]
22. [Dingir -šu-ba-nia-ah]-hi-šu
23. ù [dumu-meš Pa-la]- ^{d}iškur
24. i-zu-zu

背面：

25. bi-ta-am ù ba-ši-it é-a-ba
26. mi-it-ha-ri-iš i-zu-zu

4 1/2"亩"土地,位于沙马什神庙门外的灌溉区,邻接辛瑞美尼女儿的土地。3"亩"土地,位于……灌溉区,在……之女（的土地）之间一面邻接"商人总监"沙帕勒伊里的土地。1/2"亩"土地,在穆如布灌溉渠,在采里沙马什之女的田地中间。共 8"亩"土地。5"分"房屋,邻接阿希伊里的房子,一面临着大街。1/2"分"房子,位于大西帕尔,一面临着他哥哥辛伊齐闪的房子。1"分"房子,邻接哥哥辛伊齐闪的房子,共 6 1/2"分"房子。一个女奴隶,名叫瓦腊萨瑞什。一个线面粉磨石、一个大麦面粉磨石、一张床、1 个椅子,一个油斗。所有上述财产,都是阿达德孜姆的遗产份额。这些遗产是与帕拉阿达德的儿子们,他的三个哥哥辛伊齐闪、伊波尼阿达德与伊里舒巴尼

分割得到的。

他们平均分割了父亲家产。

83

27. [zi-zu ga-am-ru iš]-tupí-e 　　　分割完成了，从谷糠到金子，
28. [a-di guškin a-hu-um] a-na a-hi-im 　一方不得向另一方提出
29. [ú-ul i-ra-gu]-um [...] 　　　　　财产诉讼。
30. [an-ni-am am-ši ú]-ul i-qá-ab-bi 　他不能说：(我忘记了)这件事情。
31. mu ᵈUtu ᵈAmar-utu Sa-[am]-sú-i-lu-na lugal 他们以沙马什神、马尔杜克
32. [ù Zi]mbir^ki it-mu-ú 　　　　神和国王叁苏伊鲁那及西帕尔
　……　　　　　　　　　　　　的名义起誓。(证人略)

上边沿：
47. itu še-kin-tar ud-30-kam 　　　日期：叁苏伊鲁那第 22 年，
48. mu Sa-am-sú-i-lu-na lugal 　　　12 月 30 日。
49. u₆-nir ki-tùš-mah
50. ᵈZa-ba₄-ba₄ ᵈInanna bi-da-ke₄

在这份契约中，继承人阿达德孜姆分得了三份土地、三处房产等不动产，分得了 1 个女奴隶、磨石、桌椅等动产。阿达德孜姆继承的遗产份额较大，他是与他的 3 个哥哥平均分割得到的，可见这是一个非常富裕的家庭，具有较多的财富。

MHET II/2 no. 132

日期：汉穆拉比
类型：遗产分割
Tablet(BM 17352)
正面：

1. [0.1.1 ＋] 0.0.2 iku a-šà 　　　　9"亩"土地，
2. i-na ＊ ud numun ＊ -da-nu-um 　位于……丹奴姆地区。
3. i-ta a-ša Sin-e-ri-ba-[am] 　　　一面邻接亚尼农之子
4. dumu Ia-an-ni-nu-um 　　　　辛埃瑞板的土地，
5. ù i-ta a-šà Ia-ar-bi-[dingir] 　　一面邻接亚尔比伊鲁的土地。
6. [2/3] sar 2 1/3 gín é-dù-a 　　　2/3"分"2 1/3"厘"房子，
7. li-ti-ir li-im-ṭì ma-la ma-ṣí-ma 　延伸到？
　ᵈA-a-ku-zu-ub-[ma]- 　　　　阿亚库朱布马……
8. 1 sag-géme 　　　　　　　1 个女奴隶，
9. ᵐᵈA-a-še-me-at mu-ni 　　　　名字叫阿亚舍美特，(1 个男奴隶)
10. ᵐA-na-ᵈutu-ták-la-a-ku mu-ni 　名叫阿那沙马什塔克拉库。
11. 1 ⁿᵃ⁴har 　　　　　　　　　一个手磨石。
12. bu-ši-e ma-la i-ba-aš-[šu] 　　　所存有的一切遗产，

13. *a-ha-tum ma-la a-ha-tim* 兄弟们
14. *mi-it-ha-ri-iš i-*[*zu-zu*] 平均分割了。
15. *mi-im-na an-ni-im* 上述财产

下边沿：

16. ᵐ*Hu-šu-tum* 属于伊里舒巴尼之女
17. dumu-munus Dingir-*šu-ba-ni* 胡舒吞，她把它们给予了
18. *a-na La-ma-*[*si*] lukur ᵈUtu （她的继承人）沙马什的那迪图

背面：

19. *i-di-in* 女祭司拉马西。
20. mu ᵈAmar-utu *ù Ha-am-*<*mu*>-*ra-bi* 她们以马尔杜克神和汉穆拉比的
21. in-pàd-dè-meš 名义起誓。
    …… （证人略）

这份契约也是一个兄弟们之间平均分割遗产的契约。但稍微特殊的是该契约中，继承人胡舒吞是一名女性，但她的身份是女祭司。女祭司具有与男子一样的社会地位和权利，等同于一个男性继承人，所以她与她的兄弟们平均分割了遗产。参照《汉穆拉比法典》中平均分割遗产的相关规定，可以看出古巴比伦时期遗产分配的基本原则为平均分配，而不是实行长子继承制，在一些契约中没有写明平均分割，这可能是书吏省略的结果。

表 5-1 遗产分割契约一览表

契约	日期	财产所得者	身份	参与分割者	身份	两者关系
MHET II/1,106	Sm	伊比恩利勒		比瑞舒奴马		兄弟
MHET II/2,131	Ha	残缺（女）		残缺		
MHET II/2,132	Ha	拉马希	那迪图女祭司	胡舒吞（女）		
MHET II/2,137	Ha 01	里皮特伊什塔尔		苏穆维迪、亚赫苏尔伊鲁和沙特阿亚	后者是那迪图女祭司	兄弟、姐弟
MHET II/2,143	Ha 03	伊里舒巴尼		伊里……、伊丁辛、辛伊丁……和阿马特沙马什	后者是那迪图女祭司	

85

续　表

契约	日期	财产所得者	身份	参与分割者	身份	两者关系
MHET II/2,224	Ha 26/12/06	残缺		残缺		
MHET II/2,234	Ha 29/07/25	辛舍什伊丁楠		残缺		
MHET II/2,242	Ha 31/06/[ ]	辛瑞美尼		舒米埃尔采汀		兄弟
MHET II/2,257	Ha 34	瑞什沙马什		塔巴吞、尼西尼舒	后者是那迪图女祭司	兄弟、兄妹
MHET II/2,258	Ha 34/02/20	穆哈迪吞（女）		辛穆美尼、奴尔伊勒舒和埃台勒皮…		兄妹
MHET II/3,413	Si 08/07/14	舒伊里舒		伊里舒伊布尼舒和埃马吉尔		叔侄
MHET II/3,438	Si 22/12/30	阿达德孜穆		辛伊奇闪、伊波尼阿达德和伊里舒巴尼		兄弟
MHET II/3,440	Si 24/11/02	残缺		残缺		
MHET II/3,449	Si 28/11/02	比瑞舒……		辛伊丁楠和伊里舒阿布舒		兄弟
MHET II/3,460	Si	瓦腊德辛		辛贝拉坡林等7人		兄弟
MHET II/3,466	Si[ ]/09/[ ]	沙马什舒孜班尼和沙马什沙吞		伊里维林腊比		兄弟

续 表

契约	日期	财产所得者	身份	参与分割者	身份	两者关系
MHET II/5,582	前 Ha	穆那维尔吞	库勒马西图女祭司	阿皮勒沙		姑侄
MHET II/6,921	无日期	尼西尼舒	那迪图女祭司	比瑞舒奴马、那冉伊里舒		

第二节 女祭司的继承权

在古巴比伦时期,在特定的社会经济条件下,社会上兴起了一个特殊的群体,即女祭司阶层[①]。她们一般献身于神,住在女观院[②]内,从事某种宗教活动。这些女祭司与一般的妇女有较大的不同,大多来自富有家庭(有的甚至是国王的女儿,如汉穆拉比的女儿如图姆和阿米嚓杜咯的女儿伊勒塔尼),她们有着很高的社会地位,被称为"特殊的妇女"。女祭司享有与男子相同的权利地位,活跃在各种不动产、动产的交易活动中。在家庭财产继承方面,她们享有财产继承权,可以得到一份遗产。《汉穆拉比法典》中对各种女祭司的继承权做了如下规定:

第180条:如果父亲向他的女儿——一个女观院的那迪图或塞克雷图宗教妇女——没有把一份遗产赠予,在父亲走到宿命(尽头)以

---

① 李海峰:《试论古巴比伦时期西帕尔地区的女祭司》,《安徽史学》,2005年第1期,第8—11页。
② 女观院的阿卡德语为 gagûm,是古巴比伦时期各类女祭司生活修道的专门场所,类似于欧洲的修道院。gagûm 四周有围墙包围,大门处有专门的人员看守,大门处也是女祭司与外界进行各种经济活动的场所。gagûm 内主要由房屋及小块茇麻田构成。在行政上,gagûm 隶属于神庙,受神庙最高官员 sanga 的监督与指导,但有自己相对独立的管理权。Gagûm 的所属人员主要由 gagûm 的管理人员、各类女祭司和 gagûm 的服务人员(水手、奴隶、厨师等)等构成,据美国亚述学家哈瑞斯研究,gagûm 的总人口大约在 200—500 之间。古巴比伦时期的 gagûm 虽然与具有特定含义的修道院、观院有所不同,但为了给读者一个直观的感受,笔者采用了意译的方法,翻译为"女观院"。

后,她可以从她父亲的家产中分得一份相当于一个继承人的份额,而且,只要她活着,她可以食用(份额),但是她的遗产属于她的兄弟们。

第181条:如果一个父亲把一个那迪图或喀迪什图或库勒马西图女祭司奉献给神(不婚),但没有给她一份遗产,在父亲走到宿命(尽头)以后,她可以从父亲的家产中分得她的等于一个继承人的份额的三分之一(财产),只要她活着,她可以食用它,但是她的遗产属于她的兄弟们。

第182条:如果父亲向他的女儿——一个巴比伦的马尔杜克神的那迪图女祭司——没有赠给遗产,他没有将加印文件写给她,在父亲走到宿命(尽头)以后,她应该从父亲的家产中,和她的兄弟们同样分得她的等于一个继承人的份额的三分之一(财产),而且她可以不履行(财产附带)兵役,马尔杜克神的那迪图可以把她的遗产给予她喜欢的任何人。[①]

从上述三条法律条文中我们可以看出,女祭司具有财产继承权,但不同身份的女祭司继承的份额有所区别。地位较高的那迪图和塞克雷图与一个男性继承人的继承份额完全相同,但喀迪什图、库勒马西图及马尔杜克那迪图则只能继承一个男性继承人份额的三分之一。为了保护家族的财产不外流,这些女祭司去世后,她们的遗产由她们的兄弟继承。但如果一个女祭司被她的父亲授权可以自由地处理她继承的遗产,那么这个女祭司可以把她的财产给予她喜欢的任何人,她的兄弟们无权干涉,不能要求她的遗产。

在民间契约中也显示了女祭司可以继承遗产,与兄弟们一起进行遗产的分割。在18份动产分割契约中,女祭司出现在7份契约中,她们或者是遗产的继承人,或者是参与遗产分割者,这说明了女祭司享有继承权。如:

MHET II/5 no. 582

日期:前汉穆拉比时期
类型:遗产分割
BM 16839
正面:
1. 0.1.0 iku a.šà i-na Bu-ra-a　　　　　　6"亩"土地,位于布腊灌溉区,

[①] 吴宇虹等:《古代两河流域楔形文字经典举要》,第144—146页。

2. *i-na* uš. gíd. da 　　　　　　　　　在乌什基达地区。
3. *i-ta* a. šà Ṣ*i-ri-ha-tum* 　　　　　邻接采瑞哈吞的土地。
4. 1 sar é. du. a 　　　　　　　　　　1"分"房子，
5. *ša E-ri-ba-am* 　　　　　　　　　属于埃瑞板，
6. *mu-sú-šu a-na sila I-bi-sin* 　　　它的出口对着伊比辛大街。
7. 1 géme *Sú-hu-tum* 　　　　　　　1个女奴隶，名叫苏胡吞。
8. 1 géme [*An*]-*nu-ni-tum-ha-sí-ra-at* 　1个女奴隶，名叫安奴尼吞哈采腊特。
9. ha. la *Mu-na-wi-ir-tum* nu. bar 　上述财产是奴尔沙马什之女、
10. dumu. munus *Nu-úr-* ᵈutu 　　　女祭司穆那维尔吞的遗产份额，
11. *A-píl-ša* dumu *I-bi-* ᵈEN. ZU 　是与伊比辛之子阿皮勒沙（分割得到的）。

背面：

12. [*a-di*] [*ba*]-*al*-[*ta*]-*at* 　　　　只要她活着，
13. *qá-sà ú-*[*ka-al*] 　　　　　　　　她就可以享用家中的（上述）
14. ud-um *a-na é mu-tim* 　　　　　她的遗产份额。在将来，
15. *i-ir-ru-bu* 　　　　　　　　　　（她和）丈夫要进入房子，
16. *qá-du-um* 1 géme-ša 　　　　　她的1个女奴隶也要进入房子。
17. *i-ir-ru-ub* 　　　　　　　　　　（证人略）
　　……

在这份契约中，奴尔沙马什之女女祭司穆那维尔吞继承了6"亩"土地、1"分"房子和2个女奴隶，与伊比辛之子阿皮勒沙共同分割了遗产。伊比辛应该是奴尔沙马什的儿子，他先于父亲逝世，所以他的儿子代替他继承了父产。

在一些契约中，虽然没有写明继承人的女祭司身份，但从她的兄弟们要给她提供大麦、芝麻油等生活用品，并且她死后，她的财产继承权属于她的兄弟等等条款，可以推断出她的女祭司身份。

女祭司除了通过法定继承获得父母的遗产之外，也可通过遗嘱的方式来继承父产。在20份财产遗赠契约中，继承人是女祭司的契约有11份。但父亲为了防止家族财产的外流，往往在契约中隔代指定继承人，[①]这个继承人一般是她的兄弟。这与《汉穆拉比法典》的规定是一致的。如：

---

① 有6个遗赠契约中指定了隔代继承人：MHET II/1 no. 19，MHET II/3 no. 367，MHET II/5 no. 696，no. 816，MHET II/6 no. 862，no. 889。

89

MHET II/6 no. 889

日期：阿比埃舒赫 t?/08/22
类型：财产遗赠
BM 97187
正面：

1. 1 1/2 sar é *pí-i pa-a-ši-im*
2. ⌈da⌉ é dumu. meš Dingir -*šu-i-bi* PA a. gàr
3. ⌈ù⌉ da é dumu. meš Dingir -*šu-i-bi-ma*
4. ⌈sag⌉. bi sila. dagal ᵈlugal. gú. du₈. a^{ki}
5. egir. bi é *Si-bi-bu-um*
6. 1 ^{na4} har. zíd. gu 1 ^{na4} har. zíd. še
7. 1 ^{giš} ná 2 ^{giš}gu. za
8. *mi-im-ma an-ni-i-im*
9. *ša Si-bi-bu-um a-bu-ša*
10. *a-na El-me-eš-tum* lukur ᵈAMAR. UTU *ma-ar-ti-šu id-di-nu*
11. Ìr -*sà a-pil-ša*
12. *ah-hu-*⌈*ša*⌉
13. *ú-ul i-*⌈*ra*⌉*-ag-mu-ši-im*

背面：

14. mu ᵈutu ᵈa-a ᵈAMAR. UTU
15. *ù A-bi-e-šu-uh* lugal *it-mu-ú*
    ......
26. itu apin. du₈. a ud. 22. kam
27. mu *A-bi-e-šu-uh* lugal. e

1 1/2"分"房子，一面邻接伊里舒伊比的儿子们的房子，另一面邻接伊里舒伊比马的儿子们的房子，前面是鲁甘勒古杜阿宽街，后面是希比布姆的房子、1个线面粉磨石、1个大麦面粉磨石、1张床、2把椅子。上述所有财产，是她的父亲希比布姆遗赠给她的女儿马尔杜克那迪图女祭司埃勒美什吞的财产。她的继承人是她的兄弟：瓦腊德萨。他们不得争议。他们以沙马什神、阿亚神、马尔杜克神和国王阿比埃舒赫的名义起誓。(证人略)
日期：8月22日，
阿比埃舒赫?年。

但在有些契约中，并没有直接写明继承人的女祭司身份，但我们从契约内容可以看出她的女祭司身份。如：

MHET II/6 no. 862

日期：叁苏伊鲁那 03 or 04/12/12
类型：财产遗赠
BM 97197
正面：

1. 0.[1].0 [+ x] iku a-šà i-na [A-ab-ba]?
2. i-ta a-šà ᵈUtu- ba-ni
3. ù i-ta a-šà ᵈUtu-dingir
4. 0.0.3 iku ⁱᵏⁱʳ kiri₆ A-ab-ba
5. i-ta ⁱᵏⁱʳ kiri₆ Sin-e-ri-ban-i-[din]-nam
6. ù i-ta ⁱᵏⁱʳ kiri₆ Sin-e-ri-ba-am
7. 2 1/2 sar é-dù-a i-na Zimbirᵏⁱ
8. da é Aš?-[tum]?
9. ù da é a * x * [...]
10. 1 sag-ìr Ìr-ᵈutu?
11. 1 sag-ìr ᵈUtu- šar-ru-ti
12. 1 sag-ìr A-bu-um -dingir
13. 1 sag-ìr Ì-lí- tab-ba- šu
14. 1 sag-géme ᵈA-a-um-mi

下边沿：

15. [...] illegible
16. [1] ⌈sag⌉-géme Dingir- a-a-ba-aš -[...]
17. [1] sag-géme ᵈA-a-la-ma -[...]
18. [...] ⌈x⌉ di * x * hi 20 giš [...]

背面：

19. [...] ᵘʳᵘᵈᵘšen ša < x bán> 1 banšur? * x x *
20. 2 ⁿᵃ⁴ har <zíd>-gu 5 ⁿᵃ⁴ <Har> zíd-še
21. mi-im-ma an-ni-im ša Sin- dingir
22. a-na [ᵈ]A-a-ri-[x] ša? dumu-munus-a-ni
23. i-[di]-nu * x * [...] NI
24. a-hu-ša a-pil-[ša a]-ša é ⁱᵏⁱʳ kiri₆
25. i-na [qá]-ti-šu ú-ka-al
26. i-<na> mu-im 6.0.0.0 gur še še-ba
27. 2 bán ì-giš 10 ma-na [síg-ba]
28. [i-na] ⌈mu⌉-im i-na-di-ši
29. ⌈mu⌉ ᵈutu ᵈA-a ᵈAmar-utu
30. ù Sa-[am-sú]-i-lu-na
31. ⌈in-pàd⌉-dè-meš

上边沿：

32. [...] * x x x x x *

1 "垧"①土地，位于阿巴灌溉区，
一面邻接沙马什巴尼的土地，
另一面邻接沙马什伊里的土地。
3 "亩"果园，位于阿巴灌溉区，
邻接辛埃瑞班伊丁楠的果园，
另一面邻接辛埃瑞班的果园。
2 1/2 "分"房子，位于西帕尔
城内，一面邻接阿什吞的房子，
另一面邻接[……]的房子。
一个男奴，名叫瓦腊德沙马什。
一个男奴，名叫沙马什沙如提。
一个男奴，名叫阿布姆伊里。
一个男奴，名叫伊里塔巴舒。
一个女奴，名叫阿亚乌米。

（残缺）

1个女奴，名叫伊里阿亚巴什[……]。
1个女奴，名叫阿亚拉马[……]。
……20 [……]。

[……]1个壁炉，1个桌子，
2个线面粉磨石，5个大麦面粉磨
石。辛伊里把上述一切财产，
遗赠给了他的女儿阿亚瑞[……]。

她的继承人是她的兄弟，他（兄
弟）可以掌控土地、房屋和果园。
每年，他要向她提供6"石"大麦，
2"斗"芝麻油和10"斤"羊毛。

他们以沙马什神、阿亚神、马尔
杜克和叁苏伊鲁那
的名义起誓。

----

① 古巴比伦时期的面积单位，苏美尔语为 eše。1 eše 等于 6 iku，约等于 21600 平方米。

33. itu še-kin-tar ud-12-kam　　　　　　日期：12月12日，
34. [mu] íd Sa-[am]-[sú]-i-lu-[na]　　　叁苏伊鲁那第3或第4年。

在这份契约中,女儿阿亚瑞……接受的遗赠财产除了1块土地、一个果园和一处房产之外,还接受了7个奴隶、1个壁炉、1个桌子、7个磨石等动产。从她的兄弟要提供生活用品,并且她的财产继承是他的兄弟来推测,阿亚瑞……应该是一个不能结婚的女祭司,而女祭司一般出身于富有家庭,这也是阿亚瑞……得到如此多财产的原因。

第三节　世俗女儿的继承权

古巴伦无疑是男权社会,妇女地位较低,一般人认为世俗女儿没有继承权,但实际情况并非如此。人们之所以认为世俗女儿没有财产继承权,主要因为《汉穆拉比法典》里只规定了世俗女儿有获得嫁妆的权利,并没有规定继承遗产的权利。条款如下：

> 第183条：如果父亲赠予他的家居身份的女儿一份嫁妆,把他嫁予了一个丈夫,并将一份加印(嫁妆)文件为她写了,在父亲走到他的命运(尽头)之后,他不能在父亲的家产中分得一份。
>
> 第184条：如果一个人没有给他的家居身份的女儿一份嫁妆,没有将她嫁给一个丈夫,在父亲走到宿命(尽头)后,他的兄弟们应该根据父亲的家产的实力把一份嫁妆赠予她,并把她嫁给一个丈夫。①

从上述两条律文中可以看出,古巴比伦时期世俗女儿有获得嫁妆的权利。如果父亲生前给予了女儿一份嫁妆,那么她可以带着嫁妆嫁人。如果父亲生前没有给他居家的女儿一份嫁妆,那么当父亲去世后,女儿可以取得一定的财产作为嫁妆,然后嫁人。女儿获得一份嫁妆的权利得到了保证。这两个条款并没有涉及世俗女儿的遗产继承权,因此人们一般认为,古巴比伦时期世俗女儿没有遗产继承权。但实际情况并非如此,世俗女儿在某些情况下也可以继承父亲的遗产。在财产继承契约中,就出现了世俗女儿与哥哥分割遗产的契约,女儿并非完全不可继承遗产。如：

---

① 吴宇虹等：《古代两河流域楔形文字经典举要》,第146—148页。

MHET II/1 no. 20

日期：苏穆拉埃勒 29

类型：财产分割

Case（BM 82496）= Case of CT 6 49b

正面：

1. dub 1.0.0 iku a-šà ⌈i-na⌉ Kar-ri-⌈e⌉-im　　　　1"顷"①土地，位于"谷仓区"，
2. ⌈da⌉ A-⌈hi⌉-⌈lú⌉-tar　　　　　　　　　　　　邻接阿黑达亚尼和
3. ù E-⌈en-q⌉í-im- dingir　　　　　　　　　　　恩钦伊鲁的土地。
4. a-na Hu-du-ul-ti-im　　　　　　　　　　　　伊尼布奴奴的三个儿子，
5. dumu-munus I-ni-ib-nu-nu　　　　　　　　　齐什奴奴、伊里阿比
6. Qí-iš-nu-nu Dingir-a-bi　　　　　　　　　　和伊姆古尔润
7. ù Im-gur-ru-um　　　　　　　　　　　　　把上述土地给予了
8. dumu-meš I-ni-ib-nu-nu a-na　　　　　　　他们的姐姐伊尼布奴奴之女
9. a-ha-ti-šu-⌈nu⌉ a-na zi-ti-ša　　　　　　　胡杜勒汀作为她的一份遗产。
10. i-di-nu-ši-im
11. igi Maš-pi-ru-um dumu Iš-ku-ru-um　　　　证人：伊什库润之子马什皮润、
12. igi Bur-⌈ia⌉ dumu Mu-na-wi-ru-um　　　　穆那维润之子布尔亚、
13. igi ⌈Ha⌉-ia-⌈bu⌉-um　　　　　　　　　　　哈亚布姆、
14. [igi ...] ki [...]　　　　　　　　　　　　　某某

背面：

15. igi ⌈ᵈSin⌉-na-ṣi-ir　　　　　　　　　　　　x x 恩楠之子
16. ⌈dumu⌉ [...]-en-nam　　　　　　　　　　辛那采尔。
17. <<¹>> mu bàd Zimbir^ki　　　　　　　　　日期：苏穆拉埃勒第 29 年。
18. Su-mu-li- dingir¹ Lugal i-pú-šu

上述契约中，胡杜勒汀作为继承人和她的三个哥哥一起分割了遗产。胡杜勒汀得到了1"顷"（18"亩"）土地，这块较大面积的土地显然不是嫁妆。嫁妆一般来说是银子、奴隶、家具等动产，嫁妆的价值也远远不会达到18"亩"土地的价值。这份契约显示在某些情况下，世俗女儿也可以继承土地，有财产继承权。在这份契约中，虽然没有涉及动产的继承，但如果世俗女儿有权利继承土地等不动产，那么动产的继承更是毫无疑问的了。

女儿的财产继承权更多地体现在遗嘱继承中，父母为了使处于弱势地位的女儿能够得到基本的生活保证，经常采用立遗嘱的方式，把一定的财

---

① 古巴比伦时期的面积单位，苏美尔语为 bùr，我们翻译为顷。1 bùr 等于 18 iku，约等于 64800 平方米。

93

产遗赠给女儿。当自己去世后,世俗女儿的基本生活得到保证。在 19 份财产遗赠契约中,约在 10 份契约中,接受财产遗赠人的身份是世俗女儿。如:

MHET II/2 no. 243

日期:汉穆拉比 32
类型:财产遗赠
BM 16482
正面:

1. 0.0.2 iku a. šà i-na a. gàr *xx*	2"亩"土地,在……灌溉区。
2. i-ta [a].〔šà〕 ᵈA-a-pí-ša lukur ᵈutu [dumu. munus] Nu-úr- ᵈutu	一面邻接奴尔沙马什之女沙马什那迪图女祭司阿亚皮沙的土地,
3. ù [i]-〔ta〕[a]. šà I-pí-iq-i-lí-šu	一面邻接伊皮喀伊里舒的土地,
4. sag.〔bi〕a. šà I-šar-li-im /*egir?. bi xxx*	前面是伊沙尔林的土地,后面
5. 〔1/2〕sar 2 1/2 gín〔é〕.dù. a	是……1/2"分"2 1/2"厘"房
6. da é Ni-id-na-tum〔lukur ᵈutu〕	子、邻接沙马什那迪图女祭司尼
7. ù da é Ta-ad-di-nu-nu a-ha-ti-ša kùš 5 šu. si	德那吞的房子,另一面邻接他的 sag. bi 3 姐姐塔迪奴奴的房子。宽 3"尺"①
8.〔a-na〕2 ninda <1 kuš>uš.〔bi...〕	5"指寸"②,长 2"双丈"③1
9. [1]. sag. géme ᵈUtu -ša-ab-[...]	"尺"。1 个女奴隶,名叫沙马什
10. [...] áb 1 za-ab-bu zabar	沙布……[……]母牛、1 个青铜……、
11. [...] gír zabar	[……]青铜柳叶刀、

下边沿:

12. [...] ᵍⁱˢgu. za	[……]椅子、
13. [...] ᵍⁱˢná. hi. a	[……]床。

背面:

14.〔mi-im-ma〕〔an〕-ni-im	上述所有财产,
15. [...] ᵈAsal-lú. hi	属于阿萨鲁黑、
16. [...] Dingir- pi₄-ša	是她的父亲
17. [... Dingir] -pi₄-ša〔a〕-bu-ša i-na-di-ši	伊里皮沙遗赠她的财产。
18. [...] *x *ú-ul i-su	……不得争议。
……	(证人略)

---

① 古巴比伦时期的长度单位,苏美尔语为 kùš,我们翻译为尺,1 kùš 约等于 1/2 米。
② 古巴比伦时期的长度单位,苏美尔语为 šu. si,我们翻译为指寸,1 šu. si 约等于 1.6 厘米。
③ 古巴比伦时期的长度单位,阿卡德语为 nindanu,我们翻译为双丈,1 nindanu 约等于 6 米。

在这份契约中，父亲伊里皮沙把1块土地、2处房产、1个奴隶、柳叶刀及桌椅等等动产采取遗嘱继承的方式，遗赠给他的女儿阿萨鲁黑。她的兄弟们对属于她的财产不得提出任何要求。我们再看一例：

MHET II/6 no. 853

日期：汉穆拉比 29/10/[ ]
类型：财产遗赠
BM 97316

正面：

1. [¹Ta]-ra-am- sag. íla　　　　　　　　塔冉萨格伊拉，
2. dumu. munus Ṣilli-ᵈdam-ki-na　　　是采里旦基那
3. ù Na-ra-am-tum　　　　　　　　　和那冉吞的女儿。
4. ¹Ṣilli-ᵈdam-ki-na ad. ni　　　　　　她的父亲采里旦基那
5. ù Na-ra-am-tum ama. ni　　　　　　和她的母亲那冉吞
6. a-na Ta-ra-am- sag. [íla dumu. munus]. ni　给了他们的女儿塔冉萨格伊拉
7. 1 sar é. dù. a [i]-na ká. dingir. [ra^{ki}]　1"分"房子，在巴比伦城。
8. 1 sag. géme Be-le-tum-ma-gi-[ra]-at　1个女奴隶，名叫贝勒吞马吉腊特。
9. 1 sag. géme A-ma-at -ᵈEN. ZU　　　1个女奴隶，名叫阿马特辛，
10. 1 áb 10 u₈. udu. hi. a　　　　　　　1头母牛，10只羊，

下边沿：

11. 5 ᵍⁱˢgu. za 2 ᵍⁱˢná. hi. a　　　　　　5把椅子，2张床，
12. [1 bán]? ì dùg　　　　　　　　　　1"斗"香油，
13. [5]ᵍⁱˢdílim. hi. a　　　　　　　　　5个木勺。

背面：

14. [mi]-im-ma an-ni-a-[am]　　　　　上述所有财产，
15. ša ad. ni ù ama. ni　　　　　　　　是她的父亲和她的母亲
16. id-di-nu-ši-im　　　　　　　　　　给她的。
17. i-na šeš. a. ni ma-am-an　　　　　她的任何一个兄弟
18. ú-ul i-ba-qá-ru-ši　　　　　　　　不得向她提出主张。
19. mu ᵈutu ᵈAMAR. UTU　　　　　　他们以沙马什神、马尔杜克神
20. ù Ha-am-[mu-ra]-bi in. pàd. meš　和国王汉穆拉比的名义起誓。
……　　　　　　　　　　　　　　　　（证人略）

从这份契约中可以看出，世俗女儿享有财产继承权，继承的财产种类繁多，有土地、房子等不动产，也有奴隶、牛羊等各种动产，并且继承权受到保护，男性继承人不得侵犯。

表 5-2 世俗女儿接受财产遗赠情况一览表

契约	日期	遗赠人	身份	继承人	身份	两者关系
MHET II/1,99	Sm	残缺		残缺		
MHET II/1,243	Ha 32	伊里皮沙		阿萨鲁黑(女)		父女
MHET II/1,248	Ha 32/04/[ ]	辛塔亚尔		瑞什沙马什		兄弟
MHET II/1,255	Ha 34	辛沙杜尼		曼那西(女)		父女
MHET II/1,328	Ha	伊里腊比		阿亚吞(女)		父女
MHET II/1,359	Si 01/12/26	杜穆伊尔采汀和她的妈妈		哈里亚吞(女)		母女
MHET II/1,616	Ha 32/04/[ ]	残缺		残缺		
MHET II/1,720	无日期	残缺		残缺		
MHET II/1,851	Ha 23/08/[ ]	萨米亚		埃瑞什提阿亚和尹巴吞(女)	后者是世俗女儿	夫妻父女、
MHET II/1,853	Ha 29/10/[ ]	采里旦基那和那冉吞		塔冉萨格伊拉(女)		父母与女儿
MHET II/1,862	Si 03or 04/12/12	辛伊里		阿亚瑞……(女)		父女

第四节　妻子的继承权

古巴比伦时期妻子也属于弱势群体,但国家和丈夫也从国家层面和个人层面采取一定的措施对她们获得一定的财产予以保证。《汉穆拉比法典》对妻子的继承权问题也给予了相关规定:

> 第171b条:正妻可以将她的嫁妆和其丈夫给予她并为她写在契约泥板中的礼物拿走,并且她可以住在她丈夫的房间,只要她活着,她可以食用(她的财产),但不能卖为银钱,她的遗物应该属于她的儿子们。
>
> 第172条:如果她(正妻)的丈夫没有给她任何礼物,人们应该把她的嫁妆全部还给她,并且她可以从她丈夫的家产中将一份相当于一个继承人的份额拿走。如果她的儿子们为了赶(她)出家而虐待她,法官们应该调查她的背景,并惩罚儿子们,该妇女可以不从她丈夫的家中离开;如果那个女人下定决心要离开,她应该把她丈夫给她的馈赠财产给儿子们留下,她可以将她父亲家的嫁妆拿走;她中意的丈夫可以娶她。①

法典第171条规定,如果生前丈夫遗赠给了妻子财产,写在了泥板上,那么丈夫去世后,妻子可以继承丈夫遗赠的财产,但她只对遗赠的财产有使用权,不能进行买卖交易。她死后这些财产由她的儿子们继承,保证了家族财产不外流。如果丈夫生前没有遗赠给妻子任何财产,那么妻子可以继承相当于一个继承人份额的财产,但同样只有使用权。如果她改嫁,那么她要放弃丈夫的遗赠财产,然后离开。从这两条法律规定,可以看出,妻子只有有限的财产继承权,或者说拥有财产的使用权,并无处置权。

妻子除了可以根据法律规定继承丈夫的遗产之外,也可以根据遗嘱继承的方法取得丈夫遗嘱的财产。在财产继承契约中也出现了丈夫遗赠给妻子财产的情况。如:

---

① 吴宇虹等:《古代两河流域楔形文字经典举要》,第133—135页。

MHET II/6 no. 851

日期：汉穆拉比 23/08/[ ]
类型：财产遗赠
BM 96975/A

正面：

1. 1 sar é. dù. a ⌈da é ki⁽ʔ⁾/di⁽ʔ⁾ x x⌉　　　　1"分"房子，一面邻接……
2. ù da é Tu-ub-qá-tum dam. gàr　　　　一面邻接商人图布喀吞的房子。
3. 1 sag. ìr ᵈBu-né-né- tukul -⌈ti⌉　　　　1个男奴隶，名叫布奈奈图库勒提
4. ša Sà-mi-ia ad. ta. a. ⌈ni⌉　　　　上述财产，她的父亲萨米亚
5. a-na E-ri-⌈iš⌉-ti-ᵈa-a ⌈lukur⌉⌈ᵈutu⌉　　　　遗赠给了他的女儿沙马什的那迪
    dumu. munus. a. ni　　　　图女祭司司埃瑞什提阿亚和他的
6. ù In-ba-tum dam. a. ni id-di-nu　　　　妻子尹巴吞。只要伊巴吞活着，
7. ᴵA-mur-gi-mil-iš₈-tár dumu In-ba-tum　　　　她的儿子阿穆尔吉米勒
8. a-di In-ba-tum ⌈ba-al-ṭà⌉-at it-ta-na-ši-　　　　伊什塔尔要赡养她。
    <ši>-ma
9. *⌈ul¹-li⌉-iš *ša ma-ri-ša-ma　　　　以后，(上述财产)属于她的儿子。
10. a-na ša-at *⌈x x⌉*i-na mu. 1. kam　　　　每年，1 1/3 "石"①大麦、
11. 1. 1. 0. 0 ⌈gur⌉⌈še⌉ ⌈1 1/2 x síg. ba⌉ 2 1/2　　　　……羊毛和2 1/2 "升"
    sìla ì. ba1 1/2
12. ⌈ᴵᵈUtu-tab. ba-we-⌈di⌉ dumu Ìr-ᵈEN. ZU　　　　芝麻油。瓦腊德辛之子沙马什塔
13. ⌈ù⌉ E-tel-pi₄-iš₈-tár [. . .] ⌈x⌉ ne ne　　　　巴维迪和埃台勒皮伊什塔尔
14. ⌈i⌉-⌈na⌉-⌈ad⌉-di-nu-ši-im　　　　（把上述财产）给了她。
15. ša inim dub -pí-ša ú-ul id-di-⌈nu⌉-ma⌉　　　　依据她的泥板内容，不能给予
16. i-na ap-lu-ti-ša i-te-⌈lu-ú⌉　　　　她的继承人。
17. ᴵᵈBu-né-né-tukul-ti　　　　不能把男奴隶布奈奈图库勒提

背面：

18. a-na ki-iṣ-ri ú-ul ⌈i-na-di-nu⌉　　　　给予军团。
19. ša a-hi-ša　　　　她的哥哥们
20. il-kam mi-it-ha-⌈ri⌉-⌈iš illakū⌉　　　　共同承担国家义务。
21. mu ᵈutu ᵈa-a ᵈAMAR. UTU　　　　他们以沙马什神、阿亚神、
22. ù Ha-am-mu-ra-bi　　　　马尔杜克神和国王汉穆拉比
23. in. ⌈pàd⌉. dè. meš　　　　的名义起誓。
    ……　　　　（证人略）

---

① 古巴比伦时期的容量单位，苏美尔语为 gur，我们翻译为"石"。1 gur 等于 300 sila，约等于 300 升。

在这份契约中,萨米亚将1"分"房子和1个男奴隶遗赠给了他的女儿那迪图女祭司和妻子尹巴吞,并且她(尹巴吞)的儿子要赡养她,要尽赡养义务,母亲去世后,她的财产才由她的儿子们继承,这样就保证了妻子老年时的养老问题。丈夫有时会在遗嘱中规定儿子要敬畏妻子,使她高兴,儿子要尽赡养义务。如:

MHET II/1 no. 117

日期:辛穆巴里忒 11/01/25
类型:财产遗赠
Tablet(BM 82479)=CT 8 34b

正面:

1. 1 sar é-dù-a	1"分"房子,
2. da é ^{d}Sin-e-ri-ba-am	一面邻接阿迪马提伊里之子
3. dumu A-di-ma-ti-ì-lí	辛埃瑞班的房子,它的前面
4. sag-bi sila-dagal ^{id}A-ra-ah-tum	是阿腊赫吞河前的宽街。
5. 1 sag-géme Sà-ni-iq-qá-bi-e- <^{d}utu>	一个女奴,名叫萨尼喀比沙马什,
6. 1 sag-géme A-na-be-el-tim-ták-la-ku	另一个女奴,名叫阿那贝勒汀塔克拉库。
7. 5 túg-hi-a	5个木犁,
8. 10 ^{túg}bar-si	10件衣服,
9. 1 ^{na4}har zíd-gú	1个线面粉磨石、
10. 1 ^{na4}har zíd-še	1个大麦面粉磨石、
11. 1 ^{urudu}šen 2 bán	1个壁炉、2个量斗、
12. 2 ^{giš}ná	2张床、

下边沿:

13. 5 ^{giš}gu-za	5把椅子。

背面:

14. ša A-wi-il- dingir	上述财产属于阿维勒伊里。
15. a-na Mu-na-wi-tum dam-a-ni	他把它们遗赠给了他的妻子
16. id-di-nu	穆那维吞。
17. ì-na dumu-meš A-wi-il- dingir	阿维勒伊里的儿子们
18. a-na ša i-pa-al-la-hu-ši	要敬畏她(穆那维吞),
19. ù li-ib-ba-šaú-t á-ab-bu	使她的心高兴。
20. ì-na-ad - di-in	
……	(证人略)

在这份契约中,丈夫阿维勒伊里遗赠给妻子穆那维吞大量财产,包括

99

一处房子、2个女奴隶以及木犁、磨石等生产工具,床、椅子和衣服等一些生活用品。契约明确规定阿维勒伊里的儿子们要敬畏穆那维吞,使她高兴,即要尽赡养义务。

通过以上对不同人群继承权的分析可以看出,古巴比伦时期存在着多种继承方式,既存在法定继承也存在着遗嘱继承。男子具有全权继承权,主要根据法定继承,采取诸子评分的原则继承父亲的遗产。女祭司具有同男子相同的财产继承权,可以根据法定继承与男性兄弟一起平均分割父亲的遗产。同时女祭司也可以根据遗嘱继承的方式取得父亲的遗产份额。世俗女儿则具有有限财产继承权,她继承父亲的财产主要通过遗嘱继承的方式,通过父亲的个人意志来取得父亲的财产。妻子也具有不完全财产继承权,她可以通过法定继承来取得丈夫的遗产,但只有使用权而没有处置权。同时妻子也可以根据丈夫的遗嘱取得自己的遗产份额。古巴比伦时期通过多种继承方式,较为合理地解决了各种不同人群的财产继承问题。国家对遗嘱继承的承认体现了国家对个人意志的尊重,体现了社会对弱势群体的保护,体现了社会的公平正义。古巴比伦无疑是阶级社会,在这样一个社会里,每个人群不可能具有平等的权利。我们只能站在历史的角度,根据历史实际来分析历史问题,这样才能更准确地了解历史、认识历史。

第六章 继承动产的种类和份额

继承财产的种类和份额也是财产继承中的一个重要问题,在古巴比伦时期的每份契约中都详细地记载了继承动产的种类和数目。通过对继承动产种类和数目的研究,我们可以获知古巴比伦时期人们家庭财产的主要物质载体、家庭财富的多少及他们的物质生活水平等众多具有较高价值的学术问题。

第一节 继承动产的种类

古巴比伦时期可以继承的动产种类多种多样,包括最重要、最特殊的动产奴隶,一切动产都可以继承。从最简单的家庭生活工具、生产工具到价值昂贵的金银珠宝等等。下面我们对动产继承的种类和数额做一下具体的分析,以进一步加强我们对古巴比伦时期动产继承活动的深入认识。

在古巴比伦时期的遗产分割契约中,在描述了继承人分割得到的遗产之后,往往会用一个固定的短语"*ištu pī adi hurāsim/ guškin*"来进行总结,短语"*ištu pī adi hurāsim/ guškin*"直译为"从谷糠到金子",其含义就是"从价值最小的谷糠至最昂贵的金子"。这个短语表明了继承动产的种类繁多,价值各异,一切动产都是家庭财富的一部分,都可以用来继承,都是进行分割的对象。同样,在财产遗赠契约中,父亲(或母亲)遗赠给儿子(或女儿)的动产也多种多样。

一、奴隶——最重要的动产

古巴比伦时期,奴隶是最重要的一种动产,他们在农业生产、家内劳动等多个领域可以使用,具有很高的使用价值,并且他们能够创造剩余价值,给主人带来额外的财富。奴隶没有人身自由,他们是主人的私有财产,因此他们可以被随意地买卖、租赁及继承。在众多法律交易文献诸如财产分割、继承、收养、诉讼、买卖、租赁等契约中都涉及到奴隶。奴隶也可以被当作礼物献给神庙。那迪图女祭司在进入女观院时通常会从家里带走1—2个奴隶进入神庙。奴隶更广泛地是被用来买卖、租赁,为主人赚取钱财。在西帕尔地区,大约1/4的家庭靠买卖、租赁奴隶赚钱营生。[①] 由于奴隶是家庭财产中最重要的一种动产,因此,当主人去世后奴隶被继承,继续服务于本家庭成员。

在38个财产继承契约中,涉及奴隶继承的契约达到32份。在继承契约中,动产列在不动产之后,而奴隶往往是第一种出现的动产,显示了奴隶在动产中的地位。在动产继承契约中,每个奴隶都会给出具体的姓名,也显示了奴隶的重要地位。古巴比伦时期的姓名也是一个具有重要研究价值的学术问题,因为姓名中包含了众多的信息,显示了一个人的家族来源及社会地位等等。

古巴比伦时期奴隶的姓名,大部分是用阿卡德语写成,在名字中常常会出现 *abu*、*bēlu*、*bēltu* 等词语,这些阿卡德语分别表示"父亲""主人""女主人"等等,用这些词语作为姓名表达对主人的祝福之情,[②]如 *Be-le-tum*,*A-na-be-el-tim-ták-la-ku*,Amar-utu -*a-bi-i-lí*,*Be-el-ti-um-mi*,*Be-le-tum-na-gi-ra-at*,*A-bu-um* -dingir。[③] 在奴隶的名字中还出现有 *šarru*,*mār*/ dumu,*ahāt*/ nin,*ummi* 等词语,表示的意思分别是"国王""儿子""姐妹""母亲"。例如:^{d}*A-a-um-mi*,Dingir -*a-a-ba-aš*,*A-ha-tum*,*Du-mu-uq*。[④] 一些奴隶的名字,直接用 ìr/ *wardum* 来表示,这个词本身就是"奴隶"的意思。如:Ìr-^{d}utu、*Wa-ra-sà-ri-iš* 等等。[⑤]

此外,有很多奴隶的名字中带有"神"(dingir),如沙马什神(^{d}UTU)、阿亚神(^{d}*a-a*)、马尔杜克神(^{d}AMAR. UTU)、阿达德神(^{d}*Adad* /^{d}iškur)、伊什塔尔神(^{d}*iš$_8$-tar*)、辛神(^{d}EN. ZU)等等。例如:*Ša-at-* ^{d}utu,^{d}*A-a-še-me-ti*,*Sà-ni-iq-qá-bi-e-* ^{d}utu,^{d}EN. ZU -*pí-la-ah*,Sipa-dingir,*Mil-lik-* ^{d}iškur,*Tab-ni-* ^{d}*iš$_8$-tar*,Amar-utu -*a-bi-i-lí* 等等。[⑥]

虽然大部分奴隶的名字都很普通,但在一些包含特殊词语的名字中也

---

① R. Harris. *Ancient Sippar*,p. 341.
② R. Harris. *Ancient Sippar*,p. 350.
③ MHET II/1 no. 106,no. 117,MHET II/2 no. 248 和 MHET II/5 no. 616,MHET II/5 no. 720,MHET II/6 no. 863,no. 862。
④ MHET II/6 no. 862,no. 862,MHET II/1 no. 19,MHET II/2 no. 257。
⑤ MHET II/2 no. 137,MHET II/3 no. 438。
⑥ MHET II/1 no. 18,no. 117,MHET II/5 no. 663,no. 720,MHET II/1 no. 106,no. 106,MHET II/2 no. 143,MHET II/2 no. 248 和 MHET II/5 no. 616。

显示了他们的地位和服务的场所。名字中带有"神"的奴隶,他们的名字可能由神庙所赏赐,多是服务于神庙的奴隶,人身所有权归祭司或神庙所有。神庙中奴隶可能具有一定的社会地位,能够代替主人或神庙从事一些经济交易活动。姓名中带有王国、宫殿、伟大等词语的奴隶可能是为王宫服务的奴隶。姓名中带有主人、父亲等等的词语可能是属于大奴隶主的奴隶。古巴比伦时期的姓名大多是具有某种含义的一个短语或句子,包含了较丰富信息,从姓名中大概能了解他的家庭出身及社会地位等问题。

二、其他的动产种类

除了奴隶之外,其他继承的动产大致可以分为牲畜、生产工具、家具、生活用品等类型。继承财产中牲畜类主要有公牛、母牛、公羊、绵羊、驴子等。牛、羊、驴子等在古代两河流域是常见的牲畜,尤其是绵羊、山羊在前陶新石器时期就已经被人工蓄养,在古巴比伦时期的借贷契约中表达"利率"的苏美尔语 máš 最初的意思便是"山羊"。[①] 羊毛用于纺织衣物成为人们一种最基本的生活物品,而羊毛的贸易活动也十分兴盛,西帕尔地区和拉尔萨地区即是著名的羊毛贸易中心。从继承契约中可以看出,牛、羊、驴子等牲畜是家庭财产的重要组成部分。

生产工具主要是磨石类,有手磨石、大麦面粉磨石、线面粉磨石等等。木犁应该是一种比较重要的生产工具,但只出现在一份继承契约中。牛和驴子等等也是重要的生产工具,在家庭中可能主要用来拉磨。

用于继承的家具主要有床、椅子、桌子、门、壁炉等等,据此我们可以了解古巴比伦时期的家具类型、房间的摆设等等。

生活用品主要有羊毛、大麦、银子、芝麻油、衣服、啤酒、木勺,以及量斗、油斗等器皿。特别在女祭司的继承契约中,继承人往往要提供芝麻油、羊毛、大麦等基本生活用品,以确保女祭司能够得到基本的生活保障。

第二节 继承动产的份额

在财产继承契约中,一般都比较清楚地记载了各种动产的继承数量,通过这些具体的数字,我们可以大体了解古巴比伦时期一个继承人继承动

[①] A. Skaist, *The Old Babylonian Loan Contracts*, Bar-ilan University Press, 1994, p. 102.

产的份额,从而了解一个家庭所具有的财富情况及他们的家庭经济状况。

一、奴隶的继承份额

在32份奴隶的继承契约中,我们能看出,每个继承人继承的奴隶数量大多数是1—2个,少数人继承的奴隶数量较多的为6—7个。如:

MHET II/2 no. 143

日期:汉穆拉比03
类型:遗产分割
BM 92596
正面:

1. 5 sar é *gibil ma? -la ZU? Ka an ⌈x⌉*   5"分"新房,位于……
2. 0.0.1 iku a. šà a. gàr Na-gi-⌈im⌉   1"亩"土地,位于那吉姆灌溉区,
3. i-ta a. šà ᵈUtu- na-s ir dumu Ne-me-⌈lum⌉   邻接耐美隆之子沙马什那采尔的
4. 0.0.5 iku a. šà i-na Ta-wi-ir-tim   的土地。5"亩"土地,位于塔维
5. ša E-ri-ib-ê. a   尔汀地区,属于埃瑞布埃阿,
6. i-ta Na-pa-šum   邻接那帕逊(的土地)。
7. 0.0.3 iku a. šà i-na Zi-mu-ra-⌈ah⌉?   3"亩"土地,位于孜穆腊赫地区。
8. 1 sag. ìr ¹Ri-im-ᵈiškur mu.⌈ni⌉   1个男奴隶,名叫茌阿达德。
9. 1 sag. géme Tab-ni-iš₈-tár mu. ni   1个女奴隶,名叫塔布尼伊什
10. mi-im-ma an-mi-im   塔尔。上述所有财产,
11. ha. la Dingir -⌈šu-ba-ni⌉   是伊里舒巴尼的遗产份额。
12. ša ki ⌈Dingir⌉-⌈...⌉   它们是与伊里[……]、伊丁辛、

下边沿:

13. ¹I-din-sin ¹Sin-i-⌈din?/qí?⌉-⌈...⌉   辛伊丁?/齐?[……]和希亚吞
14. ù Géme-ᵈutu lukur ᵈutu   之女沙马什那迪图女祭司
15. dumu. me Sì-ia-⌈tum⌉   阿马特沙马什

背面:

16. i-zu-⌈zu⌉   分割得到的。
17. iš-tu pí-e a-di guškin ⌈x⌉⌈...⌉   从"谷糠到金子",
18. zi-zu ga-am-ru li-ib-ba-šu t à-⌈ab⌉   分割完成了,他们心满意足。
19. ud. kúr. šè lú. lú. ra   在将来,一方不得向另一方
20. inim nu. um. gá. gá. a   提出争议。他们以沙马什神、
21. mu ᵈutu ᵈAMAR. UTU ¹Ha-am-mu-ra-bi   马尔杜克神、国王汉穆拉比
22. ù ᵘʳᵘud.⌈kib⌉. nunᵏⁱ in. pàd. èš   和幼发拉底河的名义起誓。
  ……   (证人略)

104

MHET II/6 no. 862

日期：叁苏伊鲁那 03 or 04/12/12

类型：财产遗赠

BM 97197

正面：

1. 0.⌈1⌉.0 [+ x] iku a-šà i-na ⌈A-ab-ba⌉?   1"埫"土地，位于阿巴灌溉区，
2. i-ta a-šà ᵈUtu- ba-ni   一面邻接沙马什巴尼的土地，
3. ù i-ta a-šà ᵈUtu-dingir   另一面邻接沙马什伊里的土地。
4. 0.0.3 iku ᵍⁱˢkiri₆ A-ab-ba   3"亩"果园，位于阿巴灌溉区，
5. i-ta ᵍⁱˢkiri₆ Sin-e-ri-ban-i-⌈din⌉-nam   邻接辛埃瑞班伊丁楠的果园，
6. ù i-ta ᵍⁱˢkiri₆ Sin-e-ri-ba-am   另一面邻接辛埃瑞班的果园。
7. 2 1/2 sar é-dù-a i-na Zimbirᵏⁱ   2 1/2"分"房子，位于西帕尔
8. da é Aš?-⌈tum⌉?   城内，一面邻接阿什吞的房子，
9. ù da é a * x * [...]   另一面邻接[……]的房子。
10. 1 sag-ìr Ìr-ᵈutu?   1个男奴，名叫瓦腊德沙马什。
11. 1 sag-ìr ᵈUtu- šar-ru-ti   1个男奴，名叫沙马什沙如提。
12. 1 sag-ìr A-bu-um -dingir   1个男奴，名叫阿布姆伊里。
13. 1 sag-ìr Ì-lí- tab-ba- šu   1个男奴，名叫伊里塔巴舒。
14. 1 sag-géme ᵈA-a-um-mi   1个女奴，名叫阿亚乌米。

下边沿：

15. [...] illegible   （残缺）
16. [1] ⌈sag⌉-géme Dingir- a-a-ba-aš -[...]   1个女奴，名叫伊里阿亚巴什[……]。
17. [1] sag-géme ᵈA-a-la-ma -[...]   1个女奴，名叫阿亚拉马[……]。
18. [...] ⌈x⌉ di * x * hi 20 giš [...]   ……20[……]。

背面：

19. [...] ᵘʳᵘᵈᵘšen ša < x bán> 1 banšur? * x x * [...]1个壁炉，1个桌子，
20. 2 ⁿᵃ⁴ har <zíd>-gu 5 ⁿᵃ⁴ <Har> zíd-še   2个线面粉磨石，5个大麦面粉磨
21. mi-im-ma an-ni-im ša Sin- dingir   石。辛伊里把上述一切财产，
22. a-na ⌈ᵈ⌉A-a-ri-⌈x⌉ ša? dumu-munus-a-ni   遗赠给了他的女儿阿亚瑞[……]。
23. i-⌈di⌉-nu * x * [...] NI
24. a-hu-ša a-pil-⌈ša⌉-ša é ᵍⁱˢkiri₆   她的继承人是她的兄弟，他（兄
25. i-na ⌈qá⌉-ti-šu ú-ka-al   弟）可以掌控土地、房屋和果园。
26. i-<na> mu-im 6.0.0.0 gur še še-ba   每年，他要向她提供6"石"大麦，
27. 2 bán ì-giš 10 ma-na [síg-ba]   2"斗"芝麻油和10"斤"羊毛。
28. ⌈i-na⌉ ⌈mu⌉-im i-na-di-ši

105

29. ⌈mu⌉ ᵈutu ᵈA-a ᵈAmar-utu　　　　他们以沙马什神、阿亚神、马尔
30. ù Sa-[am-sú]-i-lu-na　　　　　　杜克和叁苏伊鲁那
31. ⌈in-pàd⌉-dè-meš　　　　　　　　的名义起誓。

上边沿：
32. [...] * × × × × × *
33. itu še-kin-tar ud-12-kam　　　　日期：12 月 12 日，
34. ⌈mu⌉ íd Sa-⌈am⌉-⌈sú⌉-i-lu-⌈na⌉　　叁苏伊鲁那第 3 或第 4 年。

在第一份契约中，继承人继承了 2 个奴隶，这是较正常的情况。在第二份契约中，继承人继承了 4 个男奴隶和 3 个女奴隶，继承的奴隶数量较多，并且她还有哥哥们，她继承的奴隶只是家庭中的一小部分，这个家庭应该是一个大奴隶主家庭，拥有的奴隶数目应该在 20 名以上。

通过对 32 份奴隶继承契约的统计可知，32 份契约中继承的奴隶情况为：男奴隶为 31 个，女奴隶为 45 个，总计 76 个。那么一个继承人继承的奴隶数额约为 2.4 个。古巴比伦时期的家庭多数为核心家庭，每个家庭约为 3—4 个子女，我们假设每个家庭有 3 个继承人，那么一个家庭所拥有的奴总数约为 7.2 个。在 32 份奴隶继承契约中，有 10 个继承人的身份为女祭司，女祭司一般都是来自家庭较富裕的大家庭，她们继承的奴隶数目较多。但在 38 份继承契约中，有 32 份契约出现了奴隶的继承，可见大多数家庭都拥有奴隶。虽然我们无法从 38 份继承契约中，推算出古巴比伦时期的奴隶的数量及奴隶与自由民人口的比例，但古巴比伦时期拥有的奴隶数目应该较多。在财产买卖、租赁、继承中都出现了奴隶的身影，在生产活动和家内劳动中，奴隶都发挥了重要的作用。古巴比伦社会无疑属于奴隶社会。

二、牲畜的继承份额

在 38 份继承契约中，牛作为继承动产出现在 10 份契约中，有公牛和母牛，一般为 1 头，但在一份契约中，继承的公牛和母牛多达 11 头。羊的继承出现在 5 份契约中，多为绵羊，数额较多，一般在 5 只以上，最多的达 11 只。而驴子的继承只出现在一份契约中，且没有写明继承数额。我们来看一份牛的继承契约：

MHET II/2 no. 248

日期：汉穆拉比 32/04/[ ]

类型：财产遗赠

BM(16892)

1.	2.3.0 iku a-šà šà-ba ＊x x x x x x＊	2"顷"3"垧"土地在……中间。
2.	0.1.0 ku a-šà a-gàr [murub₄]	1"垧"土地，
3.	é gibil ús-sa-du Še-li-[bu]-[um]	在穆如布灌溉区。一座新房，它
4.	šà Hal-hal-la ᵏⁱ	的短边邻接舍里布姆(的房子)， 在哈勒哈拉地区。4"分"房子，
5.	4 sar é-dù-a	
6.	i-na Ká-gal ᵈA-a-ka-la-tim	在阿亚女神新娘的大门前。
7.	1 sag-ìr ᵈAmar]-utu- a-bi-i-lí	一个男奴隶，名叫马尔杜克阿比
8.	1 sag-ìr Ib-ni -ᵈmar-tu	伊里。一个男奴，名叫伊布尼马
9.	1 sag-ìr Ì-lí-ba-ṣi-ri	尔图。一个男奴，名叫伊里巴采
10.	1 sag-géme Ši-ik-ba-sa-al	瑞。一个女奴，名叫西克巴萨勒。
11.	15 gín kù-babbar ù šu-ši sag-géme	15"钱"银子在女奴隶的手指上
12.	4 gu₄-hi ＊lu-ul-li-id＊	(首饰)。4头公牛，均有完美
13.	[6] áb-hi-a	的角。6头母牛，

下边沿：

14.	1 áb gu-hal	1头母牛。

背面：

15.	ša ᵈSin-ta-ia-ar	辛塔亚尔把上述财产
16.	a-na Ri-iš- ᵈutu a-hi-šu	遗赠给了他的兄弟瑞什沙马什，
17.	ki-ma zi-timid-di-nu-šum	作为他的份额。
18.	[a]-na lál é-gal ša ＊x x x x＊ [...]	对于[辛塔亚尔?]欠王室的税款，
19.	ᵐRi-iš-ᵈutu ú-ul ＊[a-šà]-ba?＊	瑞什沙马什不能逃避。
	……	

上边沿：

29.	[itu] šu-[numun]-[... ud-x-kam]	日期：4月x日，
30.	mu ma-da gú [ⁱᵈidigna]	汉穆拉比第32年。

这份契约中，辛塔亚尔遗赠给了他的兄弟4头健壮、有完美的角的公牛和7头母牛，总计11头牛。除了11头牛外，瑞什沙马什还得到了3个男奴隶和1个女奴隶，2块大面积的土地和1处大面积的房产，可见，这是一个非常富裕的家庭。由于财产遗赠双方是兄弟关系，可能遗赠人辛塔亚尔没有自己的亲子继承人，所以把财产遗赠给他的弟弟，这些财产可能是辛塔亚尔的全部财产。但即便是他的全部财产，这也是一个较富裕的家庭。

三、各种家具的继承份额

家具出现在 10 份继承契约中,其中床和椅子通常是一起被继承。在数量上,床大多是 1 张,有时也有 2 张,椅子一般为 2 把,有时多达 5 把。桌子、壁炉等家具的继承数额通常是 1 个。例如:

MHET II/6 no. 889

日期:阿比埃舒赫 t?/08/22
类型:财产遗赠
BM 97187

正面:

1. 1 1/2 sar é *pí-i pa-a-ši-im*　　　　　　　　1 1/2"分"房子,一面邻接
2. [da] é dumu. meš Dingir *-šu-i-bi* PA a. gàr　伊里舒伊比的儿子们的房子,
3. [ù] da é dumu. meš Dingir *-šu-i-bi-ma*　　另一面邻接伊里舒伊比马的
4. [sag]. bi sila. dagal ^{d}lugal. gú. du$_8$. a^{ki}　儿子们的房子,前面是鲁杏勒古杜
5. egir. bi é *Si-bi-bu-um*　　　　　　　　　阿宽街,后面是希比布姆的房子、
6. 1 ^{na4} har. zíd. gu 1 ^{na4} har. zíd. še　　　1 个线面粉磨石、1 个大麦面粉
7. 1 ^{giš}ná 2 ^{giš}gu. za　　　　　　　　　　磨石、1 张床、2 把椅子。
8. *mi-im-ma an-ni-i-im*　　　　　　　　　　上述所有财产,
9. *ša Si-bi-bu-um a-bu-ša*　　　　　　　　 是她的父亲希比布姆遗赠给她的
10. *a-na El-me-eš-tum* lukur ^{d}AMAR. UTU　女儿马尔杜克那迪图女祭司
11. *ma-ar-ti-šu id-di-nu*　　　　　　　　　　埃勒美什吞的财产。
12. Ìr *-sà a-pil-ša*　　　　　　　　　　　　她的继承人是她的兄弟

下边沿:

13. *ah-hu-*[*ša*]　　　　　　　　　　　　　瓦腊德萨。
14. *ú-ul i-*[*ra*]*-ag-mu-ši-im*　　　　　　　他们不得争议。

背面:

15. mu ^{d}utu ^{d}a-a ^{d}AMAR. UTU　　　　　　他们以沙马什神、阿亚神、
16. *ù A-bi-e-šu-uh* lugal *it-mu-ú*　　　　　马尔杜克神和国王阿比埃舒赫
　　……　　　　　　　　　　　　　　　　的名义起誓。(证人略)
28. itu apin. du$_8$. a ud. 22. kam　　　　　　日期:8 月 22 日,
29. mu *A-bi-e-šu-uh* lugal. e　　　　　　　阿比埃舒赫?年。

在上面的契约中,除了床和椅子等家具外,还有一个线面粉磨石和一个大麦面粉磨石等两种生产工具类的继承,这也是工具类继承的大多数情形。在 8 个继承契约中出现有磨石、木犁等生产工具,在一份契约中继承有 5 个

木犁。

四、生活资料的继承份额

生活资料的继承主要包括大麦、银子、芝麻油等等，这些也是最基本、最常用的生活资料。在一份契约中，出现了衣服的继承，数额为10件。契约如下：

MHET II/1 no. 117

日期：辛穆巴里忒 11/01/25
类型：财产遗赠
Tablet（BM 82479）＝CT 8 34b

正面：

1. 1 sar é-dù-a	1"分"房子，
2. da é ^{d}Sin-e-ri-ba-am	一面邻接阿迪马提伊里之子
3. dumu A-di-ma-ti-ì-lí	辛埃瑞班的房子，它的
4. sag-bi sila-dagal ^{id}A-ra-ah-tum	前面是阿腊赫吞河前的宽街。
5. 1 sag-géme Sà-ni-iq-qá-bi-e-<^{d}utu>	一个女奴，名叫萨尼喀比沙马什
6. 1 sag-géme A-na-be-el-tim-ták-la-ku	另一个女奴，名叫阿那贝勒汀塔克拉库。
7. 5 túg-hi-a	5个木犁，
8. 10 ^{túg}bar-si	**10件衣服，**
9. 1 ^{na4}har zíd-gú	1个线面粉磨石、
10. 1 ^{na4}har zíd-še	1个大麦面粉磨石、
11. 1 ^{urudu}šen 2 bán	1个壁炉、2个量斗、
12. 2 ^{giš}ná	2张床，

下边沿：

13. 5 ^{giš}gu-za	5把椅子。

背面：

14. ša A-wi-il- dingir	上述财产属于阿维勒伊里。
15. a-na Mu-na-wi-tum dam-a-ni	他把它们遗赠给了他的妻子
16. id-di-nu	穆那维吞。
17. i-na dumu-meš A-wi-il- dingir	阿维勒伊里的儿子们
18. a-na ša i-pa-al-la-hu-ši	要敬畏她（穆那维吞），
19. ù li-ib-ba-ša ú-t á-ab-bu	使她的心高兴。
20. i-na-ad - di-in	
……	（证人略）

这是一个丈夫遗赠给妻子财产的契约,妻子继承的财产种类众多,包括一处房产、2个女奴隶、10件衣服、2个大麦磨石、2张床、2个量斗和5把椅子。这些财产只是妻子一个人的遗赠份额,仅仅是这个家庭财产的一小部分,因为财产继承人还有儿子们,他的财产的大部分是由儿子们继承的,可见,这是一个较为富裕的大家庭,拥有较多的财富。

表 6-1 继承的动产种类及数额一览表

契约	日期	男奴	女奴	其他动产
MHET II/1,106	Sm	5	2	
MHET II/2,131	Ha	2		
MHET II/2,132	Ha	1	1	1个手磨石
MHET II/2,137	Ha 01	1		
MHET II/2,143	Ha 03	1	1	
MHET II/2,224	Ha 26/12/06		7	
MHET II/2,234	Ha 29/07/25	1		
MHET II/2,242	Ha 31/06/[ ]			1 2/3"钱"银子
MHET II/2,257	Ha 34		1	
MHET II/2,258	Ha 34/02/20			x"升"芝麻油、30"升"[大麦]、1/6+1/15"钱"银子
MHET II/3,413	Si 08/07/14			10 1/3"钱"银子、1头公牛、1个门、1个……、1张床、2把椅子、1个量斗和1个……
MHET II/3,438	Si 22/12/30		1	1个线面粉磨石、1个大麦面粉磨石、1张床、1把椅子、1个油斗
MHET II/3,440	Si 24/11/02	1	1	1头公牛、……只羊、9"钱"银子、驴子、砖头、1张桌子、1瓶啤酒、树、1个青铜的……
MHET II/3,449	Si 28/11/02		6	

110

续 表

契约	日期	男奴	女奴	其他动产
MHET II/3,460	Si	2		1头公牛、11只绵羊、1张桌子、1个量斗、1个青铜的……
MHET II/3,466	Si[ ]/09/[ ]		1	
MHET II/5,582	前Ha		2	
MHET II/6,921	无日期	1+1	2+1	1张床、……椅子、4个大木勺、2个木勺、1个篮筐和1个线面粉磨石;1头母牛、1张床、2把椅子、1个篮筐、2个青铜的……和1把青铜柳叶刀;2把椅子、4个篮筐、柳叶刀。
MHET II/1,18	Sl		1	
MHET II/1,19	Sl 13	1	1	价值1"斤"银子的银环
MHET II/1,99	Sm		1	1个……、3把椅子
MHET II/1,117	Sm 11/01/25		2	5个木犁、10件衣服、1个线面粉磨石、1个大麦面粉磨石、1个壁炉、2个量斗、2张床、5把椅子
MHET II/2,243	Ha 32		1	……母牛、1个青铜的……柳叶刀、……椅子、……床。
MHET II/2,248	Ha 32/04/[ ]	3	1	15"钱"银子、4头公牛、6头母牛、1 gu-hal母牛。
MHET II/2,255	Ha 34	1	1	1头母牛
MHET II/2,328	Ha		1	5只绵羊、1头母牛
MHET II/3,359	Si 01/12/26			5只绵羊、1 1/5"石"大麦
MHET II/3,367	Si 02/08/[ ]		1	
MHET II/5,616	Ha 32/04/[ ]	2		

续 表

契约	日期	男奴	女奴	其他动产
MHET II/5,663	前 Ha	1		
MHET II/5,696	前 Ha			5"钱"银子、2个……、1个[线面粉磨石]、1个[大麦面粉磨石]、1个……、1个……、1个……
MHET II/5,720	无日期		2	
MHET II/5,816	无日期或残缺	1		
MHET II/6,851	Ha 23/08/[ ]	1		1 1/3 大麦、1 1/2……羊毛、2 1/2"升"芝麻油
MHET II/6,853	Ha 29/10/[ ]		2	1头母牛、10只羊、5把椅子、2张床、10"升"芝麻油、5个木勺
MHET II/6,862	Si 03or04/12/12	4	3	1个壁炉、1张桌子、2个线面粉磨石、5个大麦面粉磨石
MHET II/6,881	Si 35	2	1	1"钱"银子、6"升"芝麻油、1头牛、1个壁炉、3个量斗、1个线面粉磨石、1个大麦面粉磨石
MHET II/6,889	Ae t?/08/22			1个线面粉磨石、1个大麦面粉磨石、1张床、2把椅子

第七章　继承权的丧失

古巴比伦时期各个人群都具有财产继承权，但是他们具有的财产继承权也并非一成不变。在某些特殊情况下，他们也会被剥夺财产继承权。本章以男子继承权为考察重点，分析继承人会丧失财产继承权的诸种情况。

儿子是一个家庭世系延续的主要承担者，是家庭最重要的法定财产继承人，父亲不能随便剥夺儿子的财产继承权。《汉穆拉比法典》对此也有明确地规定：

> 第168条：如果一个人决定要剥夺他儿子的（继承权），并对法官们说："我要剥夺儿子（的继承权）。"法官们应该调查他的背景。如果儿子没有犯值得剥夺继承权的重罪，父亲不能将他儿子的继承权剥夺。[①]

上述条款明确规定了一个父亲不能轻易地剥夺儿子的财产继承权。但该条款在维护继承人继承权利的同时，也暗示了继承人的财产继承权在某些情况下也可以被剥夺。结合相关法律规定及财产继承契约，大致在四种情况下，继承人的财产继承权将会丧失。

第一节　继承人犯有重罪

《汉穆拉比法典》有两个条款对解除继承人的继承权作了相关规定。如果继承人屡次犯了值得剥夺继承权的重罪，那么他的继承权将被剥夺，条款如下：

---

① 吴宇虹等：《古代两河流域楔形文字经典举要》，第130页。

169条：如果他（儿子）对父亲犯了值得剥夺继承权的重罪，第一次，人们可以原谅他（直译：带去他的面子）。如果他第二次又犯了重罪，父亲可以将他儿子的继承权剥夺。①

根据这个条款，如果儿子犯了值得剥夺继承权的重罪，第一次可以原谅，如果再犯该种重罪那么将剥夺他的继承权。但哪些是值得剥夺继承权的重罪呢？法典没有过多阐释。这些重罪可能包括侮辱或者殴打长辈等等。法典第158条给出了一个可以剥夺财产继承权的重罪，条款如下：

158条：如果一个人在他的父亲（死）后，在已生了儿子们的女性长辈的下身上被抓住，那个人应该从他父亲家中被驱逐（无继承权）。②

根据这条规定，如果一个儿子强奸一名生育的妇女，犯了强奸罪，那么他将被赶出家门，丧失了对父亲财产的继承权利。《汉穆拉比法典》中多个条款涉及了强奸、通奸等罪行。古巴比伦社会严惩性犯罪，如果有人触犯了这些重罪，那么继承权被剥夺。

第二节　继承人没有履行赡养义务

从众多继承契约中可以看出，如果继承人没有尽到对被继承人的赡养义务，没有给被继承人提供生活用品，那么丧失财产继承权。③ 被继承人可以把自己的财产赠与别人。试举一例：

MHET II/2 no. 131

日期：汉穆拉比
类型：遗产分割
BM 16572
正面：
1. 1.0.0 iku a. šà i-na a. gàr Ba-ar-[...]　　　　18"亩"土地，在巴尔[……]灌溉

---

① 吴宇虹等：《古代两河流域楔形文字经典举要》，第131页。
② 吴宇虹等：《古代两河流域楔形文字经典举要》，第123页。
③ 在5份契约中提到了继承人要提供给被继承人的生活用品数目：MHET II/2 no. 131，no. 258，MHET II/3 no. 359，MHET II/6 no. 851，no. 862。

2. ša a. šà gar. ra AN. za. gàr ù ki. [...] 区,位于田地间和[……]之间。
3. i-ta e a. gàr *Eb-li-e* 邻接埃布里埃灌溉区的河堤,
4. sag. bi. 1. kam. ma ^{id}*La-la-nu-um* 前面是拉拉努河,
5. sag. bi. 2. kam. ma a. šà *Qì-ru-du-um* 后面是苦如杜姆的土地。
6. é ga-gi-im ma¹-la ma-s ú-ú 一座全部面积的房子,位于女观
7. 2 sar é [i-na] *Hal-hal-la*^{ki} 院内。2"分"房子,位于哈勒哈
8. 1 sag. ìr *Ip-hur-gi-mil-* ^{d}[*iškur*] 拉城区。1个男奴隶,名叫伊
坡胡
9. 1 sag. [ìr] [...] 吉米勒阿达德。1个男奴隶,名
…… ……
背面:
1'. a. šà [...] 一块土地[……]
2'. *ú-ul i-na-*[*ad*]*-*[*di*...] 将不能给予[……]
3'. ibila-ša ^{Id}EN. ZU -*ri-me-ni* 她的继承人是辛瑞美尼。每年,
4'. 25.0.0.0 še. gur še. ba 3 bán ì. giš ì. [ba] [...] 他(辛瑞美尼)要向她提供
5'. 30 ma. na sík. ba 3 udu. arad. hi. a 25"石"大麦、3"斗"芝麻油、
6'. i-na mu. 1. kam *an-ni-a-am* 30"斤"羊毛、3只公羊。
7'. *i-na-ad-di-in an-ni-a-am* 如果他没有向她提供上述财产,
8'. *ú-ul id-di-iš-ši-im-ma*
9'. a. šà- ša a-na ir-ri-iš li-ib-bi-ša 她将把她的土地给予她心中
喜欢
10'. *i-na-ad-di-in* 的佃农。
上边沿:
11'. mu ^{d}utu ^{d}AMAR. UTU *Ha-am-mu-ra-*[*bi* 他们以沙马什神、马尔杜克神
in. pàd. dè]. / [*meš*] 和国王汉穆拉比的名义起誓。
…… (证人略)

在这份契约中,明确规定了辛瑞美尼每年要给被继承人、一位住在女观院内的女祭司提供生活用品,主要包括25"石"大麦、3"斗"芝麻油、30"斤"羊毛和3只公羊。辛瑞美尼要尽赡养义务,才能得到被继承人的18"亩"土地,一处房产和2两个奴隶。如果他不尽赡养义务,那么他将失去财产继承权。被继承人可以选择一个她喜欢的佃农,由佃农给她提供养老,获得她的财产的继承权。

第三节　继承人否认父亲指定的隔代继承人

在现实生活中,父亲为保护自己处于弱势地位的女儿,通常会采用遗

嘱继承的方式赠给她一定数量的财产,以保证自己去世后未出嫁女儿的生活。但同时父亲又不想让自己家族的财产外流,常常会隔代指定自己这部分财产的继承人,一般是自己家族的男性成员。如果该女儿否定父亲指定的继承人,那么她将得不到父亲赠给她的财产,即丧失父产的继承权。如:

MHET II/5 no. 816

日期:无或残缺

类型:财产遗赠

BM 82359

正面:

1. [... 0.0.3] iku a. šà	3"亩"土地,
2. i-ta a. šà Sí-ia-tum	一面邻接希亚吞的土地,
3. ù i-ta a. šà Be-el-šu-nu	另一面邻接贝勒舒奴的土地。
4. 2/3 sar é. dù. a	2/3"分"房子,
5. [1] sag. géme Ša-at-^{d}utu	1个女奴隶,名叫沙特沙马什。
6. mi-im-ma an-ni-im	上述所有财产,
7. [^{1}]KA-^{d}utu	是她的父亲卡沙马什
8. a-bu-ša	
9. a-na Géme-^{d}utu lukur ^{d}utu	给他的女儿沙马什的那迪图
10. ma-ar-ti-šu-ú i-di-in	女祭司阿马特沙马什的。
11. ^{ld}Utu- ra-bi a-pí-il-ša	沙马什腊比是她的继承人。
12. ú-ul ap-li at-ta	如果她(阿马特沙马什)对他说
13. i-qa-ab-bi-i-ma	"你不是我的继承人",

背面:

14. i-na mi-im-ma an-ni-[im]	那么她将失去这些财产。
15. i-te-li	
……	(证人略)

在这份契约中,父亲卡沙马什把一份土地、一处房产和一个奴隶遗赠给了他的女祭司身份的女儿阿马特沙马什,但同时为他女儿指定了一个这部分财产的继承人沙马什腊比,沙马什腊比可能是阿马特沙马什的兄弟。但如果阿马特沙马什不承认她父亲指定的继承人,对沙马什腊比说:"你不是我的继承人",那么她将失去她父亲遗赠给她的所有财产,继承权被剥夺。

第四节　继承人否认收养关系

古巴比伦时期,如果一个人没有自己亲子,那么他可以采取收养的方式,收养一个儿子,成为他的合法继承人。无论以后他又有了多少自己的亲子,养子都将处在长子的位置,不得改变。有时一个人有了亲子,他也有可能再收养养子。无论在何种情况下,收养的养子具有与亲子同样的财产继承权。如果养子否认收养关系,不承认养父,那么他的财产继承权将会丧失。如:

MHET II/5 no. 581

日期:无(前汉穆拉比时期)
类型:收养
Tablet(BM 16822)

正面:

1. ^{md}Sin-i-din-nam a-píl Bi-da-ta-ku　　辛伊丁楠是比达塔库的继承人,
2. a-di Bi-da-ta-ku a-bu-šu ba-al-tú　　只要他的父亲比达塔库
3. i-na sa-na-at　　活着,
4. 4.0.0.0 gur še 10 ma-na sík　　辛伊丁楠(每年)要给他父亲
5. 〔6〕sìla ì-giš ^{d}Sin-i-din-nam　　比达塔库提供4"石"大麦、
6. a-na Bi-da-ta-ki a-bi-šu　　10"斤"羊毛和6"升"油。
7. i-na-ad-di-in
8. 0.1.1 iku a-šà i-na Pa-hu-sí^{ki}　　7"亩"土地位于帕胡采城区,
9. ús-sa-du a-šà Ìr-^{d}nin-šubur　　它的长边邻接瓦腊德宁舒布尔
10. i-s-i-e　　的土地。
11. 2 sar é-dù-a　　2"分"房子,
12. i-na〔ba〕-ab Nu-úr-ku-bi　　在奴尔库比城门边。
13. a-šà-am ù é-am an-ni-am　　上述土地和房子,比达塔库要
14. ^{m}Bi-da-ta-ku a-na ^{d}Sin-i-din-〔nam〕　　把它们给予他的养子
15. ma-ri-šu i-di-in　　辛伊丁楠。
16. ma-la Bi-da-ta-ku ir-šu-ú　　比达塔库获得的
17. 〔ù〕i-ra-aš-šu-ú　　和将来获得的一切财产,
18. iš-tu pí-e a-di guškin　　从谷糠到金子,
19. ša ^{d}Sin-i-din-nam-ma　　都属于辛伊丁楠。
20. 〔...ú〕-〔sú〕-úr-tam ma-la i-na-di-i　　他制定的

下边沿:

117

21. [mi]-⌈im⌉-[ma] an-ni-im　　　　　　一切计划在……
22. ša-⌈at⌉ sík ᵈSin-i-din-/-nam　　　　辛伊丁楠要供给羊毛衣料。

背面：

23. ú-ma-ad-da-du
24. a-na a-bi-šu ú-ul a-bi　　　　　　如果他（辛伊丁楠）对他的
25. i-qá-ab-bi-ma　　　　　　　　　父亲说，你不是我的父亲，
26. i-na ma-la i-di-nu-šu-um　　　　　那么他要丢失他（比达塔库）
27. i-te-el-li　　　　　　　　　　　　给予他的一切财产。
28. ᵐBi-da-ta-ku a-šà-am ù é-am　　　比达塔库不能把他的土地和房子
29. a-na kù-babbar -im ú-ul i-na-ad-di-⌈in⌉　卖为银钱，
30. a-šà -am a-na ir-ri-ši-im　　　　也不得把他的土地用来耕种。
31. ú-ul i-na-ad-di-in
32. ᵐBi-da-ta-ku a-na ᵈSin-i-din-nam　如果比达塔库对辛伊丁楠说，
33. ú-ul ma-ri at-ta i-qá-ab-bi-ma　　你不是我的儿子，
34. i-na a-šà -im é -im ù ma-ri-im　　那么他将失去土地、房屋和儿子。
35. i-te-el-li
36. ᵐᵈUtu -ra-bi a-píl ᵈSin-i-din-nam　比达塔库和辛伊丁楠去世后，
37. ha-ar Bi-da-ta-ki ᵐᵈSin-i-din-nam　沙马什腊比成为
38. i-il-la-ak　　　　　　　　　　　辛伊丁楠的继承人。
……　　　　　　　　　　　　　　（证人略）

在这份契约中，比达塔库收养了一个养子辛伊丁楠。比达塔库的一份土地、一处房产，以及今后获得的一切财产，从"谷糠到金子"都将由养子辛伊丁楠继承。如果辛伊丁楠否认收养关系，对他的养父比达塔库说"你不是我的父亲"，那么他将失去所有财产，继承权被剥夺。当然如果养父否认收养关系，那么他也将失去他的土地和房屋。

从以上被剥夺继承权的四种情况来看，古巴伦社会奉行的是一种法制观念、契约精神以及权利与义务相结合的原则。首先，作为一个公民要遵纪守法，不能犯罪，否则要受到惩罚，继承权被剥夺。其次，公民需要有很强的契约观念，签订了契约就要遵守，如果不遵守那么自然地失去自己所获得的相应权利。第三，要遵循权利和义务相结合原则，只有尽了赡养义务，才有得到遗产的权利。不尽赡养的义务，那就无法获得财产继承权。从古巴比伦时期的财产继承制度来看，古巴比伦社会无疑是一个具有较强法制观念和契约精神的社会，是一个竭力推行公平正义的具有较为先进法制思想的古代国家。

下编
动产的租赁与借贷活动研究

在古巴比伦时期的动产交易活动中,除了存在财产所有权发生变更的动产买卖、继承活动外,更广泛地存在着财产所有权不发生变更,而是使用权发生转移的租赁、借贷活动。一部分社会成员的生活、生产资料出现富余,处于闲置状态,而另外一部分社会成员则存在着生活、生产资料的缺乏,从而产生了动产的供需关系,动产的租赁、借贷活动也就自然而然地产生了。租赁、借贷活动进行时双方要签订契约,这些契约具有法律效力,受到法律的承认和保护。在商品经济较为发达的背景下,两河流域地区普遍存在着动产的租赁和借贷行为。两河流域地区的考古发掘中出土了大量的动产租赁及借贷契约,根据对这些契约的研究,可以揭示古巴比伦时期动产租赁及借贷活动的诸多细节,进一步深化我们对这一时期经济活动的了解与认识。

第八章　奴隶的租赁

古巴比伦时期,奴隶作为最重要的一种动产,在租赁活动中同样占据重要地位。奴隶具有特殊属性,他们可以直接从事劳动,创造社会财富,带来剩余价值。奴隶租赁活动的研究对我们深入探讨古巴比伦时期的社会关系及社会性质具有重大意义

古巴比伦人给我们留下了数量较多的奴隶租赁契约,根据契约中使用的不同动词,这些契约大体可分为两种类型:一类使用阿卡德语动词"īgur",意为"他雇佣了";一类使用苏美尔语"šu-ba-an-ti",意为"他得到了"。除个别契约外,后一类情况主要用来表示"在收获的季节"时的租赁行为,这类契约较少提到租赁发生的具体时间。虽然两类契约使用的动词不同,但两类契约在本质上并无不同,都属于奴隶的租赁契约。

第一节　奴隶租赁契约的基本模式

古巴比伦时期,与奴隶买卖活动相似,在长期的实践活动中古巴比伦人也形成了比较完备的奴隶租赁契约。一个标准的奴隶租赁一般包含以下几个要素:

1. 租赁对象的描述
2. 出租方和承租方:从 A 手中,B 租赁了它
3. 租赁的时间
4. 租赁的价格——(数量、交付时间、地点、方式)
5. 对租赁完成的描述:银子被称出
6. 证人
7. 日期(年名、月名、日期)。

试举一列:

AUCT V no. 134

日期：无［……］/01/10
类型：奴隶租赁
HAM 73.2591
正面：

1. *A-pil-i-lí-šu* mu-ni-[im]	一个人，名叫阿皮勒伊里舒。
2. ki *Ní-te-gá*	从尼台沓手中，
3. *Na-bi-* ᵈEN.ZU *a-na* iti 6-kam	那比辛租下了他，
4. in-ḫun-gá	为期 6 个月。
5. á-bi *ša* iti 6-kam	他 6 个月的工资
6. 4 gur še *ina* kar Larsaᵏⁱ-[ma]	是 4"石"大麦。在拉尔萨
7. *Na-bi-* ᵈEN.ZU *a-na A-pil-i-lí-šu*	的码头，那比辛将为阿皮勒
8. 4 ＜gur＞ ì-ág-e	伊里舒称出 4"石"大麦。
9. [iti]-ta-àm 20 sìla [še] 24 sìla kaš	每月 20"升"大麦和 24"升"
10. [*i*]-na-ad-di-in	啤酒他将要给他。
11. [*ša*-ba] 1/2 gín kù-babbar	从总数中，1/2"钱"银子
12. *il-qú-ú*	他已经给了。
13. u₄-ma-ti-šu ú-ul ú-[ma-la-ma]	如果他没有服役完他全部

背面：

14. *i-nai-di-š*[*u i-te-el-le*]	的租期，他将要失去他的
15. igi 30-*ereš* dumu *Ti-in-gi-tum*	工资。证人：汀基吞之子辛
16. igi ᵈEN.ZU *-iš-me-ni* dumu *Na-bi-ša-ru-ur*	埃瑞什、那比沙如尔之子
17. igi *Pi-ir-ḫu-um*	辛伊什美尼、皮伊尔胡温、
18. igi ᵈ*Šamaš-im-gur-ra-an-ni*	沙马什伊穆古尔腊尼、
19. igi ᵈEN.ZU *-iš-me-ni*	辛伊什美尼。
20. kišib-a-ni íb-ra-aš	他们的印章已经滚上了。
21. iti bára-zag-gar u₄ 10-kam	日期：1 月 10 日，
22. mu gibil	新年。

　　这是一个典型的奴隶租赁契约，几乎包含了奴隶租赁契约的全部要素。契约的开始是被租赁者，一般契约会给出被租赁者的身份，奴隶或者自由民。有时并不明确指出该租赁者的奴隶身份，但从出租者是否为被租赁者可以判断被租赁者的身份。在这份契约中，虽然没有给出被租赁者阿皮勒伊里舒的奴隶身份，但从下面的句子里，可以看出出租者是尼台沓，是从尼台沓的手中，那比辛租下了他，所以可以肯定阿皮勒伊里舒是一个奴隶，因为奴隶不能自己出租自己、只能由主人向外出租。租赁的时间为 6

个月,租金为 4"石"大麦,支付的地点是拉尔萨的码头。契约接下来是租赁双方应负的责任及义务。在六个月期间,承租人要负责雇工的饮食,每个月要提供 20 升大麦和 24 升啤酒。在有些契约中,承租人还要承担雇工的衣料钱。可见,雇工得到的待遇并不低。在工资的总数中,1/2"银子"(约合 1/2"石"大麦)被支付了,可见租赁开始时,承租人要预支一部分工资,其余的工资在租期结束时付清。但如果雇工违约,没有干完所约定的期限,那么他将失去其余的工资。契约接下来是五个证人,并且五个证人的印章被滚在泥板上。契约的最后是契约签订的日期,可惜这份契约的时间并不完整,无法确定属于哪位国王在位期间。

奴隶租赁契约的形成,是长时间租赁活动实践经验的总结,也是租赁活动成熟的表现。奴隶租赁契约更加有效地保障和促进了租赁活动的稳定和有序的进行。

第二节 奴隶租赁中各方的权利与义务

在奴隶租赁活动中,出租人、奴隶、承租人构成了复杂的三方关系。当然,严格来讲,奴隶和出租人可以归为一方。在租赁中各方都要遵守一定的规则,保障各方的基本权益,租赁活动才能顺利进行。对出租人一方,如果签订了契约,规定了租赁开始的时间,出租人必须派出奴隶。如果在租赁规定开始的时间里,出租人没有派出奴隶,那么出租人要受到惩罚。如:

AUCT V no. 72

日期:残缺
类型:奴隶租赁
HAM 73.2640
正面:

1. 3 lú še-kin-ku₅   3 个奴隶,
2. ugu [Il-]   给[……]
3. dam ᵈMarduk-ba-ni   马尔杜克巴尼之妻
4. ¦A-pil-i-[lí-šu] ku-lu-ul[10]   阿皮勒伊里舒。
5. [i]-šu
6. u₄ e-bur-šè   在收获的季节里,
7. lú še-kin-ku₅   那些劳动力

背面:

123

8. *i-il-la-ak*	他将带来。
9. *ú-ul i-il-la-ak*	如果他没有带来他们,
10. *ki-ma ṣi-im-da-at* lugal	将根据国王的法令处理。
11. igi *Iš-me* -[ᵈEN. ZU]	证人：伊什美辛
12. [iti...]	（日期残缺）。
13. [mu...]	

  在这份契约中，明确规定了在约定的日子里，如果出租人毁约，没有提供给承租人奴隶，那么他要根据国王的法令接受惩罚。国家严格限制一物多租的行为，并颁布了惩罚的法令。出租人一旦签订了契约，就要按时派出奴隶，而不能把奴隶再租给别人，损害承租人的利益。

  对奴隶来说，他可以享受承租人提供的一些物质报酬，但他要保证完成签订的服役期限，从而获得租金报酬。如果他没有完成服务期限，那么要归还取得的报酬，放弃其余的租金。如：

AUCT V no. 129

日期：叁苏伊鲁那 03/05/30
类型：奴隶租赁
HAM 73.1017
正面：

1. ｜ *A-bi-su-um* mu-ni-im	一个奴隶，名叫阿比逊,
2. ki *Ú-ul-ta-ma-ši-'i-Eš₄-tár* ama-ni	从他的母亲乌勒塔马西伊什塔尔手中,
3. ᵈEN. ZU- *im-gur-an-ni*	辛伊姆古尔安尼,
4. nam mu 1-kam	租下了他,
5. nam ka-kešda íb-ḫum-gá	为期1年。
6. ka-kešda-šè mu 1-kam	作为1年的租金,
7. 5/6 gín kù-bannar	5/6"钱"银子
8. ì-lá-e	他将支付。
9. i-ka-al	他将提供给他（奴隶雇工）

背面：

10. *ù il-ta-ba-aš*	食物和衣服。
11. *u₄-ma-ti-šu*	如果他（阿比苏）不能
12. *ú-ul ú-ma-al-la-ma*	完成服务期限,
13. kù-babbar *ù* túgʰⁱ⁻ᵃ	银子和服装,
14. *ú-ta-ar*	他将要返回。
15. igi *Ì-lí-am-ta-ḫa-ar*	证人：伊里阿姆塔哈尔、

16. | Šu-mi-a-ḫi-ia   舒米阿黑亚、

17. | É-a-be-el-i-lí   埃阿贝埃勒伊里。

18. iti ne-izi-gar u$_4$ 30-kam   日期：5月30日，

下边沿：

19. mu Sa-am-su-i-lu-na lugal-e   叁苏伊鲁那第3年。

在这份契约中，明确规定了租赁的奴隶要完成服役期限，如果不能完成服务期限，那么要返还所取得的租金报酬及获得的衣物，相当于没有获得任何报酬。这条规定严格限制了出租方的毁约行为，保证了契约的严肃性，增强了人们的契约精神。

对奴隶承租人一方来说，他有获得奴隶为他服务的权利，但同时也承担一定的义务。在奴隶租赁活动中，承租人除了支付一定的租金之外，有时要奴隶提供衣服，但有时衣服也由奴隶自己提供。一般情况下，奴隶的食物由承租人一方提供。如：

AUCT IV no. 37

日期：叁苏伊鲁那 10/12/20

类型：奴隶租赁

Larsa AUAM 73.2977

正面：

1. 1 sag-gemé ^{d}EN.ZU-du-[ri mu-ni]   1个女奴隶，名叫辛杜瑞。

2. ki ^{d}EN.ZU -ú-sé-li   从辛乌筛里手中，

3. ^{d}Utu- mu-ba-lí-it   沙马什穆巴里伊特

4. nam iti 2-kam u$_4$-1-kam   租下了她，租期为

5. in-hun-gá   两个月零一天，

6. ú-ša-ka-al-ši   他需要给她提供食物，

7. ù 1 gur ù 120 sila še   并且支付1"石"又120

8. ì-ág-e   "升"大麦。

背面：

9. igi An-na-tum   证人：安那吞、

10. ^{d}EN.ZU- a-a-ba-aš   辛亚巴什。

11. iti še-gur$_{10}$-ku$_5$ u$_4$ 20-kam   日期：12月20日，

12. mu Sa-am-su-[i-li-na]   叁苏伊鲁那第10年。

13. [lú] I-da-ma-「ra」-[aš^{ki}]

在这份契约中,承租人支付的租金为1"石"和120"升"大麦,除此之外,奴隶的承租人要为奴隶提供食物供应。

除了支付租金及生活资料之外,对承租人来说还有一个很重要的考验就是他要承担看管奴隶的重任,具有一定的风险。如果租赁期间,奴隶逃跑了,那么承租人要给予奴隶主人高价赔偿。如:

TCL 10 no. 47

日期:瑞穆辛 17/06/16
类型:奴隶租赁

1. 1 sag-arad ^{d} Sîn-ma-gia mu-ni-im　　一个男奴隶,他的名字是辛马
2. arad Bal-mu-nam-hé　　吉尔,是巴勒穆楠赫的奴隶。
3. ki Bal-mu-nam-hé lugal-a-ni-ir　　从巴勒穆楠赫,他的主人
4. ^{m}Nu-úr-^{d}Kab-ta　　手中,奴尔卡卜塔
5. šu-<<ni>>-a-ni šu-ba-an-ti　　得到了他。
6. ^{md}Sîn-ma-gir　　(如果)辛马吉尔
7. ú-gu-ba-an-dé　　逃跑了,
8. ^{m}Nu-úr-^{d}Kab-ta　　奴尔卡卜塔将向(奴隶的
9. 1/2 ma-na kù-babbar　　主人)称出 30"钱"
10. in-lá-e　　银子(作为赔偿)。
11—17. (witnesses)　　(证人略)
18. kišib lú-inim-ma-ab-bi-meš　　他们的印章被滚上了。
19. iti kin-^{d}Inanna ud-16-kam　　日期:6月16日
20. mu ^{uru}Im-gur-^{d}gibil$^{ki}_6$　　瑞穆辛第17年。
21. ù ^{uru}Zi-ib-na-tum^{ki}
22. in-dab$_5$

在这份契约中,被租赁者的奴隶身份在契约中明确表示出来。出租人是他的主人,也在契约中予以明确。契约并没有给出租赁的期限和佣金,契约重点是明确了承租人的责任。如果在租赁期间,奴隶逃跑了,那么租赁者要称出 30"钱"银子,高价赔偿。古巴比伦时期一般奴隶的价格不会超过 20"钱"银子,所以 30"钱"银子足足是一个半奴隶的价格了。租赁奴隶具有一定的风险,但奴隶一般不会逃跑,因为他们身上有特别的奴隶标志,无论走到哪里很难有安身之处,也无法成为自由人。

综上所述,在奴隶活动中,出租人、奴隶、承租人各方都享有权利,但同时也都有负有一定的义务,只有这样才能保证租赁活动顺利进行。

第三节　奴隶租赁的用途

奴隶租赁活动的用途,即奴隶租赁活动中承租方租赁奴隶的目的,可以反映出这一时期社会对奴隶的需求状况,这也是奴隶租赁活动兴盛的原动力。承租人租赁奴隶的用途主要包括家务劳动、农业生产劳动、手工业劳动及劳役等等。

虽然奴隶可以用在多个领域,但奴隶最主要的用途还是用于家内劳动。如:

PBS 8/2 no. 188

日期:叁苏伊鲁那 3 或 4
类型:奴隶租赁
J. Shemtob CBS 77

1. 1 amtu *Ama-du-mu-uk-bi-el-ti*	一个女奴隶,名叫阿马杜
2. itti *Amti-^{d}Šamaš*	穆贝勒提。从舒比沙之女、
3. mâr *šú-bi-šá*	马姆提沙马什手中,
4. *li-bi-it-iš-tár*	伊波库奴尼吞之女、
5. mâr *Ibku-^{d}nu-ni-tum*	里比特伊什塔尔租下
6. *a-na* amtim *i-gu-ur-ši*	了她,作为一个仆人。
7. i-di amti^{sun}	作为奴仆的工资她将支付。
8. 1 še-gur *i-na* ^{Giš}Bar ^{d}Šamaš	在女观院门口,1"石"大麦,
9. *i-na* bâb *ga-gi-im*	用"沙马什的斗"量出,
10. ì-ág-e	作为她的租金。

在这份契约中,虽没有给出雇主里比特伊什塔尔的确定身份,但从工资是在女观院的门口量出大麦,可以确定她的女祭司身份。这个女祭司住在女观院内,主要从事宗教活动,不从事农业劳动,因此她雇佣劳工的目的就是让她当做奴仆,用来照顾自己的生活。雇工的用途也在契约中给予了明确规定。雇工本来的身份就是女奴隶,所以从事家务劳动非常适合,对她来说也属于轻车熟路的工作了。

租赁奴隶除了可以用于家务劳动之外还可以用于啤酒酿造业。啤酒是古代两河流域人的发明,在古巴比伦时期啤酒的酿造、买卖等都已经非常普遍。《汉穆拉比法典》也有关于啤酒的规定,如法典第 110 条规定:

> 如果一个不住在女观院里的那迪图女祭司或乌格巴波图女祭司，想开一个酒店或者进入了一个酒店喝酒，那么她要被处死。①

这条规定主要是限制女祭司经营酒店和进入酒店喝酒，但同时也显示了当时酒店已经大量存在，啤酒已成为人们日常的生活饮料。在雇佣契约中，也出现了雇佣啤酒酿造师的契约。如：

AUCT V no. 127

日期：瑞穆辛 55/01/01
类型：奴隶租赁
HAM 73.2444
正面：

1.	lú-lunga é-^{d}Nanna	一个伊南那神庙的
2.	mu-l-e u$_4$ 8-kam	酿酒师和一个大容器，
3.	ka-an-nu-um gu-la	租期为1年，
4.	tu-ur šu-mu-šu	他们的租金为
5.	1/3 gur še	1/3"石"大麦。
6.	ki Še-ep- ^{d}[EN.ZU]	从舍埃坡辛手中，
7.	ǀ Be-lí-i [a]	贝里亚
8.	ib-ta-è	租下了他们。

背面：

9.	igi Anum-pi$_4$-^{d}EN.ZU	证人：阿奴姆皮辛、
10.	ǀ A-hu-um	阿胡温、
11.	ǀ Lugal-ti	鲁旮勒提、
12.	ǀ ku-un-tum	坤图姆、
13.	ǀ An-da-ku-ul-lum	安达库鲁姆、
14.	ǀ Ìl-šu-ellati	伊勒舒埃拉提。
15.	iti bára-zag-gar u$_4$ 1-kam	日期：1月1日，
16.	mu ki 26 Ì-si-in^{ki}	瑞穆辛第55年。

《汉穆拉比法典》明确规定女祭司不能经营酒店和进入酒店喝酒，但酒对于神庙来说却是不可或缺的一种物品。在各种宗教仪式里都要用到啤酒，所以神庙具有自己的啤酒酿酒师及设备。在这份契约中，南那神庙的

---

① G. R. Driver and J. C. Miles, *The Babylonian Laws*, p. 43.

酿酒师和一个酿酒用的大容器一起被雇佣了,这个酿酒师应该是奴隶身份,因为雇主是从另一个人舍坡辛手中雇下了他。出租人舍坡辛或许是一个神庙主持,属于社会上层,拥有一些具有特殊技艺的奴隶也不足为奇。

奴隶有时也被雇佣代替承租人去参加国王组织的某些活动,如:

AUCT V no. 133

日期:残缺
类型:奴隶租赁
HAM 73.2310
正面:

1. *Be-lum-ma*?	贝隆马,
2. ki *Ni-id-nu-ša-a*	从尼伊德奴沙阿手中,
3. ^d*Marduk-a-bi*	马尔杜克阿比租下了他,(代
4. *a-na* kaskal lugal *a-la-ki-im*	替自己)去参加国王的运动。
5. in-hum 1 gur še á-bi	1"石"大麦作为他的工资,
6. 1/5 gur zì-da 1/2 sìla ì-giš	1/5"石"大麦和 1/2"升"
7. *ù* še *ma-aš-ti-tum*	芝麻油作为他的日常饮食。
8. kaskal lugal	在国王的运动中……
背面:broken	(残缺)

在这份契约中,马尔杜克阿比雇下了一个奴隶,去参加国王的某种运动,这种活动可能是一些行政或者宗教方面的游行活动,属于某种徭役。这种活动不能是国王的军事活动。《汉穆拉比法典》第 26 条规定,不能雇佣别人代替自己服兵役,否则要处死。法典条文如下:

> 一个士兵或"渔夫"士兵没有前去,或者雇了一个雇工,并派去了他的代替者。那个士兵或"渔夫"士兵应被处死。他的告发者应拿走他的房子。[①]

第四节 奴隶租赁的租期

从奴隶租赁契约来看,奴隶租赁的租期大不相同,少则几天,多则几

---

① G. R. Driver and J. C. Miles, *The Babylonian Laws*, p. 21.

年,但也并非没有规律可寻。一般奴隶雇佣的服务期限多为1年,其他则有1个月、2个月、3个月、9个月、几年等多个雇佣期限。

雇佣奴隶的目的主要用于家内劳动,用于对雇主的生活照顾,所以雇佣时间较长,多以一年为一个雇佣周期,一年之后雇佣结束或者续约。如:

AUCT V no. 129

日期:叁苏伊鲁那 03/05/30
类型:奴隶租赁
HAM 73.1017
正面:

1.	ǀ A-bi-su-um mu-ni-im	一个奴隶,名叫阿比逊,
2.	ki Ú-ul-ta-ma-ši-'i-Eš₄-tár ama-ni	从他的母亲乌勒塔马西伊什
3.	ᵈEN.ZU-im-gur-an-ni	塔尔手中,辛伊姆古尔安尼
4.	nam mu 1-kam	用租金租下了他,
5.	nam ka-kešda íb-hum-gá	为期1年。
6.	ka-kešda-šè mu 1-kam	1年的租金,
7.	5/6 gín kù-bannar	5/6"钱"银子
8.	ì-lá-e	他将支付。
9.	i-ka-al	他将提供给他(奴隶雇工)

背面:

10.	ù il-ta-ba-aš	食物和衣服。
11.	u₄-ma-ti-šu	如果他(阿比苏)不能
12.	ú-ul ú-ma-al-la-ma	完成服务期限,
13.	kù-babbar ù túg^(hi-a)	银子和服装,
14.	ú-ta-ar	他将要返回。
15.	igi Ì-lí-am-ta-ha-ar	证人:伊里阿姆塔哈尔、
16.	ǀ Šu-mi-a-hi-ia	舒米阿黑亚、
17.	ǀ É-a-be-el-i-lí	埃阿贝埃勒伊里。
18.	iti ne-izi-gar u₄ 30-kam	日期:5月30日,

下边沿:

19.	mu Sa-am-su-i-lu-na lugal-e	叁苏伊鲁那第3年。

在这份契约中,奴隶阿比逊被雇佣,时间为1年。在1年雇佣期内,阿比逊住在雇主家里,雇主要提供给他食物,并且还要提供衣服。如果阿比逊没有完成1年的服务期就返回的话,他要归还领走的工资和使用的衣服,那么他将得不到任何报酬。所以,一旦签订契约,服务期限是不能随便

改变的。我们再看另外一份契约：

AUCT V no.128

日期：残缺
类型：奴隶租赁
HAM 73.2375
正面：

1.	I-din-^dLa-ga-ma-al	（一个奴隶）名叫伊丁拉旮
2. ki Ì-lí-iš-me-a-an-ni-a šitim	马阿勒。从建筑匠伊里什
3.	A-pil-^dGibil₆	美安尼亚手中，阿皮勒
4. nam mu 1-kam	吉比勒租下了他，
5. in-hun	为期1年。
6. [á]-bi mu 1-šè	他1年的工资，
7. [...]gín kù-babbar	[……]"钱"银子，
8. [...]	[……]
9. [...]	[……]

背面：broken　　　　　　　　　　（残缺）

在这份契约中，明确地写明了奴隶主人的身份是一个建筑匠，属于一般的社会阶层。这个奴隶雇佣的期限也是1年。从众多奴隶雇佣契约中可以发现，雇佣奴隶的时间多数为1年。除了较为固定的1年租期之外，也存在着几天到几个月等多个不固定的租赁期限。如：

TCL 10 no.137

日期：瑞穆辛[...]/05/19
类型：奴隶租赁

1. iti ne-ne-gar ud-16-kam　　　　5月16日，（一个奴隶）
2. ^mIš-tár-i-šu　　　　　　　　伊什塔尔伊舒。
3. ki Ba-an-ni-ia　　　　　　　　从班尼亚手中，
4. ^mÌl-ba-an-sum　　　　　　　伊勒班孙
5. ù ^dSîn-ma-gir　　　　　　　和辛马吉尔
6. a-na iti-3-kam　　　　　　　　租下了他，为期3个月，
7. a-na 1 1/3 gín kù-babbar　　　租金为1 1/3"钱"
8. in-hug-gá-meš　　　　　　　　银子。
9. ki-bi 1 gín kù-babbar　　　　　1"钱"银子，
10. le-qú-ú　　　　　　　　　　已经得到了。

131

11. mu *ma-ti-ša*	他的城区
12. *ú-ma-al-la-ma*	[……]
13. si e-da-ti(?) kù-babbar	[……]银子
14. ì-lá-e	称出。
15. iti ne-ne-gar ud-19-kam	日期：5月19日
16. mu ki-16-kam	（瑞穆辛）[……]年。

在这份契约中，奴隶的租赁期限是3个月，3个月后租赁关系结束，奴隶返回主人家里。

第五节 奴隶的租金

在奴隶租赁中，一个非常重要的问题便是关于奴隶的租金，但这也是一个最复杂、不易搞清楚的问题。因为奴隶的使用领域不同，所服务的期限也不同，所以很难对奴隶的租金做一个横向比较。此外，古巴比伦时期存在着两种货币工资，一种是大麦的实物货币，另外一种是银钱的金属货币，这两种货币之间的兑换比率也不固定。据法尔波研究，古巴比伦早期，1"石"大麦的价值为1"钱"银子，但随后大麦的价格下降，1"石"大麦的价值只有0.75"钱"银子，最低时为0.4"钱"银子。但到了古巴比伦后期，特别是阿米嚓杜卡时期，大麦的价值回升，1"石"大麦的价值超过了1"钱"银子[1]。因此，我们可以把大麦的价值粗略地确定为1"石"大麦的价值等于1"钱"银子，只有这样我们才能对使用两种不同货币的雇佣活动进行一个简单的比较，从而对古巴比伦时期的雇佣工资有一个整体的大概认识。

一、大麦工资

在经济交易活动中，一般涉及买卖的交易多使用金属货币，如房屋买卖、土地买卖、奴隶买卖等等。涉及租赁活动的交易，多使用实物货币用大麦支付，特别是土地的租赁，租金几乎都是使用大麦支付[2]。在奴隶租赁活动中，既使用实物货币，又使用金属货币。但总体来讲，租赁奴隶时多使用大麦作为工资。古巴比伦时期奴隶的租金较低，一般一年的租金不高于

---

[1] H. Farber, "A Price and Wage Study for Northern Babylonia during the Old Babylonian Period", p. 20.
[2] 李海峰：《古巴比伦时期不动产经济活动研究》，第129—151页。

2"石"大麦。如：

AUCT V no. 130

日期：叁苏伊鲁那 05/10/[…]
类型：奴隶租赁
HAM 73.2915
正面：

1. ǀ *I-za-tum* mu-ni-im	一个奴隶，名叫伊扎吞。
2. ki ᵈ*Ab-ú-ra-bi-am*	从阿布乌腊比阿姆手中，
3. ǀ *Nì-gi-ia*	尼吉亚
4. nam mu 1-kam	租下了他，
5. in-ḫun-gá	为期1年。
6. ka kešda mu 1-kam	作为1年的租金，
7. 2 gur še ì-ág-e	他将要称出2"石"大麦。
8. šà-bi-ta	租金中
9. 1 1/5 gur še šu-ba-an-ti	1 1/5"石"大麦，提前得到了。

背面：

10. igi ᵈEN.ZU-*im-gur-an-ni*	证人：辛伊姆古尔安尼、
11. ǀ *Ma-nu-um-ki-ma-ì-li-a*	马奴温基马伊里亚、
12. ǀ *A-na-sᵢ-lí-ša-e-mi-id*	阿那采里沙埃米德、
13. ǀ *Si-lí-Eš₄-tár*	采里埃什塔尔。
14. kišib-ni lú-inim-bi-meš	证人们的印章
15. íb-ra	已经被滚上了。
16. iti ab-è u₄-[…kam]	日期：10月[……]日，
17. mu ᵍⁱˢgu-za nesag-gá	叁苏伊鲁那第5年。

在这份契约中，雇工伊扎吞的身份是奴隶，他被雇佣用来做家内劳动。由于他的奴隶身份，并且用于家内劳动，并不能为主人创造过多价值，所以其工资比农夫、牧羊人等要低得多，只有2"石"大麦，但2"石"大麦在雇佣奴隶的契约中也属于较高的工资报酬了。还有一点需要注意的是，租金的支付方式。租金采用分期付款的方式，在租赁关系开始时，承租人要支付一部分租金，租赁结束后，承租人支付余下的租金。在这份契约中，全部租金为2"石"大麦，首付租金为1 1/5"石"大麦，超过了租金总额的50%。

二、银钱工资

在少数情况下，奴隶的租金也采用银子的支付方式。奴隶一年的租金一般不高于2"钱"银子。如：

AUCT V no. 131

日期：叁苏伊鲁那 06/05/30
类型：奴隶租赁
HAM 73.2665
正面：

1. |ᵈEN.ZU-*ib-ni-šu* 　　　　　　辛伊布尼舒，
2. ki *Zu-uz-zu* ad-kup₄ 　　　　　从芦苇席子制造者、
3. |ᵈEN.ZU-*ú-s é-li* 　　　　　　朱朱手中，辛乌采里
4. nam mu 1-kam in-hun-gá 　　　租下了他，为期1年。
5. ka kešda-še mu 1-kam 　　　　作为1年的租金，
6. 1 1/3 gín ta-àm ì-lá-e 　　　　1 1/3"钱"银子他将支付。
7. ka kešda mu 1-kam 　　　　　1年的全部租金，
8. *ga-am-ra-am*

背面：

9. 1 1/3 gín kù-babbar 　　　　　是1 1/3"钱"银子，
10. *ù ma-li-ib-bi-šu ma-s i* 　　　与他根据自己的意愿
11. *it-ti ra-ma-ni-šu-ma* 　　　　所做工作的收入。
12. *il-ta-ba-aš* 　　　　　　　　他将要自己提供衣服。
13. igi *É-a-maš-zu* 　　　　　　证人：埃阿马什扎、
14. | *E-tel-pi₄-É-a* 　　　　　　埃台勒皮埃阿。
15. iti ne-izi-gar u₄ 30-kam 　　　日期：5月30日，
16. mu *Sa-am-su-i-lu-na* 　　　　叁苏伊鲁那第6年。
17. alam šùd-šùd-dè

在这份契约中，奴隶1年的租金为1 1/3"钱"银子，并且他要自己提供自己的衣服。在另一份契约中，奴隶1年的租金只有1/3"钱"银子，可见奴隶的租赁价格较低。契约如下：

TCL 10 no. 110

日期：瑞穆辛 52/02/10
类型：奴隶租赁

1. 1 sag *Ì-lí-as-ra-an-ni* 　　　　一个男奴隶，他的名字叫伊里阿施冉尼
2. mu-ni

3. ki [*x*]-še-li-ib-ni-šu 从[……]舍里卜尼舒
4. [lu]gal-a-ni-ir 他的主人手中,
5. [ᵐ]Du-mu-uq-ᵈŠamaš 杜穆喀沙马什
6. in-šè-hug 租下了他。
7. ka-sir mu-1-kam 一年内,
8. 1/3 gín kù-babbar 他要将1/3"钱"银子
9. in-lá-e 称出。
10. [*x*]-ka-ne [……]
11. [*x-x-x* lú] lú [……]
12. [*x-x-x-x*] kù-babbar [……]银子
13. [šá] al-dùg [……]
14—21.（witnesses） （证人略）
22. iti gu₄-si-sa ud-10-kam 日期：2月10日
23. mu ki 23 İ-si-in^{ki}-na 瑞穆辛第52年。
24. in-dab₅-ba

总体看来,奴隶的租金较低,如果用银钱支付,一般1年的租金不高于1"钱"银子。如果采用大麦支付,一般1年的工资不高于2"石"大麦,多在1"石"大麦左右。由于奴隶的社会地位较低,并且主要用于家内劳动,无法创造更多的价值,所以租金较低。

表8-1 奴隶租赁价格一览表

契约	租期	租金	时间	出租方	承租方
AUCT Vno.129	1年	5/6"钱"银子	Si 03/05/30	乌勒塔马西埃什塔尔	辛伊姆古尔安尼
TCL 10 no.110	1年	1/3"钱"银子	瑞穆辛52/02/10	[……]舍里卜尼舒	杜穆喀沙马什
PBS 8/2 no.111		6"钱"银子	瑞穆辛[…]/04/06	希马阿特辛	恩里勒沙如姆
PBS 8/2 no.188		1"石"大麦	Si3或4	马提沙马什	里比伊特伊什塔尔
AUCT Vno.127	1年	1/3"石"大麦	瑞穆辛55/01/01	舍埃坡辛	贝里伊阿

续 表

契约	租期	租金	时间	出租方	承租方
AUCT Vno.133		1"石"大麦		尼伊德奴沙阿	马尔杜克阿比
TCL 10 no.137	3个月	1 1/3"钱"	瑞穆辛[……]/05/19	班尼亚、伊勒班孙、和辛马吉尔	
AUCT Vno.130	1年	2"石"大麦	Si 05/10/[……]	阿布乌腊比按	尼吉伊阿
AUCT Vno.134	6个月	4"石"大麦	无 [……]/01/10	尼台旮	那比辛
AUCT IV no.37	2个月零1天	1 2/5"石"大麦	Si 10/12/20	辛乌筛里	沙马什穆巴里伊特

136

第九章　奴隶租赁与自由民雇佣的比较

古巴比伦时期,不仅奴隶可以租赁用来从事各种活动,一般自由民也被广泛雇佣,奴隶和自由民构成了劳动力市场的两个主要来源。奴隶租赁和自由民雇佣从本质上来说是一致的,都是剥削他们的劳动力,榨取他们的剩余价值,但奴隶租赁和自由民雇佣在外在形式上却不尽相同,在使用领域、使用期限及租金方面都存在着较大的差异。对它们的外在差别进行研究,也具有重要意义,可以充分了解在奴隶社会中,奴隶所处的社会地位,奴隶的社会价值等诸多重要问题。

第一节　契约模式的比较

在第八章中我们分析了奴隶租赁的契约模式,奴隶租赁的契约一般包含以下几个要素:1.租赁对象的描述;2.出租者与承租者:从A手中,B租了他;3.租赁期限;4.租金;5.双方的职责;6.证人;7.日期;8.印章。自由民雇佣的契约也包含了雇佣双方、期限、工资、证人、日期等基本要素,但契约的结构和侧重点有所不同,一个自由民租赁雇佣契约的结构及包含的基本要素如下:

1. 工资;
2. 雇主,被雇佣者(主要为收割农工);
3. 被雇佣者需要完成的任务;
4. 完不成任务的惩罚;
5. 证人(印章);
6. 日期。

我们通过一份具体的契约来进行分析,如:

RSOD Vol. 82 no. 4

日期：汉穆拉比 30/11/08
类型：自由民雇佣
BM 97862

正面：

1. 1 1/2 gín kù-babbar　　　　　　　　1 1/2"钱"银子，
2. a-na še-gur₁₀-ku₅　　　　　　　　　作为农时的报酬。
3. ki Du-šu-up-tum lukur ᵈUtu　　　　从马尔杜克拉马萨苏之女、
4. dumu-mí ᵈMarduk-la-ma-sà-šu　　　那迪图女祭司杜舒普吞手中，
5. ᵐHa-am-sa-tum　　　　　　　　　　哈姆萨吞
6. šu-ba-an-ti　　　　　　　　　　　　得到了它（工资）。

下边沿：

7. u₄-še-gur₁₀-ku₅-šè　　　　　　　　　在收获的季节里，
8. lú-še-gur₁₀-ku₅-meš　　　　　　　　他（哈姆萨吞）要像他的
9. ki-ma a-li-ik i-di-ša　　　　　　　　同事们一样，和他人合作完

反面：

10. i-la-ak　　　　　　　　　　　　　成收割任务。
11. ú-ul i-la-ak-ma　　　　　　　　　如果他没有完成任务，则要
12. sí-im-da-at Lugal　　　　　　　　根据国王的法律得到惩罚。
13. igi An-šu-ba-ni lú-kurún-na　　　　证人：酿酒师安舒巴尼、
14. igi Ib-ni- ᵈmar-tu dumu [Pu-hu-um]　普胡姆之子伊波尼马尔图、
15. igi E-[la]-ᵈutu-ma-an-ni　　　　　　舍里比亚之子
16. dumu še-li-bi-ia　　　　　　　　　埃拉乌图曼尼、
17. igi Ha-li-ia-um　　　　　　　　　　哈里亚乌姆。

上边沿：

18. iti zíz-a u₄-8-kam　　　　　　　　　日期：11月8日，
19. mu ugnim elam-maᵏⁱ　　　　　　　汉穆拉比第30年。

　　自由民雇佣契约与奴隶租赁契约第一个显著的不同是，契约首先强调的是工资，而不是雇佣的人。契约开始就是工资数额，这是双方都非常重视的核心问题，然后才是雇主和被雇佣者。这份契约的工资是1 1/2"钱"银子，工资是提前支付，也反映了在收获季节时，自由民是十分紧缺的，必须预付工资，才能雇到农工。契约接下来规定了雇工的责任，必须完成收割任务。如果完不成任务，要根据国王的法令进行惩罚。契约中并没有具体说明要受到何种惩罚，但国王已经对此有了相关规定，惩罚应该不会太轻。因为雇主一般都属于有钱有势的大奴隶主，属于社会中上层，侵犯他

们的利益应该是会被严厉惩罚的。这种"收割农工"的雇佣契约一般都没有规定雇佣的期限,或许这种类型的雇佣期限就是一个收割季,收割结束了,雇佣也就停止了。契约同样需要3—5位证人作证。契约最后是签订契约的时间。

自由民雇佣与奴隶租赁另一个较大的区别是,在奴隶租赁中,实际上是存在着三方关系,出租者、奴隶和承租者。由于奴隶没有人身自由,不能自己出租自己,必须由主人向外出租。而自由人具有完全的人身自由,可以自己出租自己,因此在自由民雇佣契约中,只存在着双方关系。如:

AUCT IV no. 38

日期:叁苏伊鲁那 15/01/03
类型:自由民雇佣
AUAM 73.2815
正面:

1. Iti bára-zag-gar u_4-3-kam	在1月3日,
2. ^{I}Nu-rum-li-sí	奴润里采,
3. 1 érin lú še-gur$_{10}$-k$_5$	作为一个劳动力,
4. ^{I}A-wi-il-^{d}Na-bi-um	阿维勒那比乌姆,

背面:

5. ì-hun	雇佣了。
6. iti bára-zag-gar u_4-3-kam	日期:1月3日,
7. mu bàd Ì-si-in^{ki}	叁苏伊鲁那第15年。
8. ba-gul-la	
9. lú-^{d}En-ki	印章:阿维伊勒恩基,
10. dumu Ta-ri-bu-um	塔瑞布温之子,
11. ìr ^{d}[...]	[……]神的祭司。

在这份契约中,阿维勒那比乌姆雇佣了奴润里采。奴润里采是自己出租了自己,自己签订雇佣契约,他是具有完全民事能力的自由人。但在奴隶租赁中,承租人必须是从奴隶主人的手中租下了奴隶,必须是三方出现,而不能直接和奴隶签订契约。但如果被雇佣的自由民年龄较小,也可以由他的亲属代为签订合同,但代为签订合同的不是他的主人,而是他的父母、兄弟等直系亲属。如:

SLB I/2 no. 21

日期：瑞穆辛［……］/［……］/22
类型：奴隶租赁
LB 1057

1. ^{md}Giš-zi-da-x-x		吉什孜达［……］，
2. ki Šar-ru-um-ga-mil		从他的兄弟沙如姆旮米勒
3. šeš-a-ni		手中，
4. ^mÌ-lí-^dSîn sipa(?)		牧人(?)伊里辛，
5. a-na u₄ 30 i-gu-ur-ri (?)		租下了他，为期30天。
6. á-bi u₄ 30		30天的工资，他（吉什孜达）
7. ki-ma á-zi-da		将得到与他的左邻右舍
8. ù á-ga-bi		一样多的工资。
9. ［še(?)］ì-lá-e		他将要支付大麦。
10. ［…］		［……］
11. ［…］- ni-šu		［……］
12. ［…］x-AN-x-x		［……］
13. ［…］lú ga-a		［……］
14. itu BAL. NA u₄ 22-kam		日期：Bal. na月，22日
15. mu Ri-im-^dSîn lugal		国王瑞穆辛。
16. ［Im(?)］-gur(?)-［^d(?)］Gibil		

在这份契约中，雇主是从吉什孜达……的兄弟沙如姆旮米勒手中雇佣了他。可能被雇佣者吉什孜达……年龄较小，不能自己签订契约，所以由他的兄弟来代为签订契约。这份契约的雇佣期较短，只有1个月，这可能也反映了古巴比伦时期存在着短期雇佣童工的现象。

第二节　使用领域的比较

古巴比伦时期租赁奴隶的目的主要是用于家内劳动，此外偶尔会用于酿酒业及徭役等领域。相对于奴隶而言，自由民雇佣的使用领域更加广泛，可使用于农牧业、手工业、家内劳动等一切领域。

一、从事农牧业活动

古巴比伦时期奴隶虽然也可租赁用于农业生产，但这种情况并不多见,而自由民的雇佣则通常用于农业生产活动中。在收获季节雇佣自由民收割庄稼,这是古巴比伦时期最主要的自由民雇佣方式。约有 2/3 以上的契约属于雇佣"雇佣农工"的契约。在自由民雇佣契约模式中,我们已经分析了"收割农工"从事农业活动的契约,在此不再举例赘述。古巴比伦人除了种植大麦等粮食作物之外,还大量种植椰枣等经济作物,经营果园获利也是大奴隶主们常用的一种经营模式,古巴比伦时期也存在着较多的果园买卖及租赁活动。① 雇佣农工管理果园,也是古巴比伦时期常见的雇佣类型。试举一例:

PBS 8/2 no. 196

日期:Ammi-zaduga 15
类型:自由民租赁,花园管理者
Khabaza CBS 356

1. ^{m}Gi-mil-lum mâr Ap-pa-li		阿帕里之子吉米隆,
2. itti ra-ma-ni-šú		为他自己
3. ^{m}I-na-ê-sag-íl-zer mâr Warad-i-lí-šú		雇佣了瓦腊德伊里舒之子
4. a-na iriši-im		伊那埃萨基勒载尔,
5. a-di pada-ar e-ri-ši-im		作为果园管理者,
6. i-gur-ma		直到收获季节结束。
7. idi warah-i-kam-ma		每月的工资,他将
8. 1 šiklu kaspim Ì-Lal-E		得到 1"钱"银子。此外,
9. 2 1/2-$^{ta-àm}$ kurmât-su		2 1/2"钱"是他的食物费用,
10. 3 1/2-$^{ta-àm}$ ma-áš-ti-zu		3 1/2"钱"是他的饮料费用。
11. a-na i-ni-ga-an-ni		他将要
12. zu-ub-ri ù si-ib-ba-ti		为他自己准备
13. iz-za-a-az		其他用品和衣服。如果
14. isu^{sun} ú-ra-ak-ma		将来果树没有获得丰收,他要
15. kaspam i-ni-tim i-šá-ga-la		根据一定的比率交纳银子。
16. i-na warah-3-kam ga-tam i-za-bat		在 3 月,他应该开始工作,
17. [isu^{sun}] i-na-pu-uš i-na-za ah		他应该扩大树木的间距,移植
18. i-na-ad-di it ta-al-la-ak		树木。如果他中途放弃和离开,
19. i-na idi-šu i-te-el-li		他将失去他的工资。
20. i-na libbi idi-šu 1 šiklu kaspimma-hi-ir		根据关于他的租用契约,
		1"钱"银子被得到了。

---

① 李海峰:《古巴比伦时期不动产经济活动研究》,第 96—107 页。

在这份契约中,雇工的工作是管理果园,扩大果树的间距,移植果树,以使果园获得丰收,这是雇工的工作职责。管理果园需要一定的技术和经验,所以雇工的工资较高,每月为1"钱"银子,此外雇主还要担负雇工的食物费用和饮料费用。雇工的工资较高,责任也较重,如果雇工失职,没有使果园获得丰收,他将根据一定的比例上缴罚金。《汉穆拉比法典》中也规定了园丁负有职责,法典第65条规定:

> 如果该园丁没有给椰枣园授粉,因而减少(枣)收成,园丁应比照其邻居的(单位产量)将椰枣园的收成[量出给园主],然后把果园交给园主。①

从该条款可以看出,园丁负有给椰枣园授粉的任务,如果园丁没有尽到自己的责任,那么他要根据邻居果园的收成,把椰枣交给园主,损失属于自己。并且园主要收回果园,不再雇佣这个园丁,园丁失去了工作机会。

除了在农业活动中频繁地雇佣雇工之外,在畜牧业中使用雇工也比较常见。如:

AUCT IV no. 92

日期:阿比埃舒赫 18/12/[……]
类型:自由民雇佣
North AUAM 73.2706
正面:

1. 8 u_8 udu hi-a	8 只母绵羊,
2. 3 udu-níta	3 只公绵羊,
3. 6 sila$_4$-gub kiri$_{11}$-gub	6 只公和母小绵羊,
4. 17 udu hi-a	17 只绵羊。
5. 3 ùz [……] udu	3 只母山羊,
6. 30-[……]	辛[……]
7. 3 [ùz máš-gal]	3[……]只公山羊,
8. 6 [ùz hi-a]	6[只山羊],
9. 23 [u_8 udu hi-a ùùz]	23 只绵羊和山羊,
10. ša ^{d}EN.ZU-[……]	它们被委托给了
11. re-a-[u]	牧羊人辛[……]
12. a-na re-[ú-tim]	进行放牧。

---

① G. R. Driver and J. C. Miles, *The Babylonian Laws*, p. 33.

13. pa-ap-⌈du⌉

背面：

14. a-na ha-li-iq-[tim]　　　　　　他将负责由于疥癣
15. ù pí-is-sà-tim　　　　　　　　和丢失所引起的
16. iz-za-az　　　　　　　　　　　损失。
17. igi Dingir- šu-ba-ni dub-sar　　证人：丁吉尔舒巴尼，长官。
18. iti še-gur₁₀-ku₅　　　　　　　日期：12 月，
19. mu A-bi-e-su-uḫ lugal　　　　 阿比埃舒赫第 18 年。
20. nun-dun5-na lú-ᵈUtu-ke₄
21. Dingir- šu-ba-ni　　　　　　　丁吉尔舒巴尼
22. dumu Ab-[...]　　　　　　　　阿布[……]之子，
23. ìr ᵈ[...]　　　　　　　　　　　[……]神的祭司。

在这份契约中，牧羊人辛[……]被雇佣进行羊群的放牧，羊群中有绵羊和山羊，有成年羊也有小羊羔。牧羊人的责任重大，不仅仅要负担由于羊的丢失而造成的损失，也要负责由于羊患疥癣而造成的损失。

在另一份契约中，里布尔贝里和贝里鲁达瑞被雇用来放牛，分配给了他们 7 头牛，其中有一头是犁田牛（plow ox）。① 农牧业可谓是使用自由民雇工最多的一个领域。

二、从事手工业活动

古巴比伦时期存在着比较发达的手工业，手工业是雇佣自由民进行劳作的另一个主要行业。《汉穆拉比法典》第 274 条规定了洗染工、亚麻织匠、宝石工、制弓匠、金属匠、木匠、皮革匠、芦苇编织匠以及皮革匠等九个工种的价格。② 每个行业的工资不加区别均是每天 5 "粒"银子，不管这种工资在现实中是否具有操作性，但该条规定却显示了，在上述手工行业中，均存在着雇佣工人劳动的现象。但在雇佣契约中，并未发现雇佣上述手工工人的契约。但在啤酒酿造中，我们发现了雇佣自由民的现象。如：

AUCT IV no. 99

日期：叁苏伊鲁那 07/04/[...]
类型：自由民雇佣

---

① E. Chiera, *Old Babylonian Contracts*, PBS8/2, p. 154.
② G. R. Driver and J. C. Miles, *The Babylonian Laws*, p. 93.

Larsa AUAM 73.2652

正面：

1. ¹*Na-bi-* ᵈEN.ZU   那比辛，
2. *lú-siraš lú-UD.UNUG*ᵏⁱ*-ma*   是拉尔萨的啤酒酿造师，
3. *ša a-na* ᵘʳᵘDUMU.MÍ.LUGAL*ᵏⁱ*   他被雇到了马腊特沙瑞姆城，
4. *a-na sà-bi-im il-li-kam*   进行酿酒。
5. *še sà-bu-tim*   酿造用的大麦
6. *li-ib-bi*   已经准备好了。

背面：

7. ¹*Ìr- Eš₄-tár*   马腊特沙瑞姆的市长
8. *ra-bi-a-an* ᵘʳᵘDUMU.MÍ.LUGAL*ᵏⁱ*   瓦腊德埃什塔尔对他
9. *ṭa-a-ab*   的雇佣非常满意。
10. *kišib-a-ni íb-ra*   他的印章被滚上了。
11. iti *šu-numun-na* u₄-!-[kam]   日期：4月[……]日，
12. mu *Sa-am-su-i-lu-na* ᵍⁱˢ*tukul šu-nir*   叁苏伊鲁那第7年。
13. Ìr-ᵈNanna   印章：伊尔南那，
14. dumu *A-pil-* ᵈEN.[ZU]   阿皮勒辛之子，
15. ìr ᵈ[...]   [……]神的祭司。

在这份契约中，那比辛本来是拉尔萨的啤酒酿造师，可能酿酒技术非常高超，固而被马腊特沙瑞姆的市长雇佣，来到该城进行酿酒，并且酿酒用的大麦已经为他准备好了。这份契约中，雇主是城市的市长，雇佣那比辛可能是为政府服务。这份契约重视的是确定雇佣关系，因此契约中并未规定工资份额和雇佣期限。或许其他问题会另外签订契约，或者有国家规定的啤酒酿造师的工资标准。

三、家内劳动

虽然家内劳动主要雇佣奴隶来进行劳动，但雇佣自由人用于家内劳动也较常见。如：

AUCT IV no. 87

日期：残缺[……]/04/02
类型：自由民雇佣
Larsa AUAM 73.2607

正面：

1. iti *šu-numun-a* u₄-2-kam *ba-zal*   4月2日，

2. ¹DUMU -*er-s e-tim*　　　　　　　　杜穆埃尔采汀进入

3. *a-na é* -ᵈEN. ZU- *še-mi*　　　　　辛舍米的房间，为他

4. *i-ru-ub*　　　　　　　　　　　　服务。他（辛舍米）将要

5. *a-na šu-ti-a*　　　　　　　　　　支付 1"钱"银子

6. 1 *gín kù*-[*babbar*]　　　　　　　作为工资。

背面：

7. *i-lá-e*　　　　　　　　　　　　　其中 1/2"钱"银子

8. *i-na lib-ba* 1/2 *gín kù-babbar ma-hi-ir*　　已经支付了。

9. *igi E-te-ia-tum*　　　　　　　　　证人：伊什吉尔吞之子

10. *dumu Iš-gur-tum* ?　　　　　　埃台伊亚吞、

11. *iti šu-numun-a u₄-2-kam*　　　　日期：4月2日，

12. *bi*? *-ma*　　　　　　　　　　　（年名残缺。）

印章：

13. ᵈEN. ZU-[...]　　　　　　　　　马尔杜克神的仆人、

14. *dumu I-bi-*[...]　　　　　　　　伊比[……]之子

15. *ìr* ᵈAN *Mar-tu*　　　　　　　　辛[……]。

在这份契约中，杜穆埃尔采汀的身份是自由人，但他被雇佣用来从事家内劳动，照顾雇主的生活。在 4 月 2 日，他要进入雇主辛舍米的房间。雇佣期限虽然在契约中没有写明，但按照惯例一般为 1 年的时间。

在另一份契约中，一个小男孩也被雇佣用于家内劳动。契约如下：

PBS 8/2 no. 111

日期：瑞穆辛[……]/04/06

类型：孩童租赁

Nippur 7179

1. ᵐᵈ*En-líl-šar-ru-um*　　　　　　　恩里勒沙如姆

2. *itti Si-ma-at-*ᵈ*Sin ama-a-ni*　　　从他的母亲希马特辛

3. ᵐ*Ak-šá*ᵇⁱ*-i-din-nam*　　　　　　手中，阿克沙伊汀楠，

4. *mu-ām* 6 *šiklu kaspim*　　　　　租赁了他，

5. *i-gú-ur-mâ*　　　　　　　　　　每年的工资为 6"钱"银子。

6. *warah Šú-numun-na um-6-kam*　在 4 月 6 日，

7. *i-hu-za*　　　　　　　　　　　　他将带走他。

这份契约中，被雇佣者是一个小男孩恩里勒沙如姆。因为他年龄较

小,所以不能自己签订合同,需要他的母亲和雇主签订雇佣契约。这个男孩的身份并非奴隶,一是因为雇主是从他的母亲手中,而并非是从他的主人手中雇佣;二是他的工资较高,为6"钱"银子,远比一般奴隶的工资要高很多。契约中虽然没有写明雇佣男孩的目的是用来从事何种工作,但我们可以推测他最大的可能就是用于家内服务,做一些劳动强度不大的家内工作。可能由于家庭贫困,母亲不得不把儿子雇佣给别人,以获取一定的金钱维持生存。出租自己的家人获取利益也是古代社会常有的一种方式,马克斯·韦伯曾对此现象做出了精辟的描述:"在东方……奴隶制时而是家庭的奴隶制,时而如同在巴比伦、波斯和雅典一样,是一种生利息的财富的投入形式。"①

四、其他劳动

除了农牧业、手工业与家内劳动三种最主要的劳动领域外,自由民也被雇佣用于搬运、负担徭役等其他工作。如:

AUCT IV no. 84

日期:叁苏伊鲁那 28/01/19
类型:不确定
AUAM 73.2664
正面:

1. 2 lú za-bi-lu	两个男人,
2. *ša-ha-ar-ri*	为伊尔埃什塔尔,
3. Ìr- *eš₄-tár*	搬运成捆的草,
背面:	
4. iti *bára-zag-gar* u₄-19-kam	日期:1月19日,
5. ma *Sa-am-su-i-lu-an* lugal-e	叁苏伊鲁那第28年。
6. á-ág-gá^d En-líl-lá-ka	
7. *Tu-ra-am-ì-lí*	印章:图腊按伊里,
8. [dunu] *Ip-qú-ša*	伊坡苦沙之子,
9. ìr ^d *Šu-bu-*[*la*]	舒布拉神的祭司。

这份契约虽然简单,但也具有价值,说明了雇工租用的其他用途,搬运成捆的草,属于一种搬运、运输工作。在另一份契约中,雇工的工作是一种

---

① 马克斯·韦伯:《经济与社会(下卷)》,林荣远译,商务印书馆,1997年,第49页。

粉碎工作。①

AUCT V no. 4

日期：汉穆拉比 42/11/25
类型：自由民雇佣
HAM 73.2148
正面：

1. 30 dabin 1/2 sìla ì-giš	30 升面粉和 1/2 升油，
2. sí-ku-tum ša ša-la-ḥi ?	为了粉碎……（一种工作）
3. u₄ 1-kam lú ḫun-gá	是雇佣自由民们的日常供给。
4. ša l[ú-šu]-bar-ra	
5. 2 [...]ù-ta	2[……]

背面：

6. u₄ 25-kam	第 25 日，
7. bu-qú-mu	剪羊毛。
8. 1 gín kù-babbar gi-mi-ir	1"钱"银子，是
9. zú-lum ù šà-gal	椰枣和饲料的费用。
10. iti ùd-duru₅	日期：11 月，
11. mu bàd Kar-ᵈUtu⟨ki⟩	汉穆拉比第 42 年。

在这份契约中，提到了一种粉碎某种物品的工作，可惜在关键地方泥板残缺了。在契约的下面又提到了剪羊毛及饲料等等，或许这个自由民的工作是照顾羊群，给羊群提供饲料和剪羊毛。

在下面这份契约中，雇佣自由民的工作是代替雇主负担某种徭役工作。契约如下：

AUCT IV no. 36

日期：叁苏伊鲁那 01/10/16
类型：自由民雇佣
Jaḫrum-šaplum AUAM 73.2479
正面：

1. ᴵᵈEN.ZU-ri-me-ni mu-ni	一个自由民，名叫辛瑞美尼。
2. it-ti ra-ma-ni-šu-ma	

---

① AUCT V, no. 4.

3. iti ab-è	从 10 月
4. u₄ 16-kam ba-zal-la	16 日
5. a-di iti du₆-kù u₄-15-kam	一直到(明年的)7 月 15 日，
6. ša šà mu-bal ¹Na-bi-Sîn	为了那比辛的徭役，
7. ᴵᵈEn-líl-ri-me-ni	恩里勒瑞美尼
8. 「ì」-[hun]-gá	雇佣了他,得到了他的同意。

背面：

9. igi Ib-ni-[...]	证人：伊布尼[……]、
10. igi ᵈUtu-še「mi」	沙马什舍米、
11. igi Dingir-li-t ul	丁吉尔里突勒、
12. igi Li-pí-[it]-Eš₄-tár	里皮伊特埃什塔尔，
13. kišib lú inim-ma-bi-meš	证人们的印章
14. íb-ra	被滚动。
15. iti ab-è u₄-16-kam	日期：10 月 16 日，
16. mu Sa-am-su-i-lu-na lugal	叁苏伊鲁那第 1 年。
17. dug₄-ga zida ᵈAMAR.UTU	
18. Be-lí -ᵈIškur	印章：贝里阿达德，
19. dumu Ha-am-mu-ra-pí-ra-ap-pu-šu-nu	哈按穆腊皮腊阿坡普舒奴
20. ìr ᵈIškur	之子,阿达德神的祭司。

恩利勒瑞美尼因为国家的徭役,雇佣了自由民辛瑞美尼。服役的期限是从 10 月 16 日一直到明年的 7 月 15 日,有 9 个月的时间。或许雇主恩利勒瑞美尼承担了比如开渠等较长时间的徭役,而他自己有更重要的事情要做,所以他就雇佣了自由民代替他服役。契约中伊布尼[……]、沙马什舍米、丁吉尔里突勒、里皮伊特埃什塔尔 4 个证人作证,阿达德神的祭司贝里阿达德在契约上滚章,这些都说明了这个雇主是一个较有身份地位的社会上层,因此他雇佣他人代其服役。《汉穆拉比法典》中规定兵役不能使用雇佣,从这份契约来看,兵役之外的其他徭役则可以雇佣他人来代替服役。

第三节　服务期限的比较

在奴隶租赁活动中,奴隶租赁的期限多为 1 年,而在自由民雇佣中,自由民雇佣的时间多为一个"收获季节"。"在收获季节里",是劳动力需求最旺盛的时间,进行农业生产也是雇佣自由民的主要用途。收获季节结束

后,雇佣关系结束。但在这种收获季节里雇佣"收割农工"的契约中,一般都没有明确地规定雇佣的具体期限。如:

RSOD Vol. 82 no. 34

日期：阿米迪塔那 29/11/01
类型：自由民雇佣
BM 81182
正面：

1. 1 gín kù-babbar — 1"钱"银子,
2. a-na še-gur$_{10}$-ku$_5$ — 作为收获季节的工资。
3. ki ^{d}Utu-šu-mu-un-dib [di-kud] dumu An -šu-bi-ni — 从安舒比尼之子、法官
4. ^{m}Gi-mil- ^{d}marduk dumu ^{d}Utu-šu-mu-un-dib — 沙马什舒门迪卜手中,沙马什
5. šu-ba-an-ti — 舒门迪卜之子基米勒马尔都克
6. [u$_4$]-bur$_{14}$-šè — 收到了它。在收获的季节里,
7. [erén-še]-[gur$_{10}$]-ku$_5$ i-la-ak — 他要与其他农工一起完成收割

下边沿：

8. [ú]-ul i-la-ak-ma — 任务。如果他没有完成,那么

反面：

9. [ki-ma][si]-im-da-atšar-ri — 他要根据国王的法令受到惩罚。
10. igi [I]-din- ^{d}adad dumu I-din -^{d}En-zu — 证人：伊丁辛之子伊丁阿达德、
11. igi A-wi-il -^{d}En-zu dub-sar$_{17}$ — 书吏阿维勒辛。
12. iti zíz-a u$_4$-1-kam — 日期：11月1日,
13. mu Am-mi-di-ta-na lugal-e — 阿米迪塔那第29年。

上边沿：

14. ^{d}lamma-^{d}lamma-a bar sù-ga-[ke$_4$]

印章：

^{d}[Utu-šu]-[mu-un]-[dib] — 印章：安舒尼之子、
[dumu] An- šu-ib-[ni] — 沙马什舒门迪卜、
[ìr] — 瓦腊德……

在这个"收割农工"的契约中,雇主的身份是"法官",法官应属于比较富裕的阶层,拥有较多的土地。此外,法官忙于判案等事务也没有时间去收割庄稼,因此他需要雇佣农工给他收割庄稼。在这份契约中,并未明确雇佣的时间,但雇佣的时间应该就是收获季节的一个农时,收获季结束后,雇佣关系解除。或许这是一种约定俗成的雇佣时间,因此契约中没有明确写出。

在较多"收割农工"的雇佣契约中,我们找出了关于一个收割季节天数的蛛丝马迹。在两个雇佣"收割农工"的契约中,分别给出了雇佣的具体天数。如:

RSOD Vol. 82 no. 20

日期:汉穆拉比 42/11/01
类型:自由民雇佣
BM 80004

正面:

1. ^{m}I-da-tum　　　　　　　　　　伊达吞
2. ù Be-el-šu-nu　　　　　　　　　和贝勒舒奴,
3. dumu-me Ì-lí-din-nam　　　　　伊里丁楠的两个儿子。
4. Ki Ì-lí-din-nam　　　　　　　　从伊里丁楠手中,
5. ^{m}Mu-na-wi-rum　　　　　　　　穆那维荣
6. ù Dumu -^{d}nin-[tu]　　　　　　和杜穆宁图

下边沿:

7. a-na lú-še-gur₁₀-[ku₅]　　　　雇佣了他们,作为
8. i-gu-ru-šu-nu-[ti]　　　　　　收割农工。
9. i-di-šu-nu　　　　　　　　　　他们每天的工资是

反面:

10. 3 bán še-ta-àm i-[na ^{giš}báb ^{d}Utu]　30 升大麦,用沙马什的斗量出。
11. ša u₄-20-kam　　　　　　　　　租期是 20 天。
12. i-ág-e-meš
13. igi Dumu-ud-kib-nun^{ki}　　　证人:杜穆德基卜农、
14. igi ^{d}Bu-né-né-tukul-ti　　　布奈奈图库勒提、
15. igi ^{d}Utu-li-wi-[ir]　　　　沙马什里维尔。

上边沿:

16. iti zíz-a u₄-1-kam　　　　　　日期:11 月 1 日,
17. mu bád kar-^{d}Utu　　　　　　汉穆拉比第 42 年。

在这份契约中,雇主雇佣了一个"收割农工",目的是用来收割庄稼。契约明确规定了雇佣期是 20 天,工资以大麦结算。在另外一份契约中,租期为 25 天,契约如下:

RSOD Vol. 82 no. 75

日期:残缺

类型：自由民雇佣
BM 97394
正面：
1. 2 lú-še-gur₁₀-ku₅　　　　　　　两个收割农工，
2. ki Im-gur-sin　　　　　　　　　从伊穆古尔辛手中，
3. ᵐAN-šu-a-bu-šu　　　　　　　　辛瑞美尼之子、
4. dumu ᵈEn-zu-ri-me-ni　　　　　安舒阿布舒
5. a-na še-gur₁₀-ku₅　　　　　　　雇佣了他们，为了收割
6. a-na u₄-25-kam i-gu-ur　　　　庄稼，雇佣期为25天。
7. i-di-šu-nu ša u₄-4-kam　　　　工资是4天
8. 2 še gur i-na ᵍⁱˢ[báb ᵈUtu]　　2"石"大麦，用沙马什的斗，
下边沿：
9. i-na me-še-qíim　　　　　　　　一个标准斗器，
10. i-na kar íd　　　　　　　　　　在西帕尔的港口量出。
反面：
11. ud-kib-nunᵏⁱ
12. [igi]......　　　　　　　　　　证人：......
13. igi......　　　　　　　　　　　......
14. igi......　　　　　　　　　　　......
15. igi[i]-......
16. mu[BI/GA][　]　　　　　　　　日期：......

在这份契约中，雇佣时间为25天。这两份契约的雇佣时间分别为20天和25天，都属于雇佣"收割农工"收割庄稼的契约。通过这两份契约，我们是否可以认为一个收割季，一个农时的天数就是20—25天呢？从庄稼收割、运到打谷场脱粒、然后晒干、入仓，整个过程下来，需要的时间大概刚好就是20—25天左右。我可以认定一个收割季节需要的时间大概是20—25天，因此"收割农工"的雇佣期大约是20—25天左右。

在另一份"收割雇工"的契约里面，收割所使用的工具也进行了具体说明，如：

AUCT IV no. 58

日期：叁苏伊鲁那 07/05/14
类型：自由民的雇佣
North? AUAM 73.2771
正面：

1. 6 kin uruau 6把铜制的镰刀，
2. a-na lú hun-gá 给了被雇佣的男人，
3. ki *Ip-qú-Eš₄-tár* 从伊坡苦埃什塔尔手中，
4. ⌜ᵈAMAR.UTU⌝-*gim-la-ni* 马尔杜克基姆拉尼
5. [...ᵈ*nè*]-⌜*iri*₁₁⌝-*gal* 和[……]耐瑞旮勒
6. [...]-*qa-ad* 收到了。
7. [...]-*lugal*

下边沿：

8. i-na u₄-ebur-šè 在收获的季节里，
9. kin-urudu it-[...] 他们将要

背面：

10. šu-ba-an-ti-eš 带上那些镰刀。
11. igi *Da-qí-ia* 证人：达齐亚、
12. ᴵ*ma-an-nu-um-ki*-ᵈUtu 曼奴姆基沙马什。
13. iti ne-ne-gar u₄-14-kam 日期：5月14日，
14. mu *Sa-am-su-i-lu-na* lugal 叁苏伊鲁那第7年。
15. ᵍⁱˢtukul šu-nir

  在这份契约里，伊坡苦埃什塔尔雇佣了马尔杜克基姆拉尼和[……]耐尔旮勒两个人收割庄稼，为他们准备了6把铜制的镰刀。很明显这份契约是雇佣农工进行收割庄稼，并且契约要求在"在收获的季节里"，被雇佣的男人们将带上农具，进行农业生产活动。这份契约虽然并没有规定雇佣结束的明确日期，但服务期限应该就是一个收获季节。

  在另一份契约中，雇佣发生的时间也是在收获的季节里。契约如下：

AUCT V no. 72

日期：残缺
类型：自由民租赁
HAM 73.2640
正面：

1. 3 lú še-kin-ku₅ 3个劳动力，
2. ugu [Il-] 给[……]
3. dam ᵈ*Marduk-ba-ni* 马尔杜克巴尼之妻
4. ᴵ*A-pil-i-*[*li-šu*] ku-lu-ul¹⁰ 阿皮勒伊里舒。
5. [*i*]-*šu*
6. u₄ ebur-šè 在收获的季节里，

152

7. lú še-kin-ku₅　　　　　　　　　那些劳动力

背面：

8. *i-il-la-ak*　　　　　　　　　　他将带来。

9. *ú-ul i-il-la-ak*　　　　　　　如果他没有带来他们，

10. *ki-ma s i-im-da-at* lugal　　将根据国王的法令处理。

11. igi *Iš-me* -[ᵈEN.ZU]　　　　　证人：伊什美辛

12. [iti ...]　　　　　　　　　　　（日期残缺）。

13. [mu ...]

　　在这份契约中，雇主阿皮勒伊里舒雇佣了三个劳动力，雇佣发生的时间是"在收获的季节里"。契约明确规定在收获季节开始时，雇佣的劳动力一定要到来进行劳动，如果毁约要根据国王的法令进行惩罚。这个条约也显示了国家对农业收割的重视，专门制定了法律来严惩在收割季节违约的现象，保证农业收割的顺利进行。这份契约虽然也没用明确规定雇工服务的具体时间，但服务期限也应该是一个收获季节，收获完成后，雇佣关系结束。

　　在雇佣自由民从事放牧等工作时，雇佣的服务期限往往较长，一般以一年为一个雇佣周期。如：

AUCT V no. 154

日期：叁苏伊鲁那[…]/06/25
类型：自由民租赁
HAM 73.2618

正面：

1. 2 še gur　　　　　　　　　　　　2"石"大麦，

2. á-bi sipa　　　　　　　　　　　　作为牧羊人的工资，

3. šu-ti-a A-*bu-wa-qar*　　　　　阿布瓦喀尔和

4. *ù Ta*-《*tu*》-*ra*-《*am*》-*È-a*　　塔冉埃阿收到了，从

5. ki *Ì-lí-tu-ra-am* ugula nam-10　　"10人小组的监工"伊里

6. á-bi mu 1-kam　　　　　　　　　图腾冉手中。1年的工资

7. *ma-ḫi-ir*　　　　　　　　　　　他们已经得到了。

背面：

8. igi ᵈ[*Èr*]-*ra-i-din-nam* dam-qàr　　证人：埃尔腊伊丁楠、

9. igi *Ì-lí-e-ta-di*-《*an*》-*ni* ašgab?　　伊里埃塔迪安尼、

10. igi *La-li-ia* gú-gal-lu　　　　　拉里伊阿、

153

11. igi Si-lí-^dMar-tu　　　　　　　　采里马尔图。
12. iti kin-<<MA>>-^dInanna u₄ 25-kam　日期：6月25日，
13. mu Sa-am-su-i-lu-na lugal　　　　叁苏伊鲁那第[……]年。
14. ugu [...] íd-da
15. aš-bi-di?

在这份契约中，雇主伊里图腊冉的身份为"10人小组的监工"，或许他是一名王宫的服务人员，负责监督工作。他雇佣了阿布瓦喀尔和伊冉埃阿，作为"牧羊人"负责羊群的放牧工作，服务期限为1年，工资为2"石"大麦。

在雇佣自由民进行手工工作时，《汉穆拉比法典》对各种手工工种的工资规定了日工资，可能也显示了雇佣自由民进行手工工作时服务的期限较短，往往是几天，因此工资是按日计算的。

第四节　服务酬金的比较

在奴隶租赁和自由民雇佣的比较研究中，最重要的一个问题莫过于服务酬金的比较。通过服务酬金的比较，可以清楚地看出古巴比伦时期的劳动力使用中是不是同工同酬，奴隶租金和自由民工资的差别可以清楚地反映奴隶的社会价值，奴隶与自由民地位的差别等诸多重要社会问题。亚述学家法尔波在学术论文《古巴比伦时期北部巴比伦尼亚的价格和工资研究》中也系统地分析了古巴比伦时期社会工资情况，他认为主要有四种因素影响了一个雇工的服务酬金水平，这些因素为：

1. 工资类型：大麦或银子
2. 劳动力的社会地位：独立的、非独立的（即奴隶）、未成年人
3. 服务期限的长短（日付、月付还是年付）
4. 雇佣的类型[①]

虽然法尔波认为劳动力的社会地位是影响其工资的一个因素，但他在论文中并没有详细探讨奴隶的租金与自由民工资的具体差别。在奴隶租赁和自由民雇佣等活动中，由于使用领域、租期长度及工资支付类别等的

---

① H. Farber, "A price and Wage Study for Northern Babylonia during the Old Babylonian Period", pp. 31 – 32.

差别也使奴隶和自由民的服务酬金很难有一个准确的比较,我们只能根据契约做一个粗略的比较,以求取得一些初步的了解和认识。总体来看,在奴隶租赁中,租金多使用大麦的实物货币,而在自由民雇佣中,工资多使用银子的金属货币。但自由民雇佣中支付的工资类别更加多样,除了银钱之外,大麦、椰枣甚至羊毛等等都可以作为工资进行支付。

一、大麦工资

在奴隶租赁中,奴隶的工资多采用大麦的实物货币,且租金一般不高于年工资2"石"大麦。在自由民雇佣中,虽然主体工资采用银钱的金属货币,但在一些从事农牧业的领域中,也会采取大麦的实物货币进行支付。《汉穆拉比法典》中对从事农牧业雇工的工资做了如下规定:

> 257条,如果一个人雇了一个农民,每年他应该给他8"石"的大麦(作为工资)。
>
> 258条,如果一个人雇了一个耕牛驭者,每年他应该给他6"石"的大麦(作为工资)。
>
> 261条,如果一个人雇了一个牧羊人去放牛群或放羊群,一年他应该给他8"石"的大麦(作为工资)。[①]

上述条款分别对农民、耕夫及牧羊人的工资给予了规定,他们的年工资在6—8"石"大麦,这个工资标准应该只是一个参考的工资范围,在实际操作中,工资会有上下的浮动。我们来看一份具体的牧羊人的雇佣契约:

AUCT V no. 177

日期:残缺
类型:自由民雇佣
HAM 73.2427
正面:

1. 28 udu-níta	28只公绵羊,
2. 41 u₈	41只母绵羊,
3. 26 sila₄-gub ù kir₁₁-gub	26只年轻的公绵羊和母绵羊,
4. šu-nígin 1 šu-ši 35 u₈ udu[hi-a]	总计95只公、母绵羊。

---

① G. R. Driver and J. C. Miles, *The Babylonian Laws*, p. 89.

5. 2 máš-gal 11 ùz-mah　　　　　　　　2 只公山羊，11 只母山羊，

6. 6 sila₄-ùz 4 ᵐⁱašgar　　　　　　　　6 只小公山羊和 4 只小母山羊，

7. šu-nígin 23 ùz^(hi-a)　　　　　　　　总计 23 只山羊，

8. šu-nigin 2 sila₄ 16 ude　　　　　　　总计 2 只羔羊和 16 只绵羊，①

9. qá-du ùz　　　　　　　　　　　　　连同那些山羊

10. ša Ni-id-nu-ša　　　　　　　　　　属于尼迪奴沙，

11. a-an ᵈAdad-be-el-i-lí ［sipa］　　　　委托给

12. pa-aq-［da］　　　　　　　　　　　阿达德贝来伊里放牧。

13. a-na pí-ha-as-sú　　　　　　　　　他要承担他的责任，

14. iz-za-az　　　　　　　　　　　　　他将负责由于丢失羊

背面：

15. ha-li-iq-tam i-ri-a-ab　　　　　　　 而带来的损失。

16. 6 gur še i-du-šu　　　　　　　　　他的工资是 6"石"大麦，

17. 5 ma-na síg lu-bu-šu-ma　　　　　　5"斤"羊毛作为他的衣服。

18. 11 udu-níta 19 u₈　　　　　　　　　11 只公绵羊和 19 只母绵羊，

19. 11 udu-gub ù kir₁₁-gub　　　　　　 11 只小公绵羊和羊羔。

20. šu-nígin 41 u₈-udu^(hi-a)　　　　　　总计 41 只公的和母的绵羊，

21. ša Be-lí-ia-tum ù Ib-ni-ᵈŠamaš　　　属于贝里亚吞和伊波尼沙马什。

22. šu-nígin 1 me 59 u₈-udu　　　　　　总计 159 只公的和母的绵羊，

23. ša Ni-id-nu-ša dumu 30-ša！-mu-úh　 属于辛沙穆胡之子尼迪

24. a-na ᵈAdad-be-el-i-lí sipa　　　　　 奴沙，委托给牧羊人

25. pa-aq-da　　　　　　　　　　　　阿达德贝来伊里放牧。

26. ［…］-hu ［…］-ba-ni　　　　　　 证人：［……］巴尼之子［……］胡，

27. ［…］ šu dumu é-dub-ba-a　　　　　埃杜巴之子［……］舒，

28. Ni-id-nu-ša dumu 30-［ša！-mu-úh］ dub-sar　辛沙穆胡之子尼伊德奴沙。

在这份契约中，雇主雇佣自由人阿达德贝来伊里的目的是为他放牧，照看羊群。他委托给阿达德贝来伊里照顾看的山羊和绵羊共有 159 只，数目较多。阿达德贝来伊里的工资为 6"石"大麦，虽然他得到的工资少于《汉穆拉比法典》中规定的 8"石"大麦，但在工资之外他还可以得到 5"斤"羊毛作为衣料，因此他所得到的报酬与《汉穆拉比法典》里规定的牧羊人的工资标准相差也并不太大。虽然牧羊人的工资较高，但责任也较大，如果

---

① 从整份契约的数字计算来看，如果不算这一行的数字，其他的数字总和刚好是最后的数字 159，所以这一行的数字可能属于书吏的重复多写，是书吏的一个失误。

羊群中有羊丢失,那么损失由牧羊人承担。

二、银钱工资

在更多的情况下,自由民雇工的工资都使用金属货币,采用银子支付,特别是雇佣手工业者、"收割农工"等自由民的情况下。《汉穆拉比法典》第274条对各种手工业雇工的工资做了如下规定:

> 如果一个人要雇用一个行业成员,一天他应该付给5"粒"①银子作为洗染工的工资;5"粒"银子作为亚麻织匠的工资;给5"粒"银子作为宝石工的工资;5"粒"的银子作为制弓匠的工资;5"粒"的银子作为金属匠的工资;给5"粒"银子作为木匠的工资;给5"粒"银子作为皮革匠的工资;5"粒"银子作为芦苇编织匠的工资;给5"粒"银子作为泥瓦匠的工资。②

在这条法律规定中,共列举了9种手工技艺者的工资,每个工种不加区分一律为5"粒"银子。在实际生活中,一个宝石工的工资和一个泥瓦匠的工资不可能相同,这个工资规定只能是一个参考的工资标准。如果按照这个工资标准,每年按照360天进行计算,那么这些手工技艺者们的年工资是90"钱"银子,工资是牧羊人、农夫等的10倍以上,属于较高的工资。当然,由于他们具有特殊的技艺,工资高也合情合理。此外,这些手工技艺者不可能每天都会有工作,他们只能在某个时间段有工作可干,他们的工作具有时段性,因此他们每年的收入也不会太高。

在雇佣自由民进行收割庄稼的活动时,雇工的工资一般也使用银子支付,如:

TJA no. 110

日期:无
类型:自由民雇佣
MAH 16.148

1. 1 gín kù-babbar	1"钱"银子,
2. a-na ēsidim	为了收获季节劳动,

---

① 古巴比伦时期的重量单位,苏美尔语为 še,1 še 等于 1/180"钱",约等于 1/20 克,我们意译为"粒"。

② G. R. Driver and J. C. Miles, *The Babylonian Laws*, p.93.

3. itti ì-lí-i-qí-ša-am mu-ir-rum 从王宫工人的主管，
   sāb bāb ekallim 伊里伊齐闪手中，
4. Sîn-šar-i-lí dumu še₂₀-le-bu-um 舍莱布姆之子、辛沙尔
5. šu-ba-an-ti 伊里收到了。作为一个
6. a-na ūm ebūrim i-na eqlim pí-ha-at 劳动力，在收获的季节里，
7. ᴵus-ri-ia iššiakkim 在乌施瑞亚的监督下
8. ēsidim i-la-ak 他将在田里劳动，
9. ú-ul i-la-ak-ma 如果他不劳动，
10. ki-ma si-im-da-at šar-ri 将被诉之于国王的法律。
11—14. (witnesses) （证人、日期略）
15—17. Date

这是一份雇佣自由民收割庄稼的契约，雇工的工资为1"钱"银子。这份契约的雇主身份比较特殊，是宫殿工人主管伊里伊齐闪，这是一份王宫雇佣自由民的契约。舍莱布姆之子辛沙尔伊里收到了银子，他的义务是在收获的季节里参加农田劳动，并且处于乌施瑞亚的监督之下。如果他违反契约，不参加劳动，那么他将被诉之于国王的法律。

那么一般"收割农工"的工资大约是多少呢？我们考察了52份雇佣期限都是一个收割季的契约，他们的工资如下：

表9-1 收割农工工资情况一览表

契约文件号	工资	雇佣期限	年工资	契约签订日期
BM97710	1/2"钱"	一个收割季	6"钱"	汉穆拉比第9年？
BM97817	1 1/2"钱"	一个收割季	18"钱"	汉穆拉比第27年？
BM97862	1 1/2"钱"	一个收割季	18"钱"	汉穆拉比第30年
BM97840	1"钱"	一个收割季	12"钱"	汉穆拉比第36年
BM97085	1/2"钱"	一个收割季	6"钱"	汉穆拉比第38年
BM97533	2/3"钱"	一个收割季	8"钱"	汉穆拉比第39年
BM97684	1"钱"	一个收割季	12"钱"	汉穆拉比？年
BM17100	1/2"钱"	一个收割季	6"钱"	叁苏伊鲁那第7年
BM80620	3"钱"	一个收割季	36"钱"	阿比埃舒赫24年？
BM80025	2"钱"	一个收割季	24"钱"	阿米迪塔那第1年
BM17594	2"钱"	一个收割季	24"钱"	阿米迪塔那第2年

续 表

契约文件号	工资	雇佣期限	年工资	契约签订日期
BM72758	2"钱"	一个收割季	24"钱"	阿米迪塔那第 2 年
BM81263	1/2"钱"	一个收割季	6"钱"	阿米迪塔那第 7 年
BM81684	1/6"钱"	一个收割季	2"钱"	阿米迪塔那第 25 年
BM81494	1"钱"	一个收割季	12"钱"	阿米迪塔那第 27 年
BM81182	1"钱"	一个收割季	12"钱"	阿米迪塔那第 29 年
BM81445	1"钱"	一个收割季	12"钱"	阿米迪塔那第 31 年
BM81056	1/2"钱"	一个收割季	6"钱"	阿米迪塔那第 32 年
BM81444	1/5"钱"	一个收割季	2 2/5"钱"	阿米迪塔那第 37 年
BM79890	1/2"钱"	一个收割季	6"钱"	阿米迪塔那第 37 年
BM79897	2/3"钱"	一个收割季	8"钱"	阿米迪塔那第 37 年
BM78560	1/3"钱"	一个收割季	4"钱"	阿米嚓杜卡第 9 年
BM78562	2/3"钱"	一个收割季	8"钱"	阿米嚓杜卡第 11 年
BM81300	1/2"钱"	一个收割季	6"钱"	阿米嚓杜卡第 11 年
BM80970	1/2"钱"	一个收割季	6"钱"	阿米嚓杜卡第 12 年
BM80969	1/2"钱"	一个收割季	6"钱"	阿米嚓杜卡第 12 年？
BM81784	1/4"钱"	一个收割季	3"钱"	阿米嚓杜卡第 13 年
BM81189	1/2"钱"	一个收割季	6"钱"	阿米嚓杜卡第 13 年
BM16539	1/4"钱"	一个收割季	3"钱"	阿米嚓杜卡第 13 年
BM81387	1/2"钱"	一个收割季	6"钱"	阿米嚓杜卡第 14 年
BM79306	1"钱"	一个收割季	12"钱"	阿米嚓杜卡第 14 年
BM81252	1/2"钱"	一个收割季	6"钱"	阿米嚓杜卡第 15 年
BM16532	1/3"钱"	一个收割季	4"钱"	阿米嚓杜卡第 15 年
BM81202	1/2"钱"	一个收割季	6"钱"	阿米嚓杜卡第 16 年
BM81327	1/2"钱"	一个收割季	6"钱"	阿米嚓杜卡第 16 年
BM81089	1/2"钱"	一个收割季	6"钱"	阿米嚓杜卡第 17 年
BM80963	1/2"钱"	一个收割季	6"钱"	阿米嚓杜卡第 17 年
BM81523	1/2"钱"	一个收割季	6"钱"	阿米嚓杜卡第 17 年
BM80956	1/2"钱"	一个收割季	6"钱"	阿米嚓杜卡第 17 年
BM81108	1/2"钱"	一个收割季	6"钱"	阿米嚓杜卡第 17 年

续 表

契约文件号	工资	雇佣期限	年工资	契约签订日期
BM81229	1/2"钱"	一个收割季	6"钱"	阿米嚓杜卡第17年
BM81297	1/2"钱"	一个收割季	6"钱"	阿米嚓杜卡第17年
BM81446	1/2"钱"	一个收割季	6"钱"	阿米嚓杜卡第17年
BM81461	1/2"钱"	一个收割季	6"钱"	阿米嚓杜卡第17年
BM81538	1/2"钱"	一个收割季	6"钱"	阿米嚓杜卡第17年
BM81098	1/2"钱"	一个收割季	6"钱"	阿米嚓杜卡第17年
BM81586	1/2"钱"	一个收割季	6"钱"	阿米嚓杜卡第17年
BM81361	1/2"钱"	一个收割季	6"钱"	阿米嚓杜卡第17年
BM81169	1/2"钱"	一个收割季	6"钱"	无日期
BM97478	1/3"钱"	一个收割季	4"钱"	模糊不清
BM97496	1 1/2"钱"	一个收割季	18"钱"	模糊不清
BM97777	1/3"钱"	一个收割季	4"钱"	无日期

注：一个收割季我们扩大为30天计算，一年按照360天进行计算。

根据以上52份雇佣期限都是一个收割季的契约，大体可以计算出古巴比伦时期一个收割农工的工资份额。汉穆拉比国王时期有7份契约，一个收割季的平均工资约为1"钱"银子，平均年工资为12"钱"银子。阿米迪塔那国王时期有12份契约，平均一个收割季的工资约为1"钱"银子，年工资约为12"钱"银子。虽然从平均工资来看，两个时期的雇佣工资差别不大，但很明显，在阿米迪塔那期间，个人工资数额的变动幅度较大，最高的年工资为24"钱"银子，最低的年工资仅有2 2/5"钱"银子，相差了10倍之多，而汉穆拉比国王时期最高年工资为18"钱"银子，最低为6"钱"银子，相差只有3倍。工资变动幅度较大也显示了阿米迪塔那时期经济与政治局势的混乱。阿米嚓杜卡国王时期共有27份契约，其中雇工的工资都比较集中为一个收割季工资为1/2"钱"银子，年工资为6"钱"银子，这样的契约有21份，约占总数的80%。其他的雇佣工资也相差不大，有4"钱"、8"钱"等等。可见古巴比伦后期阿米嚓杜克时期"收割农工"的工资只是中前期汉穆拉比时期雇佣工资的1/2。这一时期工资低的原因可能是随着古巴比伦王朝的日益衰弱，越来越多的小农破产，这些破产失去土地的小农为了生存只能出卖自己的劳动力去做雇佣工人，雇佣工人数目的增多引起了劳动工资的下降。或许还有另外一个原因，随着雇佣劳动的日益发展，雇佣市场的日益成熟，越来越多的人具有了出卖自己劳动力赚钱的意识，也促进了雇佣工人数量的日益增多，造成了劳动力价值的降低。

以上我们考察了手工技艺者及"收割农工"的工资数额。在奴隶租赁活动中，有时也采取银钱的支付方式，但奴隶的工资相比而言则低得多，其一年的工资一般在2"钱"银子以下，相当于一个"收割农工"一个收割季的工资标准。

三、其他的工资形式

除了大麦与银钱作为自由民雇工的工资外，在一份契约里出现了椰枣作为工资的支付方式，契约如下：

SLB I/2 no. 34

日期：瑞姆辛 31/09/05
类型：工资支付
LB 1089

1. 2 (bán) zú-lum ša iš-tu uru- Ra-bu-um 2"斛"[1]椰枣，来自于腊布姆城，
2. gìr ši-ip-^{d}šamaš 希皮沙马什负责分发。
3. 2 (bán) 2"斛"，
4. sag-gar-ga šà-bi-ta 在这个总数里面：
5. 1(bán) 5 sìla ^{d}Na-na-a-la-ma-sí 1"斗"5 升给那那拉马西；
6. 1(bán) 5 sìla ^{d}Adad -la-ma-sí 1"斗"5 升给阿达德拉马西
7. 1(bán) ^{d}Pap-numun- du_{11}-ta-a-a-ra-at 1"斗"帕普奴穆杜塔亚腊特
8. 1(bán) 5 sìla Aš-šum-ia-[si-il]-le-e 1"斗"5 升给阿舒米亚采里；
9. 1(bán) 5 sìla ^{d}Ura š-ia-tum 1"斗"5 升给乌腊什亚吞
10. 1(bán) 5 sìla ^{d}Uraš-tu-ri-im 1"斗"5 升给乌腊什图瑞姆；
11. 1(bán) A-na-al-di-si-it-ni-bi-šu 1"斗"阿那勒迪采特尼比舒；
12. 1(bán) 5 sìla ^{d}Na-na-a-um-mi 1"斗"5 升那那乌米和
13. ^{d}Pap-numun -tu-túl-ti 帕普奴姆图库尔提；
14. 1(bán) 5 sìla 1"斗"5 升
15. še-ba gemé-hi-a 大麦工资给女奴隶。
16. itu 9 ki 5 u_4-1-kam 日期：9月1号，
17. mu ki 2 ^{giš}tukul-mah An ^{d}Enlil 瑞姆辛第31年。
18. ì-si-in^{ki} in-dib-ba

---

[1] 古巴比伦时期的容量单位，苏美尔语为 nigida，1 nigida 约等于 60 升，我们意译为"斛"。

椰枣是古代两河流域地区从古至今一种非常重要的经济作物,古巴比伦人普遍种植椰枣树。在雇佣工人从事与椰枣有关的活动中,用椰枣作为工资也并不稀奇。上述文献属于一个工资支出的账目表,账目表上记载了每个雇工应得的椰枣份额。最后一位雇工的身份是女奴仆,但她的工资并非是椰枣,依旧为大麦,可能她并非从事和椰枣有关的劳动,仍旧从事家内劳动。她的份额也为 15 升,但大麦的价值要低于椰枣的价值。

在另外一份契约中,雇工的工资没有明确说明工资的种类和份额,而是根据他的左邻右舍的工资支付,契约如下:

SLB I/2 no. 21

日期:瑞穆辛[...]/[...]/22
类型:奴隶租赁
LB 1057

1. ^{md}giš-zi-da-x-x	吉什孜达[……],
2. ki Šar-ru-um-ga-mil	从他的兄弟沙如姆旮
3. šeš-a-ni	米勒手中,
4. ^{m} Ì-li-^{d}Sîn sipa(?)	牧人(?)伊里辛,
5. a-na u$_4$ 30 i-gu-ur-ri (?)	租下了他,为期 30 天。
6. á-bi u$_4$ 30	30 天的工资,
7. ki-ma á-zi-da	与他的左邻右舍。
8. ù á-ga-bi	一样多。
9. [še(?)] ì-lá-e	他将要支付大麦(?)。
10. [...]	[……]
11. [...]- ni-šu	[……]
12. [...]x-AN-x-x	[……]
13. [...]lú ga-a	[……]
14. itu BAL. NA u$_4$ 22-kam	日期:Bal. na 月,22 日
15. mu Ri-im-^{d}Sîn lugal	国王瑞穆辛。
16. [Im(?)]-gur(?)-[^{d}(?)]Gibil	

在这份契约中,雇工的工资为"与他的左邻右舍一样多",阿卡德语为 ki-ma á-zi-da ù á-ga-bi,直译为"他的左边和右边"。这个短语经常出现在在财产交易活动,如在土地租赁活动中,"根据左邻右舍的租金比率交租",

是一个常见的租金比率。① 可见,在古巴比伦时期存着一个约定俗成,或者国家规定的一个工资或交租比例,这种大家都默认的标准便用短语 ki-ma á-zi-da ù á-ga-bi 表示,而无需在契约中再予以详细规定了。

第五节　古巴比伦时期雇佣劳动的性质

以上我们较为详细地考察了古巴比伦时期奴隶租赁和自由民雇佣在契约的基本模式、使用领域、服务期限及服务酬金等方面的异同。通过考察,可以看出古巴比伦时期存在着较多劳动力的雇佣行为。古巴比伦时期为何会存在着广泛的"雇佣劳动"?"雇佣劳动"的性质又是什么?这是我们必须要深入思考并正确理解的两个重要问题。古巴比伦时期存在着较广泛的雇佣劳动与当时社会经济的发展状况息息相关。古代两河流域是一个商业经济较为发达的文明,其商业的发展达到了古代文明的顶峰,甚至有许多学者认为古代两河流域文明属于商业文明而非农业文明。古巴比伦时期长期稳定的社会环境,促使了古巴比伦时期商业经济的高度发展。这一时期,土地、房屋等不动产逐渐成为商品,不动产的买卖、租赁等已成为人们获利的手段。因此,在商业经济较为发达的背景下,劳动力成为商品,靠出卖劳动力来获利的雇佣劳动也就应运而生了。但古巴比伦时期的雇佣劳动与资本主义社会的雇佣劳动是否性质相同呢?这种生产关系是不是资本主义生产关系的萌芽呢?一般认为资本主义社会的雇佣关系中,雇工必须具有完全的人身自由,没有完全的人身自由就不能产生雇佣关系,但古巴比伦时期的雇工可以是奴隶,可以是自由民。奴隶完全没有人身自由,这一时期的自由民也没有完全的人身自由,但他们都可以以雇工的身份出现在雇佣劳动中,与是否有完全的人身自由没有太大关系。在资本主义社会,雇佣劳动是占主体的生产关系,工人有选择雇主的自由,但没有不选择雇主的自由,工人无一例外地被纳入到雇佣劳动中,接受资本家的残酷剥削。而古巴比伦时期的雇佣劳动却是一种短暂的,不占主体地位的生产关系,雇佣劳动只是奴隶制生产关系的一种有益补充。奴隶的雇佣实际上只是短期地改变了服务的对象,其身份地位与以前并无不同。自由民的短期雇佣也是其获取一定物质利益的一个补充,其本质上还是自耕农。因此,古巴比伦时期的雇佣劳动无论从形式上还是本质上都与资本

---

① 李海峰:《古巴比伦时期不动产经济活动研究》,第148—149页。

主义社会的雇佣劳动有着明显的不同,这种生产关系并不能称之为资本主义社会生产关系的萌芽。无论古巴比伦时期的雇佣劳动多么盛行,都不能改变古巴比伦社会农业经济的基础,也不能改变其奴隶制的社会性质。

第十章　牛、驴子及船只等其他动产的租赁

在动产租赁活动中,除了奴隶这种特殊动产的租赁活动之外,更广泛地存在着其他动产的租赁,比如牛、羊、驴子等家畜类的租赁,船只、马车及家用容器等的租赁。实际上一切有使用价值的物品都可以进行租赁,但有些动产的租赁可能属于生活中经常发生的常规活动,并且涉及的动产价值较小,这类租赁并不会签订租赁契约,属于口头租赁行为。因此,对于一些小物品的租赁,比如桌椅、镰刀、锄头等的租赁,考古中并没有发现这些物品的租赁契约,对于这些物品的租赁细节,我们便无从得知了。本章我们根据《汉穆拉比法典》的相关条款及动产租赁契约,对牛、羊、驴子及船只等具有较大使用价值的动产的租赁情况进行细致的研究。

第一节　耕牛的租赁

耕牛作为一种重要的农业生产工具,其买卖与租赁也日益成为农业生产活动中常见的现象。政府甚至制定了专门的条例来规范耕牛租赁行为,在尼普尔出土了大约10条专门关于耕牛的法律条款,学者们称之为《耕牛租赁法典》,在著名的《汉穆拉比法典》中也有几条规定涉及了耕牛的租赁。此外,古巴比伦人也给我们留下了一些耕牛租赁的原始契约,根据这些法典与契约,我们可以对古巴比伦时期耕牛租赁活动进行初步的研究,以达到对古巴比伦时期农业经济更加全面的认识。

一、耕牛租赁活动兴起的原因

古巴比伦时期为何会发生日益活跃的耕牛租赁活动呢？其原因无疑是多种多样的。耕牛租赁活动既受古巴比伦时期繁荣的商业经济大背景的影响,又与古巴比伦时期农业经济的特点息息相关。古巴比伦时期是一种自给自足的小农经济,并未形成大庄园式的集体经济,这种农业经济的

特点使一般小农既负担不起,也没有必要去拥有一头耕牛。首先,小农的经济能力有限,他们大多数并没有能力来拥有一头耕牛,拥有一头耕牛需要较大的财力支持。牛的食量较大,一头耕牛从小牛犊养到可以犁地的成年牛,需要付出大量的饲料及大量的精力,这种财力和精力并非每一个小农都能承担,因此耕牛大概只有比较殷实的家庭才能承担。我们可以从《汉穆拉比法典》中的相关规定,了解一头牛的价值。法典第241条作了如下规定:

> 如果一个人把一头牛作为(债务)抵押物,扣押了,他应该称给(牛主)三分之一马那(ma-na)银子(作为牛价)。①

从这一条款中可以看出,一头牛的价格是1/3马那银子,相当于古巴比伦时期一个成年奴隶的价格,由此可见耕牛的价格是相当昂贵的。因此,一般的小农并没有能力购买一头耕牛。拥有一头耕牛不仅需要一大笔购买款,其后的饲料喂养也是一笔不小的开支,所以对小农来说,拥有一头耕牛是一个较大的经济负担。

其次,古巴比伦时期小农经济的状态是一般小农拥有的土地较小,他们的土地一般不会超过20亩。这种小农经济通常依靠家庭成员的人力劳动即可完成大部分的农业活动,因此一般小农并没太大的必要去喂养一头耕牛。耕牛使用的时间也较短,大部分时间闲置不用,但每天都要花费大量的饲料去喂养它和照顾它。因此,在这种情况下,在农忙时租赁一头牛来使用,远比喂养一头牛要经济实惠得多。于是,古巴比伦时期在商品经济逐渐发达的背景下,耕牛租赁活动也逐渐兴盛起来,成为农业生产中一种常见的动产租赁行为。

二、耕牛租赁契约的基本模式

古巴比伦人具有很强的契约精神与法律意识,他们在进行各种交易活动时都要签订契约来保证交易的合法性及交易双方的权利和义务。他们在进行耕牛租赁时同样要签订契约,在考古发掘中我们也发现了一些耕牛租赁契约,这些契约大都包含以下几个要素:

1.租赁的物品;2.出租者;3.承租者;4.租期;5.租金;6.证人;7.时间。

我们来看一份具体的耕牛租赁契约:

---

① 吴宇虹等:《古代两河流域楔形文字经典举要》,第169—170页。

TJA no. 26

日期：无

类型：牛的租赁

UMM H10

1. 1 alap 3 šanātim	一头 3 岁的牛，
2. ša it-ti ᵈEN.ZU-na-di-in-šu-mi	从神庙主持埃塔勒皮马尔
3. DUMU E-tel-pi₄-ᵈAMAR.UTU šangêm	杜克之子辛那丁舒尼手中，
4. a-na niqûm na-ab-ri-i	作为那布如节日的礼物
5. ᴵi-din-ᵈAMAR.UTU ˡúrēdûm	扎巴巴那采尔之子
6. DUMU ᵈZa-ba₄-ba₄-na-si-ir	士兵伊丁马尔杜克，
7. il-qú-ú	租下了它。
8. ana warhim ešim	在将来 10 月，
9. 1 alap 3 šanātim	3 岁的牛将还给寺庙主持，
10. a-na ᵈEN.ZU-na-di-in-šu-mi	伊丁马尔杜克之子
11. DUMU E-tel-pi₄-ᵈAMAR.UTU šangêm	辛那丁舒尼
12. i-na-ad-di-in	
13—18. Witnesses	（证人略）。

  契约首先给出了租赁的对象，一头公牛。一般在契约中都会对这头牛的具体情况做出说明，耕牛的性别，公牛还是母牛？耕牛的年龄，是成年牛还是小牛犊？在这份契约中，耕牛是一头成熟的 3 岁公牛。然后契约给出了出租人和承租人，在这份契约中，出租人的身份是神庙主持，这头牛应该属于神庙所有。承租人是一个士兵，他租赁这头牛的用途并非是用作农业活动，而是用于宗教活动，是在宗教节日那布如节里举行某种宗教仪式。这份契约没有给出租期，租期应该是较短，节日过后就会把牛还回神庙，契约规定了还回牛的日期为 10 月。这份契约没有写明租金，但一般情况下租金是必须支付的。或许由于出租者是神庙祭司，租赁牛的目的是庆祝特殊的宗教节日，所以这种特殊的租赁活动也许是免费的，是祭司出于宗教目的的慈善活动。契约接下来是证人，一般会有 3—5 个证人，最后一个证人的身份是书吏，也往往就是这份契约的书写者。契约的最后是签订契约的时间，可惜这份契约的时间残缺了。

  通过以上分析，可以看出古巴比伦时期的租牛契约，具备了一份成熟契约的基本条款，这也反映了古巴比伦时期租牛活动的盛行。由于这些契约大多属于私人契约，一般没有保存下来。这份契约的承租人是神庙祭司,契约保存在神庙的档案里,因此幸运地保存了下来。由于留下的契约较少,所以我们对耕牛活动的研究,主要还是依靠法典里的相关规定,但契约也是一个很好的补充材料,具有较高的史料价值。

三、耕牛的租金

耕牛是古巴比伦时期一种重要的生产工具,具有较高的价值,所以耕牛的租赁价格也不低。《汉穆拉比法典》第 242 条对牛的租赁价格做了如下规定:

> 如果一个人租用一头牛 1 年,他应该将(辕拉犁臂)牛的租金 4 "石"大麦,(或)拉套(中间和前头的)的公母牛租金 3 石大麦,向它主人支付。[①]

从这条法律规定来看,租用一头有犁地经验的能拉犁臂的公牛,其租金为 4 "石"大麦,即约 1200 升大麦,1200 升大麦足足是一个成年人一年的口粮了。可见,耕牛的租金也是相当昂贵的。其他没有犁地经验的牛,只能拉犁的两边的牛,其每年的租金也达到了 3 "石"大麦。此条款也显示了古巴比伦时期的犁耕技术。耕地的时候一般是两头牛一起使用,一牛为主,走在犁沟里,一牛为辅,走着犁沟外面还没有耕起的土地上,所以外面的这头牛可以稍微虚弱一些,租金也便宜一些。

耕牛的租期一般来说不会太长,通常是农耕、播种季节租赁,农忙结束后,租赁活动也就结束了。牛除了犁地之外,还可以采用踩踏的方式打谷。《汉穆拉比法典》中也对租用牛踏谷的租金给予了规定,条款如下:

> 如果一个人租了一头牛踏谷,它每天的租金是 2 "斗"大麦。[②]

租用牛踏谷的租金为每天 2 "斗",即 20 升大麦,租金也较高。

耕牛除了用于农业活动之外,也经常用于交通运输。《李皮特-伊什塔尔法典》对租用牛拉车的租金做了以下规定:

> 如果一个人租了一头牛,用来拉车,他将要称出和运输 2400 升大

---

① 吴宇虹等:《古代两河流域楔形文字经典举要》,第 170 页。
② 吴宇虹等:《古代两河流域楔形文字经典举要》,第 179 页。

麦,作为2年的租金。如果那头牛是小牛或者是还没有完全成年的牛,那么2年的租金是1800升大麦。①

根据这个条款可知,租用一头牛拉车的年租金为1200升大麦,这与租用一头牛拉犁的租金相同。可见,承租人收取租金的标准更多地是按照时间计算并不过多考察承租人租牛的用途,当然对于承租人租牛是用于运输还是拉犁,出租人也无法控制。而对于还没有完全成熟的牛来说,租金则稍降一点为900升大麦。

《汉穆拉比法典》第271条,也对租牛拉车的租金做了规定,条款如下:

> 如果一个人把牛组、大车和车夫租佣了,每天他应该将十八斗大麦(作为租金)支付。②

根据这款规定,如果一个人把车组、车夫和牛一起租用的话,每天的租金为18"斗",即180升大麦。可惜的是,租金是把三者合计在一起计算,无法单独计算出牛每天的租金,但在这三者之间,牛所占的比例应该最小。

通过以上分析可以看出,租牛的用途多种多样,即可耕地,也可运输货物,甚至可以用在宗教活动中,进行某种仪式。牛的租赁价格一般为年租金1200升大麦,如果短租,则按日计算租金每日租金约20升大麦,牛的租金较高。《汉穆拉比法典》中也有关于租驴子和羊踏谷的规定,其日租金为10升和1升大麦③,或许驴子和羊才是一般小农更愿意租赁的生产工具。

四、承租人对耕牛在租期内所负有的管理责任

由于耕牛是一种可活动的动物,它会逃跑、受伤、生病、死亡等等,会发生一些不可预知的事故,那么耕牛在租赁期间,承租人要负哪些管理责任呢?这也是一个需要重点研究的问题。我们把这些责任大体划分为两种类型,一是承租人自己主观的原因造成的损失;二是由于不可抗拒力而造成的损失。

(一)由承租人自己的原因造成的损失,承租人负相应的责任

《耕牛租赁法典》对承租人所负的责任做了如下规定:

---

① M. T. Roth, *Law Collections from Mesopotamia and Asia Minor*, Atlanta, 1997, p. 26.
② 吴宇虹等:《古代两河流域楔形文字经典举要》,第180页。
③ 吴宇虹等:《古代两河流域楔形文字经典举要》,第180页

第1条：如果承租人弄瞎了耕牛的眼睛，他应赔偿耕牛价值 1/2 的银子。

第2条：如果承租人砍掉了耕牛的角，他要赔偿耕牛价值 1/3 的银子。

第3条：如果承租人弄伤了耕牛的蹄腱，他要赔偿耕牛价值 1/4 的银子。

第6条：如果由于承租人的疏忽，耕牛在过河时淹死了，承租人要赔偿耕牛全部价值的银子。[①]

通过以上条款看出，承租人如果对牛造成了伤害，那么要根据对牛伤害的程度做出赔偿，赔偿从牛价值的 1/4 到全部价值。法典明确规定了承租人在耕牛租赁期间具有保护好耕牛的责任，不能有任何伤害待耕牛的行为。法典这些规定很好地规范了耕牛租赁过程中出现的种种意外情况，保护了出租人的合法利益，保证了耕牛租赁活动的正常进行。

(二) 由于不可抗拒力造成的损失，则损失由出租人承担

如果由于生病、被狮子咬死等人力无法避免的损失出现时，那么承租人不用负任何责任。《耕牛租赁法典》做了如下规定：

第7条：如果一头正在拉犁的耕牛，被狮子咬死了，那么承租人不要赔偿耕牛。

第8条：如果狮子在某个地方，咬死了耕牛，承租人不用赔偿。[②]

如果正在耕地的牛，或者在畜栏里的牛被狮子咬死，那么承租人不负责任，损失属于出租人。之所以如此规定，体现了法典以人为本，力保人的生命安全的立法理念。当出现狮子攻击耕牛的时候，不鼓励承租人冒着生命危险去和狮子搏斗，生命安全才是最重要的。

《汉穆拉比法典》中则规定，如果牛由于生病而死，那么承租人也不负任何责任。条文如下：

如果一个人租了一头牛，但是天降瘟疫（神打了它），因而它死了，

[①] M. T. Roth, *Law Collections from Mesopotamia and Asia Minor*, pp. 40–41.
[②] M. T. Roth, *Law Collections from Mesopotamia and Asia Minor*, pp. 41.

租牛的人应在神明前发誓(说明事实),因而他应该被释放。①

从这条规定可以看出,如果牛在租期内得了瘟疫,那么承租人在神的面前起誓,说明耕牛确实是死于瘟疫,那么承租人不必承担任何责任,损失由出租人承担。

从上述条款可以看出,法律规定实际上是保护了承租人的利益,体现了两河流域法典"使强不凌弱"的立法理念。相对于出租人来说,承租人大多属于社会地位低下、经济贫穷的下层人们,如果由于天灾等原因而造成的损失也由他们承担,那么往往会造成他们的破产,这样也就破坏了小农经济的基础。如果小农经济破产,那么建立在小农经济基础之上的政治上层建筑也就轰然倒塌了。

通过以上考察,可以看出在古巴比伦时期形成了一个比较成熟的耕牛租赁市场。在实践租牛活动中,古巴比伦人形成了要素比较完备的租赁契约,同时政府也发布了相关的法律条文对耕牛租赁活动进行规范,保证了耕牛租赁活动的有序进行。国家通过法律保护了弱势群体小农的利益,促进了农业经济的繁荣。小农经济的繁荣又进一步促进了商业经济的快速发展,从而使古巴比伦时期形成了世界古代农业文明的一个辉煌时代。

第二节 羊、驴子及船只等其他动产的租赁

除了牛的租赁之外,古巴比伦时期也存在着其他动产的租赁活动。《汉穆拉比法典》也规定了羊、驴子、船只等相关租赁活动的条款,体现了这一时期租赁活动的繁荣。如,

第 269 条:如果他租了一头驴踏谷,它的租金是 1 斗大麦(每天);

第 270 条:如果他租了一只山羊踏谷,它的租金是 1 升大麦(每天)。②

这是租赁驴子和羊进行踏谷活动,它们的租金情况。由于羊的体积较

---

① 吴宇虹等:《古代两河流域楔形文字经典举要》,第 172 页。
② 吴宇虹等:《古代两河流域楔形文字经典举要》,第 180 页。

小,踏谷的效率不高,所以租金较少。由于羊的食量相对较少,一般人家都可以喂养,羊的租赁活动可能不会太多。驴子体格较大,除了应用于农业活动之外,还可以用于驮运货物,用于运输行业。驴子的租赁应该比较常见,可惜的是没有租赁驴子的契约,无从知道具体的租赁细节。

古巴比伦时期除了路上运输之外,水路运输也占据着重要地位。两河流域地区河流密布,大城市一般都位于大河岸边。在国内贸易中,水路贸易甚至更多于陆上贸易。在水路贸易中,船只是一个重要的运输工具,在《汉穆拉比法典》中也出现了关于船只租赁的相关条款。如:

> 第277条:如果一个人雇了一艘60"石"容量的船,他应该每天支付六分之一(钱)银子作为它的租金支付(每月5钱)。[①]

在这个条款中,说明了船的大小为60"石"的容量。船的租金是按照天支付,可能一般都是短租,一次贸易结束后就归还船只。船每天的租金为1/6"钱",租金较高。

下面我们看一个关于容器租赁的契约:

AUCT V no. 132

日期:叁苏伊鲁那 01/12/20
类型:容器租赁
HAM 73.2132
正面:

1. 1 šakar kešda　　　　　　　　一个系着的容器
2. ki-lá-bi 7 5/6 ma-na　　　　　它的重量是7 5/6"斤",
3. ki ^{d}EN.ZU-ša-mu-úh　　　　　从辛沙穆胡手中,
4. ^{d}Šamaš-a-a-ba-aš X　　　　　沙马什阿巴沙[……]
5. iš-tu iti še-kin-ku$_5$ u$_4$ 1-kam　　在12月1日,
6. in-na-ad-dí-ma　　　　　　　　租下了它。
7. u$_4^{um}$ ša ip-ta-at-ru　　　　　它是可以使用的,
8. ka-kešda šakar-kešda-ka　　　在租期结束的那天,

背面:

9. ^{d}Šamaš-a-a-ba-aš　　　　　　沙马什阿巴沙
10. a-na ^{d}EN.ZU-ša-mu-úh　　　将向辛沙穆胡

---

① 吴宇虹等:《古代两河流域楔形文字经典举要》,第183页。

11. *i-na-ad-di-in* 支付（租金）。
12. igi *Pi-ir-hu-um* 证人：皮瑞胡温、
13. igi É-bábbar-*tu-kul-ti* 埃巴巴尔图库勒提、
14. igi *A-lí-lu-mur* 阿里鲁穆尔、
15. *Síl-lí-Eš₄-tár* dub-sar 书吏采勒里沙塔。
16. iti še-kin—ku₅ u₄ 20-kam 日期：12 月 20 日，
17. mu Sa-am-su-i-lu-na ligal 叁苏伊鲁那第 1 年。
18. du₁₁-ga zi-[da ᵈMarduk]

  该契约租赁的对象是一个，契约对该容器进行了具体描述，重量为 7 5/6 斤，但可惜无法判断该容器属于哪类容器。容器一般应用它的容量来描述它的大小，而该契约却用重量来描述该容器，并不强调它的容量，可能该容器是一个具有观赏性质的容器。契约中没有写出租金的多少，但能签订正式的契约，也体现了该件容器具有较高的价值。

第十一章　动产借贷契约的基本模式

动产借贷是古巴比伦时期动产交易活动中的一种重要方式，具有较重要的研究价值。动产借贷活动可以反映一个社会的商业发展水平、经济发展状态及阶级关系等众多社会经济问题。古巴比伦时期动产交易活动非常活跃，留下了数据较多的借贷契约，为研究这一时期的借贷活动提供了非常丰富的资料。在 AUCT IV、AUCT V、É-DUD-BA-A-7、SLB I(3)及 PBS 8/2 等契约文献集中，约有 285 份契约记录了借贷活动，这些契约大部分属于汉穆拉比晚期与其子叁苏伊鲁那时期。与各种不动产的买卖、租赁一样，古巴比伦时期各种动产的借贷活动也在实践过程中形成了格式较为固定、要素较为完备的契约模式。

古巴比伦时期关于借贷活动记载的文本模式主要有两种类型。一种是常规的借贷契约，即借贷活动发生时，双方就借贷的数量、利息、借贷时间、归还时间等等达成一致意见后，签订契约，交易开始。这种契约也是较为常见的、常规的借贷契约。另一种记载交易活动的文本类型为收据，即债务人归还所借的物品时，债权人所出具的收到归还物品的证明。相对来讲，收据比较简单，但从收据也可以看出借贷的类型、借贷的数量及归还的时间等等，因此收据也是我们研究古巴比伦时期借贷活动的重要资料，具有较高的史料价值。在本章中，我们对这两种类型的契约文本的基本要素、结构等等做一详细的分析考察。

第一节　常规借贷契约的基本模式

与动产的买卖、继承和租赁一样，古巴比伦人进行借贷活动时同样要签订契约，对借贷活动的各个方面进行详细的规定，以保证交易的顺利进行，防止以后发生经济纠纷。由于借贷不涉及物品所有权的变更，是人们在社会生活中较常发生的一种动产交易类型，因此保留下的这类契约的数量最多,是我们研究古巴比伦时期商业经济发展状况最重要的一种资料。

一、常规借贷契约所包含的主要条款

借贷活动简单来说,包含两个方面的内容,一是物品的被贷出,一是物品在规定时间内归还。在我们考察的契约中,有285份契约是关于动产借贷的契约,其中有195份契约属于常规借贷契约,约占总数的70%。虽然具体到每个城市,借贷契约会稍有差别,但一个标准的常规借贷契约一般包含以下几个要素:

1. 借贷的物品和数额
2. 借贷类型
3. 借贷利率
4. 债权人和债务人:从 A 手中,B 借下了它
5. 偿还条款
6. 证人、日期(年/月/日)
7. 印章。

试举一例:

EDUBBA 7 no. 8

日期:叁苏伊鲁那 07/03/30
借贷种类:大麦
IM 85847　S1. 61

1. 2(pi) še ur$_5$. ra	2"斛"大麦,有息贷款,
2. máš gi. nadah. hé. dam	公平利率将被加上,
3. ki Hu-um-ṭi- ^{d}Im	从珲梯阿达德手中,
4. ^{I}E-tel-pí-ša	埃台勒皮沙
5. šu. ba. an. ti	借下了。
6. u$_4$. buru$_{14}$. šè	在收获的季节,
7. še -am ù máš. bi	大麦和利息,
8. ì. ág. e	他将归还。
9. u$_4$. buru$_{14}$. šè še. giš. ì	在芝麻收获的季节,
10. 2/3 qa ì. giš ki-sà-tam	2/3"升"芝麻油的税
11. i-na-ad-di-in	他将上交。
12. igi Dumu-ki	证人:马尔埃采汀,
13. igi ⌈A-na-tum⌉	阿那吞。
14. iti sig$_4$. au$_4$. 30. kam	日期:3月30日

15. mu giš. tukul šu. nir níg. babbar.ra　　　叁苏伊鲁那第 7 年。
16. kišib Dumu-ki　　　印章：马尔埃尔采汀；

左边沿：

17.〔A？ -na？ -tum〕　　　阿那吞？；
18. dumu Nu-úr- ᵈU〔tu〕　　　奴尔［沙马什］之子，
19. ir ᵈÈr-ra　　　神埃拉①的仆人。

　　这份契约的开始给出了借贷的物品和数额，2"斛"大麦。在各种动产借贷活动中，借贷物品主要是大麦和银子，此外还有椰枣、芦苇、芝麻、羊毛等其他动产，借贷数额大小不尽相同。

　　契约接下来是借贷类型，古巴比伦时期的借贷类型多种多样，有息、无息、购买借贷、商业借贷等等，这份契约属于有息借贷。但并不是所有的借贷契约中都包含这一条款，需要我们根据契约内容来推断。利息条款在契约中一般出现在借贷物品和借贷类型之后，用来标明该借贷的利息是如何计算的，上述契约的利息是用短语 máš gi. na 表示，我们翻译为公平利息。同样，也并非在所有的借贷契约中都包含利息条款，有些契约没有利息条款。

　　在借贷类型和借贷利率之后，接下来便是借贷交易的双方，即债权人和债务人，基本的格式为：从 A 手中，B 借下了它。

　　契约接下来是偿还条款，包含的要素主要有：归还的时间，归还的地点，归还的物品和利息。常用的归还时间有 u$_4$. buru$_{14}$. šè"在收获的季节"和 iti sig$_4$-a"在 3 月"，此外还有其他各种明确规定的归还日期。在这份契约中，借贷物品归还的时间是"在收获的季节里"。这份契约还有一个比较少见的缴税条款，即在芝麻收获的季节里要上交芝麻油作为税款，这个附加条款比较罕见，其表达的具体含义还不甚清楚。借贷物品的归还场所一般包括城市港口、仓库大门口、打谷场等地点，但大部分契约并未规定物品归还的场所。归还的物品一般为所借物品，也有一些契约是借贷银子或其他物品用大麦来进行偿还，归还时要加上利息（无息借贷除外）。如果借贷者没有按时归还，则会受到罚息或罚金的处罚，有的罚息高达 2 倍②。但在 10 份借贷契约③中没有归还条款，当然这只是特殊的案例。虽然契约没有

---

① 埃拉神也称涅尔伽勒神，是地狱之神。
② EDUBBA 7 no. 70.
③ AUCT V no. 31, no. 35, no. 36, no. 41, no. 43, no. 44, no. 45, EDUBBA 7 no. 60, no. 127, PBS 8/1 no. 11.

偿还条款,但仍要归还所借贷的物品,偿还条款的缺失或许是书吏省略的结果。试举一例:

AUCT V no. 44

日期:叁苏伊鲁那 28/03/16
借贷种类:银子
HAM 73.2488
正面:

1. 1 gín kù-babbar	1"钱"银子,
2. *a-na* zú-lum	用来购买椰枣
3. *ù* še giš-[ì...]	和芝麻。
4. ki *Ib-ni*-[ᵈ*Mar-tu*]	从伊布尼[马尔图]手中,
5. *Ib-ni*-[ᵈ*Marduk*]	伊布尼[马尔杜克]
背面:	
6. [šu-ba-an-ti]	[借下了他]。
7. iti sig₄-a u₄ 16-kam	日期:3月16日,
8. mu *Sa-am-su-i-lu-na* lugal-e	叁苏伊鲁那第28年。
9. á-ág-gá ᵈEn-líl-lá	

在194份契约中,有2份契约①在偿还条款之后出现了誓言条款。誓言条款更增加了契约的神圣性、庄严性及合法性,进一步表明了借贷双方对该次借贷活动的满意度及契约的不可更改性。试举一例:

AUCT V no. 39

日期:阿米迪塔那 18/05/26
借贷种类:银子
HAM 73.2364
正面:

1. [...gín] kù-babbar	[……"钱"]银子,
2. [*a-na* šám] še-giš-ì	[用来购买]芝麻,
3. [ki] *Ap-la-tum* ša nagar?	[从]"木匠"阿普拉吞手中,
4. *Ap-la-tum* dumu 30-[*a-hi*]-*i-din-nam*	辛[阿黑]伊丁楠之子、
5. [šu-ba]-an-ti	阿普拉吞,借下了。
6. [u₄ ebur še]-giš-ì	[在芝麻收获的季节],

---

① AUCT IV no. 7,AUCT V no. 39.

7. [ki-lam ib]-ba-[aš-šu-ú]　　　　　　　　[按照市场价格]，

8. še-giš-ì mu-ba! -[ág]　　　　　　　　　[他将归还]芝麻。

背面：

9. mu ^{d}Marduk-mu-ba-li-it　　　　　　　（他们）以伊比伊隆之子

10. dumu I-bi-ilum　　　　　　　　　　　马尔杜克穆巴里识的名义

11. igi ^{d}Šamaš-na-s i-ir gudu$_4$　　　　　（起誓）。证人："祭司"

12. iti ne-izi-gar u$_4$ 26-kam　　　　　　沙马什那采尔。日期：5月26

13. mu Am-mi-di-[ta-na lugal-e]　　　　日，阿米迪塔那第18年。

14. [du$_{11}$-ga gu]-la ^{d}Utu [lugal-a-ni-ta]

15. [gá-gi$_4$-a tùr dagal ^{d}Utu-ke$_4$]

一般在财产买卖、租赁、继承等契约中，交易双方都是以神或国王的名义起誓，很少以某个人的名义起誓。但在这份契约中，交易双方以某个人的名义起誓，这种情况极其罕见。或许这个人的身份是一个大法官、或者是地方总督等等。因为借贷并不发生借贷物品所有权的变更，所以一般契约并没有起誓条款，有起誓条款也无需用神或国王的名义起誓，而是用具有一定权威的人进行起誓。

契约的签订需要有证人作证，以增强契约的法律效力。一般为2—5人。证人的身份随着借贷双方身份的变化而变化，如果借贷双方是一般的自由民，那么证人大多也就没有身份；如果借贷的一方或双方是官僚贵族，那么证人的身份也就较高。市长、商人总监、总司库、校尉、沙马什的那迪图女祭司等都可以作为证人出现在借贷契约中。在神庙借贷契约中①，神常常会充当证人。在证人中，最后一位证人常常为书吏，他可能就是这份契约的书写者。

契约的最后是签订契约的时间，一般都写出了签订契约的年名、月名和日期。目前所见的动产借贷契约大部分属于汉穆拉比晚期及其子叁苏伊鲁那时期。

此外，在契约泥板的边沿要滚上印章。一般来说是证人们的印章，有时也会有交易人的印章。印章的使用再一次确保了交易的有效进行及对交易内容的不可更改。

二、特定术语所反映的借贷类型

在一些借贷契约中，借贷的物品和数额条款之后，往往会有一些特定

---

① 以神作为债权人或证人的契约称为神庙借贷。

的术语。这些术语或者表明了该借贷的目的,或者定义了该借贷的性质。根据所使用的不同术语,古巴比伦时期的借贷可以划分为不同的借贷类型。但并非所有的借贷契约都包含这一条款,在194份借贷契约中,有70份契约标明了借贷类型,约占36%。在这70份契约中,共出现了5种借贷类型。

(一) *a-na* šám loans"购买"借贷

苏美尔词语 šám 的阿卡德语为 *šīmum*,具有"购买、价格、价值"等含义。介词 *a-na* 的词义是"为了"。我们把 *a-na* šám 翻译为"用来购买",其基本表达方式为"x 物品,用来购买另一种物品"。在70份契约中,有27份契约属于这一类型,其中有8份契约只用了介词 *a-na* 省略了购买 šám。购买借贷中绝大多数是用来购买大麦和芝麻,此外椰枣、大蒜、芦苇、羊毛等其他物品也常出现在某些契约中。在这类契约中,一般不会有利率条款,归还的物品按现行价格/市场价格来计算。①

试举一列:

SLB I/2 no. 22

日期:瑞姆辛14年11月
借贷种类:银子
LB 2051

1. 1 ma-na kù-babbar	1"斤"银子,
2. *a-na* šám še	**用来购买大麦。**
3. ki ᵈSîn-i-qí-ša-am	从辛伊齐闪手中,
4. ᵐTa-ri-bu-um	塔瑞板
5. šu-ba-an-ti	借下了。
6. itu sig₄-a	在3月,
7. ki. lamì-gin-e	按照现行价格,
8. še ì-ág-e	他将归还大麦。
9. e-zi-ib dubbin(?)-ta	指印
10. kišib íb-ra	按在印章上了。

---

① 对于这一类契约的性质,学者们持有不同的观点。有学者认为这些契约并不是真正的借贷契约,而是买卖契约。因为这类契约与通常的契约有较大的不同,比如没有规定利息条款,归还的物品与借贷的物品不同。借贷的通常是银子,但归还的物品却是银子之外的其他物品。因此,这类契约更像买卖契约,与买卖契约不同的是先支付银子,在收获的季节再来取得货物。笔者同意这种观点,并把这类买卖称为"期货交易"。笔者把这类契约放在此处讨论,旨在把这类契约和其他契约进行一个对比,可以加深读者对这类契约的进一步认识。

…… (证人略)
20. itu zìz-a 日期：11月，
21. mu *ugnim Unu*^(ki) 瑞姆辛第14年。
22. 〔*Ì-si-in*〕^(ki) *Tin-tir*^(ki)
23. *ù èr-ne-ne* 〔lugal *Unu*^(ki)〕
24. ^(giš)tukul ba-an-sìg

在这份契约中，1"斤"银子被贷出，用来购买大麦。归还的时间是在"收获的季节里"，按照当时的价格归还大麦。归还物品不是银子而是大麦，契约中没有利息条款，因此这份契约更像是一个买卖契约，此类借贷我们称为购买借贷，兼具借贷和购买两种属性。

（二）šám loans"赊卖、赊销"借贷

这一类型的契约与 *ana* šám 刚好相反，贷出的是实物，归还的是银子。其基本的表达方式为"某种物品放贷时，对该物品进行估价，实际上是该种物品的价格"。例如 1 ma-na síg šám 6 gín kù-babbar，即"1'斤'羊毛价值为6'钱'银子"被放贷出去，在将来的某一天，债务人要归还银子。实际上这种类型就是赊账买卖，我们将 šám loan 类型翻译为"赊卖、赊销"。在这种契约中，通常是宫廷的某种物品由中间人（或称代销商）以某种价格（通常是用银子或大麦来表示该价格）赊卖出该物品，购买者要在规定的日子里把银子归还给中间人，最后由中间人还给宫廷。另外，神庙中的物品也会如此交易。在一些契约中，没有提到该物品属于宫廷或是神庙，直接由个人放贷，这也属于"赊卖"类型，是一种私人（商人）的经济活动。约有10份契约属于"赊卖、赊销"类型。如：

SLB I/3 no. 101

日期：汉穆拉比 38/06/01
借贷种类：银子
LB 1912

1. [x gín kù]-babbar [……"钱"]银子，
2. **[šám x ma-na síg] é-kál-lim** [是……"斤"]宫廷[羊毛的价格]
3. [ki *E-tel-pi-*^d*Na-*]*bi-um* 。 [从埃台勒皮那]比乌姆手中，
4. [^m*Šu-*^d*Amurrum*（?）] [舒阿穆润?]
5. [dumu *Im-gur-é*]*-be-an-na* [伊姆古尔埃]贝安那[之子]
6. šu-[ba-an-ti] [得到了]。
7. u₄-um é-gal(?) 在宫廷?

180

8. kù-babbar i-ri-šu 要求银子时，
9. kù-babbar ì-lá-e 他将归还银子。
10. itu kin-ᵈInanna u₄ 1-kam-ma 日期：6月1日，
11. mu Èš-nun-naᵏⁱ 汉穆拉比第38年。

在这份契约中，宫廷羊毛的价值用银子进行了估算，实际上就是这些羊毛的价格。埃台勒皮那比乌姆作为宫廷的代理人，将羊毛赊卖给舒阿穆润，舒阿穆润在规定的日子里要将银子偿还给埃台勒皮那比乌姆。

(三) šu-lá loans 商业有息借贷

在一些契约中出现了苏美尔语 šu-lá 这一术语，šu-lá 的阿卡德语是 qīptum，据 CAD 解释，šu-lá 借贷意为"把一定数量的银子委托给某人用来经商，并且不收利息，除非超过了约定期限，即延期会加收罚息"，并把 šu-lá 借贷称作是无息借贷。[1] 兰德伯格也认为，šu-lá 用于古巴比伦南部地区，等同于古巴比伦北部地区的阿卡德语 hubuttatum（无息）。[2] 但比勒吉希认为，šu-lá 类型是一种特殊的有息借贷，利息是提前加在了借贷数额总量之中，并非没有利息，[3]这一观点得到了较多人的赞同。

基那斯特根据对基苏腊地区的伊什库尔古旮勒（Iškur-gú-gal）档案和北部地区的辛伊丁楠（Sîn-iddinam）档案的研究发现，šu-lá 和 hubuttatum 出现在不同的借贷契约中，因此它们是不能等同的；从词汇意义上讲，šu-lá 的阿卡德语为 qīptum，hubuttatum 的苏美尔语为 máš nu-tuk。他认为 šu-lá 借贷是一种商业有息借贷，具有"合伙经营"的含义，利息只是由于某种未知的原因在契约中没有提及。[4] 在一些契约中，máš nu-tuk 出现在 šu-lá 之后，máš nu-tuk 是一种利息表达形式，意为"无息"，那么借贷人则被免除了利息，该借贷由有息借贷变为了无息借贷。根据斯开斯特计算，máš nu-tuk 无息利率出现在 šu-lá-loan 中的比例达到40%。[5] 在 CAD 中，šu-lá máš nu-tuk 解释为"是 šu-lá 类型的借贷，没有利息"。

我们认为 šu-lá 借贷属于一种有息的商业借贷，但如果 máš nu-tuk 也出现在该契约中，那么借贷人的利息被免除，我们直接翻译为"无息"。试举一例：

---

[1] CAD, Vol-13, p. 284-286. 另见 A. Skaist, *The Old Babylonian Loan Contracts*, p. 45.
[2] A. Skaist, *The Old Babylonian Loan Contracts*, p. 43.
[3] A. Skaist, *The Old Babylonian Loan Contracts*, p. 43.
[4] A. Skaist, *The Old Babylonian Loan Contracts*, p. 43.
[5] A. Skaist, *The Old Babylonian Loan Contracts*, p. 56.

AUCT V no. 49

日期：瑞姆辛 59 年 11 月
借贷种类：银子
HAM 73.2772
正面：

1. 7 2/3 gín [kù-babbar]	7 2/3 "钱"[银子],
2. šu-lá maš [nu-tuk]	无息,
3. ki ᵈEN.ZU -[ú-sé-li]	从辛[乌采里]手中,
4. ᵈMar-tu-ta-a-ar	马尔图塔亚尔

背面：

5. šu-ba-an-ti	借下了。
6. iti ne-IZI-gar u₄ 30-kam	在 5 月 30 日,
7. kù ì-lá-e	他将归还银子。
8. igi A-hi-ša-gi-iš	证人：阿黑沙吉什；
9. ᵈŠamaš-i-[din-nam]	沙马什伊[丁楠]。
10. iti úd-duru₅[u₄-...kam]	日期：11 月[……日],

边沿：

11. mu ki 30 Ì-si-inᵏⁱ	瑞姆辛第 59 年。
12. kišib A-lí-[...]	阿里[……]的印章。

（四）ur₅-ra/ *hubullum* loans 有息借贷

据 CAD 解释，ur₅-ra 的阿卡德语为 *hubullum*。这一类型的契约在乌尔第三王朝时期就已经出现了。在古巴比伦时期，它表示为一种有息借贷类型，并且只用于谷物借贷活动中。有 14 份契约属于这一类型，其中 13 份为大麦借贷契约。试举一例：

EDUBBA 7 no. 29

日期：无
借贷种类：大麦
IM 85868 S1.105

1. 1 (pi) 4-bánše, **ur₅-ra**	1"斛"4"斗"有息大麦,
2. máš 1 (gur) 1 (pi) 4-bán ú-s a-ab	1"石"大麦 1"斛"4"斗"
3. ki I-lí-ki-ma-a-bi-ia	的利率(33.3％)将被加上, 从伊里基马阿比亚手中
4. ᴵ<?> I-na(-)me-te-qí-im	伊那美台钦(?)【和瓦腊德
5. šu. ba. an. ti. meš	阿姆如之子】借下了它。

6. u₄. buru₁₄. šè 在收获的季节，
7. iti ša-du-tim 在沙都吞月里，
8. še-〔am ù〕 máš. bi 大麦和利息
9. 〔ì. ág. e〕 他们将要归还。
...... （证人略）

短语 ur₅-ra 出现在借贷物品后，明确说明了该借贷属于有息借贷，随后规定了具体的利息。实际上在很多契约中，并不出现 ur₅-ra 短语，而是直接写明了具体的利息。

（五）*hubuttatum* /máš nu-tuk loans 无息借贷

在一些契约中出现了阿卡德语单词 *hubuttatum*，其对应的苏美尔语为 máš nu-tuk，意义为"无息"。这类契约我们认为是无息借贷，并且只有在契约里明确出现了这个单词的契约才属于无息借贷。在这些无息借贷契约中，如果没有在规定时间内归还所借贷的物品，逾期则要加收罚息。如：

UCP 10 no. 22

日期：汉穆拉比第 17 年
借贷种类：大麦

1. 3 gur 1 pi še 3"石"1"斛"大麦，
2. **hu-bu-ta-tum** **无息，**
3. ki *Ilu-šu-na-ṣir* 从伊鲁舒那采尔
4. ù ᵈ*Nannar-dìm* 和南那尔邓手中，
5. ᵐ*Mu-na-nu-um* 穆那农
6. ù *Gimil-*ᵈ*En-lil* 和吉米勒恩利勒
7. šu-ba-an-ti 借下了。
8. a-na maš-gan-nim 他们将归还大麦
9. še -a-am ni-àga-e 至谷仓。
...... （证人略）
14. mu ᵈŠamšiˢⁱ-ᵈAdad ba-til 日期：汉穆拉比第 17 年。

三、借贷契约中动词的用法

借贷契约看似简单，实际上并非如此。契约中使用了较多的动词来描述贷出和归还的行为，表达了各种不同的借贷情形。

(一) 借贷时所用动词

1. šu-ba-an-ti

该词是借贷时的标准动词,用于整个古巴比伦时期的所有地区。它的阿卡德语为 *leqûm*,意思是"接受、得到"(to receive/accept/obtain),在借贷契约中我们翻译为"借下了"。在 194 份常规借贷契约中,约有 185 份契约使用了该动词。

试举一例:

AUCT V no. 12

日期:叁苏伊鲁那第 5 年 9 月
借贷种类:大麦
HAM 73.2273
正面:

1. 0;1.4. še	1/3"石"大麦,
2. máš gi-na dah-he? -dam	公平利率将被加上,
3. ki *Bi-e-lum*	从比埃隆手中,
4. *Ša-at-Tu-tu*	沙特图图,
5. dumu-munus *Nì-ga-^{d}Nanna*	尼旮南那之女
6. **šu-ba-an-ti**	**借下了。**
7. u$_4$ ebur-šè	在收获的季节,

背面:

8. še *ù* [máš]-bi	大麦和利息
9. ì-ág-e	她将归还。
……	(证人略)
12. iti gan-gan-è	日期:9 月,
13. mu gu-za nesag-gá [^{d}Nanna]	叁苏伊鲁那第 5 年。

边沿:
Ká-dingir-ra^{ki}

2. *nadānum*

该动词的意思是"给予"(to give),它是从债权人的立场出发来描述物品的贷出。此外,该词还用于法典、敕令之中,如《汉穆拉比法典》《埃什嫩那法典》《阿米嚓杜咯敕令》等等,描述了贷方的义务、权利或责任。在 194

个借贷契约中,有 3 份契约①使用了该动词。试举一例:

YOS 13 no. 66

日期:叁苏迪塔那 14/08/23
借贷种类:大麦和鹰嘴豆

1. 2 (pi) 2 (sāt) še 1 (pi) gú-gal
2. ša ᵈNa-bi-um-ma-lik a-bi erén
3. a-na qá-bi-e ᵈSîn-i-qí-ša-am dumu-é-dub-ba? -a?
4. a-na Na-sᵢ-ir-na-pi-iš-ti egir?
5. a-na u₄-10-kam **i-in-na-ad-nu**
6. iš-tu iti apin-du₈-a u₄-23-kam
7. 2 sìla ta-a i-sa-ad-da-ar-ma
8. 2 (pi 2 (sāt) še 1 (pi) gú-gal
......
9. a-na na-ši ka-ni-ki-šu
10. i-na-ad-di-in
......
15. iti apin-du₈-a u₄-23-kam
16. mu Sa-am-su-di-ta-na lugal-e
17. ᵈpa₅-nun-an-ki nin-an-ta-gal-la

2"斛"2"斗"大麦和 1"斛"鹰嘴豆,属于"将军"那比乌姆马里克。在"书吏"辛伊齐闪的允许下,
借给了那采尔那皮什提,
为期 10 天。
从 8 月 23 日起,
每天 2"升"将入账,
2"斛"2"斗"大麦和 1"斛"鹰嘴豆,(残缺)

他将归还给债主(将军)。

(证人略)

日期:8 月 23 日,
叁苏迪塔那第 14 年。

3. in-tuk

该词的阿卡德语为 *išûm*,意思为"有"(it has)、"欠下"(owe)等等。在借贷契约中,我们意译为"借下了"。该动词用于 5 份契约中②。例如:

AUCT V no. 22

日期:叁苏伊鲁那 01/06/15
借贷种类:大麦和芝麻
HAM 73.2293
正面:

1. 13 sìla še
2. 40 sìla še-giš-ì

13"升"大麦、
40"升"芝麻,

---

① YOS 13 66,YOS 13 428,AUCT V no. 36.
② PBS 8/2 CBS 8100,CBS 7199,AUCT V no. 22,no. 25,no. 110.

3. ša ^{d}Utu   属于神沙马什。

4. ugu *U-bar-rum*   乌巴润

5. ^{d}Utu **in-tuk**   从神沙马什手中借下了。

6. i-na ša-al-mu ù ba-al-tù   当他完全恢复健康时，

背面：

7. ^{d}Šamaš *i-pa-al*   他将归还神沙马什。

8. igi ^{d}EN. ZU -<<*im*>>   证人：神辛①；

9. igi ^{d}Nè-iri$_{11}$-gal   神涅旮勒；

10. igi ^{d}Utu   神沙马什。

11. iti kin-^{d}Inanna u$_4$ 15-kam   日期：6 月 15 日，

12. ［mu *Sa-am-su-i-lu-na* lugal-e］   ［叁苏伊鲁那第 1 年］。

4. šu-ti-a

该词是收据中的标准动词，阿卡德语为 *leqûm*，意为"收到了"，也可表示"借下"的意思，共在 2 份契约②中出现。如：

AUCT V no. 139

日期：叁苏伊鲁那 07/11/05
借贷种类：大麦
HAM 73.2435
正面：

1. 0;1.4. še   1/3"石"大麦，

2. **šu-ti-a**   胡舒吞

3. *Hu-šu-tum*   借下了，

4. ki ^{d}EN. ZU-*ellat-su*   从辛埃拉苏手中。

5. u$_4$ ebur-še   在收获的季节，

背面：

6. ì-ág-e   他将归还。

   ……   （证人略）

11. iti úd-duru$_5$ u$_4$ 5-kam   日期：11 月 5 日，

12. mu ^{giš}tukul［šu-nir］   叁苏伊鲁那第 7 年。

13. nì-babbar-ra

---

① 辛神是月神。
② EDUBBA 7 no. 6，AUCT V no. 139。

（二）归还时所用动词

1. ì-lá-e/ì-ág-e

该词是归还贷款时的标准动词，它的阿卡德语为 *madādum*，意思为"称出"（to measure）。在契约中我们翻译为"他将称出（归还）"。在194个借贷契约中，共有163份契约使用了该动词。试举一例：

EDUBBA 7 no. 130

日期：他修建了库里朱城的城墙之年
借贷种类：银子
IM 92916　S4.1388

1. 7 gín kù. babbar	7"钱"银子，
2. máš é ᵈUtu ú-s a-ab	沙马什利率将被加上，
3. ki Eš₄-târ-na-da	从伊什塔尔那达手中，
4. A-la-lum	阿拉隆
5. šu. ba. an. ti	借下了。
6. iti e-lu-nim	在4月，
7. kù. babbar ù máš. bi	银子和利息
8. ì. lá. e	**他将归还。**
……	（证人略）
16. mu šá? Bád Ku-li-zi	日期：他修建了库里朱
17. i-pu-šu	的城墙之年。

2. i-na-ad-di-in

该词的动词原形为阿卡德语 *nadānum*，意思是"给予"（to give）。该词是将来时态，我们译为"他将给"。该动词共在6份契约[①]中出现。例如：

VAB 5 no. 52

日期：略
借贷种类：银子
CT 6 40c

1. x kug. babbar	……银子，
2. eš-re-tum kiᵈUtu	属于神庙的税收，从神
3. ᴵKi-šu-šu-ú	沙马什手中，基舒舒
4. il-qé	借下了。

[①] YOS 13 66，YOS 13 287，EDUBBA 7 no. 18，no. 63，PBS 8/1 no. 9，VAB 5 no. 52.

5. *a-na* A*num-a-bi*　　　　　　　　　（他将银子）给了阿农阿比

6. *a-na ip-ṭe₄-ri-šu*　　　　　　　　作为他的赎金。

7. *i-di-in*

8. *i-na* ud *ebūrim* še *-am*　　　　　在收获的季节,

9. *a-na* ᵈUtu　　　　　　　　　　　　他将归还大麦

10. ***i-na-di-in***　　　　　　　　　　给神沙马什。

　　……　　　　　　　　　　　　　　（证人略）

3. gur-ru-dam/ *utâr*

gur-ru-dam 为苏美尔词,该词对应的阿卡德语为 *târum* ,意思为"归还"(to return/pay back)。该动词用于 6 份契约①中。例如:

PBS 8/1 no. 10

日期:瑞姆辛

借贷种类:银子

1. …gìn igi-4-gál še　　　　　　　……1/4"钱"银子,大麦,

2. šu-lá(l) máš-nu-ub-tū(ku)　　　　无息。

3. ki D*a-mi-ik-i-lí-šu-ta*　　　　　　从达米克伊里舒手中,

4. ᵐI*štar-la-ma-zi-ge*　　　　　　　 伊什塔尔拉马孜

5. šu-ba-an-ti　　　　　　　　　　　借下了。

6. itu šeg-a-ka　　　　　　　　　　　在 3 月,

7. **gur-ru-dam**　　　　　　　　　　　她将归还。

4. *apālum*

该动词的意思是"以满足、归还"(to pay)。用于 7 份契约②中。例如:

MAH 16. 351

日期:无

借贷种类:银子

1. … kug. babbar　　　　　　　　　……银子,

2. ki *Qí-i-šu*(?)*-a* …　　　　　　　从齐舒阿手中,

---

①　EDUBBA 7 no. 123, PBS 8/1 no. 10, UCP 10 no. 16, TJA 20 - 21 UMM H42, AUCT IV no. 27, no. 28.

②　EDUBBA 7 no. 83, AUCT V no. 22, no. 38, no. 110, PBS 8/2 CBS 1168, CBS 7113, MAH 16. 351.

3. ⁱIk-kà-ki-na ...　　　　　　　　　　伊卡基那
4. ù Ìr -ku-bi ...　　　　　　　　　　和瓦腊德库比
5. a-na tappūtim ...　　　　　　　　为了合伙(经商)
6. ilqû　　　　　　　　　　　　　　借下了。
7. i-ša-am-mu i-na-ad-di-nu　　　　他们将(拿银子)做买卖，
8. um-mi-a-an-šu-[nu]　　　　　　　并将银子归还给他们的
9. i-ip-pa-lu-ú-[ma]　　　　　　　　债权人。
10. ne-me-la i-zu-uz-[zu] ...　　　　他们分割了利润。

5. ì-lal-e/i-àga-e

该词的阿卡德语为 šaqālum，意思是"称出、归还"（to weigh out/pay）。有 13 份契约①使用了这一动词。如：

PBS 8/1 no. 12

日期：布尔辛

借贷种类：银子

1. 1 - 1/2 gìn kù-babbar　　　　　　1 - 1/2"钱"银子，
2. máš-bi-šù XXX še　　　　　　　　利率为 30"厘"(1/9)。
3. ki A-ab-ba-kal-la-ta　　　　　　　从阿巴卡拉手中，
4. Ì-lí-mi-di　　　　　　　　　　　　伊里米迪，
5. dumu Na-har-[...]　　　　　　　　那哈尔[……]之子
6. šu-b [a-an-ti]　　　　　　　　　　借下了。
7. u [d ebur-šù kù-babbar]　　　　　[在收获的季节，银子]
8. [ù máš-bi ni-lá(l)-e]　　　　　　[和利息，他将归还]。

第二节　收据的基本模式

古巴比伦时期存在着一种较为特殊的记载借贷活动的文件，便是债权人收到归还借贷物品后所写的收据。虽然收据信息较少，但也反映了借贷活动的有关信息，因此收据也属于动产借贷活动的范畴。古巴比伦时期，借贷契约一般刻写在泥板上，当借贷者归还所借物品后，借贷契约泥板应被打碎，借贷活动结束。一般情况下，债权人无需再给债务人提供一个

---

① PBS 8/1 no. 12, VAB 5 no. 41, TIM 7 15, UCP 10 no. 4, no. 9, no. 10, no. 18, no. 20, no. 21, no. 22, no. 24, no. 28, no. 33.

收到归还借贷物品的收据,但在某些情况下,债权人需要提供收据。收据同样表示借贷双方债务关系的结束,受到法律的保护和承认,具有法律效力。

在 AUCT IV、AUCT V、É-DUD-BA-A-7、SLB I(3)、PBS 8/2 等文献集中,约有 90 份契约属于借贷收据。收据与常规的借贷契约相比,虽然有些简单,但也有自己相对固定的模式,一个标准的借贷收据主要包括以下几个条款:

1. 物品及数额
2. 债权人和债务人:物品收到了,被 A,从 B 手中
3. 证人
4. 日期(年、月、日)、印章

下面我们通过几个具体的例子来加深对收据模式的认识。如:

EDUBBA 7 no. 28

日期:残缺
借贷种类:银子
IM 85867   Sl. 104

1. 1/3 gín kù. babbar   1/3"钱"银子,
2. ki *Ì-lí-ki-ma-a-bi-ia*   从伊里基马阿比亚手中,
3. ᵈEN. ZU- *le?* -*e*   辛勒埃
4. *ma-hi-ir li-ba-*[*šu*]   收到了,他心满意足。
5. *tà-ab* [*dub?*]   泥板应被打碎。
6. *ša i-li* …
7. igi *A-hu-ši-na*   证人:阿胡西那,
8. dumu *Ì-lí-* …   伊里……之子;
9. igi [*Ša?*]-*bu?* -[*tum*]   沙布吞;
10. […]-*um* …   [……]
11. [mu …] … tur?   [日期:……],
12. [(…)]   [……]。
13. [kišib? *A*]-*hu-š*[*i-na*]   [阿]胡西[那的印章]。

AUCT IV no. 48

日期:叁苏伊鲁那 06/06/01
借贷种类:银子
AUAM 73.2785

190

正面：

1. 1/2 gín 15 še kù-babbar　　　　　　1/2"钱"15"粒"银子，

2. šu-ti-a　　　　　　　　　　　　　收到了，

3. ^{I}A-me-ir-tum　　　　　　　　　被阿美尔吞。

4. ki Ip-qú-Eš$_4$-tár　　　　　　　　从伊皮苦伊什塔尔手中。

背面：

5. iti kin-^{d}Inanna u$_4$-1-kam　　　　日期：6月1日，

6. mu alam šùd-dè　　　　　　　　　叁苏伊鲁那第6年。

印章：

7. ^{d}Utu -[mu-ba-li-it]　　　　　　　印章：沙马什穆巴里忒，

8. dumu ^{d}EN.ZU -tu-kul-ti　　　　　辛图库勒提之子，

9. ìr ^{d}Nin-si$_4$-[an-na]　　　　　　宁西安那的仆人。

AUCT IV no. 50

日期：叁苏伊鲁那 07/12/30
借贷种类：大麦
AUAM 73.2609

正面：

1. 1 še gur　　　　　　　　　　　　1"石"大麦，

2. šu-ti-a　　　　　　　　　　　　　收到了，

3. ^{I}Ib-ni-dingir　　　　　　　　　被伊布尼隆，

背面：

4. ki ^{d}EN.ZU -mu-[...]　　　　　　从辛穆[……]手中。

5. iti še-gur$_{10}$-ku$_5$ u$_4$-30-kam　　　　日期：12月30日，

6. mu ^{giš}tukul šu-nir　　　　　　　叁苏伊鲁那第7年。

印章：

7. ^{d}EN.ZU -i-din-nam　　　　　　　印章：辛伊丁楠，

8. lú siraš ^{d}Za-ba$_4$-ba$_4$　　　　　　扎巴巴地区的酿酒者，

9. dumu Za-ni-ib　　　　　　　　　扎尼布之子，

10. ìr ^{d}Nin-[šubur]　　　　　　　　宁舒布尔的仆人。

上述三个收据是非常正规、典型的借贷收据。收据的开始是对归还物品的描述，包括物品种类和数额。大部分的借贷物品为大麦、银子、啤酒，此外还有芦苇、公羊、羊毛、油、芝麻、面粉、铜、杯子等其他动产。

借贷物品之后是收到了物品的动词，表明该借贷物品被收到了。动词之后是收到物品的债权人，是从债务人手中收到的。收据的整个句式结构

191

和常规的借贷结构刚好是相反的。收据的句式结构是：借贷物品，动词、债权人（收到），从借贷人手中。收据强调的债权人收到物品。常规借贷契约的句式结构是：借贷物品，从债权人手中，借贷人，动词（收到），强调的是借贷人借下物品。两种契约强调的重点不同，所以句式结构也就不同。债权人和债务人一般都是1人，有时也会有2人或多人。

在常规借贷中，利息是一个非常重要的条款，但在收据中就没有必要列出利息条款了，借贷人根据当时签的利率归还借贷总额就可以了。因此，收据中不能辨别该借贷的利率情况。债权人和债务人之后是证人，证人较少，一般有1—2名，但多数收据中并不出现证人。证人之后是收据的签订时间，大多数收据都写出了具体的年名、月名、日名。

大多数收据要滚上印章，以增强收据的法律效力。一般来说，印章是借贷双方的，有时则是第三方（即不是借贷双方的任何一方），这个人可能是证人或书吏（书吏经常充当证人，一般是契约的书写者），在契约签订时起到监督的作用，以保证公平、公正。

借贷活动中，一般借贷物的归还由借贷人负责，特别是一些大宗货物的归还，借贷人需要为此付出数量不菲的运费。如：

AUCT IV no. 62

日期：叁苏伊鲁那 23/12/10
类型：运输契约
AUAT 73.3178
正面：

1. *na-ni-ik* —— 带印章的文件。
2. 28,0.2.3 sila gur zú-lum —— 28"石"23升椰枣，
3. giš-áš *nam-har - ti* —— 用量谷物的斗量出，被接受了。
4. 1gín kù-babbar —— 1"钱"银子，给予伊里巴尼
5. mu-túm *i-lí-ba-ni-I* —— 作为运输费。阿维勒埃什塔尔，
6. gìn *A-wi-il-eš-tár* Santana —— 椰枣树管理者，负责此事。

Broken
印章：
A-wi-il-[*eš-tár*] —— 印章：阿维勒埃什塔尔、
Dumu *A-bi-ia-tum* —— "奈儿旮勒神的仆人"
Ìr ^{d}*An-nè-*[*iri*$_{11}$*-gal*] —— 阿比亚吞之子。

在这份契约中，借贷的椰枣数额较大，为28"石"23升。伊里巴尼负责

运输这些椰枣,得到了1"钱"银子的报酬。收据中没有出现债权人,阿维勒伊什塔尔的身份是椰枣树管理者,由他负责此事。那么他可能就是借贷人,他雇佣了伊里巴尼替他运输货物。

第十二章 借贷动产的物品种类、数额、用途与期限

通过对借贷契约基本模式的分析,我们了解了动产借贷活动的一些基本规则和程序。下面我们根据这些契约对借贷活动中的具体细节,如借贷物品的种类、数额、借贷的用途及借贷期限等等进行细致的分析考察,以达到对借贷活动的全面认识。

第一节 借贷物品的种类

借贷物品是借贷活动中的第一要素,理论上一切物品都可以被借贷。通过借贷物品的研究,我们也可以了解古巴比伦时期主要的生活资料及古巴比伦时期人们的生活水平。从借贷契约和收据的记载中,我们可以了解古巴比伦时期流行的主要借贷物品。

一、常规借贷契约中所记载的借贷物品种类

在193份借贷契约中(总计194份借贷契约,有1份契约[①]的借贷物品及数额残缺),共出现了16种动产。具体借贷物品见下表:

表12-1 常规契约中记载的借贷物品种类一览表

借贷物品	契约个数	借贷物品	契约个数
大麦	99	铜镰刀	1
银子	80	棕榈叶	1
芝麻油油	3	砖	2

---

① EDUBBA 7 no. 27.

续 表

借贷物品	契约个数	借贷物品	契约个数
椰枣	3	天青石	1
芝麻	7	木杆	1
芦苇	1	马车	1
面粉	1	啤酒	1
金子	1	鹰嘴豆	1

在一些契约中，借贷物品不止一种。有5份契约是大麦和银子合贷，2份契约是大麦和芝麻合贷，1份契约是大麦和鹰嘴豆合贷，1份契约是银子和啤酒合贷，1份契约是大麦、银子和芝麻合贷①。在上述表格中，这些合贷的契约分别计算在不同借贷物品契约中，有些契约会被重复计算，因此上表的契约总数多于193份。

从上述表格中可以看出，古巴比伦时期人们借贷的物品种类繁多，有16种物品，涉及了生活中所需要的各种动产。但这些借贷动产中，绝大多数为大麦和银子。其中，大麦借贷约占52%，银子借贷约占42%，其余动产只占相当小的比例。

考虑到地区因素，只有大麦和银子出现在整个古代两河流域地区的借贷契约中②，并且早在乌尔第三王朝时期（公元前2111—前2004年），大麦和银子就已经成为了主要的借贷物品。大麦由于适应两河流域略带盐碱的土壤，无论在古代还是现代都是主要的农作物，大麦可以被磨成面粉烤制面包，大麦芽可以用来酿造啤酒。大麦是两河流域地区的主要食物，与人们的生活密不可分。在各种经济活动中，大麦也扮演着重要的角色：在绝大多数的土地租赁契约中，大麦作为租金出现，是租金的主要载体③；在动产的借贷活动中，大麦不仅是最主要的借贷物品，而且在其他种类的借贷中也会用大麦作为偿还物。例如：

EDUBBA 7 no. 58

日期：叁苏伊鲁那1？年

---

① 这些契约依次为：AUCT IV no. 11, no. 12, no. 25, EDUBBA 7 no. 120, YOS 13 357; AUCT V no. 22, no. 27; YOS 13 66; AUCT IV no. 24; EDUBBA 7 no. 121。
② A. Skaist, *The Old Babylonian Loan Contracts*, p. 30.
③ 李海峰：《古巴比伦时期不动产经济活动研究》，第129—152页。

借贷种类：芝麻
IM 85905　S1.309

1. 3 bán [( )] še. giš. ì (⌈ur₅?⌉. [ra?])　　　3"斗"（有息?）芝麻，
2. máš. gi. na dah. hé. dam　　　　　　　公平利率将被加上。
3. ki Hu-um-ṭì- ᵈIm　　　　　　　　　　从珲梯阿达德，
4. dumu. mí Ì-lí-ki-ma-a-bi-ia　　　　　　伊里基马阿比亚之女手中，
5. ᴵI-ta-wi-ir　　　　　　　　　　　　　伊塔维尔
6. šu. ba. an. ti　　　　　　　　　　　　借下了。
7. u₄. buru₁₄. šè　　　　　　　　　　　　在收获的季节，
8. še ù máš. bii. ág. e　　　　　　　　　她将归还大麦和利息。
……　　　　　　　　　　　　　　　　　（证人残缺）
Mu Sa-am-su-i-lu-na　　　　　　　　　　日期：叁苏伊鲁那第1?年。

　　在上面的契约中，借贷物品是芝麻，但归还时却用大麦来代替芝麻。大麦实际上充当了一种实物货币的角色，可以用在一切动产借贷活动中，充当还贷物。芝麻是两河流域从古到今一种重要的生活食品。芝麻可以用来制作各种食品，也可以用来榨油，是人们食用的一种主要油料，并且在宗教仪式中具有重要作用。在许多宗教文献中，出现了用芝麻油给神像涂油的描述。芝麻较多出现在买卖活动中，在借贷活动中也会出现。

　　银子是古巴比伦时期重要的金属货币，是借贷活动中的主体。银子不仅用于借贷活动中，在土地、房屋等不动产的买卖、租赁活动中也是价格、租金的主要载体。[①] 古代两河流域的货币形态正在经历着由实物货币向金属货币过渡的一个重要过程。古巴比伦时期，由于商品经济的发展，金属货币逐渐流通，使用范围越来越广。有学者认为，两河流域的货币借贷发展是西方世界货币金融发展的源头[②]。

　　啤酒是两河流域地区主要的一种饮料。啤酒在两河流域历史悠久，美国史学家克雷默尔（S. N. Kramer）在其专著《历史开始于苏美尔》一书中，列举了古代两河流域文明在人类史上创造的39项第一，其中就有两河流域人"最早学会酿造啤酒"。[③] 在借贷契约中，也出现了啤酒的借贷。如：

[①] 参见李海峰：《古巴比伦时期不动产经济活动研究》，第15、77、133、215页。
[②] 禹钟华：《古代两河流域的借贷及其影响》，第115页。
[③] 李海峰：《古代两河流域文明：死而复生的文明》，《光明日报》理论版，2012年2月23日。

AUCT IV no. 24

日期：汉穆拉比 42/08/20 或阿米迪塔那 11/08/20
借贷种类：银子和啤酒
AUAM 73.2445

正面：

1. 4-1/2 gín kù-babbar sag	4 1/2"钱"优质银子，
2. 2,1.0. gur kaš-sag	2"石"60"升"优质啤酒，
3. máš gi-na ba-ab-dah-e	公平利率将被加上。
4. ki ^{d}EN.ZU-ú-s-í-li	从辛乌采里手中，
5. ^{Id}Li$_9$-si$_4$-i-din-nam	里希伊丁楠
6. ù Ha-li-ia-tum	和哈里阿吞
7. šu-ba-an-ti-eš$_{17}$	借下了。

背面：

8. iti sig$_4$-a	在 3 月，
9. še ù máš-bi	大麦和利息
10. ì-ág-e	他们将归还。
……	（证人略）
16. iti ^{giš}apin-du$_8$-a u$_4$-20-kam	日期：8 月 20 日，
17. mu bàd-gal Kar-^{d}Utu$^{<ki>}$	汉穆拉比第 42 年
	或阿米迪塔那第 11 年。

在上述契约中，借贷人借贷了优质银子和 360 升优质啤酒。啤酒的数量较大，反映了当时已经开始大规模的啤酒生产。《汉穆拉比法典》中也有关于售酒管理和价格、酒店治安的明确规定：

第 108 条：如果一个卖酒妇不收大麦作为酒的价钱，而用大的石秤砣收银子（多收），或者，她使啤酒的价值低劣于（正常酿酒用的）大麦的价值，人们应先证实那个卖酒妇的犯罪；然后把她扔入水里（淹死）。

第 109 条：如果歹徒们在卖酒妇的店里聚集策划（罪行），而她没有把那些歹徒抓住，也没有把他们押送到宫廷里，那个卖酒妇应被处死。

第 110 条：如果一个不住在神庙女观院中的那迪图女祭司或乌格巴图女祭司开设酒店，或者为了（饮）酒进入一家酒店，人们应该将该女人烧死。

197

第111条：如果一个卖酒妇将一坛酒，以赊欠形式给（人），收获时，她应拿五十升大麦（作为酒款）。①

由此可见，啤酒在古巴比伦时期已经融入人们的日常生活之中，并用于营销经营，因此在借贷活动中也会经常作为借贷物品出现。

椰枣，俗称"伊拉克蜜枣"，被称为伊拉克的"绿色金子"。两河流域南部炎热的气候和充足的灌溉，非常适合枣椰树生长，因此在古巴比伦时期，人们普遍种植椰枣，椰枣成为两河流域人们的重要食物。在各种动产的借贷活动中，椰枣也是重要的借贷物品，并且很多借贷大麦的用途就是用来购买椰枣。如：

AUCT V no. 28

日期：叁苏伊鲁那 28/03/20
借贷种类：大麦
HAM 73.2516
正面：

1. 0;2.3. še	1/2"石"大麦，
2. *a-na* zú-lum	用来购买椰枣，
3. ki *Ib-ni-*ᵈ*Mar-tu*	从伊布尼马尔图手中，
4. *Tu-kà-pu-um*	图卡彭
5. [*šu*]-ba-an-ti	借下了。
6. [u₄ eb]ur zú-lum	在椰枣收获的季节，
7. [ki-lam] *i-ba-aš-šu-ú*	按当时价格，

背面：

8. [*ì-ág-e*]	[他将归还]。
……	（证人残缺）
11. iti sig₄-a u₄ 20-[kam]	日期：3月20日，
12. mu *Sa-am-su-i-lu-na* lugal	叁苏伊鲁那第28年。
13. [*á*]-*ág-gá* ᵈ*En-líl-lá*	
14. *Ia-di-a-bu-um-ma*	

两河流域南部地区，靠近波斯湾一带，有较多的河流和沼泽地带，这些地区可以种植芦苇，芦苇被广泛地用来编席、篮子和箱子，还被用来造船和

---

① 吴宇虹等：《古代两河流域楔形文字经典举要》，第91—94页。

建房,因此芦苇也出现在借贷活动中。棕榈树在两河流域地区也有种植,古代两河流域智慧文献中就有《撑柳与棕榈树的寓言》,所以棕榈叶也出现在借贷契约中。在两河流域,缺乏木材、石料、铜、金子等资源,从原始时代起,这些原材料就由外地输入。所以在借贷活动中,木材、砖、天青石、马车、铜镰刀、金子等本地稀有的物品很少地出现在借贷活动中。在一份契约中,出现了天青石的借贷。契约如下:

EDUBBA 7 no. 123

日期:7月
借贷种类:天青石
IM 92898　　S4.1368/3

1. [12 - 1/2 ma-na kù. babbar]　　　　　[12 1/2"斤"银子],
2. [kù ^{na_4} za. gìn]　　　　　　　　　[是天青石的价值],
3. ⌈ki⌉ Úh^{ki}- ra-bi　　　　　　　　　从阿克沙克腊比手中,
4. Da-di-ia dumu Še?-[...]　　　　　　达迪亚、舍……之子
5. iti e-lu-li šu.⌈ba.<<ba>>⌉.an.ti　　在7月借下了。
6. iti tám-hi-ri 10 u$_4$-mi　　　　　　他将离开,
7. i-la-ak-ma　　　　　　　　　　　　　直到9月10日。
8. na$_4$.za.gìn ša-lim-ma　　　　　　　如果天青石完好无损,

边沿:

9. a-na Úh^{ki}- ra-bi　　　　　　　　他应还给阿克沙克腊比。
10. ⌈ú-ta-ra-am⌉

背面:

11. a-na ⌈e?⌉-mi-šu
12. [ú-la na$_4$.z]a.gìn ša-lim-ma　　　　如果天青石破损,
13. [ú]-la ú-ta-ra-am-ma　　　　　　　　他不应归还(天青石),
14. 12 - 1/2 ma-na kù. babbar　　　　　而应将12 1/2"斤"银
15. ú-ta!-ra-am　　　　　　　　　　　　子归还给阿克沙克腊比。
16. [a-n]a Úh^{ki}-⌈ra⌉-[bi]　　　　　(证人略)

……

这份契约是比较少见的天青石的借贷,天青石的价格是12 1/2"斤"银子,价格非常昂贵。借贷时间为2个月10天,如果借贷期间天青石没有破损,那么借贷到期后,归还天青石。如果天青石发生了破损,那么借贷人必须赔偿银子。在这份契约中并没有利息条款,但如此珍贵的天青石借贷,利息必不可少,或许他们另有约定。

二、收据中所记载的借贷物品种类

收据虽然简单,但借贷物品也是收据中必不可少的基本要素之一。一般来说,归还物品与借贷物品是一致的,因此从这些收据中也可了解借贷物品的种类。在 90 个收据中,共出现了 15 种借贷动产,这些物品与常规借贷契约中的物品相差无几,具体见下表所示:

表 12-2 收据中记载的借贷动产种类一览表

动产	契约个数	动产	契约个数
银子	29	芝麻	1
大麦	16	面粉	1
啤酒	26	公羊	1
芦苇	2	铜	1
羊毛	4	杯子	2
油	3	大梁	1
大豆	1	木材	1
椰枣	1		

与常规借贷契约相比,收据中出现了山羊和羊毛的借贷。山羊在"前陶新石器"时期就已经开始在两河流域人工蓄养,羊毛被用来纺织,而古巴比伦时期的衣料主要是羊毛织品,因此,山羊也是古巴比伦人一种非常重要的动产。西帕尔地区和拉尔萨地区是两河流域地区的羊毛贸易中心。

综上所述,在古巴比伦时期,用于借贷的物品种类繁多,将近 20 种。但在这些借贷物品中占绝大多数的借贷物品还是具有货币功能的银子和大麦,由于他们具有交换其他一切物品的功能,因此成为人们借贷活动中占主体地位的借贷物品。

第二节 借贷的数额

动产借贷的数额是借贷活动中的一个重要问题,动产数额的大小直接反映了这一时期借贷活动的规模,反映了商业经济及农业经济的发展水平等重要问题。动产借贷数额的大小也反映了古巴比伦时期各个阶级所掌握的财富大小,反映了这一时期阶级力量的差异情况。总之,借贷动产的数额问题是借贷活动中仅次于借贷利率的一个重要问题,需要我们做仔细的考察研究。

一、大麦的借贷数额

通过对 92 份(在 99 份契约中,其中 7 份契约①借贷数额残缺)大麦借贷契约的分析研究,我们可以大致了解古巴比伦时期大麦借贷数额的基本情况。

(一) 借贷数额小于 1"石"

在 92 份大麦借贷契约中,共有 34 份契约的借贷数额小于 1"石",约占总数的 37%。这些小于 1"石"的借贷数额通常为 1/2"石"、1/3"石"、3/5"石"、2/5"石"等等。如:

AUCT V no. 12

日期:叁苏伊鲁那 05/09/
借贷种类:大麦借贷
HAM 73.2273
正面:

1. 0;1. 4. še　　　　　　　　　　100 升(1/3"石")大麦,
2. maš ni-na dah-he-dam　　　　　公平利率将加上。
3. ki Be-e-lum　　　　　　　　　　从贝鲁姆手中,
4. ša-at-tu-tu　　　　　　　　　　沙特图图、
5. dumu-munus Nì-ga -ᵈNanna　　　尼伽南那之女
6. šu-ba-an-ti　　　　　　　　　　借下了。
7. u₄ ebur-šè　　　　　　　　　　在收获的季节里,

反面:

8. še ù [maš]-bi　　　　　　　　　大麦和它的利息,
9. ì-ág-e　　　　　　　　　　　　她将归还。
10. igi Ta-pá-tum dumu La-[ ]-tum　证人:拉……图姆之子塔帕吞、
11. igi Ma-ru-sa-tum dam Mar-30　 马尔辛之妻马如萨吞。
12. iti gan-gan-è　　　　　　　　　日期:9 月,
13. mu gu-za nesag-gá [ᵈNanna]　　叁苏伊鲁那第 5 年。

在这份契约中,借贷的大麦数量为 100"升",数额较少。借贷利率为

---

① AUCT IV no. 10, no. 15, AUCT V no. 20, EDUBBA 7 no. 24, no. 64, SLB I/3 no. 188, TIM 7 23。

201

公平利率,借贷者为一个女性,可能是一个女祭司。在大麦借贷中,数量最小的一个为13"升",该契约属于神庙借贷。契约如下:

AUCT V no. 22

日期:叁苏伊鲁那 01/06/15
借贷种类:大麦和芝麻
HAM 73. 2293
正面:

1. 13 sila še	13"升"大麦、
2. 40 sila še-giš-i[6]	40"升"芝麻,
3. ša ^{d}Utu	属于神沙马什。
4. ugu U-bar-rum	乌巴润
5. ^{d}Utu in-tuk	从神沙马什手中借下了。
6. i-na ša-al-mu ù ba-al-tù	当他完全恢复健康时,

背面:

7. ^{d}Šamaš i-pa-al	他将归还神沙马什。
8. igi ^{d}EN. ZU -<<im>>	证人:神辛;
9. igi ^{d}Nè-iri$_{11}$-gal	神涅各勒;
10. igi ^{d}Utu	神沙马什。
11. iti kin-^{d}Inanna u$_4$ 15-kam	日期:6月15日,
12. [mu Sa-am-su-i-lu-na lugal-e]	[叁苏伊鲁那第1年]。

这个大麦的借贷数量较少,可能因为这个借贷的主要目的是借贷芝麻。在这份契约中,芝麻的借贷数量为40"升",对芝麻这种动产而言,这个数量不算一个小额的数量。这份契约的借贷者可能是一个手工工人,借贷大量的芝麻榨油,进行芝麻油的买卖活动。大麦在这份借贷中,只是处于从属地位。

(二)借贷数额在 1—5"石"之间

大多数的大麦借贷数额在 1—5"石"之间,1"石"和 2"石"的借贷契约居多。在92份大麦借贷契约中,共有51份契约的借贷数额在 1—5"石"之间,约占55%。其中有13份契约的借贷数额为1"石",9份契约的借贷数额为2"石"。试举一例:

AUCT IV no. 8

日期:汉穆拉比 42/10/10

借贷种类：大麦
AUAM 73.2361
正面：

1. 1,0.5. gur še sag　　　　　　　　　　1"石"5"斗"优质大麦，
2. máš-gi-na ba-ab-dah-[e]　　　　　　　公平利率将被加上，
3. ki ᵈEN.ZU-*ú-sé-li*　　　　　　　　　从辛乌采里手中，
4. ᴵ*Lú-ᵈBa-ba*₆　　　　　　　　　　　　阿维勒巴巴
5. šu-ba-an-ti　　　　　　　　　　　　借下了。
6. iti sig₄-a　　　　　　　　　　　　　在3月，

背面：

7. še ì-ág-e　　　　　　　　　　　　　他将归还大麦（和利息）。
8. igi *I-bi-* ᵈIškur　　　　　　　　　　证人：伊比阿达德，
9. igi *E-tel-pi*₄- ᵈEN.ZU　　　　　　　埃台勒皮辛。
10. kišib-a-ni íb-ra　　　　　　　　　　他的印章被盖上了。
11. iti ab-è-a u₄-10-kam　　　　　　　　日期：10月10日
12. mu ᵈ*Taš-me-tum*　　　　　　　　　　汉穆拉比第41年。

左边沿：

　　kišib *I-bi-* ᵈUtu　　　　　　　　　印章：伊比沙马什。

（三）借贷数额大于5"石"

7份借贷契约的借贷数额大于5"石"，有6"石"、12"石"、44"石"等等数额。在大麦借贷中最大的借贷数额为133 1/3"石"。这份契约借贷者的身份是"总司库"，属于官府人员。他的借贷并非是因为贫穷，借贷大麦自己食用，而可能是用来酿酒或用来制作面包等商业用途。这个借贷的时间为2年，属于期限较长的借贷，并且2年内无息，属于非常优惠的借贷。但如果2年逾期不归还大麦，则需要交纳利息。契约如下：

UCP 10 no.16

日期：腊比库姆被毁之年
借贷种类：大麦

1. 133 gur 1 pi 4 bar še　　　　　　　　133"石"1"斛"4"斗"
2. *hu-bu-ta-tum a-na šanâti* 2-kam　　　大麦，两年内
3. máš nu-tuk　　　　　　　　　　　　　没有利息，
4. ki *Ilu-šu-na-ṣir*　　　　　　　　　 从伊鲁舒那采尔
5. ù ᵈ*Nannar-dim*　　　　　　　　　　　和南那尔邓手中，
6. ᵐᵈ*Šamaš-na-ṣir* šakkanakku　　　　　"总司库"沙马什那采尔，

7. mâr ^dSin-i-qi-ša-am		辛伊齐闪之子
8. šu-ba-an-ti		借下了。
9. i-na šatti 3-kam		(如果)在第3年
10. še-a-am ú-ul ú-te-ir-ma		他没有归还大麦,
11. ṣiptam ú-ṣa-ap		利率将被加上。
……		(证人略)
17. mu Ra-bi-kum		日期:腊比库姆被毁之年。
18. ba-ḫul		

综上所述,古巴比伦时期的大麦借贷数额一般不大,在92份大麦借贷契约中,有85份契约的借贷数额都不大于5"石",约占92.4%。这些大麦借贷一般都属于小额贷款,借贷人借贷大麦的主要目的是用于自身的生活消费。少数大规模的借贷可能是用作商业用途,用来酿酒或制作面包等进行商品买卖活动,以赚取利润。

表12-3 大麦借贷数额一览表(注:表中大麦的单位为"石")

契约	借贷种类	借贷数额	契约	借贷种类	借贷数额
AUCT IV/7	大麦	2	EDUBBA 7/23	[大麦]	1/2
AUCT IV/8	优质大麦	1-1/6	EDUBBA 7/30	大麦	1/2
AUCT IV/9	大麦	1-2/3	EDUBBA 7/32	大麦	1/2
AUCT IV/11	优质大麦	1-7/30	EDUBBA 7/37	大麦	1/2
AUCT IV/12	优质大麦	1-7/30	EDUBBA 7/21	大麦	1/3
AUCT IV/13	优质大麦	1	EDUBBA 7/22	大麦	1/3
AUCT IV/14	优质大麦	1	EDUBBA 7/29	大麦	1/3
AUCT IV/16	大麦	4/15	EDUBBA 7/31	大麦	1/3
AUCT IV/17	大麦	2/3	EDUBBA 7/8	大麦	2/5
AUCT IV/18	优质大麦	8/15	EDUBBA 7/11	大麦	2/5
AUCT IV/19	优质大麦	1/3	EDUBBA 7/9	大麦	8/15
AUCT IV/25	优质大麦	3/5	EDUBBA 7/36	大麦	8/15
AUCT IV/65	优质大麦	4	EDUBBA 7/34	大麦	4/5
AUCT V/1	大麦	2	EDUBBA 7/35	大麦	7/30
AUCT V/6	大麦	2	EDUBBA 7/42	大麦	2/3

续 表

契约	借贷种类	借贷数额	契约	借贷种类	借贷数额
AUCT V/9	大麦	2	EDUBBA 7/107	大麦	4
AUCT V/14	优质大麦	2	EDUBBA 7/120	大麦	2
AUCT V/15	大麦	2	EDUBBA 7/121	大麦	6
AUCT V/21	优质大麦	2	SLB I/3 110	大麦	1 - 2/15
AUCT V/3	大麦	1	SLB I/3 111	大麦	3 - 2/5
AUCT V/7	大麦	1	SLB I/3 137	优质大麦	3
AUCT V/13	大麦	1	SLB I/3 143	大麦	2 - 2/5
AUCT V/16	优质大麦	1	SLB I/3 147	[大麦]	12
AUCT V/18	大麦	1	PBS 8/2 CBS 7199	大麦	1 - 14/15
AUCT V/26	大麦	1	PBS 8/2 CBS 8100	大麦	4 - 2/5
AUCT V/8	大麦	3	UCP 10/9	大麦	4 - 1/10
AUCT V/25	大麦	3	UCP 10/16	大麦	133 - 1/3
AUCT V/5	大麦	1 - 1/2	UCP 10/20	蹍净大麦	44
AUCT V/10	优质大麦	1/2	UCP 10/21	大麦	2 - 2/3
AUCT V/11	优质大麦	1 - 1/30	UCP 10/22	大麦	3 - 1/5
AUCT V/12	大麦	1/3	UCP 10/24	大麦	4
AUCT V/17	[大麦]	1 - 1/15	UCP 10/28	大麦	23/30
AUCT V/19	大麦	2 - 2/3	UCP 10/33	大麦	6 - 2/15
AUCT V/22	大麦	13"升"	TJA 20 - 21 UMM H42	大麦	1
AUCT V/23	优质大麦	1 - 2/5	VS 7 72	大麦	4
AUCT V/27	大麦	1/5	YOS 13 289	大麦	13 - 23/30
AUCT V/28	大麦	1/2	YOS 13 309	[大麦]	1
AUCT V/108	大麦	1/3	YOS 13 66	大麦	7/15
AUCT V/139	大麦	1/3	YOS 13 396	优质大麦	3/10
AUCT V/110	大麦	12	YOS 13 357	大麦	1

续 表

契约	借贷种类	借贷数额	契约	借贷种类	借贷数额
AUCT V/264	大麦	2－2/5	YOS 13 482	大麦	1－1/2
EDUBBA 1/12	大麦	3－1/3	YOS 13 334	大麦	1－1/2
EDUBBA 1/13	大麦	5	YOS 13 399	大麦	2
EDUBBA 7/1	大麦	1	YOS 13 218	大麦	7/10
EDUBBA 7/2	大麦	1	YOS 13 225	大麦	1/5
EDUBBA 7/10	大麦	1/2	YOS 13 226	大麦	1/5

二、银子的借贷数额

在80份银子借贷契约中，有69份契约明确写出了借贷数额，有11份契约的银子数量残缺①。通过对这69份银子借贷契约的分析，可以看出古巴比伦时期银子借贷的数额主要有以下三种情况。

（一）借贷数额小于1"钱"

在69份契约中，有22份契约的借贷数额小于1"钱"，约占总数的32%，其中以1/2"钱"、1/3"钱"、3/4"钱"居多。这些小额借贷通常也是用于个人生活消费，多是一些贫困下层自由民为了维持自身的生活消费而进行的借贷，一般用来购买椰枣、芝麻、大麦等生活必需品。有3份契约借贷1/6"钱"银子，其中2份用来购买椰枣，1份用来雇佣工人，这是借贷数额最小的契约。试举一例：

AUCT V no. 45

日期：叁苏伊鲁那 28/04/10
借贷种类：银子
HAM 73.2438
正面：

1. igi 6-gál kù-babbar 1/6"钱"银子，
2. [a-na] zú-lum [用来购买]椰枣，
3. [ki Ib]-ni-^dMar-tu [从伊布]尼马尔图手中，

---

① 11份契约的借贷数额残缺：AUCT V no. 39, no. 42, no. 275, EDUBBA 7 no. 62, no. 65, SLB I/3 no. 101, VAB 5 no. 52, MAH 16. 351, YOS 13 48, PBS 8/1 no. 10, no. 11。

4. [*Ra*]-*bu-ut* -ᵈEN.ZU　　　　　　　　　[腊]布特辛

5. [*ù Be-el*]-*šu-nu* ugula mar-tu　　　[和]"校尉"[贝勒]舒奴

背面：

6. šu-ba-an-ti-[èš]　　　　　　　　　　借下了。

7. iti šu-numun-a u₄ 10-kam　　　　　　日期：4月10日，

8. mu *Sa-am-su-i-lu-na* lugal-<e>　　 叁苏伊鲁那第28年。

9. á-ág-gá ᵈEn-líl-lá

（二）借贷数额在1—10"钱"之间

有29份借贷契约的借贷数额在1—10"钱"之间，约占总数的42%。其中，7份契约借贷数额为1"钱"，9份契约借贷数额在1—3"钱"之间。这些借贷通常也是为了维持自身的生活消费。如：

AUCT IV no. 66

日期：叁苏伊鲁那 28/08/12

借贷种类：银子

AUAM 73.2385

正面：

1. 1 gín kù-babbar　　　　　　　　　　1"钱"银子，

2. *a-na* šám še-munu₄　　　　　　　　用来购买大麦。

3. ki *I-ku-un-pi*₄- ᵈ[*Za-ba*₄*-ba*₄]　　从伊昆皮扎巴巴手中，

4. ᴵ*E-tel-pi*₄- ᵈEN.[ZU][*ù*……]　　　埃台勒皮辛[和……]

5. šu-ba-an-ti-èš　　　　　　　　　　　借下了。

6. ki-lam al-gin-[a-gim]　　　　　　　按照现行利率，

7. še ì-ág-[e-eš]　　　　　　　　　　　他们将归还大麦。

背面：

……　　　　　　　　　　　　　　　　（证人略）

10. iti apin-du₈-a u₄-12-kam　　　　　日期：8月12日，

11. mu *Sa-am-su-i-lu-na* lugal　　　　叁苏伊鲁那第28年。

12. á-ág-gáᵈEn-líl-lá

（三）借贷数额大于10"钱"

在银贷契约中，也有一定数量的契约是大规模借贷，这类借贷一般用于商业目的。在69份银贷契约中，有18份契约的借贷数额大于10"钱"，绝大多数是20"钱"、30"钱"、60"钱"。最大的借贷数额为493"钱"，该借贷的目的进行商业贸易。契约如下：

EDUBBA 7 no.115

日期：残缺

借贷种类：银子

IM 90710　　S2.582

1. 5 *ma-na* kù.babbar	5"斤"银子，
2. kù.gada *tu-tu-*[*ba? -a? -tum?*]	是羊毛衣服的纯价值。
3. 3 *ma-na* 13 gín kù.[babbar]	3"斤"13"钱"银子，
4. *ša A-gu-um*	属于阿鲧，
5. *a-na hu-ul I-din-* ᵈ[*Mar.tu*]	给伊丁[马尔图]用来经商。
6. *a-na Ar-ši-*[*du? -ú*]	对于阿尔西杜，
7. [*šu.nigin*] 8 *ma-na* 13 gín kù.babbar	总共8"斤"13"钱"银子，
8. ki *A-gu-um*	从阿鲧手中，
9. *I-din-* ᵈ*Mar.tu dumu Da-da-a*	伊丁马尔图，达达之子
10. kù.babbar šu.ba.an.ti	借下了银子。
11. iti *ki-nu-ni*	在8月（西帕尔月名），
12. *a-na šu-ši-im*ᵏⁱ	他将前往苏撒城
13. [*i-la*]*-ak-ma*	
14. [kù].babbar ì.lá.e	归还银子。
15. *ú-še-te-eq-ma*	如果延期，
16. máš.bi *ú-s a-ab*	利率将被加上。
……	（证人略、日期残缺）

在这份契约中，借贷的银子总量为8"斤"13"钱"，即493"钱"银子。契约中明确说明了借贷人伊丁马尔图借贷银子的目的是经商，但这个借贷的期限不长，在8月将归还银子。如果逾期，则要加上利率。这句话也显示了这个大宗的借贷属于无息借贷，可能借贷双方属于合伙经营的关系，所以债权人不收利息。

综上所述，古巴比伦时期的银子借贷的数额也不大，其中小于3"钱"的契约有38份，约占55%。这些小额银子的借贷与大麦的借贷一样也通常是为了满足自身的生活消费。在生活消费借贷的同时，也存在着这少量的以商业经营为目的的大额借贷。

表 12-4 银子借贷数额一览表(注：表中银子的单位为"钱")

契约	借贷种类	借贷数额	契约	借贷种类	借贷数额
AUCT IV/11	优质银子	1	EDUBBA 7/20	银子	1/3
AUCT IV/12	优质银子	1	EDUBBA 7/59	银子	30
AUCT IV/25	优质银子	1-1/2	EDUBBA 7/60	银子	5/6
AUCT IV/20	银子	10	EDUBBA 7/63	银子	1-2/3
AUCT IV/21	银子	1	EDUBBA 7/90	银子	1-1/6
AUCT IV/27	银子	1	EDUBBA 7/115	银子	493
AUCT IV/66	银子	1	EDUBBA 7/119	银子	2-1/12
AUCT IV/22	银子	13-1/6	EDUBBA 7/122	银子	30
AUCT IV/23	银子	13-1/6	EDUBBA 7/127	银子	1/2
AUCT IV/24	优质银子	4-1/2	EDUBBA 7/130	银子	7
AUCT IV/26	银子	3/4	EDUBBA 7/132	银子	90
AUCT IV/44	银子	9	EDUBBA 7/121	银子	15
AUCT V/29	银子	1/3	EDUBBA 7/120	银子	1
AUCT V/30	银子	17/45	SLB I/2 22	银子	60
AUCT V/31	银子	5/9	VS 7 60	银子	1/4
AUCT V/32	优质银子	1/2	PBS 8/1 12	银子	1-1/2
AUCT V/33	银子	3/4	PBS 8/2 CBS 347	银子	60
AUCT V/34	银子	6	PBS 8/2 NI. 7176	银子	1-14/25
AUCT V/35	银子	3-1/2	PBS 8/2 CBS 1351	银子	2/3
AUCT V/36	银子	14	UCP 10/4	银子	60
AUCT V/38	银子	2	UCP 10/10	银子	10
AUCT V/40	银子	4	UCP 10/18	银子	240
AUCT V/41	银子	1-2/5	VAB 5/41	银子	240

续 表

契约	借贷种类	借贷数额	契约	借贷种类	借贷数额
AUCT V/43	银子	1/6	TIM 7 15	银子	413
AUCT V/45	银子	1/6	YOS 13 337	银子	5-1/2
AUCT V/44	银子	1	YOS 13 428	银子	30
AUCT V/49	银子	7-2/3	YOS 13 33	银子	40
AUCT V/51	银子	7/18	TCL I 152	银子	4-1/6
AUCT V/266	银子	3-4/45	YOS 13 287	银子	4
EDUBBA 1/15	纯银	20	YOS 13 59	银子	1/3
EDUBBA 1/16	银子	49	YOS 13 79	银子	1/2
EDUBBA 7/6	银子	1/2	YOS 13 56	银子	1/2
EDUBBA 7/47	银子	1/2	YOS 13 222	银子	1/6
EDUBBA 7/18	银子	1/3	VS 7 119	银子	2
YOS 13 357	银子	1/2			

三、其他动产的借贷数额

除了大麦和银子最为常见的借贷物品外，椰枣、芝麻、啤酒、芝麻油、鹰嘴豆等等其他动产也出现在借贷活动中。其他动产的借贷数额情况如下表所示：

表12-5　其他动产的借贷数额一览表

契约	借贷种类	借贷数额	契约	借贷种类	借贷数额
AUCT V/272	芝麻	300升	EDUBBA7/70	砖	20"分"
AUCT V/22	芝麻	40升	EDUBBA7/106	砖	3"分"4"指寸"
AUCT V/27	芝麻	2升	EDUBBA7/123	天青石	价值12-1/2"斤"
YOS 13 444	芝麻	50升	EDUBBA7/83	马车	1辆
EDUBBA7/121	芝麻	75升	AUCT IV/28	棕榈叶	1200个

续　表

契约	借贷种类	借贷数额	契约	借贷种类	借贷数额
EDUBBA7/58	芝麻	30 升	AUCT IV/24	啤酒	2-1/5"石"
AUCT IV/67	芝麻油	2 升	YOS 13 66	鹰嘴豆	1/5"石"
EDUBBA1/14	芝麻油	210 升	SLB I/3 74	芦苇	30 捆
YOS 13 525	芝麻油	6 升	CBS 1168	金子	2/3"钱"15"厘"
AUCT V/24	椰枣	1"石"	CBS 7113	面粉	价值 3-1/3"钱"
AUCT V/46	椰枣	1/5"石"	CBS 7107	木杆	1 个
AUCT IV/58	铜镰刀	6 个			

在 6 个芝麻的借贷中,最大的借贷数额为 300 升,最小的数额为 2 升,一般集中在 50 升左右。三个芝麻油的借贷中,两个借贷的数额较小,分别为 2 升和 6 升,另外一个数额则较大为 21 升。一个啤酒的借贷数额较大为 660 升(2 1/5"石"),这个借贷可能属于赊购,借贷者借贷这些啤酒应该是用来向外出售。

总之,古巴比伦时期的借贷无论是大麦、银子等常见物品的借贷,还是芝麻、芝麻油和椰枣等其他物品的借贷,这些借贷的数额通常都不大,属于小额借贷。这些借贷活动大都属于一般的贫困下层阶级为了满足生活消费的需要而进行的借贷。当然,在古巴比伦时期的借贷活动中,也有一些数额较大的借贷,这些借贷的目的是为了商用,是为了获取商业利润。从这些借贷契约中也反映了古巴比伦时期商业活动的发展。

第三节　借贷的用途

从借贷物品种类和数额中,可以发现古巴比伦时期的借贷用途主要是用于生活消费,但具体分析这些契约,可以看出借贷用途多种多样,较为繁杂。古巴比伦时期借贷的用途大致可以分为以下四个方面。

一、用于生活消费

大麦、银子、芝麻、椰枣、油类、豆类作物、啤酒、羊毛等生活资料是古巴比伦时期人们借贷的主体,借贷的主要目的是满足日常生活的需要。贫困下层自由民往往在半年过后就消耗完了一年的口粮,所以他们常常在后半年开始借贷大麦、芝麻、椰枣等生活资料。这些借贷的还贷时间通常是在收获的季节里,在他们收获新的粮食后偿还借贷。一般是在大麦收获的季节用大麦作为偿还物,同样也会在芝麻、椰枣收获的季节用芝麻、椰枣还贷。在收割、打谷、晾晒直至存入仓库之后,人们开始食用新收的粮食,但对于少地或歉收的人们来说,新收的粮食并不能维持到下一个收获季节,于是许多已消耗完新粮的人不得不开始靠借贷来维持生计,于是这种恶性循环开始形成。这种小额短期、用于维持生活的借贷,成为古巴比伦时期动产借贷的主要用途。

除了直接借贷各种生活资料用于个人消费外,人们也常常采用借贷货币的方法,来购买其他生活资料。最常见的是借贷银子,用银子来购买各种生活用品。如:

AUCT V no. 31

类型:借贷购买

日期:叁苏伊鲁那28/……/10

正面:

1. 1/2 gín 10 še kù-babbar　　　　　　1/2"钱"10"粒"银子,
2. ka kišib-a-ni nu-me-a　　　　　　 在他的印章上没有印迹,
3. *a-na* zú-[lum]　　　　　　　　　 为了购买椰枣。
4. ki *Ib-ni-*^d*Mar-tu*　　　　　　　　 从伊波尼马尔图手中,
5. *Mar-Eš*₄*-tár*　　　　　　　　　　 马尔埃什塔尔

反面:

6. šu-ba-an-ti　　　　　　　　　　　 借下了。
7. iti [u₄] 10-kam　　　　　　　　　 日期:……月,10日,
8. mu *Sa-am-su-i-lu-na* [lugal]　　　 叁苏伊鲁那第28年。
9. [á]-*ág-gá* ^d*En-líl-lá*-[ka]

在这份契约中,借贷人借下了 1/2"钱"10"粒"银子,目的是为了购买椰枣。在古巴比伦时期,大麦由于用途广泛,可以用来交换各种物品,因此大麦具有一定的货币功能,可以用大麦来购买各种物品。在有些借贷中可以看到,借贷大麦的用途是购买各种生活食品,如购买椰枣、芝麻、芝麻油等等。如:

AUCT V no. 108

日期：叁苏伊鲁那 07/11/30
类型：大麦借贷
HAM 73.2206

正面：

1. 0.1.4 še *e-zu-ub pi₄ tup-pi-šu*	100 升大麦，是他泥板内容
2. šam ì-giš	的一部分，为了购买芝麻油。
3. Ki *A-wi-il -è-a*	从阿维勒埃阿手中，
4. *Be-el-šu-nu*	贝勒舒奴、
5. dumu *A-da-nu-um*	阿达奴姆之子，
6. šu-ba-an-ti	借下了。

反面：

7. igi [ ]	证人：……
8. igi [ ]- *šu-um*	……舒姆、
9. [*Lú*]-*ni*-	鲁尼之子？。
10. iti úd-duru₅ u₄ 30-kam	日期：11 月 30 日，
11. mu ᵍⁱˢtukul šu-nir	叁苏伊鲁那第 7 年。

在这份契约中，借贷人贝莱舒奴借下了 100 升大麦，目的是购买一定数量的芝麻油。当然，他应该只是用一小部分大麦去购买芝麻油，剩余的大麦供自己食用。

表 12-6　借贷用于购买生活物品情况一览表

契约	日期	借贷种类	购买物品	债务人	债权人
SLB I/2 22	Rs 14/11	银子	大麦	塔瑞布姆	辛伊齐闪
YOS 13 337	Sd？/闰 12/14	银子	大麦	瓦腊德伊里舒	那比乌姆马里克
YOS 13 33	Sd 33/01/18	银子	大麦	美阿伊姆瑞阿穆等 2 人	［……］穆沙林
VS 7 119	As 16/？/01	银子	大麦	瓦腊德贝里特	南那曼逊
YOS 13 525	As 16/09/24	芝麻油	大麦	伊丁阿达德	伊丁马尔杜克

续 表

契约	日期	借贷种类	购买物品	债务人	债权人
AUCT IV/16	Si 28/05/14	大麦	椰枣	阿拉巴瑞什	伊布尼马尔图
AUCT IV/66	Si 28/08/12	银子	[大麦]	埃台勒皮辛和[……]	伊昆皮扎巴巴
AUCT IV/67	Ha 42/10	油	银子	那冉伊里舒	辛伊姆古冉尼
AUCT V/28	Si 28/03/20	大麦	椰枣	图卡彭	伊布你马尔图
AUCT V/38	Ae 01/10/10	银子	大蒜	贝拉农	穆梯布里比舒奴马尔杜克
AUCT V/39	Ad 18/05/26	银子	芝麻	阿普拉吞	[木匠]阿普拉吞
AUCT V/40	Ae ?/08/09	银子	芝麻	伊里[……]	尼丁[吞]
AUCT V/46	Si 28/03/01	[椰枣]	[芝麻]	采里沙马什贝里阿	伊布尼[马尔图]
AUCT V/275	Si 28/05/20	银子	芝麻	伊布尼阿达德	伊布尼马尔图
EDUBBA 7/9	Si 07/03/01	大麦	芝麻	那黑什吞?	珲梯阿达德
EDUBBA 7/10	Si 06/03/01	大麦	芝麻	阿韩尼尔西等2人	珲梯阿达德
EDUBBA 7/31	Si 7年	大麦	芝麻	阿韩尼尔西和阿[……]	珲梯阿达德
EDUBBA 7/121	Im	大麦、银子和芝麻	芝麻	阿瓦特伊里和阿亚隆	普朱尔沙马什

在下面这份契约中,借贷银子的目的是用来娶妻。这是一个较为独特

的借贷契约,因为结婚也属于生活必不可少的一个组成部分,因此我们把这份契约放在这里来进行讨论。契约如下:

AUCT V no. 36

日期:瑞姆辛 58/07/16
借贷类型:银子
HAM 73.2704

正面:

1. 14 gín […še] kù-babbar	14"钱"[……"粒"]银子,
2. ša ^{d}Nin-gis-zi-da-a-bi	属于宁吉斯孜达比,
3. a-na ^{d}Adad-ma-ilum šeš-a-ni	为了给他的弟弟阿达德马
4. a-na aš-ša-ti-im a-ha-zi-im	伊隆娶妻子,他(把银子)
5. i-di-nu-šum	借给了他(弟弟)。
6. igi Dingir-ta-ba-e	证人:伊鲁姆塔比、
7. igi Ip-qú-^{d}Adad	伊皮库阿达德、
8. Zi-kir-i-lí-šu	孜基尔伊里舒、
9. ^{d}En-zu-še-me-e	辛舍美、
10. igi Ni-id-ni-^{d}Inanna	尼德尼伊南那、
11. igi A-da-làl gala	古拉神的祭司阿达勒、

反面:

12. igi A-hi-ša-gi-iš	阿黑沙基什、
13. igi ^{d}Adad-še-mi	阿达德舍美、
14. igi ^{d}šamaš-ri-im-i-lí	沙马什瑞穆伊里、
15. igi A-na-^{d}šamaš-ták-la-ku	阿那沙马什塔克拉库、
16. igi A-hu-um	阿胡姆、
17. igi ^{d}šamaš-mu-ba-li-it	沙马什穆巴里忒
18. igiil-šu-bi-ni-šu	和伊勒舒比尼舒。
19. kišib lú inim-ma-bi-me-eš	他们的印章
20. íb-ra-aš	被滚上了。
21. iti du$_6$-kù u$_4$ 16-kam	日期:7月16日,
22. mu ki 29 ^{giš}tukul mah	瑞姆辛第58年。

这是一份比较特殊的借贷契约,借贷的目的是为了娶妻,因此借贷的数额较大,有14"钱"银子之多。根据古巴比伦时期的婚姻习俗,男方娶妻需要给女方一定数额的聘金。这份契约另外一个特殊之处是证人特别多,一般的借贷契约,证人的数量一般较少,2—3人而已,而这份契约的证人

215

却达到了13人,这是非常罕见的。13个证人之中有一个证人的地位较高,为古拉神的祭司,并且13个证人的印章都滚在了泥板上。这些都显示了借贷双方对这次借贷的重视程度,显示了当时人们对婚姻一事的重视。如此多的证人作证或许也表明了借贷人借下的钱,必须要用在娶妻一事上,而不能挪用在其他方面。

二、经商营利

在古巴比伦时期的借贷活动中,用于经商获取利润的借贷只占较少的比例,"其最大的意义在于标志着这种借贷类型的存在,也标志着货币借贷的资本形成意义"。① 这种用途的借贷可发生在任何月份,而且归还时间的时间也多种多样,可以在商旅结束后,也可以在各种规定的还款日期,没有规律性。用于经商贸易的借贷一般是借贷银子。如:

EDUBBA 7 no. 115

日期:残缺

借贷种类:银子

IM 90710　S2.582

1. 5 ma-na kù. babbar	5"斤"银子,
2. kù. gada tu-tu-[ba? -a? -tum?]	是羊毛衣服的纯价值,
3. 3 ma-na 13 gín kù. [babbar]	3"斤"13"钱"银子,
4. ša A-gu-um	属于阿鲦,
5. a-nahu-ul I-din- d[Mar. tu]	给伊丁[马尔图]用来经商,
6. a-na Ar-ši-[du? -ú]	对于阿尔西杜?
7. [šu. nigin] 8 ma-na 13 gín kù. babbar	总共8"斤"13"钱"银子,
8. ki A-gu-um	从阿鲦手中,
9. I-din- dMar. tu dumu Da-da-a	伊丁马尔图,达达之子
10. kù. babbar šu. ba. an. ti	借下了银子。
11. iti ki-nu-ni	在8月(西帕尔月名),
12. a-na šu-ši-im^ki	他将前往苏撒城
13. [i-la]-ak-ma	
14. [kù]. babbar i. lá. e	归还银子。
15. ú-še-te-eq-ma	如果延期,
16. máš. bi ú s a-ab	利率将被加上。

---

① 禹钟华:《古代两河流域的借贷及其影响》,第117页。

216

...... （证人略、日期残缺）

在这份契约中，借贷的目的是经商。借贷的数额较大，并且无息，但期限较短。借贷者从事的可能是国家贸易，因为契约中规定了还款的城市为埃兰地区的苏萨城，这并不是两河流域的城市。苏萨是埃兰地区比较繁华的城市，它与巴比伦尼亚地区的城市存在着较多的经济往来。用于经商目的的借贷并不仅限于银钱的借贷，也可以借贷其他物品用于买卖获取利润。如：

AUCT IV no. 67

日期：汉穆拉比42年10月
借贷种类：油
AUAM 73.2160
正面：

1. 0,0.2. ì-giš	2"斗"芝麻油，
2. *a-na sà-ha-ri-im*	用来在街道买卖。
3. ki ^{d}EN.ZU-*im-gur-ra-an-ni*	从辛伊姆古冉尼手中，
4. ^{1}*Na-ra-am-i-lí-šu*	那冉伊里舒
5. *šu-ba-an-ti*	借下了。
6. *i-na* iti sig$_4$-*a*	在3月，
7. sag *sà-ha-ri-im*	油所得的钱

背面：

8. ì-*ág-e*	他将归还。
......	（证人略）
13. iti ab-è-a	日期：10月，
14. mu bàd Kar-^{d}Utu	汉穆拉比第42年。

在这份契约中，借贷的物品是芝麻油，目的是用来出售获利。在商品卖完之后，借贷者要归还应付的银钱。

三、雇佣农工进行农业活动

雇佣收割工人进行农业活动也是古巴比伦时期借贷的一个主要目的。古巴比伦时期存在着较多的雇佣劳动，在收割季节，一些拥有较多土地的富有阶层常常采用雇佣自由民的方式来获得劳动力。但有时这些富有阶层可能也会资金周转不灵，无钱去雇佣劳动力。为了保证农业生产的正常进行,他们也会采取借贷的方式,向别人借来一定的资金,然后去雇佣劳动力来保证生产的顺利进行。在 17 份借贷契约①中,借贷者借贷的用途是雇佣收割工人,在收获的季节充当劳动力来收割谷物。其中,8 份为大麦借贷,7 份为银子借贷,1 份为大麦和银子借贷,1 份为铜镰刀的借贷。

试举一例:

EDUBBA 7 no. 90

日期:汉穆拉比 26/08/30
借贷种类:银子
IM 90632　S2.516

1. 1 gín igi. 6. gál kù. babbar	1 1/6"钱"银子,
2. a-na še. gur₁₀. ku₅	为了雇佣收割农工。
3. ki É-idim-an. na- še-mi	从埃伊邓安那舍米、
4. dumu Aš-di-ia	阿什迪亚之子手中,
5. ¹SIG -an-nu-ni-tum	希格安奴尼吞、
6. dumu Ib-ni-ᵈša?-zi?	伊布尼沙孜之子
7. šu. ba. an. ti	借下了。
8. u₄. buru₁₄. šè	在收获的季节,
9. ki-ma zi gùb	像左邻右舍一样,
10. lú. še. gur₁₀. ku₅ i-la-ak	他将提供收割工人。
11. ú-ul i-la-ak-ma	如果他没有这样做,
12. sí-im-da-at lugal	国王的法律(将会生效)。
……	(证人略)
17. iti apin. du₈. a u₄. 30. kam	日期:8 月 30 日,
18. mu bára? gal. gal ᵈUtu ᵈIm ᵈŠer₇(?)<-da?>	汉穆拉比第 26 年?

在这份契约中,希格安奴尼吞借下了 1 1/6"钱"银子,目的是雇佣收割农工,契约里明确规定了借贷的目的。在收获季节开始后,希格安奴尼吞要像他的邻居那样派出农工进行农业生产,否则他将按照国王的法令进行惩罚。在许多雇佣农工的契约里,都出现了如果不派出农工,要根据国王的法令进行处罚的条款,可见这一时期,国家对农业生产十分重视,专门颁布了相关的法令来促进庄稼收获的顺利完成。庄稼的收获不仅仅是农户

---

① 契约为:YOS 13 309,YOS 13 396,YOS 13 59,YOS 13 79,VS 7 60,YOS 13 48,YOS 13 56,YOS 13 222,YOS 13 357,YOS 13 482,YOS 13 334,YOS 13 399,YOS 13 218,YOS 13 225,YOS 13 226,AUCT IV no. 58,EDUBBA 7 no. 90。

个人的事情,也是国家经济管理中的一件大事。这份契约明确写明了雇佣的目的是雇佣农工,也保证了借贷的银子不被挪作他用。我们再来看一个借贷大麦的例子:

YOS 13 no. 226

日期:阿米嚓杜喀 10/09/25
借贷种类:大麦

1. 1(pi) 4(sāt) še *a-na e-si-di*	100升大麦,用来雇佣收割工人,
2. ki *Šum-šu-nu* ensí	从土地管理者舒姆舒奴手中,
3. *a-na qá-bi-e Ili-ba-aš-ti-il-a-bi*	在伊里巴什提勒拉比的允许下,
4. ^I*Ab-du-^de-ra-ab* PA.PA dumu *U-bar-rum*	"校尉"阿布杜埃腊布,乌巴润
5. *šu-ba-an-*[*ti*]	之子,借下了,
6. *u₄-*[*buru₁₄-šè*]	[在收获的季节],
7. *erén se-*[*gur₁₀-ku₅ i-il-la-ak*]	土地收割工人将到来。
8. *ú-ul i-il-la-ak-ma*	如果没有来,
9. *ki-ma și-im-da-at šar-*[*ri*]	将按照国王法令(处罚)。
……	(证人略)
13. *iti gan-gan-è u₄-25-kam*	日期:9月25日,
14. *mu Am-mi-ṣa-du-qá lugal-e*	阿米嚓杜喀第10年。
15. *sipa-zi še-ga ^dUtu ^dMarduk-bi-id-da-bi*	

这是一份借贷大麦的契约,目的也是雇佣收割工人。这份契约的债权人是土地管理者,债务人是一个军官。在古巴比伦时期,士兵、下级军官等进行经济交易活动都要得到上级的批准,在契约中经常会有在某某人的同意下等条款。这份契约也是如此,在伊里巴什提勒拉比的允许下,"校尉"阿布杜埃腊布借下了大麦。由于士兵要服役,不能亲自进行农业生产,所以他采取雇佣工人的方法代其进行庄稼的收割。在契约中,同样出现了不派出农工要根据国王的法令进行惩罚的条款。

从17份借贷雇佣农工的契约中可以看出,借贷的数额都不大。大麦的借贷数额多在1/5到2"石"之间,银子的借贷数额多为1/2"钱"、1/3"钱"、1/4"钱"、1/6"钱"银子等等。这些数额与一个收割农工一个收获节的工资数额大体相当,可见,借贷银子用来雇佣收割农工的都是一些一般的自由民阶层。在1份契约中,2个借贷人直接借了6把铜镰刀,作为收割工具在收割季节里使用。契约如下:

219

AUCT IV no. 58

日期：叁苏伊鲁那 07/05/14
借贷种类：铜镰刀
AUAM 73.2771

正面：

1. 6 kin urudu	6 把铜镰刀，
2. *a*-na lú hun-gá	用来提供给收割农工。
3. ki I*p-qú-Eš₄-tár*	从伊皮苦伊什塔尔手中，
4. [ᵈAmar.utu]-*gim-la-ni*	马尔杜克根拉尼、
5. [...ᵈ*nè*]-[*iri*₁₁]-*gal*	[……]涅旮勒
6. [...]-*qa-ad*	得到了。
7. [...]-*lugal*	[……]鲁伽尔

背面：

8. šu-ba-an-ti-eš	借下了。
9. igi *Da-qí-ia*	证人：达齐亚；
10. ᴵ*Ma-an-nu-um-ki*-ᵈUtu	马农基沙马什。
11. iti ne-ne-gar u₄-14-kam	日期：5 月 14 日，
12. mu *Sa-am-su-i-lu-na* lugal	叁苏伊鲁那第 7 年。
13. ᵍⁱˢtukul šu-nir	

边沿：

14. *i*-na u₄-ebur-šè	在收获的季节，
15. kin-urudu it-[...]	他们应带镰刀（来收割）。

四、用于盖房等建筑活动

在古巴比伦时期的借贷契约中，我们发现了一份借贷芦苇的契约[①]，一份借贷棕榈叶的契约[②]，一份借贷木杆的契约[③]和两份借砖的契约[④]。借贷这些物体的用途可能是建筑房屋或者搭建一些简易的棚子遮阳避雨等等。试举一例：

---

① SLB I/3no. 74.
② AUCT IV no. 28.
③ CBS 7107.
④ EDUBBA 7, no. 70；no. 106.

EDUBBA 7 no. 106

日期：辛穆巴里忒第 17 年
借贷种类：砖
IM 90654　S2.538/539

1. 3 sar 4 šu-ši sig₄	3"分"4"指寸"砖，
2. 1 gur 1(pi) 4 bán še ú-s a-bu	1"石"1"斛"4"斗"的
3. ki Sà-ri-qum	大麦提前支付了。从萨瑞群
4. ù ᵈEN.ZU-i-qí-ša-am	和辛伊奇闪手中，
5. ¹Dingir-Šu-i-bi-šu	伊勒舒伊比舒、
6. ¹Nu-úr-ᵈUtu	奴尔沙马什
7. ù ᵈEN.ZU-ki?-di-in-ni	和辛基丁尼
8. ⌈šu⌉.ba.an.ti.meš	借下了。
9. iti dumu.zi	在 4 月，
10. sig₄ i-la-bi-nu	他们将归还砖。
11. ú-še-ti-qú-ma	如果延期，
12. máš ú-s a-bu	利息将被加上。
……	（证人略）
19. [iti ……]	日期：？
20. mu Ì-si-in-naᵏⁱ	辛穆巴里忒第 17 年。

在这份借贷契约中，借贷的物品为泥砖，并且数量较大，为 3"分"4"指寸"，接近 110 平方米。借砖的目的应该是用来修建房屋。契约中提前支付的大麦可能是砖的利息或包含一部分砖的价格，由于砖是消耗品，使用后一般无法归还，所以最终可能只有归还银子。当然，也不排除借贷人归还新砖的可能。

五、其他借贷用途

古巴比伦时期的借贷中，有一个天青石借贷契约[1]和一个金子的借贷契约[2]，这两种物品的借贷可能作为某种活动的装饰品，如宗教活动中对神像的装饰等等。在神庙借贷中，还有一种特殊用途的借贷——"人身赎回"[3]。如：

---

[1] EDUBBA 7，no. 123.
[2] CBS 1168.
[3] R. Harris, "Old Babylonian Temple Loans", *JCS*, Vol. 14(1960), pp. 126~137.

VAB 5 no. 52

日期：略

借贷种类：银子

CT 6 40c

1. x kug. babbar	……银子，
2. eš-re-tum ki ᵈUtu	属于神庙的税收。从神沙马什
3. ¹Ki-šu-šu-ú	手中，基舒舒
4. il-qé	借下了。
5. a-na Anum-a-bi	(他将银子)给了阿农阿比
6. a-na ip-ṭe₄-ri-šu	作为他的赎金。
7. i-di-in	
8. i-na ud ebūrim še-am	在收获的季节，
9. a-na ᵈUtu	他将归还大麦给神沙马什。
10. i-na-di-in	(证人略)

……

在这份契约中，基舒舒从神庙中借下了……"钱"银子，目的是赎回自己的人身自由。基舒舒把银子交给阿农阿比，作为他的赎金，得到了人身自由。基舒舒可能是一个债务奴隶，因欠债沦为奴隶。他采取的方法便是从神庙借贷、还贷后恢复人身自由。

第四节 借贷的期限

借贷期限无疑是借贷活动研究中的一个重要问题，但也是一个比较复杂的问题。因为，在古巴比伦时期的借贷契约中，有些契约只有借贷发生的时间，而无还贷时间。有些契约虽然规定了还款时间，但这些归还时间却是一个模糊的还贷日期，如收获季节、身体康复时或者要求还贷时等等。因此，我们只能从契约中规定的借贷日期和还款日期推算出一个借贷契约的大概借贷期限，而较难取得一个借贷的精确期限。

一、借贷发生的日期

借贷发生或者开始的日期，一般也就是契约签订的日期。一般来说契约中都写明了契约签订的具体时间，由年名、月名和日序号组成一个完整的日期表示。有时也会出现只有年名和月名而无日序号的情况。在 194

份借贷契约中,有164份契约写明了借贷日期,17份契约中借贷日期残缺,13份契约中无借贷日期。在164份借贷日期中,有32份契约只写有年名,40份契约写有年名和月名或只有月名,其余的93份契约中写出了具体的年名、月名和日序号。在一些契约的落款时只标明借贷时的月份,而忽略掉具体的日序号,可能因为当时的借贷是按月份计算,人们并不在意是该月的哪一天。从132份写有月名的借贷契约中,我们也可大致了解古巴比伦时期借贷发生的月份情况,详情如下表所示。

表12-7 各个月份的借贷契约数量统计表

借贷月份	1月	2月	3月	4月	5月	6月	7月
契约个数	4	3	13	9	8	9	7
借贷月份	8月	9月	10月	11月	12月	A-ša月	Bibbulum月
契约个数	15	13	17	16	14	2	1

从上面的表格中我们可以看出,大多数借贷集中于8到12月份,这5个月份期间发生的借贷契约有75份,约占总数58%。按照尼普尔年历,第12个月为大麦收割月。大麦收割之后,人们有新大麦可以食用,但一些贫穷少地的农民可能在半年之后就吃完了新收的大麦,在后半年的8—12月份就无大麦可吃,他们不得不采用借贷的方式来维持生活。因此,这些借贷多集中于后半年缺粮的8—12月份。此外,3月份也是一个借贷发生较多的时期,一些其他用途的借贷如商用则可能多发生于这个时期。

二、还贷日期

在194份借贷契约中,有166份契约写明了还贷时间,7份契约[①]归还日期残缺,21份契约[②]无归还日期。通过对这166份借贷契约中归还日期的归类与整理,可以发现还贷一般集中于以下几个时段。

(一)"在收获季节"还贷

83份借贷契约在偿还条款中规定还贷日期时使用了苏美尔短语 u_4-bur_{14}-šè,约占契约总数的1/2。bur_{14}的意思为"收获"u_4-bur_{14}-šè这个短语可以翻译为"在收获的季节",这表明古巴比伦时期的还贷时间通常是与农

[①] AUCT V no. 108, no. 42, EDUBBA 7 no. 1, no. 37, no. 59, no. 65, YOS 13 66.
[②] AUCT IV no. 66, AUCT V no. 30, no. 31, no. 35, no. 36, no. 41, no. 43, no. 44, no. 45, EDUBBA 7 no. 60, no. 127, no. 132, PBS 8/1 no. 11, PBS 8/2 no. 4, UCP 10 no. 9, no. 21, no. 22, no. 24, no. 28, no. 33, MAH 16.351.

业活动相联系的。u₄-bur₁₄-šè 它的阿卡德语形式为 *ana ûm ebūrim*，但较少使用，该苏美尔短语用于整个古巴比伦时期。

至于"收获的季节"具体表示的是哪个月份，不同学者提出了不同的观点。魏特米耶尔指出，在一类"收割契约"中，借贷者要在收获时提供收割工人来收割庄稼，而谷物的收割时间一般是在 1 月或 2 月，所以 u₄-bur₁₄-šè 在这类契约中指的是 1 月或 2 月[①]。丹根认为，u₄-bur₁₄-šè 在古巴比伦北部地区应用最为普遍，尼普尔月 sig₄ 在古巴比伦南部地区应用最为普遍。尼普尔月 sig₄ 是第三月，所以 u₄-bur₁₄-šè 指代的应该也是 3 月[②]。兰德伯格也持相似的观点，他认为术语 bur₁₄（"收获"）在借贷契约中指的是谷物储藏的时间，即已经收割完毕、打谷干净放入仓库，因为借贷者不可能用不干净的谷物来偿还贷款，由于收割一般在 1 月份，打谷要在收割后 1 至 2 个月才能完成，打谷之后还有晒晾、入仓等等，所以借贷者要用刚刚收割打谷干净的谷物来还贷最早的时间是 3 月[③]。

我们则认为，短语 u₄-bur₁₄-šè 指代的是一个比较宽泛和模糊的时间段，没有太大的必要与具体的某个月份对应起来。每个地块的灌溉情况、肥力不同，因此庄稼的成熟时间存在着差异。同时，每户人家拥有土地的数量和劳动力不同，收割完成的时间也不一样。借贷者首先要收割谷物，然后运往打谷场（*ana maškanim*）脱粒、扬灰、晾晒，将干净的谷物存入仓库之后才能开始还贷。所以 u₄-bur₁₄-šè 表达的是一个非常宽松的时间概念，只要借贷者在收获季的月份之内归还贷款都可。

在 83 份"在收获的季节"还贷的借贷契约中，大多数契约属于大麦借贷，少数为银贷契约，此外也有芝麻、椰枣、铜镰刀等动产的借贷。在大麦借贷契约中，主要是用来解决生活困难，并在大麦收获的季节归还大麦和利息。也有一些契约借贷大麦用来购买椰枣、芝麻等并在椰枣或芝麻收获的季节归还椰枣或芝麻。在银贷契约中，人们主要用来购买食物如大麦、芝麻、椰枣、大蒜等，在大麦、芝麻、椰枣、大蒜收获的季节相应归还。在"收获的季节"里还款的契约如：

---

① M. Weitemeyer, *Some Aspects of Hiring Works in Sippar Region at the Time of Hammurabi*, Munksgaard, 1962, p. 62.

② T. Dangin, "La chronologie des trois Premières dynasties babyloniennes", *RA* 24(1927), p. 193, quoted from A. Skaist, *The Old Babylonian Loan Contract*, 1994, p. 153.

③ Landsberger, "Jahreszeiten im Sumerisch-Akkadischen", *JNES* 8(1947), pp. 251, 261-262, quoted from A. Skaist, *The Old Babylonian Loan Contract*, 1994, p. 153.

AUCT V no. 12

日期：叁苏伊鲁那第 5 年 9 月
借贷种类：大麦
HAM 73.2273

正面：

1. 0;1.4. še	1/3"石"大麦，
2. máš gi-na dah-he? -dam	公平利率将被加上，
3. ki *Bi-e-lum*	从比埃隆手中，
4. *Ša-at-Tu-tu*	尼旮南那之女、
5. dumu-munus *Nì-ga-^dNanna*	沙特图图，
6. šu-ba-an-ti	借下了。
7. u₄ ebur-šè	**在收获的季节，**

背面：

8. še *ù* [máš]-bi	大麦和利息
9. ì-ág-e	她将归还。
……	（证人略）
12. iti gan-gan-è	日期：9 月，
13. mu gu-za nesag-gá [^dNanna]	叁苏伊鲁那第 5 年。

边沿：

Ká-dingir-ra^{ki}

AUCT V no. 38

日期：阿比埃舒赫 01/10/10
借贷种类：银子借贷
HAM 73.2243

正面：

1. 2 gín kù-babbar	2"钱"银子，
2. šám sum^{sar}	用来购买大蒜，
3. ki *Mu-t i-<ib>-li-ib-bi-šu-nu-^dMarduk*	从马尔杜克伊丁楠之子
dumu <*Marduk*>-*i-din*-<*nam*>	穆提波里比舒奴马尔杜克
4. *Be-la-nu-um* dumu 30-*a-ha-am*-<*ar*>-*ši*	手中，辛阿汉阿尔西之子
5. šu-ba-an-ti	贝拉农借下了它。
6. u₄ₐₘ ebur sum^{sar}	**在大蒜收获的季节，**
7. ki-lam i-gin-a-gim	按市场价格，

背面：

8. sum^{sar} *i-na-pa-al*	他将归还大蒜。
9. 1 lú *a-na za-ba-li i-na-di-in*	他将遣一人来运输大蒜。

225

10. igi *I-na-é-sag-íl-ba-la*-[*t ù*]
11. iti úd-duru₅ *u*₄ 10-kam
12. mu *A-bi-e-šu-uh* lugal-e
13. du₁₁-du₁₁-ga á [mah]

证人：伊那埃萨吉勒巴拉突。
日期：10月10日，
阿比埃舒赫第1年。

上述两份契约，一个是大麦的借贷，一个是银钱的借贷用来购买大蒜，还贷时间都是在"收获的季节里"。这种还贷时间是非常合情合理的。在收获的季节里，借贷人收获了庄稼自然有能力进行还贷，这种合理的还贷时间显示了古巴比伦时期比较和谐的借贷关系，也显示了不同阶级人群之间的互助关系和社会的公平正义。

表 12-8　在"收获季节还贷情况一览表

契约	借贷月/日	借贷种类	契约	借贷月/日	借贷种类	还贷日期
AUCT V/1	4月	大麦	AUCT V/25	10月	大麦	收获季节
AUCT V/3	8月	大麦	AUCT V/26	07/14	大麦	收获季节
AUCT V/5	10月	大麦	AUCT V/27	12月	大麦和芝麻	收获季节
AUCT V/6	9月	大麦	AUCT V/28	03/20	大麦	收获季节
AUCT V/7	4月	大麦	AUCT V/139	11/05	大麦	收获季节
AUCT V/8	10月	大麦	AUCT V/264	04/01	大麦	收获季节
AUCT V/9	4月	大麦	AUCT V/29	08/05	银子	收获季节
AUCT V/10	残缺	大麦	AUCT V/38	10/10	银子	收获季节
AUCT V/12	9月	大麦	AUCT V/39	05/26	银子	收获季节
AUCT V/13	9月	大麦	AUCT V/40	08/09	银子	收获季节
AUCT V/17	09/20	大麦	AUCT V/275	05/20	银子	收获季节
AUCT V/18	残缺	大麦	AUCT V/46	03/01	[椰枣]	收获季节
AUCT V/20	12月	大麦	AUCT V/272	04/02	芝麻	收获季节
AUCT IV/7	10月	大麦	AUCT IV/18	残缺	大麦	收获季节
AUCT IV/9	4月	大麦	AUCT IV/28	11/20	棕榈叶	收获季节
AUCT IV/15	10/29	大麦	AUCT IV/58	05/14	铜镰刀	收获季节
AUCT IV/17	11/21	大麦	EDUBBA 7/8	03/30	大麦	收获季节
EDUBBA 7/35	03/14	大麦	EDUBBA 7/47	09/03	银子	收获季节

续 表

契约	借贷月/日	借贷种类	契约	借贷月/日	借贷种类	还贷日期
EDUBBA 7/42	10/09	大麦	EDUBBA 7/62	残缺	[银子?]	收获季节
EDUBBA 7/107	As 12年	大麦	EDUBBA 7/90	08/30	银子	收获季节
EDUBBA 7/121	5月	银子和芝麻	EDUBBA 7/119	07/04	银子	收获季节
EDUBBA 1/13	8月	大麦	EDUBBA 7/120	无	大麦和银子	收获季节
EDUBBA 7/10	03/01	大麦	EDUBBA 7/31	Si 07年	大麦	收获季节
EDUBBA 7/21	04/11	大麦	EDUBBA 7/34	11月	大麦	收获季节
EDUBBA 7/24	08/23	[大麦]	EDUBBA 7/27	8月	残缺	收获季节
EDUBBA 7/30	03/29	大麦	EDUBBA 7/58	Si 01年	芝麻	收获季节
EDUBBA 7/9	03/01	大麦	EDUBBA 7/6	无	银子	收获季节
EDUBBA 7/7	02/25	芝麻	VS 7 72	06/25	大麦	收获季节
SLB I/3 110	12/20	大麦	YOS 13 289	阿莎月/28	大麦	收获季节
SLB I/3 188	12/01	大麦	YOS 13 309	无	[大麦]	收获季节
PBS 8/1 12	Bs	银子	YOS 13 396	10/09	大麦	收获季节
PBS 8/2 CBS 8100	Si	大麦	YOS 13 357	12/04	大麦、银子和?	收获季节
YOS 13 482	12/04	大麦	VS 7 60	09/30	银子	收获季节
YOS 13 334	残缺	大麦	YOS 13 48	Ad 36年	银子	收获季节
YOS 13 399	残缺	大麦	YOS 13 56	10/07	银子	收获季节
YOS 13 218	12/15	大麦	YOS 13 222	残缺	银子	收获季节
YOS 13 225	10/10	大麦	VS 7 119	阿莎月/01	银子	收获季节
YOS 13 226	09/25	大麦	YOS 13 525	09/24	芝麻油	收获季节
YOS 13 337	闰12/14	银子	VAB 5/52	残缺	银子	收获季节
YOS 13 33	01/18	银子	TIM 7 23	无	大麦	收获季节
YOS 13 59	10/05	银子	TJA 20-21 UMM H42	残缺	大麦	收获季节
YOS 13 79	08/30	银子				收获季节

227

（二）在"沙都吞月（šadduttum）"还贷

在 11 份契约的偿还条款中使用了拉丁化转写词 ša-(ad-)du-tim 或 ša-an-du-tim，并且该词前通常有表示"月份"的苏美尔词语 iti。学者们的分歧在于该词是一种月名（šadduttum）还是一种农业活动（šandûtum）。

格雷古斯过对西帕尔历法的研究认为，šadduttum 指的是西帕尔历 3 月，而且在契约中 u_4-bur_{14}-šè iti šadduttim 的用法说明 šadduttum 与"收获"相关联。[①] 许多学者对这一观点提出质疑，他们从词源学的角度上进行分析，认为该词表示的是某种农业活动，并转写为 šandûtum。他们的观点主要有：肖尔将 iti šandûtim 翻译为"耙地的月份"；兰德伯格翻译为"丈量土地的月份"；戈策则根据词根 nadû，把 šandûtum 翻译为"打谷、脱粒"；谢克特则认为 šandûtum 表示"清理谷物收割后遗留的茬子"，这种活动通常在 3 月进行，因此，iti šandûtim 指的是 3 月；根据苏美尔语 šandû，意为捕鸟，索登则认为 iti šandûtim 指"捕鸟之月"，也是历年中的 3 月。[②]

尽管存在种种分歧，我们无法确定该词是否表示"3 月"，但该词与农业活动有关毋庸置疑。我们直接音译为"在沙都吞月"。11 份使用"沙都吞月"还贷的契约中，按照借贷物品分类，其中 9 份为大麦借贷，2 份为银子借贷。11 份契约按照所属地区分类，9 份契约属于西帕尔地区，2 份契约属于 Ashjaly 地区（在埃什嫩那地区）。在西帕尔地区的 8 份大麦借贷和 1 份银贷契约中，短语 iti šadduttim 使用于短语 u_4-bur_{14}-šè 之后，我们翻译为"在收获的季节，在沙都吞月"。阿什加里（Ashjaly）地区的 2 份契约中没有使用短语 u_4-bur_{14}-šè。在沙都吞月还贷的契约，如：

EDUBBA 7 no. 29

日期：无

借贷种类：大麦

IM 85868 Sl. 105

1. 1 (pi) 4-bán še. ur_5. ra   1"斛"4"斗"有息大麦，
2. máš 1 (gur) 1 (pi) 4-bán ú-s a-ab   1"石"大麦 1"斛"4"斗"
3. ki I-lí-ki-ma-a-bi-ia   的利率（33.3%）将被加上。
                                                                       从伊里基马阿比亚手中，
4. 1<?> I-na(-)me-te-qí-im   伊那美台钦（?）[和瓦腊德
5. šu. ba. an. ti. meš   阿姆如之子]借下了它。

[①] S. Greengus, "The Akkadian Calendar at Sippar", *JAOS* 107(1987), p. 219.

[②] A. Skaist, *The Old Babylonian Loan Contracts*, p. 164 – 166.

6. u₄.buru₁₄.šè   在收获的季节，
7. iti *ša-du-tim*   在沙都吞月里，
8. še-〔*am ù*〕máš.bi   大麦和利息
9. 〔ì.ág.e〕   他们将要归还。
 ……   （证人略）

表 12-9　在"沙都吞月"还贷契约一览表

契约	借贷月/日	借贷种类	契约	借贷月/日	借贷种类	还贷时间
EDUBBA 7/11	07/02	大麦	EDUBBA 7/22	03/12	大麦	沙都吞月
EDUBBA 7/23	8月	大麦	EDUBBA 7/29	无	大麦	沙都吞月
EDUBBA 7/32	闰12/02	大麦	EDUBBA 7/36	11/12	大麦	沙都吞月
EDUBBA 7/64	残缺	大麦	EDUBBA 7/20	11月	银子	沙都吞月
EDUBBA 7/2	03/01	大麦	UCP 10/10	无	银子	
UCP 10/20	未知年名	大麦				沙都吞月

（三）在具体月份还贷

在一些契约中，规定了还贷的具体月份，这种表示方法相对于"收获季节"或"沙都吞月"精确了很多，给我们研究借贷期限提供了帮助。通过契约可见，还贷的月份也较多，但还是具有一定的规律，具体分析如下。

1. "在3月"还贷

166份写有还贷时间的契约中，有32份契约明确规定"在3月"还贷。苏美尔语 iti sig₄-a 是尼普尔历的3月，主要使用于拉尔萨地区，但在尼普尔、西帕尔、拉巴旮、迪尔勃特等地区也有使用。在有具体月份的还贷时间里，在3月还贷是最常见的还贷日期，因为3月属于收获季节，收获粮食之后，借贷人具备了还贷能力。虽然契约规定了"在3月"还贷，但并没有规定在3月的哪一天还贷。因此这个还贷日期也是一个模糊的时间段，可能只要在3月份之内归还即可，债权人并不很在意是具体的哪天还贷。从本质上看,"在3月"还贷和在"收获季节"还贷并无大的区别,都是一个较为宽松、模糊的时间段。这也反映了在古巴比伦时期的借贷活动在时间上并无严格的要求,反映了古代社会借贷活动的初级性和原始性,与现代精确的借贷活动不可同日而语。试举一例:

AUCT IV no. 8

日期:汉穆拉比 42/10/10
借贷种类:大麦
AUAM 73.2361
正面:

1. 1,0.5. gur še sag	1"石"5"斗"优质大麦,
2. máš-gi-na ba-ab-dah-[e]	公平利率将被加上。
3. ki ᵈEN.ZU-*ú-s é-li*	从辛乌采里手中,
4. ᴵLú-ᵈBa-ba₆	阿维勒巴巴
5. šu-ba-an-ti	借下了。
6. **iti sig₄-a**	**在3月,**

背面:

7. še ì-ág-e	他将归还大麦(和利息)。
8. igi *I-bi-* ᵈIškur	证人:伊比阿达德,
9. igi *E-tel-pi₄-* ᵈEN.ZU	埃台勒皮辛。
10. kišib-a-ni íb-ra	他的印章被滚上了。
11. iti ab-è-a u₄-10-kam	日期:10月10日,
12. mu ᵈ*Taš-me-tum*	汉穆拉比第41年。

左边沿:

    kišib *I-bi-* ᵈUtu   伊比沙马什的印章。

表 12-10 "在3月"还贷契约一览表

契约	借贷 月/日	借贷 种类	契约	借贷 月/日	借贷 种类	还贷 日期
AUCT V/11	11月	大麦	AUCT V/23	11/15	大麦	在3月
AUCT V/14	9月	大麦	AUCT V/266	11/06	银子	在3月
AUCT V/15	9月	大麦	AUCT V/32	11/01	银子	在3月
AUCT V/16	Si 06年	大麦	AUCT V/24	07/03	椰枣	在3月
AUCT IV/8	10/10	大麦	AUCT IV/65	残缺	大麦	在3月

续　表

契约	借贷月/日	借贷种类	契约	借贷月/日	借贷种类	还贷日期
AUCT IV/10	07/18	大麦	AUCT IV/20	12月	银子	在3月
AUCT IV/11	10月	大麦和银子	AUCT IV/21	11月	银子	在3月
AUCT IV/12	10月	大麦和银子	AUCT IV/22	06/30	银子	在3月
AUCT IV/13	09/01	大麦	AUCT IV/23	06/30	银子	在3月
AUCT IV/14	6月	大麦	AUCT IV/24	08/20	银子和啤酒	在3月
AUCT IV/19	残缺	大麦	AUCT IV/67	10月	油	在3月
AUCT IV/25	08/02	大麦和银子	SLB I/2 22	11月	银子	在3月
SLB I/3 111	12/12	大麦	SLB I/3 143	11/25	大麦	在3月
SLB I/3 137	8月	大麦	SLB I/3 147	01/30		在3月
PBS 8/1 9	Za	椰枣	PBS 8/1 10	Rs	银子	在3月
PBS 8/2CBS7107	Ha 36年	木杆	EDUBBA 7/18	Si 06/Si 07	银子	在3月

2. 在其他月份还贷

除了在主体的3月还贷外,在少数契约中出现了其他多个月份的还贷日期,有2月、4月、5月、6月、8月、9月、10月、11月、A-ša月、Lismum月和ág-eren月等等。此外,在一些借贷中,还贷日期并不出现月份,而是在具体的第几日还贷,如在第5、第10、第15、第30日等等,这些应该都是一些短期的借贷,在当月就需要还贷,所以省略了月份。试举一例:

YOS 13 no. 444

日期:叁苏迪塔那 14/5/13

借贷种类:芝麻

正面:

1. 5 (sāt) še-giš-ì ᵍⁱˢbán-ᵈUtu　　　5"斗"芝麻,用沙马什的斗
2. a-na sà-h [a-ti]-im-ma　　　　　称出,用来制成纯净的
3. ì-giš[……]-lim　　　　　　　　芝麻油。从"将军"

231

4. ［ki ^{d}Na-bi-um-ma-l］ ik a-bi erén　　　　　［纳比乌姆马］里克手中，

5. ^{1}［……］di dumu ^{d}Marduk-mu-ba-li-it　　　［……］，马尔杜克穆巴里忒

6. šu-ba-an-ti　　　　　　　　　　　　　　　　之子借下了。

7. ［……a］d-ma　　　　　　　　　　　　　　　［……］

8. a-na 10 u$_4$-mi　　　　　　　　　　　　　　在第 10 日，

9. 1（sāt）ì-giš ^{giš}bán ^{d}Utu　　　　　　　　　1"斗"芝麻油，用沙马什的

10. a-na ^{d}Na-bi-um-ma-lik a-bi erén　　　　　斗称出，他将归还给"将军"

11. i-ma-ad-da-ad　　　　　　　　　　　　　　那比乌姆马里克。

背面：

12. šà é-ì-dub ša pa-ni ká-gal　　　　　　　　在仓库大门口。

13. iti ne-ne-gar u$_4$-13-kam　　　　　　　　　日期：5月13日，

14. mu Sa-am-su-di-ta-na lugal-e　　　　　　叁苏迪塔那14年。

15. ^{d}pa$_5$-nun-an-ki

16. nin-an-ta-gal-la-a-aš

这份契约是一个芝麻的借贷，借贷的目的是用于制作芝麻油。这个借贷属于一个短期借贷，归还日期是"在第 10 日"，即借贷期限只有 10 天。

（四）其他方式的还贷日期

除了上述比较常规、常见的还贷日期之外，古巴比伦时期还存在着一些其他更加灵活、合理的还贷时间。

1. "恢复健康时"还贷

在古巴比伦时期的神庙借贷中，有一个较为特殊的还款日期，即"恢复健康时"，阿卡德语为 ša-al-mu ù ba-al-t ù 或 ba-al-t a-at ù ša-al-ma-at，这个还款日期出现在神庙借贷契约中。如果病人生病无钱医治，那么他可以去向神庙借贷用于治病，当病人恢复健康时再偿还贷款。古巴比伦时期的神庙兼具宗教功能、经济功能及慈善功能等，是一个具有多种综合功能的机构，在国家社会管理体系中具有重要的地位。"恢复健康时"这一还款术语出现在 3 份契约[①]中，分别借贷金子、银子、大麦和芝麻。试举一例：

AUCT V no. 22

日期：叁苏伊鲁那 01/06/15
借贷种类：大麦和芝麻
HAM 73.2293

---

① PBS 8/2 CBS1168，Ni. 7176，AUCT V no. 22.

正面：

1. 13 sìla še   13"升"大麦、
2. 40 sìla še-giš-ì⁶   40"升"芝麻，
3. ša ᵈUtu   属于沙马什神。
4. ugu U-bar-rum   乌巴润向沙马什神
5. ᵈUtu in-tuk   借下了。
6. **i-na ša-al-mu ù ba-al-t ù**   **当他完全恢复健康时，**

背面：

7. ᵈŠamaš i-pa-al   他将归还神沙马什。
8. igi ᵈEN. ZU -<<im>>   证人：神辛；
9. igi ᵈNè-iri₁₁-gal   神涅旮勒；
10. igi ᵈUtu   神沙马什。
11. iti kin-ᵈInanna u₄ 15-kam   日期：6月15日，
12. [mu Sa-am-su-i-lu-na lugal-e]   [叁苏伊鲁那第1年]。

2. "商旅结束时"还贷

在借贷经商的契约中，还款日期有时为"商旅结束时"，阿卡德语为 i-na ša-la-am gi-ir-ri-šu 。这也是一个比较合理的还款日期，让借贷人完成经商活动时，获利后当然是借贷人最好的还贷时间。在2份契约①中，还贷日期为"商旅结束时"，如：

EDUBBA 1 no. 14

日期：无

借贷种类：油

正面：

1. 3(pi) 3(bán) ì. a. gar. ra?   3"斛"3"斗"芝麻油，
2. ki ᵈUtu ù Ṣil-lí-ᵈTišpak   从神沙马什和采里提什帕克
3. ᵐᵈKa-aš-aš-na-ṣir   手中，卡达什那采尔，
4. dumu Ri-im-ᵈIM   瑞姆阿达德之子
5. ⌈šu⌉ ba. an. ti   借下了。
6. ⌈i⌉-na ša-la-am   **在他商旅结束后，**
7. **gi-ir-ri-šu**
8. ⌈a⌉-na u₄ 10-kam   第10日，

背面：

---

① EDUBBA 1 no. 14，no. 16.

233

9. ì.a.gar.ra? ì.ág.e　　　　　　　　　他将归还油。

......　　　　　　　　　　　　　　（证人、印章略）

在这个借贷中,借贷物品为芝麻油,借贷人借贷芝麻油后用于商业活动,还贷日期为商旅结束后。这个借贷属于神庙借贷,借贷人为神沙马什及代理人(祭司)采里提什帕克,还款日期对借贷人的合理性也再一次证明了神庙机构所具有的慈善性质,即一切为借贷人提供方便,一切为借贷人的利益为出发点。

3. "被要求时"还贷

在几份契约中的还款日期为债权人"被要求时"还贷,阿卡德语动词为 *erēšum*（to request）和 *šasû*（to proclaim）。这是一个非常模糊、非常不确定的还款日期,它既可以很短,也可以很长,完全取决于债权人的意愿。这个还贷日期与"身体恢复时"和"商旅结束时"相比,完全站在了债权人的角度,完全从债权人的利益出发来规定还款日期。在这种情况下,债权人具有绝对的优势地位,而债务人则处于随时准备还贷的紧张气氛中。"要求时"还贷条款出现在3份银贷契约[①]和1份马车借贷契约[②]中。如：

SLB I/3 no. 101

日期：汉穆拉比 38/06/01

借贷种类：银子

LB 1912

1. [x gín kù]-babbar　　　　　　　　　　[......"钱"]银子,
2. [šám x ma-na síg] *é-kál-lim*　　　　　　[是......"斤"]宫廷[羊毛的
3. [ki *E-tel-pi-*^{d}*Na-*]*bi-um*　　　　　　价格],[从埃台勒皮那]比乌
4. [^{m}*Šu-*^{d}*Amurrum*(?)]　　　　　　姆手中,[舒阿穆润(?),
5. [dumu *Im-gur-é*]*-be-an-na*　　　　　　[伊姆古尔埃]贝安那[之子]
6. šu-[ba-an-ti]　　　　　　　　　　　　[借下了]。
7. u₄-um é-gal　　　　　　　　　　　　在王宫
8. kù-babbar *i-ri-šu*　　　　　　　　　　要求归还银子时,
9. kù-babbar ì-lá-e　　　　　　　　　　　他将归还银子。
10. itu kin-^{d}Inanna u₄ 1-kam-ma　　　　日期：6月1日,
11. mu Èš-nun-na^{ki}　　　　　　　　　　汉穆拉比第 38 年

---

① AUCT IV no. 26，SLB I/3 no. 101，EDUBBA 7 no. 63.
② EDUBBA 7 no. 83.

234

这是一个银钱借贷契约,债权人为埃台勒皮那比乌姆,他的身份可能是一个王宫服务人员,因为契约下面出现了"王宫要求归还银子"的条款,所以这个借贷的债权人实际是王宫。埃台勒皮那比乌姆只是王宫的代理人,归还日期为"王宫要求归还时"。从这份契约和上述两份契约,可以感受到王宫和神庙所具有的不同的机构属性。

表 12-11 "其他月份"和"其他方式"还贷情况一览表

契约	借贷月/日	还贷月/日	借贷种类
AUCT IV/16	05/14	2 月	大麦
AUCT IV/27	11/25	第 15 日	银子
AUCT IV/26	12/10	在[他要求时]	银子
AUCT IV/44	01/04	在……?	银子
AUCT V/19	10 月	在＜收获＞月份	大麦
AUCT V/22	06/15	恢复健康时	大麦和芝麻
AUCT V/33	10 月	11 月	银子
AUCT V/49	11 月	05/30	银子
AUCT V/52	05/26	06/07	无
AUCT V/21	残缺	ág-eren 月	大麦
AUCT V/110	03/25	第 5 日	大麦
AUCT V/34	8 月	在本月 30 日	银子
AUCT V/51	残缺	在本月 30 日	银子
EDUBBA 1/12	无	1 日	大麦
EDUBBA 1/14	无	商旅结束第 10 日	油
EDUBBA 1/16	无	商旅结束	银子
EDUBBA 1/15	12/01	?/30	纯银
EDUBBA 7/130	未知年名	4 月	银子
EDUBBA 7/83	无	马车主人要求时	马车
EDUBBA 7/123	7 月	09/10	天青石
EDUBBA 7/115	残缺	8 月	银子
EDUBBA 7/63	03/09	神沙马什要求时	银子
EDUBBA 7/122	阿达德神节日	6 月	银子
EDUBBA 7/70	6 月	06/20	砖

235

续 表

契约	借贷月/日	还贷月/日	借贷种类
EDUBBA 7/106	Sm 17 年	4 月	砖
SLB I/3 74	06/12	10 日内	芦苇
SLB I/3 101	06/01	在宫廷要求时	银子
PBS 8/2 CBS1168	Ad	恢复健康时	金子
PBS 8/2 CBS7199	Si 27 年	A-ša 月	大麦
PBS 8/2 CBS 347	Im	8 月	银子
PBS 8/2 Ni. 7176	Si 11 年	恢复健康时	银子
PBS 8/2 CBS1351	As 3 年	10 日内	银子
YOS 13 444	05/13	第 10 日	芝麻
TCL I 152	9/19	在……	银子
YOS 13 428	03/26	1 个月后	银子
YOS 13 287	09/01	1 月	银子
UCP 10/4	未知年名	10 月	银子
UCP 10/16	未知年名	2 年	大麦
UCP 10/18	未知年名	第 30 日	银子
VAB 5/41	4 月	4 月	银子
TIM 7 15	Bibbulum 月	Lismum 月	银子

三、借贷活动的一般期限

根据上述对借贷日期和归还日期的分析,我们可以推算出这一时期动产借贷的一般期限。古巴比伦时期借贷活动的还贷时间一般在收获季节、沙都吞月和 3 月。收获季节和沙都吞月,虽然学者们对这两个日期没有取得一致意见,但这两个日期大概都在 3 月份左右,因此我们可以把这两个日期粗略看做是 3 月份,那么在 3 月份还贷的契约就达到了 126 份(收获季节 83 份,沙都吞月 11 份,3 月 32 份),约占总数的 76%。由于借贷发生时间多集中于 8 月—12 月,所以古巴比伦时期动产借贷的一般期限为 3—7 个月,属于短期借贷,这种借贷一般都是生活资料的借贷,是对生活资料不足的一种弥补。人们在收获季节总会有所收获,能有粮食维持一段时间,因此借贷期限一般都会少于一年,集中于 3—7 个月。当然也有特别短和特别长的借贷发生,根据契约分析,古巴比伦时期的借贷中最短的一个借贷期限为5天①,借贷时间最长的一份契约为2年②。一般来说用于商业贸易的借贷,借贷期限会稍长。而那些仅有借贷日期而无归还日期的契约,我们则无法确定其具体的借贷期限③。

---

① AUCT V, no. 110.
② UCP 10/16.
③ 吴宇虹先生认为,许多契约中不说明偿还日期是因为在古代两河流域曾存在一个约定俗成的日期,债务者通常在这个季节偿还贷款。详见吴宇虹、吕冰《乌尔第三王朝时期的尼普尔银贷业商人档案研究(上)》,《古代文明》,2008年第2期,第17页。

第十三章 动产的借贷利率

借贷利率是研究动产借贷活动中的一个核心问题,借贷利率可以反映当时社会的商业发展状况、整体经济水平、人们的生活状态等诸多社会经济问题。但由于此前原始借贷契约的缺乏及古代语言的障碍,国内学者在这方面的研究非常薄弱,对古巴比伦时期借贷利率的初步认识主要来自于《汉穆拉比法典》中的相关规定。然而研究借贷利率这样一个较为复杂的问题,仅仅根据法典中的几个条款远远不够,也无法取得"窥一斑而知全貌"的效果。对古巴比伦时期借贷利率的研究只有在占有大量第一手原始契约的基础上,结合《汉穆拉比法典》中的相关规定,进行综合性的考察研究,才能揭示古巴比伦时期借贷利率的实际。

第一节 利息条款的用词

利息条款在契约中一般出现在借贷物品和借贷类型之后,用来标明该借贷是有息或者是无息。在一些借贷契约中,利率出现在还款条款中。需要注意的是并非所有的借贷契约都有利息条款,在古巴比伦后期,公元前1712年(叄苏伊鲁那第38年)之后,借贷契约中就不再有利息条款了。

一、"利率"的用词

古巴比伦时期的借贷契约中,"利率"一词通常用苏美尔语 máš 表示。从词源学角度上看,máš 最初的汉语为"山羊",但经过长时间的词义演变,到了古巴比伦时期 máš 一词逐渐转义为"利率"。根据斯坦科勒(Steinkeller)的研究,词语 máš 的意义变迁经历了四个阶段:

1. 在最早期的苏美尔法律和管理文献中,máš 一词仅仅是"山羊"的意思,并不用来指代其他动物。

2. 在前萨尔贡时期晚期,约公元前2400年,máš 一词用来指代羊群的增长。在一些涉及土地租赁的租金文献中,提到 kù máš-ga-bi x gín"羊群增长的价值是 x 银子"。因为土地承租者租用土地,既可以种植庄稼,也可以放牧动物,而租金的多少与承租人放牧动物的多少有关。

3. 到了萨尔贡时期(公元前 2371—前 2191 年),máš 一词又有"税收、款项"的意思,用山羊的年增长率来分析借贷契约中的利率情况。

4. 在乌尔第三王朝时期(公元前 2111—前 2004 年),máš 一词开始用来指代利率,用在借贷契约中,并延续到古巴比伦时期。[①]

古巴比伦时期,阿卡德语 ṣibtum 也用来表示"利率",与苏美尔语 máš 一同使用于借贷契约中。

二、利率条款中的动词

表示"利率被加上"的动词,主要有 4 个,1 个阿卡德语动词和 3 个苏美尔语动词。阿卡德语动词为 uṣṣab,是动词 wasābum 的第三人称单数的现在时形态,表示利息"将加上"(to add),可用于西帕尔地区及以北地区的整个有息条款的借贷契约中。苏美尔语的 3 个动词为:

1. gá-gá-dam,表示"应被加上"(it shall be set),用于西帕尔、基苏腊、乌尔等地区。该词较少被使用,到公元前 1880 年,大多数契约中不再使用该词。

2. dah,有两种形式:一是 dah-hê-dam,表示"它将被加上"(it is to be added),该动词用于整个古巴比伦时期有利息条款的借贷契约中,在西帕尔、尼普尔、基苏腊、拉尔萨等地区均有使用;二是 ba-ab-dah-e,表示"他将加上"(he will add),该词也用于整个古巴比伦时期有利息条款的借贷契约中,但使用区域较少,仅使用于乌尔和拉尔萨地区。在拉尔萨地区,还有 dah-e-dè 的动词形式。

3. in-tuk,表示"有"(it has),主要用于尼普尔、基苏腊、扎巴兰等南部地区。

三、利息条款的句子类型

上面我们分析了利息条款中的动词和名词的使用,利息条款根据使用的词语不同,可以分为以下两种类型。

---

① A. Skaist, *The Old Babylonian Loan Contracts*, pp. 102 - 103.

(一) 名词性句子类型

有些利率条款全部使用名词表示,利率条款中不出现动词,我们把这种类型称为名词性句子类型。该类型主要使用于古巴比伦早期,约公元前1915—前1814年(瑞姆辛9年),用于尼普尔、基苏腊、乌尔、拉尔萨等地区,如:máš 1 gín kù-babbar 1 bariga še-ta"利率为每'钱'银子60升大麦",整个利率条款由名词构成,或者叫名词性句子。在一些较特殊的情况下,利息是支付的食物,如 máš-bi mākālum "利率为一顿饭",这种利率形式常用于神庙借贷中,所付的利息是给神的食物供品。[①]

(二) 动词性句子类型

在多数契约中,利率条款是包含有动词的句子,我们把这种类型称为动词性句子类型。动词就是在我们在上面提到的1个阿卡德语动词和3个苏美尔语动词。动词性句子类型的使用远多于名词性句子类型,使用于整个古巴比伦时期。例如:máš gi-na ú-ṣa-ab "公平利率将被加上"。有时,契约中只有 máš gi-na,而无动词 ú-ṣa-ab,这种情况应该是书吏的有意省略以节省泥板的空间,我们仍将其看作是动词性句子类型。

第二节 借贷利率分析

在 AUCT IV、AUCT V、É-DUD-BA-A-7、SLB I(3),及 PBS 8等契约文献集中,有194份契约记录了借贷活动。这194份借贷契约中所规定的借贷利率,大致可以划分为四种大的类型:一是契约中的利率用明确的数字表示;二是用一些短语来描述借贷利率;三是契约中规定利率,但对利率的大小没有任何描述;四是契约中没有利息条款,但要根据约定俗成的利率归还利息。在实际生活中,借贷利率呈现出多种多样,复杂多变的状况,我们仅就经常出现,具有较大研究意义的利率做细致的分析和研究。

一、有明确数额的借贷利率

在一些契约中,明确规定了借贷活动中借贷利率的数额。在古巴比伦时期两部著名的法典中,都规定了借贷利率的明确数额。《埃什嫩那法典》第18条对借贷利率做了如下规定:

---

① 详见本章第二节。

1舍凯勒(180舍)银子,36舍的利息应该加上;1"石"(300升)大麦,100升的利息应该加上。①

根据该条款可知,《埃什奴那法典》中规定银子的借贷利率为20%,大麦的借贷利率为33.3%。该法典一般认为是埃什奴那国王达杜沙在位期间颁布,时间大约于公元前1770年②。

另一部著名的《汉穆拉比法典》第73条对借贷利率的规定如下:

　　如果一个商人把(他的)大麦或银钱给(某人)作为有息贷款,对于1"石"(1"石"＝300升)大麦,他应该拿取100升的利息(33.3%);如果他给出银子作为有息贷款,对于每"钱"(1"钱"＝180"粒")银子,36"粒"的利息(20%)他应该拿取。③

从这个条款中可以看出,法典规定的大麦的借贷利率为33.3%,银子的借贷利率为20%,这与《埃什奴那法典》的规定完全相同。《汉穆拉比法典》颁布于国王汉穆拉比统治后期,约为公元前1950年④,时间上比《埃什奴那法典》约晚20年。这两部法典具有一定的连续性,具有前后相继的关系。在民间契约中,我们也发现了与法典规定的借贷利率完全相同的借贷比率。银子的借贷利率,在契约中一般用短语 máš 1 ma-na 12 gín-ta-àm 表示。如:

AUCT IV no. 20

日期:汉穆拉比 31/12
借贷种类:银子
AUAM 73.2647

---

① R. Yaron, *The Laws of Eshnunna*, Jerusalem, 1988, p.55.
② 对于《埃什奴那法典》颁布的具体时间,学术界争议较大,一种观点认为该法典由埃什奴那早期的一位国王俾拉拉马颁布,因为法典中出现了该国王的名字。但从法典的内容与法典用语的构词法等方面来看,更多学者认为该法典颁布于国王达杜沙在位期间。参见 R. Yaron, *The Laws of Eshnunna*, Jerusalem, 1988, pp. 20-21。
③ 吴宇虹等:《古代两河流域楔形文字经典举要》,第83页。
④ 关于《汉穆拉比法典》的颁布时间,学术界也没用达成一致意见。有学者认为,该法典颁布于汉穆拉比国王第二年,主要依据是他第二年的年名为"在国内建立了正义"。但根据法典前言里对汉穆拉比国王功绩的描述及法典内容分析,这部法典不可能是他第二年颁布的,而是在他统治的后期第40或42年颁布。参见 M. T. Roth, *Law Collections from Mesopotamia and Asia Minor*, Scholar Press, Atlanta, 1995, p.71。

正面：

1. 10 gín kù-babbar　　　　　　　10"钱"银子，
2. máš 1 ma-na 12 gín-ta-àm　　　1"斤"银子 12"钱"的
3. ba-ab-dah-e　　　　　　　　　利率（20％）他将加上，
4. ki Da-da-a　　　　　　　　　　从达达
5. ù ᵈEN. ZU -ú-sí-li　　　　　　　和辛乌采里手中，
6. ᴵᵈEN. ZU -be-el-ì-li　　　　　　辛贝勒伊里
7. šu-ba-an-ti　　　　　　　　　　借下了它。
8. iti sig₄-a　　　　　　　　　　　在 3 月，
9. kù ì-lá-e　　　　　　　　　　　他将要归还银子（和利息）。

背面：

10. igi ᵈIškur -še-mi　　　　　　　证人：阿达德舍米，
11. ¹An -pí- ᵈEN. ZU　　　　　　阿农皮辛。
12. iti še-gur₁₀-ku₅　　　　　　　日期：12 月，
13. mu Ha-am-mu-ra-bi ma-da　　汉穆拉比第 31 年。
14. E-mu-ut-ba-al
15. ba-an-dib

在这份契约中，借贷的银子总数是 10"钱"银子，利率明确表示为 máš 1 ma-na 12 gín-ta-àm，即 1 马那银子，12"钱"银子将加上，借贷利率为 20％。借贷期限结束后，借贷人要归还银子和利息。

大麦 33.3％ 的利率在契约用苏美尔语为 máš 1 gur 1 pi 4-bán 来表示。如：

EDUBBA 7 no. 107

日期：阿皮勒辛 12 年
借贷种类：大麦
IM90655　S2. 540

1. 4 še. gur! ur₅. ra　　　　　　　4"石"有息大麦，
2. máš 1 gur 1 (pi) 4-bán ú-s a-ab　1"石"大麦 1"斛"4"斗"
3. ki ᵈUtu- ù-ša- AN　　　　　　的利率（33.3％）将被加上，
4. ¹Ma-ti-i-la-ma　　　　　　　　从沙马什乌沙伊里手中，
5. ù Mu-ta-ni? -šu-ú　　　　　　　马提拉马和穆塔尼舒
6. šu. ba. an. ti. meš　　　　　　　借下了它。
7. u₄. buru₁₄. šè　　　　　　　　　在收获的季节，
8. še ù máš. bi　　　　　　　　　　大麦和利息

9. ì. ág. e. meš	他们将归还。
10. igi ᵈUtu-an. dùl	证人：乌图安杜勒，
……	（残缺）
19. mu A-*pil-30* lugal	日期：阿皮勒辛第12年
20. bàd -*mu-ti*^ki	

在这份契约中，借贷的大麦总数为 4"石"（300 升），利率明确表示为 máš 1 gur 1 pi 4-bán，即 300 升大麦缴纳 60＋40 升大麦，利率为 33.3％。借贷到期后，借贷人要归还大麦和利息。

此外，银子借贷契约还有 3 种不同于法典规定的借贷利率，它们为 1/4，1/9 和 1/180。契约如下：

PBS 8/1 no. 11

日期：瑞姆辛
借贷种类：银子

1. … gìn kù-babbar	……"钱"银子，
2. máš 1 gìn igi-4-gál-ta	1"钱"银子 1/4"钱"的
3. dah-he-dam	利率（1/4）将被加上，
4. ki ᵈSin-*da-a-a-an*	从辛达亚安，
5. dumu Bu-*un-na-nu-um-ta*	布那农塔之子手中，
6. [X dumu Y-*ge*]	[X，Y之子
7. [šu-ba-an-ti]	借下了]。
……	……

这份契约的借贷利率为 1"钱"银子 1/4"钱"的利息，借贷利率为 1/4，即借贷利率为 25％。

PBS 8/1 no. 12

日期：布尔辛
借贷种类：银子

1. 1－1/2 gìn kù-babbar	1 1/2"钱"银子，
2. máš-bi-šù XXX še	利率为 30"粒"（1/9）。
3. ki A-*ab-ba-kal-la-ta*	从阿巴卡拉塔手中，
4. Ì-*lí-mi-di*	伊里米迪，
5. dumu Na-*har*-[…]	那哈尔[……]之子
6. šu-b[a-an-ti]	借下了。

243

7. u [d ebur-šù kù-babbar]　　　　　　[在收获的季节，银子]

8. [ù máš-bi ni-lá(l)-e]　　　　　　　[和利息，他将归还]。

　　这份契约的借贷的银子为 1 1/2"钱"银子，需要的利息为 30"粒"（1/6"钱"）银子，因此该契约的借贷利率为 1/9，即 1.1%

PBS 8/2 no.195

日期：伊美如姆

借贷种类：银子

CBS 347

1. 1 ma-na *kaspim*　　　　　　　　　1"斤"银子，

2. *siptu* 1 ma-na 1/3 *šiklu*　　　　　　1"斤"银子 1/3"钱"的

3. *ú-za-ab*　　　　　　　　　　　　利息(1/180)将被加上，

4. *itti Za-ab-lum*　　　　　　　　　　从扎布隆手中，

5. ᵐᵈ*Sin-i-mi-ti*　　　　　　　　　　辛伊米提，

6. *ša i-na Šá-ib-di-I*　　　　　　　　在沙伊布迪（地名）

7. *wa-aš-bu*　　　　　　　　　　　　居住，

8. *kaspam šú-ba-an-ti*　　　　　　　借下了银子。

9. *warah ki-nu-ni*　　　　　　　　　在 8 月，

10. *kaspam ù sipta-šu*　　　　　　　银子和利息

11. *ì-lal-e*　　　　　　　　　　　　她将归还。

12. mu ê-ᵈninni　　　　　　　　　　日期：伊美如姆建立尼尼庙

13. *Im-me-ru-um i-pu-šú*　　　　　　之年。

　　这份契约的利率非常明确，为 1"斤"(60"钱")银子 1/3"钱"银子，利率为 1/180，是一个相对很低的借贷利率。

　　大麦借贷契约中也有 1 种不同于法典规定的具体数额的借贷利率，为30%。契约如下：

UCP 10 no.20

日期：？

借贷种类：大麦

1. 44 gur še har　　　　　　　　　　44"石"碾净的大麦，

2. 1 gur 1 pi 3 bar *siptam ú-sa-ap*　　1"石"大麦 1"斛"3"斗"

3. ki *Ilu-šu-na-ṣir*　　　　　　　　　的利率(30%)将被加上，

4. ù ᵈNannar-dim　　　　　　　　从伊鲁舒那采尔和南那尔汀
5. ᵐIš-me-ᵈSin　　　　　　　　　手中,伊什美辛
6. ù mârê^(meš) Mu-na-wi-rum　　和穆那维润的儿子们
7. šu-ba-an-ti-meš　　　　　　　借下了。
8. warah Ša-ad-du-tim　　　　　在沙都吞月,
9. še-a-am ù ṣiptašu　　　　　　大麦和利息
10. i-àga-e　　　　　　　　　　 他们将归还。
......　　　　　　　　　　　　（证人略）
18. mu Ra-bi-kum　　　　　　　 日期：[……]神庙再次
19. ê[...]-a(?)-ma(?) ba-an-hul(?)　被毁之年(?)

通过对上述契约的分析,我们可能会得出一个当然的结论,古巴比伦时期的借贷利率：银钱为20%,大麦为33.3%,因为法典的规定与契约中的利率条款得到了互相印证。但一个关键性的问题是,这种与法典规定的利率相吻合的契约有多少呢？它们在借贷契约中所占的比例又是多少呢？在194份动产借贷契约中,直接标明利率具体数额的契约只有9份,约占5%,其中,银子借贷利率为20%的契约仅有1份,大麦借贷利率为33.3%的借贷契约也只有4份。可见,与法典规定的比率相吻合的契约只是非常少见的特例,法典规定的利率在实际生活中并不常使用。

《汉穆拉比法典》中的借贷利率是如何而来的呢？或许我们可以从乌尔第三王朝时期的借贷利率中找到一些线索。国内亚述学权威吴宇虹先生对乌尔第三王朝时期大麦与银子借贷利率的研究表明,该时期的借贷利率实行全国统一的标准,即大麦的借贷利率是33.3%,银子的借贷利率是20%,并且在发现的民间借贷契约中,几乎所有借贷契约中的利率都是这个利率[1]。这种固定的高利率可以追溯到更早的古苏美尔城邦时代。《汉穆拉比法典》中规定的大麦33.3%,银子20%的利率可能来源于乌尔第三王朝时期这一传统的借贷利率,但是这种高利率却与古巴比伦时期社会经济的发展不相适应了。在人类历史的早期阶段,商业经济不发达,借贷行为较少,这时的借贷利率比较单一,可以由国家规定。但古巴比伦时期,由于商业经济的发展,借贷行为成为一种常见的经济活动,借贷类型及借贷用途等都变得更加多元化。这种多元化的借贷活动无法使用统一的借贷利率。《汉穆拉比法典》中所规定的高利率只是早期流行的借贷利率的一

---

[1] 吴宇虹、吕冰：《乌尔第三王朝时期的尼普尔银贷业商人档案研究（上）》,《古代文明》,2008年第2期,第17页。

245

种记忆,不再适应社会的发展,最终被人们慢慢抛弃了。

表 13-1　有明确数额的借贷利率一览表

契约	日期	借贷种类	利率	债务人	债权人
AUCT IV/20	Ha 31 年 12 月	银子	20%	辛贝勒伊里	达达和辛乌采里
EDUBBA 7/29		大麦	33.3%	伊那美台钦(?)等2人	伊里基马阿比亚
EDUBBA 7/64		大麦	33.3%		贝勒[……]
EDUBBA 7/107	As 12 年	大麦	33.3%	马提伊拉马和穆塔尼舒	沙马什乌沙伊里
EDUBBA 7/120		大麦和银子	大麦:33.3% 银子:沙马什利率	达米喀吞	拉马希
PBS 8/1 11	Rs	银子	25%		辛达亚安
PBS 8/1 12	Bs	银子	1/9	伊里米迪	阿巴卡拉塔
PBS 8/2 CBS 347	Im	银子	1/180	辛伊米提	扎布隆
UCP 10/20		大麦	30%	伊什美辛和穆那维润的儿子们	伊鲁舒那采尔和南那尔邓

二、máš gi-na 公平利率

对 194 份借贷契约的分析可以看出,古巴比伦时期大部分动产借贷契约中并不出现具体数额的利率,而是用一些约定俗成的短语表达方式,其中使用最多的是苏美尔语短语 máš gi-na。

máš gi-na 短语在西帕尔、拉尔萨、迪尔巴特以及拉巴旮等地区的借贷

246

契约中都有使用。在西帕尔地区的使用期限从阿皮勒辛第 2 年(公元前 1829 年)至叁苏伊鲁那统治时期(公元前 1712 年)。古巴比伦南部地区，máš gi-na 短语的使用时间较晚，从汉穆拉比统一两河流域地区(公元前 1763 年)之后开始使用。但在迪亚拉地区则不使用这一比率，即便在汉穆拉比征服这一地区之后，在契约中也没有发现使用这一短语。

关于这一短语的确切含义，西方学者有不同的观点。从词源学角度看，术语 gi-na 的基本含义是"固定的,不变的,真正的"(permanent, constant, true)。兰德伯格倾向于 gi-na 是"正规的,标准的"(normal)的意思,并翻译为"标准利率"(normal interest)[①]；席格雷斯特在其著作 AUCT IV 和 AUCT V 中，翻译为"公平公正利率"(fair rate/right interest)；莱门斯在著作 SLB I(3) 中，翻译为"标准利率"(standard interest)；阿尔腊维和戴雷则在其著作 EDUBBA 7 中翻译为"固定利率"(regular rate)。虽然学者们对这一短语的精确含义有不同的理解,但这一短语的核心意义是正规、标准、公平等等,因此我们把这一短语翻译为公平利率。

在 194 份借贷契约中，有 53 份契约的借贷利率是 máš gi-na 公平利率，约占 27%，是古巴比伦时期动产借贷的主体利率。máš gi-na 利率虽然大多数使用于大麦借贷中，但在其他动产如银子、椰枣、芝麻和啤酒等借贷中也广泛使用，具体情况如下表所示：

表 13-2　使用 máš gi-na 公平利率的借贷契约一览表

放贷物品	大麦	银子	大麦和银子	银子和啤酒	椰枣	芝麻
契约个数	44	3	3	1	1	1

(一) 大麦借贷

在 53 份使用 máš gi-na 公平利率的借贷契约中，属于大麦借贷的契约有 44 份，约占 83%，无疑大麦借贷是使用 máš gi-na 公平利率的主要借贷类型。这些契约大多属于汉穆拉比晚期和叁苏伊鲁那时期，主要发现于拉尔萨地区和西帕尔地区，两河流域北部地区也使用这样利率。试举一例：

---

① B. Landsberge, *Die Serie ana ittiš*. Materalien zum sumerischen Lexikon 1. Roma: Pontificium Institutum Biblicum, 1937, p. 115.

EDUBBA 7 no. 22

日期：叁苏伊鲁那 07/03/12
借贷种类：大麦
IM 85862   S1.76

1. 1(pi) 4-bán še	1"斛"4"斗"大麦，
2. máš gi. na *ú-s a-ab*	公平利率将被加上，
3. ki *Hu-um-t ì-* ᵈIm	从珲梯阿达德，伊里
4. dumu *Ì-li-ki-ma-a-b [i-ia]*	基马阿[比亚]之子①手中，
5. ¹*A-hu-za-sú-nu*	阿胡扎苏奴，
6. dam!? *Hu-za-lum*	胡扎隆的妻子
7. šu. ba. an. ti	借下了。
8. u₄. buru₁₄. šè	在收获的季节，
9. iti ša-an-d [u-t]im	在沙都吞月，
10. še-a [m ù máš]. bi	大麦[和利息]
11. ì. ág. e	她将归还。
12. igi 30 -[*i-din-nam*]	证人：辛[伊丁楠]，
13. dumu *Ip? -x-x*	伊皮[……]之子；
14. igi *Li-bur! -[šar]-rum*	证人：里布尔沙尔润，
15. dumu!. mí? Dumu *-er-s e? -<tim? >*	马尔埃瑞采？<汀>之子！
16. iti sig₄?. gau₄. 12. kam	日期：3? 月 12 日
17. mu gi[š. tukul šu]. nirníg. babbar	叁苏伊鲁那第 7 年
18. kišib *A-ha-sú-nu*	印章：阿哈苏奴，
19. kišib 30 -[*i-din-nam*]	辛[伊丁楠]，
20. kišib *Li-bur! -šar! <-rum>*	里布尔！沙尔！<润>。

在 3 份借贷契约②中，除了归还大麦和利息之外，还要在芝麻收获的季节，归还芝麻油或芝麻作为税。在古巴比伦时期，作为税上交的可以是多种不同的农作物。如：

EDUBBA 7 no. 8

日期：叁苏伊鲁那 07/03/30
借贷种类：大麦
IM 85847   S1.61

---

① 珲梯阿达德是一位女性，在许多契约中充当债权人，此处应该是书吏的误写。
② EDUBBA 7 no. 8, no. 21, no. 30, 分别缴纳 2/3 升芝麻油，3 升芝麻，6 升芝麻。

1. 2(pi) še ur₅.ra　　　　　　　　　　2"斛"有息大麦，
2. máš gi.na dah.hé.dam　　　　　　　公平利率将被加上，
3. KI Hu-um-ṭì-ᵈIM　　　　　　　　　从珲梯阿达德手中，
4. ¹E-tel-pí-ša　　　　　　　　　　　埃台勒皮沙
5. šu.ba.an.ti　　　　　　　　　　　 借下了。
6. u₄.buru₁₄.šè　　　　　　　　　　　在收获的季节，
7. še -am ù máš.bi　　　　　　　　　 大麦和利息，
8. ì.ág.e　　　　　　　　　　　　　　他将归还。
9. u₄.buru₁₄.šè še.giš.ì　　　　　　在芝麻收获的季节，
10. 2/3 qa ì.giš ki-sà-tam　　　　　2/3"升"芝麻油的税
11. i-na-ad-di-in　　　　　　　　　　他将上交。
12. igi Dumu-ki　　　　　　　　　　　证人：马尔埃采汀，
13. igi [A-na-tum]　　　　　　　　　 阿那吞。
14. iti sig₄.a u₄.30.kam　　　　　　日期：3月30日
15. mu giš.tukul šu.nir níg.babbar.ra　叁苏伊鲁那第7年。
16. kišib Dumu-ki　　　　　　　　　　印章：马尔埃尔采汀；

左边沿：
17. [A?-na?-tum]　　　　　　　　　　 阿那吞?；
18. dumu Nu-úr-ᵈU [tu]　　　　　　　奴尔[沙马什]之子，
19. ìr ᵈÈr-ra　　　　　　　　　　　　神埃拉的仆人。

（二）银钱借贷

有3份银子借贷契约的利率为 máš gi-na 公平利率，与大麦借贷契约一样，也发现于拉尔萨和西帕尔地区，属于汉穆拉比晚期和叁苏伊鲁那时期。试举一例：

AUCT V no.32

日期：汉穆拉比 42/11/01
借贷种类：[银子]
HAM 73.2268
正面：

1. 1/2 gín kù-babbar sag　　　　　　1/2"钱"优质银子，
2. máš gi-na dah-e-dè　　　　　　　 公平利率将被加上。
3. ki Ì-lí-am-ta-ha-ar　　　　　　　从伊里按塔哈尔手中，
4. Ì-lí-i-din-nam dumu Hu-ba-a-a　　胡巴亚之子、伊里伊丁楠，
5. šu-ba-an-ti　　　　　　　　　　　借下了。

249

背面：

6. iti sig₄-a　　　　　　　　　　　　　在3月，
7. kù ì-lá-e　　　　　　　　　　　　　他将归还银子（和利息）。
8. igi Li-pí-it- ᵈEN. ZU　　　　　　　　证人：里皮特辛，
9. igi A-bu-wa-qar　　　　　　　　　　阿布瓦喀尔，
10. igi Pir-hu-um　　　　　　　　　　　皮尔珲。
11. kišib-a-ni ib-ra-[aš]　　　　　　　　他们的印章滚上了。
12. [iti] úd-duru₅ u₄ 1-kam　　　　　　日期：11月1日，
13. mu bàd gal　　　　　　　　　　　　汉穆拉比第42年。
14. Kar-ᵈUtuᵏⁱ

（三）其他动产的借贷

除了大麦借贷和银子借贷，在使用 máš gi-na 公平利率的借贷契约中，有3份契约借贷物为大麦和银子，1份契约借贷银子和啤酒，1份契约借贷椰枣，1份契约借贷芝麻。①

在下面这份契约中，伊里伊奇闪借下了 1 1/2 "钱"优质银子和 180 "升"优质大麦，在还贷的时候，契约只规定了归还了银子和利息，并没有说明要归还大麦，或许大麦折算为银钱与所借的银子一同归还。

AUCT IV no. 25

日期：汉穆拉比 42/08/02
借贷种类：银子和大麦
AUAM 73.2619

正面：

1. 1- 1/2 gín kù-babbar sag　　　　　　1 1/2 "钱"优质银子，
2. 0,3.0. še-sag　　　　　　　　　　　　180 "升"优质大麦，
3. máš gi-na ba-ab-dah-e　　　　　　　公平利率将被加上。
4. ki ᵈEN. ZU -ú-s í-li　　　　　　　　　从辛乌采里手中，
5. ᴵÌ-lí-i-qí-ša-am　　　　　　　　　　伊里伊奇闪
6. šu-ba-an-ti　　　　　　　　　　　　借下了。
7. iti sig₄-a kù ù máš-bi　　　　　　　在3月，银子和利息
8. ì-lá-e　　　　　　　　　　　　　　他将归还。

背面：

---

① 这些契约依次为：AUCT IV no. 11, no. 12, no. 25, no. 24, AUCT V no. 24, EDUBBA 7 no. 58。

……   （证人略）
15. iti ᵍⁱˢapin-du₈-a u₄-2-kam   日期：8月2日，
16. me é-mes-lam-ma   汉穆拉比第42年。
17. sag-bi hur-sag-gím

在一些契约中，大麦被用作一种实物货币用来代替各种借贷物品进行还债。在使用公平利率的1份银子和啤酒借贷契约、1份椰枣借贷契约和1份芝麻借贷契约中，大麦用来还债。例如：

AUCT V no. 24

日期：叁苏伊鲁那 07/07/03
借贷种类：椰枣
HAM 73.2265
正面：

1. 1 gur zú-lum   1"石"椰枣，
2. máš gi-na ba-ab-dah   公平利率将被加上。
3. ki ᵈUtu   从神沙马什
4. ù *Na-bi-* ᵈEN.ZU   和那比辛手中，
5. *Im-me-er-i-li*   伊美尔伊里
6. šu-ba-an-ti   借下了。

背面：

7. iti sig₄-a   在3月，
8. še *ù* máš-bi   大麦和利息
9. ì-ág-e   他们将归还。
……   （证人略）
13. iti du₆-kù u₄ 3-kam   日期：7月3日，
14. mu *Sa-am-su-i-lu-na*   叁苏伊鲁那第7年。
15. lugal ᵍⁱˢtukul šu-nir

在这份契约中，借贷物品是椰枣，但归还的物品却是大麦和利息，大麦作为一种实物货币用来还贷。

máš gi-na 公平利率的具体数值是多少呢？学者们也有不同的观点。莱门斯认为，máš gi-na 短语是法典规定的利率，银子20％，大麦33.3％的另一种表达方式。他对西帕尔地区借贷契约的研究发现，在大量出自同一个人的大麦借贷契约中，有些利率标明为33.3％，有些则用 máš gi-na 短语来表示，因此断定 máš gi-na 短语表达的数值仍是33.3％。同样，在银

251

子借贷契约中的 máš gi-na 短语表达的数值仍是 20%[①]。斯开斯特对此提出了反对意见,他认为借贷契约只是告诉我们一个借贷的事实,并没有显示任何关于借贷签订时的状况,所以,一份契约的利率,是用 máš gi-na 短语或者其他利率形式也好,是由当时的实际状况决定,在契约中随意使用利率并不足为奇,所以 máš gi-na 利率表达的是一种变化的利率,随着实际情况的变化而变化[②]。两河流域南部地区开始使用 máš gi-na 公平利率始于汉穆拉比统一两河流域之后。因此,有学者认为 máš gi-na 短语用于南部地区是汉穆拉比借此提升利率的一种方法,即在大麦借贷中,从南部的 20% 提升为北方的 33.3%。斯开斯特认为这种观点并不可取,因为如果汉穆拉比想要提升利率,只需直接规定大麦的借贷利率使用北部的 33.3% 即可,没有必要换另外一种利率表达方式。而且,在银子借贷契约中,máš gi-na 短语与 20% 利率在北部和南部同时使用,意义何在?

虽然 máš gi-na 短语代表的利率数值目前还不清楚,但几乎可以肯定,这种利率并不是《汉穆拉比法典》中规定的高利率。如果 máš gi-na 是银子 20%、大麦 33.3% 利率的另外一种表达形式,为什么不直接写出来而要变换方式呢?我们把 máš gi-na 短语翻译为"公平利率",这个利率可能是国家颁布的一个较为公平的利率或是一个约定俗成的利率。古代两河流域国家具有保护弱势公民群体,主持社会公正的历史传统,三千年两河流域文明的立法理论和实践的核心思想是认为国家最重要的职能是以法律维护社会公平和阶级和谐。乌尔、伊辛、拉尔萨、巴比伦和其他王朝的众多国王在其统治的第一年便宣布废除债务,解放债务奴隶,并把这一重大事件作为第二年的年名,称为"在国内建立了公正之年"。维护社会公正,使强不凌弱是两河流域君主的最高执政理念。[③] 因此我们认为,在古巴比伦时期的众多动产借贷契约中,不用法典规定的固定高利率(大麦:33.3%,银子:20%),而用 máš gi-na 短语来表示,正是这一悠久历史传统、最高执政理念的具体表现。因为普通自由民是借贷的主体,用这一短语来表示另外一种更为公平的、充分保护弱势群体利益的低利率,以区别于法典中保护债权人利益的固定高利率。

[①] W. F. Leemans, The Rate of Interest in Old Babylonian Times, Revue international des droits de l'antiquité, 3ᵉᵐᵉ série, Tome V(1950), pp. 12 - 14.
[②] A. Skaist, *The Old Babylonian Loan Contract*, pp. 125 - 126.
[③] 吴宇虹:《古代两河流域国家保护弱势公民群体主持社会公正的历史传统》,第 5 页。

表 13-3　公平利率借贷契约一览表

契约	日期	借贷种类	利率	债务人	债权人
AUCT V/1	Ha 42 年 4 月	大麦	公平利率	阿马特辛	库马吞
AUCT V/3	Ha 42 年 8 月	大麦	公平利率	里库特辛	库马吞
AUCT V/5	Ha 42 年 10 月	大麦	公平利率	马尔埃尔采汀	库马吞
AUCT V/6	Ha 41 年 9 月	大麦	公平利率	马奴	库马吞
AUCT V/7	Ha 42 年 4 月	大麦	公平利率	辛伊姆古冉尼	库马吞
AUCT V/8	Ha 42 年 10 月	大麦	公平利率	达米喀吞	库马吞
AUCT V/9	Ha 42 年 4 月	大麦	公平利率	阿维勒伊鲁姆	库马吞
AUCT V/10		优质大麦	公平利率	瓦腊萨	沙马什旮米勒
AUCT V/11	Si 4 年 11 月	优质大麦	公平利率	伊里乌沙马什	沙马什阿比
AUCT V/12	Si 5 年 9 月	大麦	公平利率	沙特图图	比埃隆
AUCT V/13	Si 8 年？9 月	大麦	公平利率	鲁什塔马尔	阿迪安亚
AUCT V/14	Si 6 年 9 月	优质大麦	公平利率	乌图里提	辛伊姆古冉尼
AUCT V/15	Si 7 年 9 月	大麦	公平利率	沙马什里维尔	辛伊姆古冉尼
AUCT V/16	Si 6 年	优质大麦	公平利率	伊里乌沙马什	辛伊姆古冉尼
AUCT V/17	Si 07/09/20	[大麦]	[公平利率]	[……]	[辛伊姆古冉尼]
AUCT V/18	Si	大麦	公平利率	贝拉农	伊里伊迪楠

续　表

契约	日期	借贷种类	利率	债务人	债权人
AUCT V/19	Ha 42 年 10 月	大麦	公平利率	丹拉旮马勒	神沙马什和那比辛
AUCT V/20	Si 2 年 12 月	［大麦］	［公平利率］	［……］	［……］
AUCT V/32	Ha 42/11/01	优质银子	公平利率	伊里伊迪楠	伊里阿马塔哈尔
AUCT V/33	Si 4 年 10 月	银子	公平利率	埃台勒皮里希	辛伊姆古冉尼
AUCT V/24	Si 07/07/03	椰枣	公平利率	伊美尔伊里	神沙马什和那比辛
AUCT IV/7	Ha 41 年 10 月	大麦	公平利率	乌米闪西和伊勒塔尼	坤［马吞］
AUCT IV/8	Ha 41/10/10	优质大麦	公平利率	阿维勒巴巴	辛乌采里
AUCT IV/9	Ha 42 年 4 月	大麦	公平利率	皮苦拉隆	库马吞
AUCT IV/10	Si 06/07/18	优质大麦	公平利率	昆尼亚吞	辛伊姆古冉尼
AUCT IV/11	Ha 42 年 10 月	优质大麦和优质银子	公平利率	埃台勒皮埃阿	辛乌采里
AUCT IV/12	Ha 42 年 10 月	优质大麦和优质银子	公平利率	埃台勒皮埃阿和阿皮勒伊里舒	辛乌采里
AUCT IV/13	Si 07/09/01	优质大麦	公平利率	西玛伊拉特	神沙马什和那比辛
AUCT IV/14	Si 7 年 6 月	优质大麦	公平利率	采里沙马什	辛伊姆古冉尼

续　表

契约	日期	借贷种类	利率	债务人	债权人
AUCT IV/15	Si 07/10/29	[优质]大麦	公平利率	吉米勒伊里	沙马什[和……]
AUCT IV/18		优质大麦	公平利率	伊里图冉	沙马什旮米勒
AUCT IV/19		优质大麦	公平利率	埃舍帕尼沙马什	沙马什旮米勒
AUCT IV/25	Ha 42/08/02	优质银子和优质大麦	公平利率	伊里伊齐闪	辛乌采里
AUCT IV/65		优质大麦	公平利率	巴里盾	神沙马什和那比辛
AUCT IV/24	Ha 42/08/20 或 Si 11/08/20	优质银子和优质啤酒	公平利率	里希伊迪楠和哈里阿吞	辛乌采里
EDUBBA 7/2	Si 07/03/01	大麦	公平利率	马尔沙马什	辛茌[……]等2人
EDUBBA 7/8	Si 07/03/30	大麦	公平利率	埃台勒皮沙	珲梯阿达德
EDUBBA 7/11	Si 06/07/02	大麦	公平利率	伊簇腊吞	珲梯阿达德
EDUBBA 7/20	Si 7年11月	银子	公平利率	伊丁拉旮马勒和萨比吞	塔瑞比亚
EDUBBA 7/21	Si 07/04/11	大麦	公平利率	埃里埃雷萨	珲梯阿达德
EDUBBA 7/22	Si 07/03/12	大麦	公平利率	阿胡扎苏奴	珲梯阿达德
EDUBBA 7/23	Si 6年8月	[大麦]	公平利率	阿汉[尼尔西]	珲[沓阿达德]

255

续　表

契约	日期	借贷种类	利率	债务人	债权人
EDUBBA 7/24	Si？/08/23	[大麦]	[公平利率]	辛阿布舒和阿曼巴	珲梯[阿达德]
EDUBBA 7/30	Si 07/03/29	大麦	公平利率	伊布尼阿达德等2人	珲梯阿达德
EDUBBA 7/32	Si 07/12/02	大麦	公平利率	西勒喀吞？	珲梯亚
EDUBBA 7/34	Si 4年11月	大麦	公平利率	阿比[……]瑞(?)等2人	珲梯阿达德
EDUBBA 7/36	Si 07/11/12	大麦	公平利率	阿汉尼尔西等2人	珲梯阿达德
EDUBBA 7/37		大麦	公平利率	安杜勒（?）[……]等2人	珲梯[阿达德]
EDUBBA 7/42	Si 06/10/09	大麦	公平利率	达穆(?)提拉提等2人	珲梯阿达德
EDUBBA 7/58	Si 1年	芝麻	公平利率	伊塔维尔	珲梯阿达德
SLB I/3 110	Si？/12/20	大麦	公平利率	皮尔珲里孜兹和伊尼布西那	伊勒舒巴尼
SLB I/3 111	Si？/12/12	大麦	公平利率	马尔杜克那采尔等5人	伊勒舒巴尼
SLB I/3 137	？8月	优质大麦	公平利率	伊鲁姆里突勒	沙马什马吉尔

三、máš nu-tuk 无息利率

除了 máš gi-na 的低利率借贷之外，在古巴比伦时期同时存在着数量较多的无息利率。苏美尔短语 máš nu-tuk 表示为无息利率，相应的阿卡德语为 *hubuttatum* 。在这些契约明确规定了借贷属于无息借贷。在约

200份借贷契约中,共有25份契约明确标明了无息条款,此外有8份契约虽然没有明确标明属于无息借贷,但通过分析内容与契约的格式,它们也应属于无息借贷。无息借贷约占借贷总数的17%。古巴比伦时期存在着数量较多的无息借贷,也从一个侧面说明了这一时期的借贷实行的并非是高利率,而是较低的利率。其原因或许是国家为了发展商业而鼓励借贷行为。无息利率主要用于银贷和大麦借贷,但在其他动产如椰枣、芦苇的借贷中也使用无息利率。试举两例:

AUCT V no. 30

日期:叁苏伊鲁那 07/06/11
类型:银钱借贷
HAM 73.2368
正面:

1. 1/3 gín 8 še kù-babbar	1/3"钱"8"粒"银子,
2. máš nu-tuk	无息。
3. Ki *Da-aq-qí-ia*	从达奇亚手中,
4. *A-li-ba-ni-šu*	阿里巴尼舒,
5. šu-ba-ni-ti	借下了它。
6. *i-na E-re-eb*[7] *a-li*	在城门口,
7. kù-babbar ì-lá-e	他将要归还银子。

反面:

8. igi [ ]	证人:……、
9. igi [ ]-*a*	……阿、
10. igi *Be-lí-i-lí-šu*	贝里伊里舒、
11. igi [ ]-*Eš-tár*	……埃什塔尔。
12. iti Kin-^{d}Inanna u$_4$ 11-kam	日期:6月11日,
13. mu *Sa-am-su-i-lu-na* Lugal	叁苏伊鲁那第7年。
14. nì-bábbar-ra kù-sig$_{17}$	

AUCT IV no. 27

日期:叁苏伊鲁那 20/11/25
类型:银钱借贷
AUAM 73.2377
正面:

1. 1 gín kù-babbar	1"钱"银子,
2. máš nu-tuk	无息。

257

3. ki Dumu -er-se-tim	从杜穆埃尔采汀手中，
4. ᵐì-lí-iš-me-a-ni	伊里伊什美阿尼、
5. ᵐI-din - Eš-tár	伊汀埃什塔尔、
6. ᵐZa-ba₄-ba₄-ri-im-ì-lí	扎巴巴瑞姆伊里、
7. ᵐDumu- Eš-tár	杜穆埃什塔尔、
8. ᵐKišᵏⁱ-li-še-er	基什里筛尔和
9. ù Ta-ri-ba-tum	塔瑞巴吞，

反面：

10. šu-ba-ni-ti-eš₁₇	借下了它。
11. a-na u₄-15-kam	第 15 天，
12. kù-babbar ú-ta-ar-tu	他们要归还银子。
13. iti zíz-a u₄-25-kam	日期：11 月 25 日，
14. mu Sa-am-su-i-lu-na Lugal	叁苏伊鲁那第 20 年。
15. ᵍⁱˢtukul ugnim	
16. ma-da áš-nun-naᵏⁱ	

在无息贷款中，一般借贷涉及的银钱或大麦的数量都较少。在上述两个无息借贷中，借贷的银子数量都没有超过 1"钱"银子。在第二份契约中，借贷人有 6 个之多，共同借贷了 1"钱"银子，或许这 6 个人是债权人家里的雇工，非常贫困，所以债权人就无息借贷给他们，以渡过暂时的困境。

在这些无息借贷契约中，有 1 份银贷契约是以相等价值的椰枣来偿还。契约如下：

AUCT V no. 29

日期：叁苏伊鲁那 25/08/05
借贷种类：银子
HAM 73.2289

正面：

1. 1/3 gín kù-babbar	1/3"钱"银子，
2. máš nu-tuk	无息，
3. ki sìl-lí-ᵈNin-šubur	从采里伊拉布腊特手中，
4. A-pil-ᵈMar-tu	阿皮勒马尔图
5. šu-ba-an-ti	借下了。
6. [u₄ eb]ur zú-lum	在椰枣收获的季节，

背面：

7. i-na gú-un na-<aš>-pá-ki-im	用同等价值量，在仓库

258

8. zú-lum i-ha-ra-ás	他将扣除椰枣。
9. igi ^{d}Utu	证人：神沙马什；
10. igi ^{d}Marduk	神马尔杜克①。
11. iti apin-du$_8$-a u$_4$ 5-kam	日期：8月5日，
12. mu Sa-am-su-i-lu-na lugal	叁苏伊鲁那第25年。
13. alan ^{giš}tukul kù-sig$_{17}$	

椰枣树是古代两河流域主要的果树，在这份契约中，阿皮勒马尔图借银子也许是用来经营果园，所以在椰枣收获的季节称出价值1/3"钱"银子的椰枣作为偿还物。

这些免息的借贷契约一般都规定有还款期限，借贷者要在规定的时间内偿还所借物品，如果到期仍没有归还，则会加收罚息。有8份契约②明确规定了对延期的罚息，大部分用短语 *siptam ú-sa-ab*（"利息将被加上"）来表示，具体的数额并不清楚，仅有少数契约明确规定了罚息数额。

在3份借贷契约③中，máš nu-tuk 无息利率出现在 šu-lá 借贷类型中。我们认为 šu-lá 借贷是一种商业有息借贷，具有"合伙借贷"的含义。máš nu-tuk 出现在 šu-lá 之后，表示借贷者被赋予了免息的优惠权利，我们直接翻译为"无息"。试举一例：

AUCT V no. 266

日期：瑞姆辛 59/11/06
借贷种类：银子
HAM 73.2628
正面：

1. 3 gín 16 še kù-babbar	3"钱"16"粒"银子，
2. šu-lá máš nu-tuk	无息，
3. ki Da-da-a	从达达亚
4. ù ^{d}EN.ZU-ú-se-li	和辛乌采里手中，
5. Lu-ub-lu-ut-ilum	鲁布鲁梯隆
6. šu-ba-an-ti	借下了。
7. iti sig$_4$-a	在3月，

---

① 马尔杜克神原是巴比伦城的守护神，随着巴比伦城地位的上升而成为全国性的神。
② AUCT V no. 34, UCP 10 no. 9, no. 10, no. 16, no. 24, no. 28, no. 33, SLB I/3 no. 74.
③ AUCT V no. 49, no. 266, PBS 8/1 no. 10.

259

8. kù ì-lá-e

背面：

9. igi Pu-zu-ur-ᵈŠamaš
10. Ì-lí-na-ṣí-ri
11. kišib-a-ni íb-ra
12. iti úd-duru₅ u₄ 6-kam ba-zal
13. mu ki-30 Ì-si-inᵏⁱ ba-an-dib

他将归还银子。

证人：普朱尔沙马什，
伊里那采瑞。
他们的印章滚上了。
日期：11月6日，
瑞姆辛第59年。

在上述 šu-lá 商业借贷中，无息条款 máš nu-tuk 出现在契约中，借贷者则享有了免交利息的优惠。有学者根据商业借贷中出现无息条款的现象认为，无息借贷是商业合作伙伴之间的资金拆借行为，但这并不符合实际。因为，无息条款 máš nu-tuk 只是偶尔出现在商业借贷契约中，而更多的是出现在其他借贷类型契约中，并且只有两河流域南部地区的商业借贷中出现 máš nu-tuk 无息条款，而在其他地区的商业贷款中则不适用该条款[①]。在所有地区的其他类型契约中，都可以使用 máš nu-tuk 无息条款，因此 máš nu-tuk 无息借贷和商业借贷之间并没有什么直接的必然的联系，更不是等同的关系。从无息借贷的契约可以看出，这些借贷的金额都较小，并且多是大麦、椰枣等生活用品的借贷。银钱的借贷数额一般都小于1"钱"银子，种种迹象表明无息借贷更多是一种对下层贫困人们的慈善借贷行为。无息借贷在两河流域文明早期就已经出现，乌尔第三王朝时期，虽然实行的是大麦 33.3%、银子 20% 的高借贷利率，但同时也存在着少量的无息借贷。在古巴比伦时期，无息借贷的情况则更多出现，无息借贷的契约数量要远远超过《汉穆拉比法典》中规定的高利率契约。众多证据显示，古巴比伦时期的借贷利率与前期相比成下降趋势，体现了国家对弱势群体的进一步保护。

表 13-4　无息借贷契约一览表

契约	日期	借贷种类	利率	债务人	债权人
AUCT IV/27	Si 20/11/25	银子	无息	伊里伊什美安尼等6人	马尔埃尔采汀
AUCT V/29	Si 25/08/05	银子	无息	阿皮勒马尔图	采里伊拉布腊特

① A. Skaist, *The Old Babylonian Loan Contracts*, p.133.

续 表

契约	日期	借贷种类	利率	债务人	债权人
AUCT V/30	Si 07/06/11	银子	无息	阿里巴尼舒	达齐亚
AUCT V/34		银子	无息	阿塔	达达亚
AUCT V/49	Rs 59年11月	[银子]	[无息]	马尔图塔亚尔	辛乌采里
AUCT V/266	Rs 59/11/06	银子	无息	鲁布鲁梯隆	达达和辛乌采里
SLB I/3 74	Si 28/06/12	芦苇	无息	埃台勒皮那比温	阿黑维邓
EDUBBA 1/12		大麦	无息	伊孜那特等3人	拉沓比亚
EDUBBA 1/13	？8月	大麦	无息	辛伊齐闪	神沙马什和舍里布姆
EDUBBA 7/121	Im 5月	大麦、银子和芝麻	大麦无息	阿瓦特伊里和阿亚隆	普朱尔沙马什
EDUBBA 7/59		[银子]	无息	普朱尔？奴[奴？]	神沙马什
EDUBBA 7/119	As 05？/07/04	银子	无息	那如亚	埃瑞巴辛
PBS 8/1 10	Rs	银子	无息	伊什塔尔拉马孜	达米克伊里舒
PBS 8/1 9	Za	椰枣	无息	苦宁伊布	南那古旮勒
PBS 8/2 Nl. 7176	Si 11年	银子	无息	马尔伊尔采汀	神沙马什
UCP 10/4		银子	无息	南那尔米邓	布尔辛
UCP 10/9		大麦	无息	埃瑞布辛和埃瑞板	伊鲁舒那采尔

261

续表

契约	日期	借贷种类	利率	债务人	债权人
UCP 10/10		银子	无息	顺马农	辛阿布姆
UCP 10/16		大麦	无息	沙马什那采尔	伊鲁舒那采尔和南那尔邓
UCP 10/18		银子	无息	阿维勒伊鲁	布尔辛
UCP 10/21		大麦	无息	布尔阿达德等3人	伊鲁舒那采尔和南那尔邓
UCP 10/22	Ha 17年	大麦	无息	穆那农和吉米勒恩利勒	伊鲁舒那采尔和南那尔邓
UCP 10/24		大麦	无息	阿那沙马什里采和苏穆拉伊里	伊鲁舒那采尔
UCP 10/28		大麦	无息	舒穆里布西	伊鲁舒那采尔
UCP 10/33		大麦	无息	辛伊布尼等6人	伊鲁舒那采尔

四、逾期罚息

逾期罚息是对借贷者没有按期归还债务的惩罚,罚息既可以出现在有息借贷中,也可以出现在无息借贷中。在15份借贷契约中明确规定了对逾期者要加以罚息。通常情况下,契约中只规定 *ú-še-te-iq-ma ṣiptam ú-sa-ap* "如果时间消逝(延期),利息将被加上",并没有说明罚息的数额。少数契约明确写出了罚息的数额:契约 EDUBBA 1 no. 15 和 AUCT V no. 34 中罚息为33.3%,契约 EDUBBA 7 no. 70 中双倍罚息,契约 TIM 7 15

罚息为 19.4％,契约 SLB I/3 no.74 中罚 1"钱"银子,契约 AUCT V no.52 中罚一头牛等。借贷活动中,对逾期的惩罚多种多样,且惩罚较重。

有 8 份契约①明确标明属于无息借贷,但如果超出了归还期限,则要交纳罚息。如:

AUCT V no.34

日期:未知年名
借贷种类:银子
HAM 73.2570
正面:

1. 6 gín kù-babbar	6"钱"银子,
2. hu-bu-ta-[tum]	无息,
3. ki Da-da-[a-a]	从达达亚手中,
4. A-at-ta-a dumu Ú-a-a	阿塔,乌阿之子
5. šu-ba-an-ti	借下了。
6. a-na iti u₄-30-kam	在 30 日,
7. iš-tu ᵘʳᵘDe-er⁽ᵏⁱ⁾	从戴尔城
8. kù-babbar ú-ša-ab-ba-lam	他应将银子带来(归还)。
9. ú-še-te-iq-ma	如果错过期限(延期了),

背面:

10. máš 1 gín 1/3 gín-ta-àm	33.3％的利率
11. ú-ṣa-ab	将被加上。
12. ú-ul ú-ša-bi-lam-ma	如果没有带来,
13. a-na na-aš-ṭup-pi-šu	按照泥板上的数额,
14. kù ì-lá-e	银子将被称出(归还)。
......	(证人略)
18. iti še-ir-hu-um ša e-re-ši-im	日期:8 月(苏撒月名
19. mu bala gu-la	"播种月"),未知年名。

这份契约本来属于无息借贷,如果逾期没有偿还借贷,那么要交纳罚息,罚息为 33.3％,属于较高的利息。有 3 份契约②属于短期借贷,虽没有写利息条款,但事实上属于无息借贷,逾期也将受到重罚。如:

---

① AUCT V no.34,UCP 10 no.9,no.10,no.16,no.24,no.28,no.33,SLB I/3 no.74。
② EDUBBA 1 no.15,EDUBBA 7 no.70,TIM 7 15。

263

EDUBBA 7 no. 106

日期：辛穆巴里忒第 17 年
借贷种类：砖
IM 90654　S2.538/539

1. 3 sar 4 *šu-ši* sig₄	3"分"4"指寸"砖，
2. 1 gur 1(pi) 4 bán še *ú-s a-bu*	1"石"1"斛"4"斗"的
3. ki *Sà-ri-qum*	大麦提前支付。从萨瑞群
4. ù ᵈEN.ZU-*i-qí-ša-am*	和辛伊奇闪手中，
5. ¹Dingir-*Šu-i-bi-šu*	伊勒舒伊比舒、
6. ¹*Nu-úr-*ᵈUtu	奴尔沙马什
7. ù ᵈEN.ZU-*ki?-di-in-ni*	和辛基丁尼
8. 〔šu〕.ba.an.ti.meš	借下了。
9. iti dumu.zi	在 4 月，
10. sig₄ *i-la-bi-nu*	他们将归还砖。
11. *ú-še-ti-qú-ma*	如果延期，
12. máš *ú-s a-bu*	利息将被加上。
……	（证人略）
19. [iti ……]	日期：？
20. mu *i-si-in-na*ᵏⁱ	辛穆巴里忒第 17 年。

在这份契约中，没有写利息条款，应该属于无息借贷，但如果逾期不能归还砖，则要加收罚息，可惜的是契约中没有说明罚息的数额。

下面的契约中，采里沙马什作为借贷者的担保人应在规定日期内出现，如果没有出现，借贷者要赔偿一头牛。

AUCT V no. 52

日期：叁苏伊鲁那 26/05/26
借贷种类：
HAM 73.2441
正面：

1. šu-dù-a Ṣ*i-li-*ᵈŠamaš	采里沙马什作为担保人。
2. ki ᵈŠamaš-ga-mil	从沙马什叴米勒手中，
3. *Ì-lí-a-wi-lim*	伊里阿维林
4. šu-ba-an-ti	借下了。
5. *i-na* iti kin-ᵈInanna u₄ 7-kam	在 6 月 7 日，
6. Ṣ*i-li-*ᵈŠamaš	采里沙马什将出现，

7. *uš-za-az ú-ul uš-za-az-sú-ma*　　如果没有出现，
8. *Ì-lí-a-wi-lim*　　伊里阿维林
9. 1 gu₄ *i-ri-a-ab*　　应赔偿一头牛。

背面：

……　　（证人略）

17. [iti] ne-izi-gar u₄ 26-kam　　日期：5月26日，
18. [mu ⁱᵈ] Sa-am-su-i-lu-na　　叁苏伊鲁那第26年。
19. [na-qá-ab]-nu-úh-＜ni＞-ši
20. [mu-u]n-ba-lá

　　逾期罚息是对不履行契约规定、违反契约精神的一种惩罚，这种惩罚可以出现在各种借贷类型中。它既可以出现在商业借贷中，也可以出现在其他目的的借贷活动中；既可以出现在无息借贷中，也可以出现在有息借贷活动中，所以它和商业伙伴中的拆借行为并没有什么特定关系，并不是对违反拆借规则的一种惩罚，而是对一切违反契约精神的惩罚。

表13-5　逾期罚息借贷契约一览表

契约	日期	借贷种类	利率	逾期利率	债务人	债权人
EDUBBA 1/15	Ha 38/12/1 至 30 日	纯银		33.3%	伊勒卡乌图勒等2人	伊皮喀伊什塔尔
SLB I/3 74	Si 28/06/12 至 22 日	芦苇	无息	1"钱"银子	埃台勒皮那比温	阿黑维邓
EDUBBA 7/115	? 至 8 月	银子		延期罚息	伊丁阿穆如	阿鲧
EDUBBA 7/70	Sm 15 年 6 月至 20 日	砖		2 倍	伊里马阿黑	伊勒塔尼
EDUBBA 7/106	Sm 17 年至 4 月	砖		延期罚息	伊勒舒伊比舒等3人	萨瑞群和辛伊奇闪
TIM 7 15		银子		19.4%	辛伊拉特等4人	阿维勒伊林

265

续 表

契约	日期	借贷种类	利率	逾期利率	债务人	债权人
AUCT V/52	Si 26/5/26 至 6 月 7 日			一头牛	伊里阿维林	沙马什旮米勒
AUCT IV/44	Rs 59/1/4 至？	银子		延期罚息	沙马什哈孜尔	达达亚和辛乌采里
AUCT V/34		银子	无息	33.3%	阿塔	达达亚
UCP 10/9		大麦	无息	延期罚息	埃瑞布辛和埃瑞板	伊鲁舒那采尔
UCP 10/10		银子	无息	延期罚息	顺马农	辛阿布姆
UCP 10/16		大麦	无息	延期罚息	沙马什那采尔	伊鲁舒那采尔和南那尔邓
UCP 10/24		大麦	无息	延期罚息	阿那沙马什里采等2人	伊鲁舒那采尔
UCP 10/28		大麦	无息	延期罚息	舒穆里布西	伊鲁舒那采尔
UCP 10/33		大麦	无息	延期罚息	辛伊布尼等6人	伊鲁舒那采尔

五、神庙借贷和 máš ᵈUtu 沙马什利率

两河流域人是全民信教的民族，神庙在古代两河流域始终扮演着重要角色。古巴比伦时期，神庙不仅仅是一个宗教机构，也是一个很重要的经济实体。神庙掌握着巨大的经济财富，神庙祭司在各种经济活动中相当活跃，在借贷活动中更是积极的参与者。他们大规模地向外放贷大麦和银子，并且有自己所规定的借贷利率。

(一) 神庙借贷

两河流域地区还存在着一种较为特殊的借贷,即神庙借贷。早在乌尔第三王朝时期就有月神南那和医药神宁阿朱作为债权人出现在借贷活动中[①]。在古巴比伦时期,神庙借贷更加活跃。以神作为债权人的借贷,一般称之为神庙借贷。有时在一些神庙借贷契约中,代理人出现在神之后与神共同充当债权人,这种借贷被称之为"联合借贷"。这些代理人可以是神庙神职人员,也可以是代表个人利益的商人(苏美尔语为 dam-gàr)。神庙借贷在古巴比伦时期占有较大比例,在约 200 份借贷契约中,有 31 份契约属于神庙借贷契约,约占 16%。神庙借贷大多属于大麦和银子的借贷,此外也有椰枣、油、金子等其他动产的借贷。具体情况如下表:

表 13-6 神庙借贷涉及动产情况一览表

放贷物品	大麦	银子	椰枣	油	金子
契约个数	18	10	1	1	1

沙马什神庙是巴比伦时期最重要的一个神庙,其重要地位也表现在以沙马什神为债权人的借贷契约远远多于其他神作债权人的契约。在 31 份神庙借贷中,债权人是沙马什神的契约有 16 份(其中 7 份有代理人,那比辛、舍里布姆和采里提什帕克等),占了总数的 50% 以上。试举两例:

PBS 8/2 no. 215

日期:阿米迪塔那
类型:银钱借贷
CBS 1168

1. 2/3 šiklu 15 še *hurazim*	2/3"钱"银子和15"粒"金子。
2. *itti* ᵈ*šamaš*	从沙马什神手中,
3. ᵐLa-ma-as-si Géme-išib ᵈšamaš	沙马什神的信奉者拉马西,
4. *šu-ba-an-ti*	借下了它。
5. *i-na ba-al-ta-*[*at*]	如果她活着
6. *ù šá-al-ma-at*	并且身体健康,她要把
7. *a-na be-el-šá*	银子和金子归还她的主人。

---

① 吴宇虹、吕冰:《乌尔第三王朝时期的尼普尔银贷业商人档案研究(上)》,第 16 页。

AUCT V no. 19

日期：汉穆拉比 42/10
类型：大麦借贷
HAM 73.2264
正面：

1. 2;3.2 še gur sag	2 2/3"石"优质大麦，
2. máš gi-na bi-ib-dah	公平利率将加上。
3. [ki] ᵈUtu	从沙马什神和
4. [ù] Na-bi-ᵈEn-zu	那比辛手中，
5. Dan-ᵈLa-ga-ma-al	丹拉伽马勒
6. ù A-ha-at-su-mu	和阿哈特苏穆、
7. ama-a-ni	他母亲，

反面：

8. šu-ba-an-ti-iš	借下了它。在收获的
9. iti ＜ebur＞ še í-ág-e	月份里，他们将归还大麦。
10. igi A-wi-il-ᵈšamaš	证人：阿维勒沙马什，
11. [igi] E-te-el-pi₄-ᵈšamaš	埃台勒皮沙马什。
12. iti ab-è-a	日期：10 月，
13. mu Ha-mu-ra-bi lugar	汉穆拉比第 42 年。
14. bàd gal Kar-ᵈUtu＜ki＞	
15. gú ⁱᵈIdigna	
16. mu-un-dù-a	

　　在第一份契约中，债权人是沙马什神。在第二份契约中，债权人是沙马什神与他的代理人那比辛。神并不能亲自向外借贷，他只是作为一种象征，所以通常有一个代理人和神一起作为债权人。这种借贷类型我们称之为神庙借贷，神庙是债权人。在神庙借贷中还有一种情况，神并不在债权人中出现，而是以证人的身份出现在契约中，这种借贷类型我们也认为是神庙借贷。神作为证人的契约有 15 份，(见下表)，一般有乌如杜神、库穆勒穆勒神、沙马什神、辛神、马尔杜克神、宁乌尔塔神和涅旮勒神等等。如：

AUCT V no. 1

日期：汉穆拉比 42/04
类型：大麦借贷
HAM 73.2633
正面：

1. 2 še gur	2"石"大麦，
2. máš gi-na	公平利率(将加上)。
3. ki Ki-ku-ma-tum	从基库马吞手中，
4. A-ma-at-30	阿马特辛和
5. dam Be-lum	他的妻子贝鲁姆
6. šu-ba-an-ti	借下了它。
7. u₄ ebur-šè	在大麦收获的季节里，
8. še ù maš-bi	大麦和它的利息，

反面：

9. ì-ág-e	他们要归还。
10. igi ᵈUrudu	证人：乌如杜神、
11. igi ᵈKù-mul-mul	库穆勒穆勒神、
12. igi Mu-ha-du-um dub-sar	书吏穆哈杜姆。
13. iti šu-numun-a	日期：4月，
14. mu bàd Kar-ᵈUtuᵏⁱ	汉穆拉比第42年。

在这份契约中，神并没有出现在债权人之中。债权人是一个女人库马吞，这个女人以债权人的身份至少出现在9份借贷契约中(见下表)，可见她并不是一般的自由人。虽然契约中没有写明她的身份，但她的身份应该是一名女祭司，因为一般的世俗妇女地位低下，没有权利单独从事经济活动，况且她多次出现在借贷契约中。她应该是神庙中的管理人员，负责大麦的借贷工作。在这些借贷契约中，证人主要由神来充当，此类由神做证人的祭司借贷活动也属于神庙借贷。

古巴比伦时期，神庙借贷在动产借贷活动中占有重要比例，其利率也多种多样，有公平利率、无息利率等。在2份神庙借贷契约中[1]，借贷者从沙马什神庙借贷银子，利息为向沙马什神提供食物供品。利率用 máš mākalu 短语表示，其苏美尔语为 máš. bi ì. kú. e，神将吃掉它的利息。美国学者哈瑞斯在其论文《古巴比伦神庙借贷》中认为，"当时有着这样的风俗，提供食物给发放借贷的神以代替利息……这种措施是为了减轻一些债务人的负担。"[2] 下面这份契约也反映了神庙借贷的慈善性质及非商业性质。契约如下：

---

[1] EDUBBA 7 no. 65, CBS 7199.
[2] R. Harris, Old Babylonian Temple Loans, *JCS* 14 (1960), p. 132.

EDUBBA 7 no.65

日期：叁苏伊鲁那 06/01/24
借贷种类：银子
IM 85912　Sl.316

1. ［…］gín kù.babbar　　　　　　　　　　［……］"钱"银子，
2. ［máš］ma-ka-lum　　　　　　　　　　　利息为提供食物，
3. ［ki］ᵈUtu　　　　　　　　　　　　　　从神沙马什手中，
　……　　　　　　　　　　　　　　　　　（残缺）
5. ［iti］barag.zag.gar　　　　　　　　　　日期：1月24日，
6. u₄.24.kam
7. ［mu］［alam］［šùd.dè］　　　　　　　　叁苏伊鲁那第6年。

由于大部分借贷活动是社会下层为了生计而进行的活动，神庙借贷中的低利率甚至免息行为，反映了神庙借贷的慈善性质，这也反映了古代两河流域保护弱势群体的历史传统。

表 13-7　神庙借贷契约一览表

契约	日期	借贷种类	利率	债务人	债权人	神证
AUCT V/1	Ha 42年4月	大麦	公平利率	阿马特辛	库马吞	神乌如杜、神库穆勒穆勒
AUCT V/3	Ha 42年8月	大麦	公平利率	里库特辛	库马吞	神乌如杜、神宁乌尔塔
AUCT V/5	Ha 42年10月	大麦	公平利率	马尔埃尔采汀	库马吞	神乌如杜、神库穆勒穆勒
AUCT V/6	Ha 41年9月	大麦	公平利率	马奴	库马吞	神乌如杜、神库穆勒穆勒
AUCT V/7	Ha 42年4月	大麦	公平利率	辛伊姆古冉尼	库马吞	神乌如杜、神库穆勒穆勒

续 表

契约	日期	借贷种类	利率	债务人	债权人	神证
AUCT V/8	Ha 42年10月	大麦	公平利率	达米喀吞	库马吞	神乌如杜、神库穆勒穆勒
AUCT V/9	Ha 42年4月	大麦	公平利率	阿维勒伊鲁姆	库马吞	神乌如杜、神库穆勒穆勒
AUCT V/10		优质大麦	公平利率	瓦腊萨	沙马什苔米勒	[神乌如杜、神库穆勒穆勒]
AUCT V/19	Ha 42年10月	大麦	公平利率	丹拉苔马勒	神沙马什和那比辛	
AUCT V/22	Si 01/06/15	大麦和芝麻		乌巴尔润	神沙马什	神辛、神涅苔勒、神沙马什
AUCT V/24	Si 07/07/03	椰枣	公平利率	伊美尔伊里	神沙马什和那比辛	
AUCT V/29	Si 25/08/05	银子	无息	阿皮勒马尔图	采里伊拉布腊特	神沙马什、神马尔杜克
AUCT V/35	Si 11年2月	银子		辛乌采里	神沙马什	神沙马什
AUCT IV/7	Ha 41年10月	大麦	公平利率	乌米闪西和伊勒塔尼	库[马吞]	神乌如杜、神库穆勒穆勒
AUCT IV/9	Ha 42年4月	大麦	公平利率	皮苦拉隆	库马吞	神乌如杜、神库穆勒穆勒
AUCT IV/10	Si 06/07/18	优质大麦	公平利率	昆尼亚吞	辛伊姆古冉尼	神沙马什

续　表

契约	日期	借贷种类	利率	债务人	债权人	神证
AUCT IV/13	Si 07/09/01	优质大麦	公平利率	西玛伊拉特	神沙马什和那比辛	
AUCT IV/15	Si 07/10/29	［优质］大麦	公平利率	吉米勒伊里	沙马什［和……］	
AUCT IV/65		优质大麦	公平利率	巴里盾	神沙马什和那比辛	
EDUBBA 1/13	？8月	大麦	无息	辛伊齐闪	神沙马什和舍里布姆	
EDUBBA 1/14		油		卡达什那采尔	神沙马什和采里提什帕克	
EDUBBA 7/59		［银子］	无息	普朱尔？奴［奴？］	神沙马什	
EDUBBA 7/60		银子		伊里基马阿比亚	神辛	
EDUBBA 7/63	Si 05？/03/09	银子		伊里基马阿比亚	神沙马什	
EDUBBA 7/64		大麦	33.3%	［……］	贝勒［……］（女）	神沙马什、神马尔杜克
EDUBBA 7/65	Si 06/01/24	银子	提供食物	［……］	神沙马什	
EDUBBA 7/127		银子		阿珲	神辛	
PBS 8/2 NI 7176	Si 11年	银子	无息	马尔伊尔采汀	神沙马什	
PBS 8/2 CBS1168	Ad	金子		拉马采	神沙马什	

272

续　表

契约	日期	借贷种类	利率	债务人	债权人	神证
PBS 8/2 CBS7199	Si 27 年	大麦		达穆瑞板	神沙马什	
VAB 5/52		银子		基舒舒	神沙马什	

（二）máš ᵈUtu 沙马什利率

在众多古巴比伦时期使用的利率中有一种利率为 máš ᵈUtu，按照字面意思翻译为"沙马什神利率"。使用沙马什神利率的借贷属不属于神庙借贷呢？学者们持有不同的观点。有学者认为沙马什神利率和神庙借贷并无关系，它只是众多利率中的一种，神庙借贷的债权人必须是神或神与人共同出现。我们认为，这种利率既然用神的名字来命名必定与神庙有着某种特定的关系，应属于神庙借贷，是神庙借贷特有的一种利率。在 194 份动产借贷契约中，有 4 份银子借贷契约的利率是沙马什利率。试举一例：

EDUBBA 7 no. 6

日期：残缺

借贷种类：银子

IM 85843　Sl. 57

1. 1/2 gín k[ù. babbar]　　　　　　1/2"钱"银子，
2. máš ᵈUtu ú-s a-ab　　　　　　　沙马什利率将被加上。
3. ki Be-le-tum/su-nu　　　　　　　从贝莱吞，
4. dumu. mí Šu-[...]　　　　　　　舒[……]之女手中，
5. [1]A-hu-wa-qar　　　　　　　　阿胡瓦喀尔
6. ù Dingir -da? -mi? -iq?　　　　　和伊隆达米喀？
7. šu!. ti!. a u₄. buru₁₄. [šè]　　　　借下了。在收获的季节，
8. kù. babbar ù máš!. bi [ì. lá. e]　他们将归还银子和利息。
9. igi Šu? -ᵈa? -a? du [mu?...]　　　证人：舒阿业？[……之子？]
10. igi [...]　　　　　　　　　　　　[……]

在下面这份契约中，达米喀吞同时借下了大麦和银子，大麦的借贷利率为高利率 33.3%，银子的借贷利率为沙马什利率，而且债权人、证人都是女性，包括一个女书吏，该借贷也属于神庙借贷。

EDUBBA 7 no. 120

日期：无

借贷种类：大麦和银子

IM 92895　S4.1367/2

1. 2 gur še. gur ur₅. ra	2"石"有息大麦，
2. máš 1 gur 1 (pi) 4-bán ú-s a-ab	1"石"大麦 1"斛""4"斗"
3. 1 gín kù. babbar	的利率(33.3％)。1"钱"银
4. máš ᵈUtu ú-s a-ab	子,沙马什利率将被加上，
5. ki La-ma-sí	从拉马希手中，
6. 〔ʃ〕Da-mi-iq-〔tum?〕	达米喀吞，
7. 〔dumu?. mí? x〕〔…〕	〔……〕之女，
8. 〔šu〕. 〔ba. an. ti〕	〔借下了〕。
9. 〔u₄〕. 〔buru₁₄. šè〕	〔在收获的季节〕，
10. še 〔 ù máš. bi〕	大麦〔和利息〕
11. kù. babbar ù máš. bi	银子和利息，
12. ì. lá. e	她将归还。
13. igi Ma? -ta-tum	证人：马塔吞，
14. igi Be-le-sú-nu	贝勒苏奴
15. igi La-ma-sà-tum	拉马萨吞，
16. igi Ma? -na-a	马娜(女书吏)。

在上述两份契约中，利率都为沙马什利率(máš ᵈUtu),债权人都不是神,而是两个女人。虽然契约中没有写明她们的身份,但她们应该是女祭司。因为在古巴比伦时期,一般世俗女性地位低下,不能单独进行各种商业活动,只有女祭司可以单独出现在各种经济活动中。第二个契约中的证人中 2 个女人和 1 个女书吏,这么多女人出现在一份契约中,她们一定不是一般的普通妇女,而是女祭司的身份。这些具有女祭司身份的债权人或许可以证明沙马什神利率的借贷就属于神庙借贷。沙马什利率与 máš gi-na 公平利率一样,在具体数值上存在着较大争议,无法确定其具体数额。我们认为沙马什利率是神庙自己规定的一种数额较小的利率,以减轻债务人的负担。

表 13-8　沙马什利率借贷契约一览表

契约	日期	借贷种类	利率	债务人	债权人
EDUBBA 7/6		银子	沙马什利率	阿胡瓦喀尔和伊隆达米喀?	贝莱吞

续 表

契约	日期	借贷种类	利率	债务人	债权人
EDUBBA 7/130		银子	沙马什利率	阿拉隆	伊什塔尔那达
VAB 5/41	4月	银子	沙马什利率	辛茬乌尔和埃巴巴尔鲁穆尔	埃瑞什提沙马什
EDUBBA 7/120		大麦和银子	大麦：33.3%、银子：沙马什利率	达米喀吞	拉马希

六、其他形式的借贷利率

除上述介绍的一些常见利率外,古巴比伦时期还存着一些其他形式的借贷利率。在一些契约中,明确规定了需要交纳利息,但并没有说明利息的具体比率,因此无法知道利率的数额。还有一些契约,文件中没有利息条款,但这些契约也并不属于无息贷款。

(一) 规定有息,但缺乏利息的任何信息

在一些契约中规定了有息,但没有说明利息是多少。在 7 份契约①中明确规定了有息,属于有息借贷。如：

EDUBBA 7 no. 1

日期：叁苏伊鲁那第 6 年
借贷种类：大麦
IM 85820 - 85823

1. 1 še. gur ur₅. ra	1"石"有息大麦,
2. [máš. b]i dah. hé. d [am]	利率将被加上。
……	(残缺)
muurudu. alam [šùd. dè]	日期：叁苏伊鲁那第 6 年。
ᵈLamakù. gi	

---

① UCP 10 no. 31, TIM 7 23, AUCT V no. 35, EDUBBA 7 no. 1, no. 47, AUCT IV no. 22, no. 23。

EDUBBA 7 no. 47

日期：叁苏伊鲁那 07/09/03
借贷种类：银子
IM 85886　Sl. 226

1. 1/2 gín k[ù. babbar]	1/2"钱"银子，
2. máš. bi [...]	利息[将被加上]。
3. ki [...]	从[……]手中，
4. *Nu-ú*[*r*...]	奴尔[……]
5. šu. b[a. an. ti]	借下了。
6. 「u₄ buru₁₄」.「šè」	在收获的季节，
7. kù. [ba]bbar ì.「lá. e」	他将归还银子。
……	（证人略）
11. iti gan. gan. è! u₄. 3?. kam	日期：9月3日，
12. mu giš. tukul šu. nir	叁苏伊鲁那第7年。

在3份契约①中，没有直接写明有息，但在还款条款中写明了要归还借贷物品和利息，所以也属于有息借贷。如：

AUCT V no. 26

日期：叁苏伊鲁那 7/07/14
借贷种类：大麦
HAM 73. 2743
正面：

1. 1 še gur	1"石"大麦。
2. ki ᵈEN. ZU-*ellat-su*	从辛埃拉苏手中，
3. *Ma-an-*[*ni*]*-ia*	曼尼阿
4. šu-ba-[an-ti]	借下了。
5. u₄ ebur-šè	在收获的季节，
6. še ù máš-[bi]	大麦和利息
背面：	
7. ì-ág-e	他将归还。
……	（证人略）
12. iti du₆-kù u₄ 14-kam	日期：7月14日，
13. mu ᵍⁱˢtukul šu-nir mah	叁苏伊鲁那第7年。

---

① AUCT V no. 25，no. 26，EDUBBA 7 no. 27.

(二) 无利息条款,但不属于无息借贷

古巴比伦时期的借贷契约在公元前 1712 年(叁苏伊鲁那第 38 年)之后,就不再有利息条款了,这种情况出现在古巴比伦的所有地区。无利息条款往往给人一种没有利息的误解,但事实上情况复杂。一般认为,即使契约中没有提及利率,但仍会自动收取利息。基那斯特认为,人们会按照法规或习俗交息,是约定俗成的利息,无需在契约中写明。[①] 只有在契约里明确写明了无息的借贷才属于无息借贷,此外无论何种情况都属于有息借贷。无利息条款的借贷契约,试举一例:

AUCT IV no. 17

日期:叁苏伊鲁那 39/11/21
类型:大麦借贷
AUAM 73.2419

正面:

1. 0.3.2 še	3"斛"2"斗"大麦。
2. 30 e-dan-a-x	30 埃丹阿……(该句无法理解)。
3. ki ^{d}[ ]-lum	从……鲁姆手中,
4. ^{m}Hi-gar^{ki}- lu-[mur]	黑伽尔鲁穆尔,
5. šu-ba-an-ti	借下了它。
6. [u$_4$-ebur-še]	在大麦收获的季节里,

反面:

7. [ì]-[ág]-[e]	他要归还大麦。
8. igi A-wi-il -^{d}nin-šubur	证人:阿维勒宁舒布尔。
9. iti zíz-a u$_4$-21-kam	日期:11 月 21 日,
10. mu Sa-am-su-i-lu-na lugal	叁苏伊鲁那第 39 年。
11. giš da-am-gur-[ti]	

在 194 份借贷契约中,共有 65 份契约没有利息条款。其中有 8 份契约我们从契约本身可以看出属于无息借贷。契约 PBS 8/2 CBS 1168 中,拉马采从沙马什神庙借贷了 135"粒"金子,只要她活着,身体健康,应将金子归还给沙马什神。契约 AUCT V no. 22 中,乌巴尔润向沙马什神借贷了 13"升"大麦和 40"升"芝麻,要在他恢复健康时归还。这两份契约与无息借贷契约 NI.7176 的模式相同,因此,应该也属于无息。契约 TCL I 152 和

---

① A. Skaist, *The Old Babylonian Loan Contracts*, p.132.

YOS 13 287 中,分别借贷了 4 1/6"钱"和 4"钱"银子,并规定仍分别以 4 1/6"钱"和 4"钱"银子归还。契约 EDUBBA 7 no.18 属于塔瑞比亚档案,伊勒舒伊布尼舒借贷银子用以短期旅行。契约 EDUBBA 7 no.63 是 ikribū-loan,属于神庙借贷,伊里基马阿比亚向沙马什神庙借贷银子,被给予免息的优惠,要在神沙马什要求时归还。契约 EDUBBA 7 no.83, no.123 借贷的分别是马车和天青石,前者在马车主人出现时归还马车,后者用来经商,在规定日期归还,若破损则要归还银子(天青石的价值),这两份契约也属于无息借贷。其余 57 份契约虽然没有利息条款,但应该属于有息借贷,需要交纳利息。

三、日利息

在下面这份契约中,债务人进行了为期 10 天的短期借贷,契约中明确规定了每天应交纳的利息。

YOS 13 no. 66

日期:叁苏迪塔那 14/08/23
借贷种类:大麦和鹰嘴豆

1. 2 (pi) 2 (sāt) še 1 (pi) gú-gal
2. ša ^{d}Na-bi-um-ma-lik a-bi erén
3. a-na qá-bi-e ^{d}Sîn-i-qí-ša-am dumu-é-dub-ba? -a?
4. a-na Na-s i-ir-na-pi-iš-ti egir?
5. a-na u₄-10-kam i-in-na-ad-nu
6. iš-tu iti apin-du₈-a u₄-23-kam
7. 2 sìla ta-a i-sa-ad-da-ar-ma
8. 2 (pi) 2 (sāt) še 1 (pi) gú-gal
   ……
9. a-na na-ši ka-ni-ki-šu
10. i-na-ad-di-in
    ……
15. iti apin-du₈-a u₄-23-kam
16. mu Sa-am-su-di-ta-na lugal-e
17. ^{d}pa₅-nun-an-ki nin-an-ta-gal-la

2"斛"2"斗"大麦和 1"斛"鹰嘴豆,属于"将军"那比乌姆马里克。在"书吏学生"辛伊齐闪的允许下,借给了那采尔那皮什提提,为期 10 天。从 8 月 23 日起,每天 2"升"将入账,2"斛"2"斗"大麦和 1"斛"鹰嘴豆,(残缺)

他将归还给债主(将军)。

(证人略)

日期:8 月 23 日,
叁苏迪塔那第 14 年。

通过对大量古巴比伦时期借贷契约的分析,可以得出两点认识:一、古巴比伦时期并不存在着统一的利率标准,而是多种多样的借贷利率并存。即便是现代社会,也很难实行全国统一的借贷利率,因此我们不能把《汉穆拉比法典》中规定的利率作为古巴比伦时期唯一存在的借贷利率,并把它上升为统治阶级意志的体现;二、古巴比伦时期实行的借贷利率并非是一种高利率,而是一种公平合理的利率甚至存在着较多的无息利率。《汉穆拉比法典》中大麦借贷利率 33.3%、银钱 20% 的高利率在现实生活中并不常见,相反是一种基本废弃了、过时了的借贷利率。这种高利率无疑会限制借贷行为的发生,从而阻碍整个社会农业、商业的发展。这种高利率无疑也会造成阶级对立,促使阶级矛盾进一步激化,从而影响整个社会的稳定及国家的统治。因此,在现实生活中使用的借贷利率是一种借贷双方都能接受的"公平的、合理的"利率,甚至是无息利率,只有这样才能保证从事农业及商业的下层阶级的繁荣,从而促进整个社会经济的繁荣。"建立公平正义,保护弱势群体"是古代两河流域文明的一个优良传统,是历代国王施政的最高纲领,这种执政理想在借贷活动中也得到了较为充分的体现。

第十四章 借贷活动中各方身份分析

借贷活动中,最主要的参与者是借贷双方,但在这种交易中,证人作为见证人也在借贷活动中发挥着作用,因此借贷是一种多方参与的社会经济活动。对借贷活动中多方参与者身份的研究也是一个具有较高学术价值的重要问题。对他们身份的分析,有助于我们更清楚地了解古巴比伦时期各种人群的经济实力、社会地位、阶级关系乃至社会性质等众多问题。

第一节 债权人身份分析

在动产的借贷活动中,债权人的身份多种多样。神庙神职人员、各级军官、政府官员、高利贷商人等都作为债权人出现在借贷活动中,具体身份如下表所示:

表 14-1 债权人身份一览表

债权人身份	神	女祭司	寺庙书吏	挽歌手队长	宫廷财政官	土地管理者
契约个数	18	26	1	1	5	3
债权人身份	木匠	牧羊人	将军	宫廷商人	宫廷	无身份
契约个数	1	1	15	1	1	121

一、神庙里的神和神职人员

古代两河流域文明是一个典型的多神崇拜,全民信教的文明。每个城市都有自己的保护神,在城市中最高大、豪华的建筑就是神庙,神庙在社会生活中的重要性不言而喻。在动产借贷活动中,神庙也显现了其重要性,许多借贷都发生在神庙里,神、女祭司、寺庙书吏、挽歌手队长等都以债权人的身份出现。

（一）债权人为神

在诸神之中，西帕尔城神、太阳神和司法公正之神、天和地的大法官沙马什神在社会中占有很重要位置。据哈瑞斯统计，在神庙借贷中，以沙马什神作为债权人出现在借贷活动中的比例超过了80%，只有少数借贷债权人是月神辛[1]。在我们考察的194份借贷契约中，以神作为债权人的契约有18份，其中，有16份契约的债权人是沙马什神，2份是辛神。18份神庙借贷契约中，在7份契约中，代理人出现在神之后与神共同充当债权人。其中4份契约的代理人是那比辛，1份是舍里布姆，1份是采里提什帕克，1份人的名字大部分残缺。关于代理人的身份以及和神庙的关系问题，学者们有不同的观点。莱门斯认为这些人是神职人员，比如神庙祭司，他们在各种经济活动中相当活跃，而博伊尔则认为这些个人不代表神庙，只是代表个人利益的商人[2]。不管代理人的身份如何，但这类借贷在本质上最后的债权人都是神庙，属于神庙借贷。试举一例：

AUCT V no. 13

日期：叁苏伊鲁那 07/09/01
借贷种类：大麦
AUAM 73.2917
正面：

1. 1 gur še sag	1"石"优质大麦，
2. máš gi-na ba-ab-dah-\<e\>	公平利率将被加上。
3. ki ^{d}Utu \<ù\> Na-bi- ^{d}EN. ZU -ta	从神沙马什和那比辛手中，
4. ^{I}Ši-ma-i-la-at	西马伊拉特
5. šu-ba-an-ti	借下了。

背面：

6. iti sig$_4$-a	在3月，
7. še ì-ág-e	他将归还大麦。
……	（证人略）
11. iti gan-gan-è u$_4$-1-kam	日期：9月1日，
12. mu Sa-am-su-i-lu-na lugal	叁苏伊鲁那第7年。
13. ^{giš}tukul šu-nir	

---

[1] R. Harris, *Old Babylonian Temple Loans*, p. 128.
[2] R. Harris, *Old Babylonian Temple Loans*, p. 128.

281

(二) 债权人为各类女祭司

古巴比伦时期,社会上兴起了一个特殊的女祭司阶层,她们一般来自富裕家庭,多是高级官员、富裕书吏或工匠的女儿,有些女祭司甚至是国王的女儿,如汉穆拉比的女儿如图姆和阿米嚓杜喀的女儿伊勒塔尼。这些女祭司享有较高的社会地位,可以自由地进行各种社会活动和经济活动。女祭司一般不参加生产劳动,她们通过各种经济活动来聚敛财富。在土地、房屋买卖中,女祭司是购买土地、房屋的主要人群之一;在土地、房屋租赁中,女祭司则是土地、房屋出租人的最大人群。① 在动产借贷活动中,女祭司常常以债权人的身份出现,向外放贷大麦和银子等来赚取利润。在194份借贷契约中,有26份契约女祭司为债权人,其中有6份契约没有标明债权人的身份,但从她们的女性身份可以看出她们也是女祭司。试举一例:

EDUBBA 7 no. 70

日期:辛穆巴里忒第15年6月
借贷种类:砖
IM 85919　Sl.323

1. 20 sarsig₄ !	20"分"砖,
2. [i-na g]ú ⁱᵈ buranun	在幼发拉底河岸。
3. ki Il-ta-ni ! lukul ᵈUtu	从舒巴伊兰之女沙马什
4. dumu. mí Šu-ba- dingir -an	的那迪图女祭司伊勒塔尼
5. ᴵÌ-lí-ma-a-hi	手中,伊里马阿黑
6. šu. ba. an. ti	借下了。
7. u₄-um u₄. 20. kam ti-ri-im	在6月20日,
8. 20 sar [sig₄]	他将给阿亚赫伽尔河岸上
9. i-na gú ⁱᵈ ᵈA-[a-hé-gál?]	提供20"分"砖。
10. i-pa-qí-id	
11. ú-ul [i-pa-]-qi-[id]	如果他没有提供,
12. [ta-aš-na]	他将双倍偿还。
13. i-na-di-in	
……	(证人略)
21. iti ti-ru-um	日期:6月。

在下面的契约中,债权人珲梯亚的身份为 nu-gig,其阿卡德语为

---

① 李海峰:《古巴比伦时期不动产经济活动研究》,第27、85、153、223页。

qadištum，我们翻译为喀迪什图女祭司。喀迪什图和阿达德神（Adad）有某种特殊的关系，喀迪什图并不住在修道院内，她可以与俗人结婚生子，但也可以不结婚，保持独身。在泥板文献里，喀迪什图经常作为奶妈和助产士出现。喀迪什图一般来自不富裕的家庭，她的宗教地位也较低。① 如：

EDUBBA 7 no. 7

日期：叁苏伊鲁那 06/02/25
借贷种类：亚麻
IM 85846　　S1.60

1. [... še. gi]š. ì	[……芝麻],
2. [...] dumu ᵈEN. ZU -i-qí-ša-am	[……], 辛伊齐闪之子
3. ⌈ù?⌉ Ap-la-tum dumu ᵈEN. ZU -na-s ir	[和]阿普拉吞, 辛那采尔之子
4. ki Hu-um-ṭì-ia **nu. gig**	从伊里基马阿比亚之女
5. dumu. mí Ì-lí-ki-ma-a-bi-ia	喀迪什图女祭司珲梯亚
6. [šu]. ba. an. ti. meš	手中, 借下了。
7. ⌈(x+)⌉ 2 (pi) še. giš. ì	[……], 2 "斛" 芝麻,
8. ≪še. giš. ì≫	
9. ì. ág. e	他们将归还。
……	(证人略)
13. iti gu₄. si. sá u₄. 25. kam	日期：2月25日,
14. mu alam šùd. dè	叁苏伊鲁那迪 6 年。
……	(印章略)

（三）其他神职人员

除女祭司外，神庙的其他神职人员也以债权人的身份出现在契约中。在 1 份契约中，债权人的身份为"寺庙书吏"(dub-sar-zag-ga)。寺庙书吏服务于神庙，属于社会上层。书吏也可服务于官府、军队、法庭等其他多个领域。在 1 份契约中，债权人的身份为"挽歌手队长"(gala mah)。在两河流域的神庙中，有许多男女歌手服务于某些宗教仪式，这些歌手主要分为挽歌手（*kalû*）和颂歌手（*nāru*）。下面这份契约债权人的身份为"挽歌手队长"，契约如下：

---

① 李海峰：《古巴比伦时期不动产经济活动研究》，第88页。

PBS 8/1 no. 9

日期：赞比亚
借贷种类：椰枣

1. ... ka-lum	……椰枣，
2. máš nu-ub-tū(ku)	无利息，
3. ud-e-dé	用来……
4. ki *^dNanna-gú-gal*	从"挽歌手队长"
5. **gala-mah-ta**	南那古旮勒手中，
6. *Kù-^dnin-IB*	库宁伊布，
7. dumu *Lugal-šuba-ge*	鲁旮勒舒巴之子
8. šu-ba-an-ti	借下了。
9. itu-šeg-a-kam	在 3 月，
10. sì-mu-dam	他将归还（椰枣）。

二、各级政府和军事官员

各级官员属于统治阶级，社会上层，他们掌握着较大的社会财富，毫无疑问，他们成为借贷活动的积极参与者。"宫廷财政官"（gal-unken-na erén-ká-é-gal）和"总督"等政府官员以债权人的身份出现在各种借贷活动中。古巴比伦后期，社会财富越来越集中到王室、政府官员等少数社会上层的富人手中，他们积极地参与到借贷活动，通过放贷赚取利息的方式聚敛财富。如：

VS 7 no. 119

日期：阿米嚓杜喀 16/aš-a/01
借贷种类：银子

1. 2 gín kù-babbar	2"钱"银子，
2. *a-na* šám še-e	用来买大麦。
3. ki *^dNanna-ma-an-sum* gal-unken! -na erén! -ká-é-gal	从"宫廷财政官"南那曼逊手中，
4. *a-na qá-bi-e* Ìl-*šu-ib-ni* dam-gàr é-gal	在"宫廷商人"伊勒舒伊布尼的允许下，辛伊丁楠之子
5. ¹*Ìr-be-li-it* dumu *^dSin-i-din-nam*	瓦腊德贝里特借下了。
6. šu ba-an-ti	
7. u₄-buru₁₄-šè	在收获的季节，
8. *a-na na-aš ka-ni-ki-šu*	按现行价格，
9. ganba(ki. lam) *ib-ba-aš-šu-ú*	他将归还大麦给他的债主。

10. še-am ì-ág-e

......

13. iti aš-a u-1-kam

14. mu Am-mi-s̀a-du-qá lugal-e

15. Am-mi-s̀a-du-qá

16. nu-hu-uš ni-ši

（证人略）

日期："阿莎月"1日，

阿米嚓杜咯第16年。

在这份契约中,债权人的身份是"宫廷财政官",这是一个王宫向外借贷的契约。债务人可能也是一个王宫的服务人员,因为他要在"宫廷商人"的允许下进行借贷活动。"宫廷商人"属于王宫的服役人员,负责王宫的各种对外经济活动。

在3份契约中,地方"总督"(ensí,阿卡德语为 *iššiakkum*)以债权人身份出现。如：

YOS 13 no. 225

日期：阿米嚓杜咯 10/10/10

借贷种类：大麦

1. 1(pi) še *a-na* [*e-s̀i-di-im*]

2. ki *Šum-šu-nu* e[**nsí**]

3. *a-na qá-bi-e Ili-ba-aš*-[*ti-il-a-bi*]

4. ᴵ*Ar-ra-bu-šu*

5. [*š*]u ba-an-ti

6. u₄-buru₁₄-šè

7. erén še-gur₁₀-ku₅ *i*-[*il-la-ak*]

8. [*ú*-]ul i-il-[*la*]-[*ak-ma*]

......

12. iti ab-è u₄-10-kam

13. mu Am-mi-s̀a-du-qá lugal-e

14. sipa-zi še-ga ᵈUtu

15. ᵈMarduk-bi-id-da-bi

1"斛"大麦,用来雇佣收割工人。

从"总督"逊舒奴手中,

在伊里巴什提拉比的允许下,

阿腊布舒

借下了。

在收获的季节,

土地收割工人将到来,

如果没来,将按照宫廷规则

（处罚）。（证人略）

日期：10月10日,

阿米嚓杜咯第10年。

除了政府行政官员,军事官员也以债权人的身份出现在借贷活动中。与土地租赁活动类似,各级军官和士兵只有在得到上级军官的允许下(*ana qabē PN*),才可以参与到动产的借贷活动中。在15份借贷契约中,债权人是"将军"(*abi erén/iabi*)。"将军"是军队中等级较高的官职,主要职责

285

是招募新兵、为军队分发配给等等。试举一例：

YOS 13 no. 66

日期：叁苏迪塔那 14/08/23
借贷种类：大麦和鹰嘴豆

1. 2（pi）2（sāt）še 1（pi）gú-gal
2. ša ^{d}Na-bi-um-ma-lik **a-bi erén**
3. a-na qá-bi-e ^{d}Sîn-i-qí-ša-am dumu-é-dub-ba? -a?
4. a-na Na-ṣi-ir-na-pi-iš-ti egir?
5. a-na u₄-10-kam i-in-na-ad-nu
6. iš-tu iti apin-du₈-a u₄-23-kam
7. 2 sila ta-a i-sa-ad-da-ar-ma
8. 2（pi）2（sāt）še 1（pi）gú-gal
   ……
9. a-na na-ši ka-ni-ki-šu
10. i-na-ad-di-in
    ……
15. iti apin-du₈-a u₄-23-kam
16. mu Sa-am-su-di-ta-na lugal-e
17. ^{d}pa₅-nun-an-ki nin-an-ta-gal-la

2"斛"2"斗"大麦和1"斛"鹰嘴豆，属于"**将军**"那比乌姆马里克。在辛伊齐闪的允许下，借给了那采尔那皮什提，为期10天。从8月23日起，每天2"升"将入账，2"斛"2"斗"大麦和1"斛"鹰嘴豆。（残缺）

他将归还给债主（将军）。

（证人略）

日期：8月23日，
叁苏迪塔那第14年。

三、没有注明身份的一般富人

在194份借贷契约中，共有121份契约的债权人没有注明身份。这些没有注明身份的债权人应该就是家庭较为殷实的一般富人，他们手中具有一定富余的财产，他们通过放贷的方式来赚取利息。这些富人中，有些可能是高利贷商人，他们经常以债权人的身份多次出现在借贷契约中。其中，出现次数较多的债权人有辛乌采里、库马吞、珲梯阿达德、辛伊姆古蓝尼、伊布尼马尔图、伊鲁舒那采尔、沙马什苔米勒等。试举一例：

AUCT IV no. 25

日期：汉穆拉比 42/08/02
借贷种类：：银子和大麦
AUAM 73.2619
正面：

1. 1 1/2 gín kù-babbar sag		1 1/2"钱"优质银子，
2. 0,3.0. še-sag		180"升"优质大麦，
3. máš gi-na ba-ab-dah-e		公平利率将被加上。
4. ki ᵈEN.ZU-*ú-sí-li*		从**辛乌采里**手中，
5. ¹*Ì-lí-i-qí-ša-am*		伊里伊奇闪
6. šu-ba-an-ti		借下了。
7. iti sig₄-a kù-babbur-*ù* máš-bi		在3月，银子和利息
8. ì-lá-e		他将归还。

背面：

……　　　　　　　　　　　　　　　（证人略）

15. iti ᵍᵉˢapin-du₈-a u₄-2-kam　　　日期：8月2日，
16. me é-mes-lam-ma　　　　　　　汉穆拉比第42年。
17. sag-bi hur-sag-gím

辛乌采里多次以债权人出现在借贷契约中，他可能是一个拥有较多财富的大商人。这些经常以债权人出现的富人，可能是专门从事放贷行业，赚取利息是他们的主要目的，他们可以称得上是世界上最早期的一批银行家了。除了这些大商人外，其他的债权人多是一般自由民阶层中的较富裕者或具有一定手工技艺的人。

第二节　债务人身份分析

动产的借贷活动中，债务人的身份虽然也多种多样，但这些借贷人绝大多数是没有身份的贫困自由民，为了生计，他们不得不依靠借贷来暂渡难关。除了贫困自由民外，各级政府和军事官员和神庙神职人员偶尔也作为债务人出现。具体情况如下表所示：

表14-2　债务人身份一览表

债务人身份	无身份	园丁	校尉	祭司	市长
契约个数	183	2	3	1	1
债务人身份	总司库	egir	zag.ha	商人总监	
契约个数	1	1	1	1	

一、没有注明身份的贫困自由民

在 194 份借贷契约中,有 183 份契约的债务人没有标明身份。通过借贷物品和借贷数额的分析可知,这些借贷大部分都属于小额贷款,借贷目的是为了维持自身生存,借贷大麦以食用或借贷银子用来购买大麦、椰枣、芝麻等生活必需品。这些债务人大部分属于普通的贫困自由民阶层,他们在一年的上半年吃完了自己收割的新大麦后,在下半年无粮可用时,他们只有靠借贷的方式来渡过难关。试举一例:

AUCT IV no. 8

日期:汉穆拉比 42/10/10
借贷种类:大麦
AUAM 73.2361
正面:

1. 1,0.5. gur še sag	1"石"5"斗"优质大麦,
2. máš 数 gi-na ba-ab-dah-[e]	公平利率将被加上,
3. ki ᵈEN.ZU-*ú-sé-li*	从辛乌采里手中,
4. ¹Lú-ᵈBa-ba₆	阿维勒巴巴
5. šu-ba-an-ti	借下了。
6. iti sig₄-a	在 3 月,

背面:

7. še ì-ág-e	他将归还大麦(和利息)。
8. igi *I-bi-* ᵈIškur	证人:伊比阿达德,
9. igi *E-tel-pi*₄- ᵈEN.ZU	埃台勒皮辛。
10. kišib-a-ni íb-ra	他的印章被滚上了。
11. iti ab-è-a u₄-10-kam	日期:10 月 10 日,
12. mu ᵈTaš-me-tum	汉穆拉比第 41 年。

左边沿:

kišib *I-bi-* ᵈUtu	印章:伊比沙马什。

此外,有少数借贷的目的是为了经商营利,这部分债务人可能是些小商人,他们向大商人或政府官吏借贷银子或大麦作为经商贸易的本金来赚取利润。这些商人的借贷既可以是个人借贷,也可以是多人"合伙借贷",在贸易结束后分割利润。例如:

MAH 16.351

日期：无

借贷种类：银子

1. ...kug.babbar...	……银子，
2. ki Qí-i-šu(?)-a...	从齐舒阿手中，
3. ᴵI k-kà-ki-na...	伊卡基那
4. ù Ìr-ku-bi...	和瓦腊德库比
5. a-na tappûtim...	为了合伙经商，
6. ilqû	借下了。
7. i-ša-am-mu i-na-ad-di-nu	他们将（拿银子）做买卖，
8. um-mi-a-an-šu-[nu]	并将银子归还给他们的
9. i-ip-pa-lu-ú-[ma]	债权人。
10. ne-me-la i-zu-uz-[zu]...	他们分割了利润。

在这份契约中，借贷人为伊喀基那和瓦腊德库比，借贷的目的为合伙经商。在归还本金和利息之外，他们要平均分割经商所获得的利润。在土地租赁活动中，也经常会出现两人或多人合租土地，进行合作耕种经营的事例。[①] 可见，古巴比伦人具有较强的合作精神和商业头脑。

二、各级政府和军事官员

在动产借贷活动中，"商人总监"（ugula dam-gàr）、"总司库"（gá-dub-ba）、"市长"（ra-bi-a-nu）等政府官吏也作为债务人出现。"商人总监"并不是真正的个体经商者，而是城市政府里的高级官员，职责是为国王收税和处理民事纠纷，此外还负责一些神庙事务，如分发沙马什神庙里的大麦等[②]。"总司库"的阿卡德语为 šandabakku，是一种王室官员，官职可世袭，主要负责土地的税收等事务。[③] 试举一例：

UCP 10 no.16

日期：腊比库姆被毁之年

借贷种类：大麦

1. 133 gur 1 pi 4 bar še	133"石"1"斛"4"斗"
2. ḫu-bu-ta-tum a-na šanâti 2-kam	大麦，两年内

[①] 李海峰：《古巴比伦时期不动产经济活动研究》，第 180—201 页。
[②] R. Harris, *Ancient Sippar*, pp.71-74.
[③] R. Harris, *Ancient Sippar*, p.53.

3. máš nu-tuk 没有利息。
4. ki *Ilu-šu-na-ṣir* 从伊鲁舒那采尔
5. *ù ᵈNannar-dim* 和南那尔邓手中，
6. *ᵐᵈŠamaš-na-ṣir šakkanakku* "总司库"沙马什那采尔，
7. mâr *ᵈSin-i-qi-ša-am* 辛伊齐闪之子
8. *šu-ba-an-ti* 借下了。
9. *i-na šatti* 3-kam （如果）在第3年
10. *še-a-am ú-ul ú-te-ir-ma* 他没有归还大麦，
11. *ṣiptam ú-ṣa-ap* 利率将被加上。
…… （证人略）
17. mu *Ra-bi-kum* 日期：腊比库姆被毁之年。
18. *ba-hul*

在这份契约中，借贷人的身份是"总司库"，借贷的份额较大，为133 1/3"石"大麦，并且借贷期限长达2年，无息。这个借贷的目的明显不是为了个人的生活消费，或许是为了酿酒或制作面包等商业目的。

军队中的"校尉"(ugula mar-tu or PA-PA)在3份借贷契约中作为债务人出现。"校尉"是军队中的中级军官，高于军尉(nu-bànda)的等级。主要职责为：管理分配给士兵的份地；负责管理士兵的装备；在和平时期的大型公共劳动中，如修建神庙、宫殿、开渠，分发雇工的工资或配给等工作[①]。他们在上级军官的允许下，也可以进行借贷活动，如：

YOS 13 no. 226

日期：阿米嚓杜喀 10/09/25
借贷种类：大麦

1. 1(pi) 4(sāt) *še a-na e-ṣi-di* 1"斛"4"斗"大麦，用来雇佣
2. ki *Šum-šu-nu* ensí 收割工人，从"总督"舒姆舒
3. *a-na qá-bi-e Ili-ba-aš-ti-il-a-bi* 奴手中，在伊里巴什提拉比的允
4. ᴵ*Ab-du-ᵈe-ra-ab* PA.PA dumu *U-bar-rum* 许下，"校尉"阿布杜埃腊布，
5. *šu-ba-an-[ti]* 乌巴润之子，借下了。
6. u₄-[buru₁₄-šè] [在收获的季节]，
7. *erén še-[gur₁₀-ku₅ i-il-la-ak]* 土地收割工人将到来。
8. *ú-ul i-il-la-ak-ma* 如果没有来，

---
① R. Harris, *Ancient Sippar*, pp. 96-97.

9. ki-ma *si-im-da-at šar-*[*ri*]   将按照宫廷规则（处罚）。
......   （证人略）
13. iti gan-gan-è u₄-25-kam   日期：9月25日，
14. mu *Am-mi-s a-du-qá* lugal-e   阿米嚓杜喀第10年。
15. sipa-zi še-ga ᵈUtu ᵈ*Marduk-bi-id-da-bi*

三、神庙中的神职人员

神庙祭司在各种经济活动中都十分活跃，在动产的借贷活动中也不例外。除了充当债权人之外，也以债务人的身份出现在契约中。

在下面这份契约中，债务人伊孜那特的身份为 NAM-ŠITA₄，是一种祭司，在神庙节日里有某种特殊的功用。

EDUBBA 1 no. 12

日期：无
借贷种类：大麦
正面：

1. 3 gur 1(pi) 4(bán) še   3"石"1"斛"4"斗"大麦，
2. *hu-bu-ta-tum*   无息。
3. ki *La-t á-bá-ia*   从拉沓比亚手中，
4. ᵐ*I-zi-i-na-te* **nam-šita₄**   "祭司"伊孜那特、
5. ᵐ*A-wi-li-ia*   阿维里亚
6. *ù Ib-bi-* ᵈGìr   和伊比苏穆侃
7. še -*a-am* šuba. an. ti⟨meš⟩   借下了。
8. *a-na* itu u₄ 1 kam   在1日，
9. še -*a-am* ì. ág. e. ⟨meš⟩   他们将归还大麦。

背面：
......   （证人略）

第三节　证人身份分析

契约最后一般都有证人作证，一则可以增强契约的法律效力，二则可以起到监督、督促的作用，保证借贷者按时偿还债务。证人的数量一般为

291

2—5人,在1份契约①中证人多达13人。证人的身份随着借贷双方身份的变化而变化,如果借贷双方是一般自由民,那么证人大多也就没有什么身份;如果借贷的一方或双方是官僚贵族,那么证人的身份也就较高。

在194份借贷契约中,有37份契约中没有证人,103份契约中的证人没有身份。在标明证人身份的借贷契约中,市长、商人总监、总司库、校尉、书吏、沙马什那迪图女祭司等都作为证人出现。在神庙借贷契约中,神也会充当证人。具体情况见下表:

表14-3 证人身份信息一览表

证人身份	神	书吏	市长	祭司	校尉	木匠	santana
契约个数	15	24	9	2	4	1	1
证人身份	士兵	信使	商人总监	旅店老板	总司库	沙马什那迪图	无身份
契约个数	2	1	1	1	2	1	103

一、没有身份的自由民是证人中的最大人群

在194份借贷契约中,有103份契约的证人没有写明身份。由于大部分借贷是没有身份的自由民为了生存而进行的借贷,所以这些借贷中的证人也就是一般的下层自由民。试举一例:

AUCT V no. 266

日期:瑞姆辛59/11/06
借贷种类:银子
HAM 73.2628
正面:

1. 3 gín 16 še kù-babbar	3"钱"16"粒"银子,
2. šu-lá máš nu-tuk	无息,
3. ki Da-da-a	从达达亚
4. ù ᵈEN.ZU-ú-se-li	和辛乌采里手中,
5. Lu-ub-lu-ut-ilum	鲁布鲁梯隆
6. šu-ba-an-ti	借下了。
7. iti sig₄-a	在3月,

---

① AUCT V no. 36.

8. kù ì-lá-e   他将归还银子。

背面：

9. igi *Pu-zu-ur-^dŠamaš*   证人：普朱尔沙马什，
10. *Ì-lí-na-s ì-ri*   伊里那采瑞。
11. kišib-a-ni íb-ra   他们的印章被滚上了。
12. iti úd-duru₅ u₄ 6-kam ba-zal   日期：11 月 6 日，
13. mu ki-30 *Ì-si-in*^ki ba-an-díb   瑞姆辛第 59 年。

这份契约是一个普通自由民借贷活动，债权人和债务人都没有特殊的职业、身份，属于一般自由民阶层，两个证人也没有给出具体的身份，应该属于一般自由民。

二、神庙中的神和神职人员作为证人

在神庙借贷中，神经常作为证人出现在契约中。在 194 份契约中，有 15 份契约中的证人是神，大多数是 2 个神，也有单个神或 3 个神的情况。这些神主要有乌如杜神、库穆勒穆勒神、沙马什神、辛神、马尔杜克神、宁乌尔塔神和涅旮勒神等等。一般而言，神作为债权人出现就不再充当证人（也有例外），有时神证出现在人证之后，神证可以成为判断一份契约是否属于神庙借贷的一个标志。用神充当证人更体现了契约的神圣性和权威性。如：

AUCT V no. 5

日期：汉穆拉比第 42/10/

借贷种类：大麦

HAM 73. 2600

正面：

1. 1;2.3. še gur   1 1/2 "石"大麦，
2. máš gi-na dah-hé-dam   公平利率将被加上。
3. ki *Ku-um-ma-tum*   从库马吞手中，
4. *Mar-er-s e-tim* nu-^giš kiri₆   "园丁"马尔埃尔采汀
5. šu-ba-an-ti   借下了。
6. u₄ ebur-šè   在收获的季节，
7. še *ù* máš-bi   大麦和利息

背面：

8. ì-ág-e   他将归还。

9. igi ᵈUrudu　　　　　　　　　　　证人：乌如杜神，
10. igi ᵈKù-mul-mul　　　　　　　　库穆勒穆勒神。
11. iti ab-è　　　　　　　　　　　　日期：10月，
12. mu bàd gal Kar-ᵈUtuᵏⁱ　　　　　汉穆拉比第42年。

在这个大麦的借贷契约中，证人为两位神灵乌如杜神和库穆勒穆勒神，这个借贷属于神庙借贷。债权人库马吞虽然没有标明身份，但他应该是一名神庙祭司。他在至少6、7份借贷契约中以债权人的身份出现，可能是神庙里面负责借贷的一名高级祭司。

在2份契约中，祭司作为证人出现；在另一份契约中，沙马什那迪图女祭司作为证人和其他证人一起作证，契约如下：

EDUBBA 7 no. 130

日期：他修建了库里朱城的城墙之年
借贷种类：银子
IM 92916　S4.1388

1. 7 gín kù. babbar　　　　　　　　7"钱"银子，
2. máš éᵈUtu ú-s a-ab　　　　　　　沙马什利率将被加上。
3. ki Eš₄-târ-na-da　　　　　　　　从伊什塔尔那达手中，
4. A-la-lum　　　　　　　　　　　　阿拉隆
5. šu. ba. an. ti　　　　　　　　　借下了。
6. iti e-lu-nim　　　　　　　　　　在4月，
7. kù. babbar ù máš. bi　　　　　　银子和利息
8. ì. lá. e　　　　　　　　　　　　他将归还。
9. igi Nu-ub?-tu-um　　　　　　　　证人：奴布吞，
10. dumu. mí E-ra?-[x-ti]　　　　　埃瑞什提之女；
11. igi Ši-la-ma-sí lukur ᵈUtu　　沙马什的那迪图女祭司
12. dumu. mí [...]-ki?-im　　　　　西拉马希，[……]垦之女；
13. igi Bi?-i?-[...]　　　　　　　　比[……]，
14. dumu. mí Zi-[...]　　　　　　　孜[……]之女；
15. igi Géme-ᵈUtu　　　　　　　　　阿马特沙马什。
16. mu ša? bád ku-li-zi i-pu-šu　　日期：他修建了库里朱城的
　　　　　　　　　　　　　　　　　　城墙之年。

这份契约的借贷数额较大，为7"钱"银子，所以证人也较多，为4人，并且证人里面有一位沙马什的那迪图女祭司，具有较高的社会地位。这份契约的借贷利率为"沙马什利率",都体现了这个借贷属于神庙借贷。

三、各级政府和军事官员充当证人

在一些借贷契约中,"商人总监"(ugula dam-gàr)、"总司库"(gá-dub-ba)、"市长"(ra-bi-a-nu)等政府高级官吏也偶尔作为证人出现。试举一例:

UCP 10 no. 22

日期:汉穆拉比第17年
借贷种类:大麦

1. 3 gur 1 pi še　　　　　　　　　　　　3"石"1"斛"大麦,
2. hu-bu-ta-tum　　　　　　　　　　　　无息,
3. ki Ilu-šu-na-ṣir　　　　　　　　　　从伊鲁舒那采尔
4. ù ^dNannar-dìm　　　　　　　　　　和南那尔邓手中,
5. ^mMu-na-nu-um　　　　　　　　　　穆那农
6. ù Gimil-^dEn-lil　　　　　　　　　　和吉米勒恩利勒
7. šu-ba-an-ti　　　　　　　　　　　　借下了。
8. a-na maš-gan-nim　　　　　　　　　他们将归还大麦
9. še-a-am ni-àga-e　　　　　　　　　至谷仓。
10. mahar Ì-lí-ba-ni-šu šakkanakku　　证人:"总司库"伊里巴尼舒;
11. ^mKA-ša-Ìr-ra naggâru　　　　　　"木匠"卡沙伊腊;
12. ^{md}Šamaš-na-ṣir　　　　　　　　　沙马什那采尔,
13. mâr ^dSin-i-qi-ša-am　　　　　　　辛伊齐闪之子。
14. mu ^dŠamši-^dAdad ba-til　　　　　日期:汉穆拉比第17年。

"书吏"(dub-sar)常常作为证人出现在契约中,处于证人中的最后一位,很可能他就是这份契约的书写者。书吏属于社会的上层阶级。由于楔形文字的复杂性,学习这种文字必须从小学起,一般家庭出身的孩子没有财力和时间去培养他成为书吏。古代两河流域能够掌握楔形文字书写的人数非常少,甚至有时连国王也无法掌握这种技巧,书吏成为一个掌握知识,能够书写的特殊人群。他们一般服务于王宫或者神庙,成为统治阶级的一员。书吏一般为男性,也存在着少数的女性书吏。书吏作为证人的契约,试举一例:

AUCT V no. 264

时间：叁苏伊鲁那 27/04/01
类型：大麦借贷
  HAM 73.3106

1. 2;2 še	2"石"2"斛"大麦，
2. *a-na* zú-lum *ù* še-giš-ì	用来购买椰枣和芝麻。
3. ki A-*pil-*^{*d*}*Mar-tu*	从阿皮勒马尔图手中，
4. ^{*d*}*Na-bi-um-a-bi*	那比乌姆阿比
5. šu-ba-an-ti	借下了。
6. *i-na* ebur zú-lum	他要根据当时椰枣
7. *ù* še-giš-ì	和芝麻的价格，
反面：	
8. kar *ib-ba-aš-šu-ú*	在码头，
9. zú-lum *ù* še-giš-ì ì-ág-[e]	归还椰枣和芝麻。
10. igi *Ib-ni*-^{*d*}*Mar-tu*	证人：伊波尼马尔图、
11. igi Lú-^{*d*}Inanna **dub-sar**	书吏鲁伊南那。
12. iti šu-nummu-a u₄ 1-kam	日期：4月1日，
13. mu *Sa-am-su-i-lu-na* Lugal nì-babbar-ra sískur-ra me-te á-ki-tum	叁苏伊鲁那第27年。

  军官、士兵也可以作为证人出现在借贷活动中。在4份契约中"校尉"（ugula mar-tu or PA-PA）作为证人，在1份契约中，"宪兵"（àga-uš）作为证人。如：

AUCT V no. 46

日期：叁苏伊鲁那 28/03/01
借贷种类：椰枣
HAM 73.2605
正面：

1. 0;1.0. [zú-lum]	1/5"石"[椰枣]í，
2. *a-*[*na* šám še-giš-ì]	[用来购买芝麻]。
3. ki *Ib-ni-*[^{*d*}*Mar-tu*]	从伊布尼[马尔图]手中，
4. Ṣ*i-lí-*^{*d*}*Šamaš-be-lí-ia*	采里沙马什贝里亚
5. šu-ba-an-ti	借下了。
6. u₄ ebur zú-lum	在椰枣收获的季节，
背面：	

7. kar *ib-ba-aš-šu-ú*
8. *zú*-lum *ì-ág-*[e]
9. igi Lú-^dInanna **ugula [mar-tu]**
10. iti sig₄-a u₄ 1-kam
11. mu Sa-am-su-i-lu-na lugal
12. *á-ág-gá ^dEn-líl-lá*
13. [*nam*]-*á-gal*-[*bi-ta*]

按当时价格，在码头
他将归还椰枣。
证人："校尉"鲁伊南那。
日期：3月1日，
叁苏伊鲁那第28年。

通过上述对债务人、债权人及证人身份的分析可以看出，古巴比伦时期的借贷活动中主要有三类人群：一般的自由民、神庙祭司及各级官吏。在这三类人群中，一般自由民是借贷活动的主体，这些借贷大多是用于生活消费的小额借贷，商业借贷所占的比例并不太大。在借贷活动中，神庙具有一定的功能，神庙作为一个经济实体，常常向外贷出大麦或银钱，帮助一般自由民渡过难关。各级官吏也常作为债权人进行借贷活动，但他们所占的比例较小，发挥的作用有限。古巴比伦时期的借贷活动反映了古巴比伦时期小农经济的发展状况和整体经济水平。

表 14-4 借贷活动中各方身份一览表

契约	债权人 姓名	债权人 身份	债务人 姓名	债务人 身份	证人身份
AUCT IV, 7	库[马吞]		乌米闪西（女）和伊勒塔尼（女）		神和书吏
AUCT IV, 8	辛乌采里		阿维勒巴巴		
AUCT IV, 9	库马吞		皮苦拉隆（女）		神和书吏
AUCT IV, 10	辛伊姆古蓝尼		昆尼亚吞		神
AUCT IV, 11	辛乌采里		埃台勒皮埃阿		
AUCT IV, 12	辛乌采里		埃台勒皮埃阿和阿皮勒伊里舒		
AUCT IV, 13	神沙马什和那比辛	神	西玛伊拉特		
AUCT IV, 14	辛伊姆古蓝尼		采里沙马什		无

297

续　表

契约	债权人 姓名	债权人 身份	债务人 姓名	债务人 身份	证人身份
AUCT Ⅳ, 15	神沙马什[和……]	神	吉米勒伊里		
AUCT Ⅳ, 18	沙马什峇米勒		伊里图冉		无
AUCT Ⅳ, 19	沙马什峇米勒		埃舍帕尼沙马什	商人总监	无
AUCT Ⅳ, 25	辛乌采里		伊里伊齐闪		
AUCT Ⅳ, 65	神沙马什和那比辛	神	巴里盾		无
AUCT Ⅳ, 24	辛乌采里		里希伊迪楠和哈里阿吞		
AUCT Ⅳ, 20	达达亚和辛乌采里		辛贝勒伊里		
AUCT Ⅳ, 27	马尔埃尔采汀		伊里伊什美安尼等6人		
AUCT Ⅳ, 44	达达亚和辛乌采里		沙马什哈孜尔		无
AUCT Ⅳ, 16	伊布尼马尔图		阿拉巴瑞什		
AUCT Ⅳ, 66	伊昆皮扎巴巴		埃台勒皮辛和[……]		市长
AUCT Ⅳ, 67	辛伊姆古蓝尼		那冉伊里舒		
AUCT Ⅳ, 17	[吉]米隆穆尔		旦如鲁穆尔		
AUCT Ⅳ, 21	辛乌采里		伊里伊丁楠		
AUCT Ⅳ, 22	舍坡辛		塔瑞布姆		
AUCT Ⅳ, 23	舍坡辛		塔瑞布姆		
AUCT Ⅳ, 26	[……]		阿维勒马尔图		
AUCT Ⅳ, 28	他的哥哥		伊阿古农		santana

续　表

契约	债权人		债务人		证人身份
	姓名	身份	姓名	身份	
AUCT IV, 58	伊坡苦伊什塔尔		马尔杜克根拉尼等3人		
AUCT V, 1	库马吞		阿马特辛（女）		神和书吏
AUCT V, 3	库马吞		里库特辛		神和书吏
AUCT V, 5	库马吞		马尔埃尔采汀	园丁	神和书吏
AUCT V, 6	库马吞		马奴（女）		神和书吏
AUCT V, 7	库马吞		辛伊姆古冉尼		神
AUCT V, 8	库马吞		达米喀吞（女）		神
AUCT V, 9	库马吞		阿维勒伊隆		神和书吏
AUCT V, 10	沙马什旮米勒		瓦腊萨		神和书吏
AUCT V, 11	沙马什阿比		伊里乌沙马什		
AUCT V, 12	比埃隆		沙特图图（女）		
AUCT V, 13	阿迪安亚		鲁什塔马尔		书吏
AUCT V, 14	辛伊姆古蓝尼		乌图鲁提		
AUCT V, 15	辛伊姆古蓝尼		沙马什里维尔		
AUCT V, 16	辛伊姆古蓝尼		伊里乌沙马什		书吏
AUCT V, 17	［辛伊姆古蓝尼］		［……］		
AUCT V, 18	伊里伊迪楠		贝拉农		
AUCT V, 19	神沙马什和那比辛	神	丹拉旮马勒和阿哈苏奴（其母亲）		
AUCT V, 20	［……］		［……］		
AUCT V, 32	伊里阿马塔哈尔		伊里伊迪楠		
AUCT V, 33	辛伊姆古蓝尼		埃台勒皮里希		
AUCT V, 24	神沙马什和那比辛	神	伊美尔伊里		

续 表

契约	债权人		债务人		证人身份
	姓名	身份	姓名	身份	
AUCT V, 29	采里伊拉布腊特		阿皮勒马尔图		神
AUCT V, 30	达齐亚		阿里巴尼舒		
AUCT V, 34	达达亚		阿塔		书吏
AUCT V, 49	辛乌采里		马尔图塔亚尔		
AUCT V, 266	达达亚和辛乌采里		鲁布鲁梯隆		
AUCT V, 52	沙马什昚米勒		伊里阿维林		市长和宪兵
AUCT V, 21	阿达德沙润		沙尔伊隆		无
AUCT V, 28	伊布尼马尔图		图卡彭		
AUCT V, 38	穆梯布里比舒奴马尔杜克		贝拉农		
AUCT V, 39	阿普拉吞	木匠	阿普拉吞		祭司
AUCT V, 40	尼丁[吞]		伊里[……]		
AUCT V, 46	伊布尼[马尔图]		采里沙马什贝里阿		校尉
AUCT V, 275	伊布尼马尔图		伊布尼阿达德		书吏
AUCT V, 22	神沙马什	神	乌巴润		神
AUCT V, 23	伊皮喀伊什塔尔		伊坡喀埃尔采汀		
AUCT V, 25	埃腊达[……]		瓚尼农		
AUCT V, 26	辛埃拉苏		曼尼亚		
AUCT V, 27	阿珲		阿珲瓦喀尔		
AUCT V, 108	阿维勒埃阿		贝勒苏奴		
AUCT V, 110	辛伊姆古蓝尼		辛乌采里		无
AUCT V, 139	辛埃拉苏		胡舒吞		
AUCT V, 264	阿皮勒马尔杜克		那比乌姆阿比		书吏

续　表

契约	债权人 姓名	债权人 身份	债务人 姓名	债务人 身份	证人身份
AUCT V,31	伊布尼马尔图		马尔伊什塔尔		无
AUCT V,35	神沙马什	神	辛乌采里		神
AUCT V,36	宁吉斯孜德阿比		阿达德马伊隆		祭司
AUCT V,41	伊布尼马尔图		塔瑞布姆		无
AUCT V,42	伊坡苦伊什塔尔		萨里穆		信使
AUCT V,43	伊布尼马尔图		伊布尼马尔杜克		无
AUCT V,44	伊布尼［马尔图］		伊布尼［马尔杜克］		无
AUCT V,45	伊布尼马尔图		［腊］布特辛和［贝勒］舒奴	后者是校尉	无
AUCT V,51		宫廷	瑞蒙、贝勒舒奴和扎巴巴马［里克］		
AUCT V,272	［……］		［……］		
EDUBBA 1,12	拉沓比亚		伊孜那特、阿维里亚和伊比苏穆侃	前者是祭司？	
EDUBBA 1,13	神沙马什和舍里布姆	前者是神	辛伊齐闪		书吏
EDUBBA 1,15	伊皮喀伊什塔尔		伊勒卡乌图勒和瓦腊德辛		无
EDUBBA 1,14	神沙马什和采里提什帕克	前者是神	卡达什那采尔		

301

续　表

契约	债权人		债务人		证人身份
	姓名	身份	姓名	身份	
EDUBBA 1,16			伊姆古尔辛和辛伊丁楠		
EDUBBA 7,29	伊里基马阿比亚		伊那美台钦(?)＜和瓦腊德阿姆如之子＞		
EDUBBA 7,64	贝勒[……]（女）		[……]		神
EDUBBA 7,107	沙马什乌沙伊里		马提伊拉马和穆塔尼舒		
EDUBBA 7,120	拉马希		达米喀吞（女）		女书吏
EDUBBA 7,2	辛荏[……]和沙沙马什旦喀		马尔沙马什		
EDUBBA 7,8	珲梯阿达德（女）		埃台勒皮沙		
EDUBBA 7,11	珲梯阿达德（女）		伊簇腊吞		
EDUBBA 7,20	塔瑞比亚		伊丁卣马勒和妻子萨比吞（女）		
EDUBBA 7,21	珲梯阿达德（女）		埃里埃雷萨（女）		
EDUBBA 7,22	珲梯阿达德（女）		阿胡扎苏奴（女）		
EDUBBA 7,23	珲[沓阿达德]（女）		阿汉[尼尔西]		
EDUBBA 7,24	珲梯[阿达德]（女）		辛阿布舒和曼巴		

续　表

契约	债权人 姓名	债权人 身份	债务人 姓名	债务人 身份	证人身份
EDUBBA 7,30	珲梯阿达德（女）		伊布尼阿达德和乌米瓦喀腊特		
EDUBBA 7,32	珲梯亚（女）		西勒喀吞(?)（女）		女证人
EDUBBA 7,34	珲梯阿达德（女）		阿比［……］瑞(?)和妻子阿哈吞(女)		
EDUBBA 7,36	珲梯阿达德（女）		阿汉尼尔西和马尔杜克伊迪楠		
EDUBBA 7,37	珲梯［阿达德］（女）		安杜勒（?）［……］和伊尼布西那		
EDUBBA 7,42	珲沓阿达德（女）		达穆(?)提拉提和瓦腊德辛		
EDUBBA 7,58	珲梯阿达德（女）		伊塔维尔		
EDUBBA 7,121	普朱尔沙马什		阿瓦特伊里和阿亚隆		
EDUBBA 7,59	神沙马什	神	普朱尔？奴［奴？］		
EDUBBA 7,119	埃瑞巴辛		那如亚（女）		书吏
EDUBBA 7,115	阿鲧		伊丁阿穆如		商人总监
EDUBBA 7,70	伊勒塔尼（女）	沙马什那迪图	伊里马阿黑		
EDUBBA 7,106	萨瑞群和辛伊奇闪		伊勒舒伊比舒、奴尔沙马什和辛基丁尼		

303

续　表

契约	债权人		债务人		证人身份
	姓名	身份	姓名	身份	
EDUBBA 7,9	珲梯阿达德（女）		那黑什吞？		
EDUBBA 7,10	珲梯阿达德（女）		阿韩尼尔西和阿达亚吞？		
EDUBBA 7,27	[……]		[……]		
EDUBBA 7,83	辛雷美尼		阿米沙吉什		无
EDUBBA 7,31	珲梯阿达德（女）		阿韩尼尔西和阿[……]		
EDUBBA 7,1	[……]		[……]		
EDUBBA 7,35	珲沓阿达德（女）		阿坡拉吞		
EDUBBA 7,6	贝勒吞（女）		阿胡瓦喀尔和伊隆达米克（?）		
EDUBBA 7,18	塔瑞比亚		伊勒舒伊布尼舒		
EDUBBA 7,47	[……]		奴[尔……]		
EDUBBA 7,60	神辛	神	伊里基马阿比亚		
EDUBBA 7,62	[……]		伊里[……]		
EDUBBA 7,63	神沙马什	神	伊里基马阿比亚		无
EDUBBA 7,65	神沙马什	神	[……]		无
EDUBBA 7,90	埃伊邓安那舍米		伊皮喀阿奴尼吞		
EDUBBA 7,122	达迪亚		辛苷勒朱		
EDUBBA 7,127	神辛	神	阿珲		无
EDUBBA 7,130	伊什塔尔那达		阿拉隆		沙马什那迪图

续 表

契约	债权人		债务人		证人身份
	姓名	身份	姓名	身份	
EDUBBA 7,132	[……]		奴尔[……]		无
EDUBBA 7,7	珲梯亚(女)	喀迪什图	[……]和阿坡拉吞		
EDUBBA 7,123	阿克沙克腊比		达迪亚		
SLB I/2,22	辛伊齐闪		塔瑞布姆		
SLB I/3,74	阿黑维邓		埃台勒皮那比乌姆		
SLB I/3,101	埃台勒皮那比乌姆		[舒阿穆润]		无
SLB I/3,110	伊勒舒巴尼		皮尔珲里孜兹等3人		无
SLB I/3,111	伊勒舒巴尼		马尔杜克那采尔等5人		无
SLB I/3,137	沙马什马吉尔		伊隆里突勒		
SLB I/3,143	伊姆古尔埃阿		伊布尼伊里舒		rēdû
SLB I/3,147	[……]		伊布尼[……]		
SLB I/3,188	扎巴巴那采尔		阿维勒伊拉布腊特		无
PBS 8/1,9	南那古昝勒	挽歌手队长	库宁伊布		无
PBS 8/1,10	达米克伊里舒		伊什塔尔拉马孜		无
PBS 8/1,11	辛达伊安		[……]		无
PBS 8/1,12	阿巴卡拉		伊里米迪		无
PBS 8/2, CBS 347	扎布隆		辛伊米提		无

305

续　表

契约	债权人		债务人		证人身份
	姓名	身份	姓名	身份	
PBS 8/2, CBS 1168	神沙马什	神	拉马采（女）		无
PBS 8/2, NI. 7276	神沙马什	神	马尔伊尔采汀		无
PBS 8/2, CBS 7113	拉马樽（女）		孜兹		
PBS 8/2, CBS 7199	神沙马什	神	达穆瑞板		无
PBS 8/2, CBS 7107	那比沙马什		阿比勒伊里舒		无
PBS 8/2, CBS 1351	辛瑞美尼		瓦腊德库比		无
PBS 8/2, CBS 8100	伊姆古尔沙马什	sag-tun	鲁尼奴尔塔		无
UCP 10,4	布尔辛		南那尔米邓和伊比群		
UCP 10,9	伊鲁舒那采尔		埃瑞布辛和埃瑞板		
UCP 10,10	辛阿布姆		顺马农		书吏
UCP 10,16	伊鲁舒那采尔和南那尔邓		沙马什那采尔	总司库	
UCP 10,18	布尔辛		阿维勒伊鲁		无
UCP 10,21	伊鲁舒那采尔和南那尔邓		布尔阿达德、辛埃瑞板和伊里卡塔［……］	前者是园丁	书吏

续　表

契约	债权人 姓名	债权人 身份	债务人 姓名	债务人 身份	证人身份
UCP 10,22	伊鲁舒那采尔和南那尔邓		穆那农和吉米勒恩利勒		总司库和木匠
UCP 10,24	伊鲁舒那采尔		阿那沙马什里采和苏穆拉伊里		总司库
UCP 10,28	伊鲁舒那采尔		舒穆里布西		
UCP 10,33	伊鲁舒那采尔		辛伊布尼等6人		旅店老板
UCP 10,20	伊鲁舒那采尔和南那尔邓		伊什美辛和穆那维润的儿子们		书吏
TIM 7,15	阿维勒伊林		辛伊拉特等4人		
VAB 5,52	神沙马什	神	基舒舒		
MAH,16.351	齐舒阿		伊卡基那和瓦腊德库比		
TIM,7 23	阿农皮沙		舒伊里舒		
VAB 5,41	埃瑞什提沙马什（女）	那迪图女祭司	辛瑞姆乌尔和埃巴巴尔鲁穆尔		
TJA,20-21 UMM H 42	贝勒吞（女）		帕萨隆		
VS 7,72	马尔杜克穆巴里忒	将军	伊丁乌腊什	校尉	校尉
YOS 13,289	马尔杜克穆巴里忒	将军	伊那帕里舒等3人		校尉和书吏
YOS 13,309	马尔杜克穆巴里忒	将军	埃提勒普[……]		

307

续 表

契约	债权人 姓名	债权人 身份	债务人 姓名	债务人 身份	证人身份
YOS 13,66	那比乌姆马里克	将军	那采尔那皮什提	egir	书吏
YOS 13,444	那比乌姆马里克	将军	[……]		无
YOS 13,428	伊布尼沙马什	将军	塔瑞布		
TCL I,152	马尔杜克穆巴里特	寺庙书吏	伊坡苦安奴尼吞	zag.ha	无
YOS 13,287	辛伊丁楠	牧羊人	那比乌姆穆沙林		
YOS 13,396	伊里伊齐闪	将军	辛哈孜尔		书吏
YOS 13,59	伊里伊齐闪	将军	塔苦鲁尔沙马什		
YOS 13,79	伊里伊齐闪	将军	阿珲沓布等4人	第一人是市长	无
VS 7,60	伊里伊齐闪	将军	瓦腊德杜		市长
YOS 13,48	伊里伊齐闪	将军	伊布尼马尔杜克		
YOS 13,56	伊里伊齐闪	将军	阿维拉吞		
YOS 13,222	伊里伊齐闪	将军	阿达德穆沙林		市长
YOS 13,357	瓦腊德宁舒布尔	宫廷财政官员	伊达吞		市长
YOS 13,482	瓦腊德宁舒布尔	宫廷财政官员	伊鲁尼		市长
YOS 13,334	瓦腊德宁舒布尔	宫廷财政官员	昆朱润		
YOS 13,399	瓦腊德宁舒布尔	宫廷财政官员	伊布尼沙马什		
YOS 13,218	逊舒奴	土地所有者	[……]		市长

续　表

契约	债权人 姓名	债权人 身份	债务人 姓名	债务人 身份	证人身份
YOS 13,225	逊舒奴	土地所有者	阿腊布舒		
YOS 13,226	逊舒奴	土地所有者	阿波鲁埃腊布	校尉	校尉和市长
YOS 13,337	那比乌姆马里克	将军	瓦腊德伊里舒		
YOS 13,33	[……]穆沙林	将军	美阿伊姆瑞阿穆和[……]奴尼如		书吏
VS 7,119	南那曼逊	宫廷财政官员	瓦腊德贝里特		书吏
YOS 13,525	伊丁马尔杜克	宫廷商人	伊丁阿达德		市长

309

余　　论

　　通过对古巴比伦时期遗留的大量动产交易契约的细致研究,我们对古巴比伦时期动产的买卖、租赁、借贷及继承等活动有了较多的认识,对古巴比伦时期的经济状态、社会性质及人们的日常社会生活等等有了进一步的深入了解。根据动产、不动产契约所反映的社会现实,我们试图对古巴比伦时期的一些重要社会问题做一个浅显的分析,敬请专家、读者批评斧正。

一、古巴比伦时期的社会性质

　　古巴比伦时期的社会性质无疑是奴隶社会。早在上个世纪 50 年代,老一辈学者曾根据古巴比伦时期的土地租赁制,认为古巴比伦已处于封建社会的早期阶段。笔者曾对古巴比伦时期的土地租赁活动进行过深入研究,得出了以下观点:"虽然古巴比伦时期存在着大量的土地租佃活动,但这时期的土地租赁活动并不具有封建性质,而是从奴隶社会至当今社会都存在的土地租赁的商业活动。从租金来看,古巴比伦时期的土地租金并不是很重,汉穆拉比时期主要的租金比率一是'收成的三分之一',一是 1'亩'土地收租 1'石'大麦,到了阿米嚓杜喀时期,租金变成了 1'亩'土地收 4/9'石'大麦,租金的数量呈下降趋势,并且拓荒地全免租金或免前 2 年的租金。国家对承租者的利益也给予保护。从租赁双方的地位来看,出租人和承租人在人身上是一种平等关系,他们之间是一种契约关系,是靠契约约束双方的行为,而非压迫性的封建农奴人身依附关系。租赁双方是全权自由民,并非是地主和具有人身隶属关系的佃农或农奴。在土地租赁中,政府官员、军官、神职人员等大小地主也承租土地,他们的身份、地位、财富甚至要超出与他们交易的出租人。富人承租土地是古巴比伦时期一种特殊的租佃关系。古巴比伦时期并没有形成封建地主和依附佃农两个对立阶级。因此,我们认为古巴比伦时期的社会性质无疑还是奴隶社会。"[①]

[①] 李海峰:《古巴比伦时期不动产经济活动研究》,第 171—172 页。

通过本著作对奴隶买卖、租赁及继承活动的研究,更加证明了古巴比伦时期的社会性质依旧是奴隶社会,奴隶广泛应用于家内、手工作坊及农业生产领域。从奴隶的来源来看,古巴比伦时期的奴隶来源广泛,主要有战俘、国外购买、债务奴隶和家生奴隶等4种重要途径。从奴隶买卖双方身份来看,社会各阶层都参与到奴隶的买卖活动当中,奴隶买卖已经成为一种常见的商业活动。从奴隶买卖的价格来看,一般奴隶的价格在15"钱"银子左右,比一头牛的价格稍高,相当于1"分"房子的买卖价格,可见奴隶的价格并不高,也从侧面说明了古巴比伦时期存在着数量较多的奴隶。从奴隶的继承来看,一般一个继承人可以继承2.4个奴隶,按照一个核心家庭有3个继承人计算,一个大家庭拥有的奴隶在7.2名左右。所以,奴隶人口占总人口的比例也不会太低,古巴比伦时期存在着数量不菲的奴隶人口。从奴隶的使用领域来看,奴隶的重要用途之一是从事家内劳动。在奴隶买卖活动中,女奴隶买卖比男奴隶买卖更加常见,并且女性奴隶的价格高于男奴隶。当然,奴隶也经常用在农业生产中,特别是在"收获的季节里",奴隶被广泛地应用于农业生产活动中。这一时期,奴隶租赁活动比较盛行,使用租赁奴隶的形式可以缓解自由民劳动力的不足。此外,奴隶也可以用于手工业行业,一些具有手工技艺的奴隶是奴隶买卖市场中的抢手货,其价格几倍于普通奴隶。国家对私人拥有奴隶持肯定和保护态度,国家通过法律明确奴隶的地位和义务,限制和约束奴隶的自由。奴隶没有任何政治权利,是主人的私有财产,对奴隶主具有完全的人身依附关系。

综上,古巴比伦社会仍属于奴隶社会,它既没有像雅典、罗马帝国一样,走向大规模奴役外族奴隶的道路,也没有像秦汉奴隶制帝国一样产生国家公有奴隶制,而是形成了颇具特色的家庭私有奴隶制。

二、古巴比伦时期的经济形态

古巴比伦社会的经济形态是农业经济还是商业经济,也是一个颇有争议的问题。有些学者认为:"古代美索不达米亚的文明实质上还是城市文明和商业文明。"[1]马克斯·韦伯认为:"汉穆拉比统治之前的历史时期以及汉穆拉比时代,商业贸易得到了巨大发展,而且越来越具有自由贸易的性质。……美索不达米亚的经济在漫长的历史时期,在任何情况下都保持着相当的同一性,其差异性从根本上说源于商业经济(货币经济这个术语在这里只是有条件地适用)的发展程度,即源于商业经济占据主导地位,然

---

[1] 威尔·杜兰:《东方的遗产》,幼狮文化公司译,东方出版社,2003年,第131页。

后走向衰落。"[1]但笔者认为,古巴比伦社会虽然是一个商业经济较发达的社会,但其经济的基础仍然是农业经济,农业是社会发展、商业繁荣的基础。

通过对古巴比伦时期不动产及动产交易活动的研究,可以发现古巴比伦时期的商业经济较发达。土地、房屋等不动产,奴隶、牛、羊、羊毛、椰枣、芝麻油等等动产都可以自由买卖、租赁,社会各阶层都可以参与到这些商业活动中,反映出古巴比伦人的商品经济意识很强,商品市场已经比较成熟和稳定,充分说明古巴比伦社会商品经济的进一步发展。此外,古巴比伦时期的借贷活动也异常发达,存在着多种多样的借贷利率,借贷活动的发达也进一步反映了古巴比伦时期商业经济的繁荣。但古巴比伦时期商业活动的繁荣并不能否认农业经济的基础作用,商业活动是建立在农业基础之上的,没有农业的繁荣,古巴比伦时期的商业活动就成了无源之水、无本之木。

首先,古巴比伦时期商品买卖的本身就直接和农业有关,商品买卖的目的是为了更好地发展农业。在不动产的土地、果园等的买卖活动中,土地果园的的面积都不大,价格不高,买卖双方都是一般的自由民,这说明这些土地的买主购买土地的目的多数是为了自己耕种,发展农业,而并非用作他途,古巴比伦时期也并不存在土地职业管理人。在动产买卖活动中,所涉及的商品也多是农产品,也与农业息息相关。奴隶、耕牛是最重要的两种农业生产工具,是农业经济繁荣的基本保证,人们购买奴隶和耕牛的用途大多也是从事生产劳动。此外,驴子和羊等等也可以用作农业运输及农业踏种方面。此外,椰枣、芝麻油等动产买卖活动的繁荣恰好是反映了古巴比伦时期农业经济的繁荣。

第二,古巴比伦时期借贷活动的发达,也和农业经济息息相关。从借贷银钱的用途来看,借贷最主要的用途是用来雇佣奴隶或自由民来进行收割庄稼。此外,购买耕牛、耕犁等生产工具以及购买种子等从事农业生产也是借贷银子的一大用途。借贷除了和农业生产直接相关之外,购买大麦、椰枣、芝麻油等农产品用于生活消费也是借贷银子的主要目的。用于商业投资、获取利润并不是银钱借贷的主要目的,在银钱借贷用途中只占很小的比例。在银钱借贷活动中,有一些无息借贷,这些贷款之所以无息,

---

[1] Max Weber, *The Agrarian Sociology of Ancient Civilizations*, trans. R. I. Frank, London: Verso, 1998, pp. 90-91. 转引自于殿利:《古巴比伦私人农业经济的商业化特征》,《中国社会科学》,2011年第2期,第208页。

就是鼓励人们借贷银钱来购买农具、种子等从事农业生产。这种无息的借贷活动对促进农业的发展也起了一定的推动作用。

第三,在古巴比伦时期的租赁活动中,无论是不动产土地的租赁,还是动产奴隶、自由民的租赁,耕牛、耕犁的租赁,这些租赁活动无不与农业生产息息相关,这些交易活动的目的无不是为了发展农业,促使农业经济的稳定发展。

第四,无论在不动产的买卖、租赁活动中,还是在动产的买卖、租赁及借贷活动中,大麦都可以充当货币进行各种交易,大麦成为与银子具有同等作用的货币。作为农产品的大麦成为实物货币,表现了大麦在各个领域内具有的超乎寻常的价值,也同时表现了人们对农业活动的重视。

总之,无论古巴比伦时期的商业活动多么发达,这些商业活动都是建立在发达的农业经济基础之上,其背后都隐藏着农业经济的身影。古巴比伦社会的经济无疑属于农业经济,古代两河流域文明也是古代农业文明的典范。

三、古巴比伦时期妇女的社会地位

国内亚述学权威吴宇虹先生认为,古代两河流域国家执政的最高理念是"保护弱势群体,使强不凌弱,建立公正和谐的社会"。[①] 笔者也赞同这个观点,认为古巴比伦国家通过习惯法及成文法等法律规定对妇女等弱势群体给予保护,在国内建立正义,使各个阶层和睦相处。古巴比伦社会虽然是奴隶制社会,是"父权"与"夫权"社会,但妇女却也拥有一定的权利,具有比古代中国、希腊、罗马等古文明中的妇女更高的社会地位。

(一) 女祭司的社会地位

古巴比伦时期形成了一个女祭司阶层,这些女祭司大都来自于社会上层家庭,进入"女观院"时带有较多的财产作为"嫁妆"。由于她们献身于神,负有特殊的宗教职责,因此她们是一类摆脱了"父权"和"夫权"的妇女,被称为"特殊的妇女"。她们可以从事各种不动产及动产的交易活动。在《古巴比伦时期不动产经济活动》中,我们详细地考察了女祭司的不动产交易活动,可以看出在土地租赁和房屋租赁中,女祭司都是出租人的最大人群。在土地买卖和房屋买卖活动中,女祭司也是积极的参与者。在动产的交易活动中,女祭司也积极地参与到各种活动之中,特别是在动产借贷活动中,女祭司更多地是以债权人的身份出现,通过向外放贷大麦和银子等

[①] 参见吴宇虹:《古代两河流域国家保护弱势公民群体的历史传统》,第5页。

来赚取利息。在奴隶买卖与租赁等交易活动中,也常常出现女祭司的身影。在财产继承权方面,女祭司享有和男性继承人一样的继承份额,并且她们还有取得嫁妆的权利,所以在财产继承方面,她们具有更大的权利。古巴比伦时期的女祭司享有与男性相同的社会权利和社会地位。

(二) 世俗女儿的社会地位

古巴比伦时期世俗女儿不享有与男子同等的社会地位,她们不能单独进行不动产特别是土地、房屋等的买卖、租赁活动。在动产交易活动中,她们也较少参加。在继承权方面,《汉穆拉比法典》中并未规定世俗女儿具有财产继承权,但未出嫁的女儿有拿走自己一份嫁妆的权利。在实际生活中,父母常常通过遗嘱继承的方式,在生前把自己的一部分财产遗赠给世俗女儿,从而使自己去世后,自己女儿的生活有所保障。可见,古巴比伦时期世俗女儿虽没有与男子同等的社会权利和社会地位,但其基本的生活仍能得到一定的保障,具有一定的社会地位。

(三) 妻子(寡妇)的社会地位

妻子不能享有与男子同等的社会权利,她们也不能单独地出现在财产交易活动中,但她们可以与丈夫一起出现在各种不动产与动产的交易活动中。妻子有继承丈夫遗产的权利,并且丈夫死后,妻子可以继续住在丈夫家里,儿子们不能把她赶走。如果丈夫死后,家里没有任何东西可吃,妻子为了生存,则可以改嫁他人,所以妻子的生存权得到了基本的保证。此外,丈夫还常常通过遗嘱继承的方式,把自己的财产遗赠给自己的妻子,并在遗嘱中明确,赠给妻子的财产儿子无权取得。丈夫还可以通过遗嘱的形式,明确儿子们要供养母亲,如果儿子不供养母亲,那么儿子也不能得到父亲的遗产。总之,丈夫通过多种方法保护了妻子的利益,保证妻子在其去世后能够继续有较好的生活。

契约文件索引

AO no. 4499,13

AUCT IV no. 5,53
AUCT IV no. 16,49
AUCT IV no. 20,241
AUCT IV no. 25,250;286
AUCT IV no. 36,147
AUCT IV no. 38,139
AUCT IV no. 50,191
AUCT IV no. 62,192
AUCT IV no. 67,217
AUCT IV no. 85,26
AUCT IV no. 92,142
AUCT IV no. 99,143

AUCT IV no. 8,202;230;288
AUCT IV no. 17,277
AUCT IV no. 24,197
AUCT IV no. 27,257
AUCT IV no. 37,125
AUCT IV no. 48,190
AUCT IV no. 58,151;220
AUCT IV no. 66,207
AUCT IV no. 84,146
AUCT IV no. 87,144
AUCT IV no. 93,60

AUCT V no. 1,268
AUCT V no. 5,293
AUCT V no. 13,281
AUCT V no. 22,185;202;232
AUCT V no. 26,276
AUCT V no. 29,57;258
AUCT V no. 31,212
AUCT V no. 34,263
AUCT V no. 38,61;225
AUCT V no. 40,44
AUCT V no. 42,52

AUCT V no. 4,147
AUCT V no. 12,184;201;225
AUCT V no. 19,268
AUCT V no. 24,251
AUCT V no. 28,56;198
AUCT V no. 30,257
AUCT V no. 32,249
AUCT V no. 36,215
AUCT V no. 39,59;177
AUCT V no. 41,62
AUCT V no. 43,56

AUCT V no. 44,60;177   AUCT V no. 45,57;206
AUCT V no. 46,50;296   AUCT V no. 49,182
AUCT V no. 52,65;264   AUCT V no. 67,52
AUCT V no. 72,123;152   AUCT V no. 108,213
AUCT V no. 127,128   AUCT V no. 128,131
AUCT V no. 129,124;130   AUCT V no. 130,133
AUCT V no. 131,134   AUCT V no. 132,172
AUCT V no. 133,129   AUCT V no. 134,122
AUCT V no. 138,48   AUCT V no. 139,186
AUCT V no. 141,62   AUCT V no. 154,153
AUCT V no. 177,155   AUCT V no. 264,296
AUCT V no. 266,259;292   AUCT V no. 274,8
AUCT V no. 275,44;58

BE 6/1 no. 13,38

CT 8 no. 22c, 29   CT 8 no. 48a, 39
CT 33 no. 38,29   CT 33 no. 41,23

EDUBBA 1 no. 12,291   EDUBBA 1 no. 14,233

EDUBBA 7 no. 1,275   EDUBBA 7 no. 6,273
EDUBBA 7 no. 7,283   EDUBBA 7 no. 8,175;248
EDUBBA 7 no. 22,248   EDUBBA 7 no. 28,190
EDUBBA 7 no. 29,182;228   EDUBBA 7 no. 47,276
EDUBBA 7 no. 58,195   EDUBBA 7 no. 65,270
EDUBBA 7 no. 70,282   EDUBBA 7 no. 90,218
EDUBBA 7 no. 106,221;264   EDUBBA 7 no. 107,242
EDUBBA 7 no. 115;208,16   EDUBBA 7 no. 120,274
EDUBBA 7 no. 123,199   EDUBBA 7 no. 130,187;294

LEDA no. 22,4   LEDA no. 90,7

MAH 16. 351,188;289

MHET II/1 no. 20,93
MHET II/2 no. 131,114
MHET II/2 no. 143,71
MHET II/2 no. 243,94
MHET II/3 no. 413,80
MHET II/3 no. 460,79
MHET II/5 no. 582,88
MHET II/6 no. 851,98
MHET II/6 no. 862,90;105
MHET II/6 no. 921,73

MHET II/1 no. 117,99;109
MHET II/2 no. 132,84
MHET II/2 no. 143,104
MHET II/2 no. 248,106
MHET II/3 no. 438,83
MHET II/5 no. 581,117
MHET II/5 no. 816,116
MHET II/6 no. 853,95
MHET II/6 no. 889,76;90;108

PBS 8/1 no. 9,284
PBS 8/1 no. 11,243

PBS 8/1 no. 10,188
PBS 8/1 no. 12,189;243

PBS 8/2 no. 111,145
PBS 8/2 no. 188,127
PBS 8/2 no. 196,141

PBS 8/2 no. 162,9
PBS 8/2 no. 195,244
PBS 8/2 no. 215,267

RSOD Vol. 82 no. 4,138
RSOD Vol. 82 no. 34,149

RSOD Vol. 82 no. 20,150
RSOD Vol. 82 no. 75,150

SLB I/2 no. 21,140;162
SLB I/2 no. 34,161

SLB I/2 no. 22,179

SLB I/3 no. 74,47

SLB I/3 no. 101,180;234

TCL 10 no. 47,126
TCL 10 no. 137,131

TCL 10 no. 110,134

TIV no. 34,31

TJA no. 26,167

TJA no. 110,157

UCP 10 no. 16,203;289

UCP 10 no. 20,244

317

UCP 10 no. 22,183;295

UET 5 no. 184,12 UET 5 no. 185,40
UET 5 no. 186,40 UET 5 no. 187,30
UET 5 no. 188,25

VAB 5 no. 9,81 VAB 5 no. 52,187;222

VS 7 no. 119,284

YOS 8 no. 17,19 YOS 8 no. 31,18
YOS 8 no. 86,31 YOS 12 no. 74,24
YOS 13 no. 66,185;278;286 YOS 13 no. 225,285
YOS 13 no. 226,219;290 YOS 13 no. 287,68
YOS 13 no. 444,231

附　录

一、古巴比伦时期的度量衡

在动产的经济文献中，经常用到面积、重量、长度、容量等度量衡。这些度量衡在古苏美尔、古巴比伦、新巴比伦、新亚述等不同时期存在着一些变化。我们仅就古巴比伦时期的度量衡进行简单的介绍，这一时期的度量衡在文献中一般用苏美尔语来表示。

1. 面积单位

苏美尔语	阿卡德语	英文名称	现代面积	"意译"名称
še	uttatum	—	约1/5平方米	"丝"
gín	šiqlum	shekel	约3/5平方米	"厘"
sar	mušarum	garden	约36平方米	"分"
iku	ikum (100 sar)	field	约3600平方米	"亩"
eše	—(6 iku/600 sar)	—	约21600平方米	"坰"
bùr^{iku}	būrum (3eše/18 iku)	—	约64800平方米	"顷"
bùr'u^{iku}	—(10 bùr^{iku})	—	约648000平方米	10"顷"

2. 长度单位

苏美尔语	阿卡德语	英文名称	现代长度	"意译"名称
šu.si	ubanum	finger	约1.6厘米	"指寸"
kúš	ammatum (20šu.si)	cubit	约50厘米	"尺"
Gi	qanûm (6 kúš)	reed	约3米	"苇尺"
Gar(.du)	nindanu (2 gi)	rod, pole	约6米	"双丈"
éš	ašlum (10 gar)	cord	约60米	"绳"
uš	—(6 éš/10 gar)	—	约360米	"里"

319

3. 重量单位

苏美尔语	阿卡德语	英文名称	现代重量	"意译"名称
še	uṭṭatum	grain	约1/20克	"粒"
gín	šiqlum (180še)	shekel	约8.3克	"钱"
ma.na	manûm (60 gín)	mina	约500克	"斤"
gú, gum	biltum (60 ma.na)	talent	约30千克	"钧"

4. 容量单位

苏美尔语	阿卡德语	英文名称	现代容量	"意译"名称
sila	qûm	quart	约1公升	"升"
bán	sūtum (10 sila)	seah	约10公升	"斗"
nigida	pānūm (6 bán)	bushel	约60公升	"斛"
anše	imēru (10 bán)	donkey-load	约100升	"驮"
gur	kurrum (5 nigida)	kor	约300升	"石"

二、古巴比伦时期的月份名与年历

两河流域地区的月份是用月名来表达。在古巴比伦之前的苏美尔、阿卡德城邦时期，月份的名称在各个城邦是不同的。巴比伦尼亚地区统一以后，尼普尔城的月名体系被推广到整个巴比伦尼亚，并在一千纪时，被新亚述帝国使用，成为标准两河流域年历。这一年历体系在古代近东影响很大，如犹太年历和帕勒米尔年历就采用了这套月名，它在犹太人中使用至今。

尼普尔暨巴比伦月份名称在文献中一般都是用苏美尔语词符组拼写，前面加上 iti（月份）表示月份。在书写中常用缩写形式，只写出"月"和第一个词符，如 iti-bára、iti-gud 等，对应的塞姆语的月名拼写极少出现。古巴比伦时期，西帕尔地区采用本地历和巴比伦历两套年历，西帕尔本地历月名多采用塞姆语月名。尼普尔暨巴比伦月名、西帕尔月名与标准两河流域塞姆语月名的对应关系如下：

尼普尔月名	西帕尔月名	标准两河流域塞姆语月名	
iti-bára-zag-gar	*Sibūtum*	*Nisānu*	农历一月
iti-gu₄-si-sa	*Gusisi*	*Ayaru*	农历二月
iti-sig₄-ga	*Qāti-irsitim*	*Sīmānu*	农历三月
iti-šu-numun-na	*Elūnum*	*Dumuzi*	农历四月
iti-ne-ne-gar	*Abum*	*Abu*	农历五月
iti-kin-ᵈInanna	*Tīrum*	*Ulūlu*	农历六月
iti-du₆-kù	*Eluli*	*Tašrītu*	农历七月
iti-apin-du-a	*Kinūni*	*Arahsamnu*	农历八月
iti-gan-gan-na	*Tamhīrum*	*Kissilīmu*	农历九月
iti-ab-ba-è	*Nabrû*	*Tebētu*	农历十月
iti-zíz-a	*Isin-Adad*	*Šabātu*	农历十一月
iti-še-kin-kud	*Ayarum*	*Addaru*	农历十二月
iti-diri-(še-kin-kud)			13月，闰月

三、中西文专有名词对译字表

因本书中出现的人名等专有名词太多，故不再给出专有名词的中英文对译表。本书中出现的专有名词的翻译一般按照下表规则用词。

	Ø	a 阿	e 埃	i 伊	u 乌	o 奥	am 按	an 安	em/im 寅	en 恩	in 尹	um 温	Un(on) 文	ao
b	布	巴	贝	比	布	波	板	班	奔	本	宾	布姆	贲	保
d	德	达	戴	迪	杜	都	旦	丹	邓	登	丁	杜姆	顿	悼
f	弗	发	费	弗	夫	缶	凡	梵	奋	芬	纷	份	冯	佛
g	格	갓	垓	吉	古	勾	甘	干	根	根	艮	鲧	衮	皋
h	赫	哈	希	黑	胡	侯	韩	汉	恒	痕	欣	珲	混	昊
k	克	卡	凯	基	库	科	坎	刊	垦	肯	金	坤	昆	考
l	勒	拉	莱	里	鲁	楼	兰	阑	林	伦	临	隆	仑	劳
m	姆	马	美	米	穆	摩	蛮	曼	闽	门	敏	蒙	孟	卯
n		那	耐	尼	奴	诺	楠	南	恁	嫩	宁	农	侬	瑙
p	坡	帕	拍	皮	普	坡	盘	潘	喷	盆	品	彭	篷	咆
q	喀	喀	齐	齐	苦	寇	堪	侃	钦	秦	肯	群	昆	栲

321

续 表

	Ø	a 阿	e 埃	i 伊	u 乌	o 奥	am 按	an 安	em/im 寅	en 恩	in 尹	um 温	Un(on) 文	ao
r	尔	腊	雷	瑞	如	若	冉	蓝	荏	任	壬	润	荣	尧
s	斯	萨	筛	希	苏	嗖	散	叁	新	辛	森	逊	苏	梢
ṣ	施	嚓	采	采	簌		璨	参	琛	辰	岑	淳	春	超
š	什	沙	舍	西	舒		闪	山	莘	鑫	审	顺	舜	绍
t	特	塔	台	提	图	投	覃	坦	汀	藤	廷	吞	屯	陶
t/ṭh	忒	沓	忒	梯	突		檀	坛	登	鼎	定	盾	敦	套
y	伊	亚	耶	伊	于	有	延	严	彦	寅	尹	郧	芸	尧
w/v	乌	瓦	维	维	乌	沃	皖	万	宛	文	汶	温	翁	窝
z	兹	扎	载	孜	朱	卓	攒	昝	金	箴	珍	樽	尊	皂

四、参考文献

(一) 外文文献

Al-Rawi, F. N. H. and Dally, S.
2000 *Old Babylonian Texts from Private House at Abu Habbah Ancient Sippar*, EDUBBA 7, NABU Publications.

Al-Rawi, F. N. H. and George, A. R.
1990 "Tablets from the Sippar Library II", *Iraq* 52, 149-157.

Bahrani, Z.
2001 *Women of Babylon-Gender and representation in Mesopotamia*, London & New York.

Biggs, R. D.
1969 Books Reviewed: Cuneiform Texts from Babylonian Tablets in the British Museum Part XLVII: Old-Babylonian Naditu Records, London, *JNES* 28, 133-135.

Breniquet, C. and Michel, C.
2014 *Wool Economy in the Ancient Near East and the Aegean*, Oxbow Books, Oxford.

Brinkman, J. A.
1980 "Forced Laborers in the Middle Babylonian Period", *JCS* 32/1, 17-22.

Charpin, D.
1986 *Le Clergé D'ur au Siècle D'hammurabi*, Paris.
1988 "Sippar: Deux villes Jumelles", *RA* 82, 13-32.

Chiera, E.
1914 *Legal and Administrative Documents From Nippur: Chiefly From the Dynasties of Isin and Larsa*, PBS 8/1, the University Museum Publications

of the Babylonian Section.
1922 *Old Babylonian Contracts*, PBS 8/2, the University Museum Publications of the Babylonian Section.

Cross, D.
1937 *Movable Property in the Nuzi Document*, AOS 10, New York.

Culbertson, L.
2011 *Slaves and Households in the Near East*, Chicago, 2011.

Dalley, S. and Yoffe, N.
1991 *Old Babylonian Texts from Kish and Elsewhere*, OECT 13, Oxford University Press.

Dekiere, L.
1994 *Old Babylonian Real Estate Documents from Sippar in the British Museum*, MHET II, Part 1: Pre-Hammurabi Ducuments; Part 2: Documents from the Reign of Hammurabi, Ghent.
1995 *Old Babylonian Real Estate Documents from Sippar in the British Museum*, MHET II, Part 3: Documents form the Reign of Samsu-iluna; Part 4: Post-Samsu-iluna Documents, Ghent.
1996 *Old Babylonian Real Estate Documents from Sippar in the British Museum*, MHET II, Part 5: Documents without Date or with Date lost, Ghent.
1997 *Old Babylonian Real Estate Documents from Sippar in the British Museum*, MHET II, Part 6: Document from the Series 1902-10-11, Ghent.

Diakonoff, I. M.
1969 "The Rise of the Despotic State in Ancient Mesotamia," in I. M. Diaknoff ed., *Ancient Mesopatamia, Socio-Economic History*, Moscow.
1971 "On the structure of Old Babylonian Society," in H. Klengel, ed., *Beitäge zur sozialen Struktur des alten Vorderasien*, Berlin, 15-31.
1986 "Women in Old Babylonia not under Patriarchal Authority", *JESHO* 29, 225-238.

Driel, G. van
1989 "The British Museum 'Sippar' Collection Babylonia 1882-1893", ZA 79, 102-117.

Driver, G. and Miles, J.
1955 *The Babylonian law*, Oxford.

Edzard, D. O.
1968 *Sumerische Rechtsurkunden des III Jahrtausends*, Munchen.

Ellis, M. de J.
1972 "Old Babylonian Economic Texts and Letters from Tell Harmal", *JCS* 24/3, 43-69.
1974 "Taxation in Ancient Mesopotamia: the History of the term Miksu", *JCS* 26, 211-250.
1976 *Agriculture and the State in Ancient Mesopotamia*, Philadelphia.
1986 "The Archive of the Old Babylonian Kititim Temple and Other Texts from Ishchali", *JAOS* 106, 757-786.

Farber, H.
1978 "A Price and Wage Study for Northern Babylonia during the Old Babylonian

Period", *JESHO* 21, 1 - 51.

Feigin, S.

1979 *Legal and Administrative Texts of the Reign of Samsu-iluna*, YOS 12, Yale University Press.

Figulla, H. H.

1967 *Cuneiform Texts from Babylonian Tablets in the British Museum Part XLVII: Old-Babylonian Naditu Records*, London.

Gelb, I. J.

1966 "The Ancient Mesopotamia Ration System", *JNES* 24, 230 - 243.

1967 "Approaches to the Study of Ancient Socity", *JAOS* 87, 1 - 8.

1969 "On the Alleged Temple and State Economic in Ancient Mesopotamia", in *Estratto da Studi Onore di Edouardo, Volterra*, Vol 11, Rome.

Gelb, I. J. and Steinkeller, P.

1991 *Earliest Land Tenure Systems in the Near East: Ancient Kudurrus*, OIP 104, Chicago.

George, A. R. and Bongenaar, A. C. V. M.

2002 "Tablets from Sippar: Supplementary Bibliography etc. for Leichty, Catalogues VI-VIII, Up to the end of 2000", *OrNS* 71/1, 55 - 156.

Goetze, A.

1957 "Old Babylon Document from Sippar in the Collection of the Catholic University of America", *JCS* 11, 15 - 40.

Graef, K. D.

2002 "An Account of the Redistribution of Land to Soldiers in Late Old Babylonian Sippar-amnānum", *JESHO* 45 - 2, 141 - 177.

Greengus, S.

1979 *Old Babylonian Tablets from Ishchali and Vicinity*, Leiden & Istanbul.

1986 *Studies in Ischali Documents, BM 19*, Malibu.

1987 "The Akkadian Calendar at Sippar," *JAOS* 107, 209 - 229.

2001 "New Evidence of the Old Babylonia Calendar and Real Estate Documents from Sippar", *JAOS* 121, 257 - 267.

Gurney, O. R.

1983 *The Middle Babylonian legal and Economic Texts from Ur*, Oxford.

Harris, R.

1960 "Old Babylonian Temple Loans", *JCS* 14, 126 - 137.

1961 "The Naditu Laws of the Code of Hammurabi in Praxis", *OrNS* 30, 163 - 169.

1962 "Biographical Notes on the Naditu Women of Sippar", *JCS* 16, 1 - 12.

1963 "The Organization and Administration of the Cloister in Ancient Babylon", *JESHO* 6, 121 - 157.

1968 "Some Aspects of the Centralization of the Realm under Hammurapi and His Successors", *JAOS* 88, 727 - 732.

1969 "Notes on the Babylon Cloister and Hearth", *OrNS* 38, 133 - 145.

1975 *Ancient Sippar: A Demographic Study of an old Babylonian city (1894 - 1595)*, Te Istanbul.

1976 "On Kinship and Inheritance in Old Babylonian Sippar", *Iraq* 38, 129 - 132.

1989 "Independent Women in Ancient Mesopotamia", in B. S. Lesko ed. , *Women's Earliest Records form Ancient Egypt and Western Asia* , Atlanta.

Hudson, M.

2002 *Debt and Economic Renewal* , CDL Press.

Jacobsen, T.

1982 *Salinity and Irrigation Agriculture in Antiquity*, *BM 14* , Malibu.

Jacobson, V. A.

1971 "Some Problems Connected with the rise of Landed Property (Old Babylonian Period)," in H. Klengel ed. , *Beitäge zur Sozialen des Alter Verderasien*, Berlin.

Klengel, H.

1987 "Non-Slave Labor in the Old Babylonian Period," in M. A. Powell ed. , *Laber in the Ancient East* , *AOS 68* , New Haven.

Koshurnikov, S. G. and Yoffee, N.

1986 "Old Babylonian Tablets from Dilbat in the Ashmolean Museum", *Iraq* 48, 117-130.

Kozyreva, N. V.

1984 "Economics and Administration in the Babylonian Period", *JCS* 36/1, 81-88.

Landsberge, B.

1937 *Die Serie ana ittiš*. Materalien zum sumerischen Lexikon 1. Roma: Pontificium Institutum Biblicum.

Leemans, W. F.

1950 "The Rate of Interest in Old Babylonian Times", *Revue international des droits de l'antiquité*, 3ème série, Tome V (1950), 12-14.

1954 *Legal and Economic Records from the Kingdom of Larsa SLB 1/2* , Leiden.

1960 *Legal and Administrative Document of the Time of Hammurabi and Samsu-iluna(Mainly form Lagaba) SLB 1/3* , Leiden.

1968 "Old Babylonian Letters and Economic history", *JESHO* 11,171-226.

Lerberghe K. V.

1986 *Old Babylonian Legal and Administrative Texts form Philadelphia*, Uitgeverij Peeters Leuven.

Lerberghe K. V. and Voet, G.

1991 *Sippar-Amnārum the Ur-Utu Archive 1* , MHET I, Ghent.

2009 *A late Old Babylonian Temple Archive form Dur-Abieshuh* , CDL Press.

Lutz, H. F.

1931 *Legal and Economic Documents from Ashjāly*, University of California Press.

McEwan, G. J. P.

1982 *The Late Babylonian Tablets in the Royal Ontario Museum* , Toronto.

Muhamed, A. K.

1992 *Old Babylonian Cuneiform Texts from the Hamrin Basin Tell Haddad*, *EDDUBA1* , Nabu Pulications.

Nemet-Nejat, K. R.

2002 *Daily Life in Ancient Mesopotamia* , Hendrickson Publisher Inc. .

Oates, J.
1986　　*Babylon*, Thames and Hudson.

Oppenheim, A. L.
1957　　"A Bird's Eye View of Mesopotamia Economic History", in K. Plolanyi, C. M. Arensberg and H. W. Pearson ed., *Trade and Market in the Early Empire*, Chicago, 27 – 37.
1967　　"A New Look at the Structure of Mesopotamia Society, *JESHO* 10,1 – 16.

Podany, A. H., Beckman G. M. and Colbow M.
1991 – 1993　　"An Adoption and Inheritance Contract from the Reign of Iggid-lim of Hana", JCS 43 – 45.

Powell, M. A.
1987　　*Labor in the Ancient Near East*, AOS 68, New Haven.
1996　　"Money in Mesopotamia", *JESHO* 39,224 – 242.

Prichard, J. B.
1955　　*Ancient Near Eastern Texts Relating to the Old Testament*, Princeton.

Reade, J.
1993　　"Hormuzd Rassam and his discoveries", *Iraq* 55,39 – 62.

Renger, J.
1990　　"Rivers, Watercourse and Irrigation ditches", *BSA* 5, Cambridge, 31 – 46.
1994　　"On Ecomic Structure in Ancient Mesopotamia", *Or* 63,157 – 208.

Robertson, J. F.
1984　　"The Internal Political and Economic Structure of Old Babylonian Nippur: the Guennakkum and his 'house'", *JCS* 36/2,145 – 190.

Rositani, A.
2011　　*Harvest Texts in the British Museum*, RDSO Vol. 82, Roma.

Roth, M. T.
1997　　*Law Collections form Mesopotamia and Asia Minor*, Scholars Press Atlanta, Georgia.

Roux, G.
1992　　*Ancient Iraq*, Harmondsworth: Penguin Books.

Saggs, H. W. F.
1962　　*The Great that was Babylon*, London.

Schorr, M.
1913　　Altbabylonischen Zivil und Prozessrechts, Leipzig.

Sigrist, M.
1990　　*Old Babylonian Account Texts in the Horn Archaeological Museum*, AUCT IV, Andrews University Press.
2003　　*Old Babylonian Account Texts in the Horn Archaeological Museum*, AUCT V, Andrews University Press.

Sigrist, M. and Damerow, P.
Mesopotamian Year Names: Neo-Sumerian and Old Babylonian Date Formulae, http://cdli.ucla.edu/dl/yearnames/yearnames.htm

Simmons, S. D.
1978　　*Early Old Babylonian Documents*, YOS 14, New Haven.

Skaist, A.
1994 *The old Babylonian Loan Contract*, Bar-Ilan University Press.
Steinkeller, P. and Postgate, J. N.
1992 *Third Millennium Legal and Administrative Texts in the Iraq Museum, Baghdad*, MC 4, Winona lake.
Stol, M.
1976 *Studies in Old Babylonian History*, Istanbul.
1986 "Remarks on the Cultivation of Sesame and the Extraction of Its Oil", *BSA II*, Cambridge, 119 – 126.
1988 "Old Babylonian Fields", *BSA* 4, Cambridge, 173 – 188.
1995 "Women in Mesopotamia", *JESHO* 38, 123 – 144.
1998 *The Care of the Elderly in the Ancient Near East*, Leiden.
Stone E. C. and Owen D.
1991 *Adoption in Old Babylonian Nippur and the Archive of Mannum-mešu-lissur*, Eisenbrauns.
Szlechter, E. ,
1963 *Tablettes juridiques et administatives de la IIIème dynastie d'Ur et de la 1re dynastie de Babylone de conserves au Musée de l'Université de Manchester et à Cambridge au Musée Fitzwilliam*, Paris.
Teissier, B.
1988 "Sealing and Seals: Seal-impressions from the Reign of Hammurabi on Tablets from Sippar in the British Museum", *Iraq* 60, 109 – 122.
Vargyas, P.
1987 "The Problems of Private Economy in the Ancient Near East", *Bior* 44, 376 – 385.
Walker, C. B. F. and Collon, D.
1980 "Hormuzd Rassam's Excavations for the British Museum at Sippar in 1881 – 1882", in L. De Meyer, ed. , *Tell ed-der. Sounding at Abu Habbah (Sippar)*, Leuven, 93 – 144.
Weitemeyer, M.
1962 *Some Aspects of Hiring Works in Sippar Region at the Time of Hammurabi*, Munksgaard, 1962.
Wextenholz, J. G.
1990 "Towrads a New Conceptualization of the Female Role in Mesopotamian Society", *JAOS* 110 3/4, 510 – 521.
Woestenburg, E.
1991 "Sippar Rabûm", *NABU* 5, 55.
1997 – 98 "Review of Dekiere 1994 – 6", *AfO* 44/45, 349 – 360.
Wu, Y. H.
1993 Two OB Tablets and the Sale Document Formula šám-til-la-ni (or-bi)-šè, Nabu.
1998 "The Slave Hairstyle: Elamate and Other Foreign Hairstyles in the 3rd and 2nd Millenia", *JAC 13*.
Yaron, R.
1988 *The Laws of Eshnunna*, Jerusalem.

Yoffee, N.

1973 *The Economic Role of the Crown in the Old Babylonian Period*, Ph. D. dissertation, Yale University.

1991 "Aspects of Mesopotamia Land Sales", *American Anthropologist* 90, 119-130.

(二) 中文参考文献

1. 陈小君主编:《合同法学》,中国政法大学出版社,1999年。
2. 拱玉书:《西亚考古史(1842—1939)》,文物出版社,2002年。
3. 胡庆钧、廖学盛主编:《早期奴隶制社会比较研究》,中国社会科学出版社,1996年。
4. 霍文勇:《古巴比伦时期两河流域地区奴隶买卖文献研究》,东北师范大学,2006年。
5. 霍文勇、吴宇虹:《古巴比伦债务奴隶买卖研究》,《历史教学》,2008年第8期。
6. 霍文勇、吴宇虹:《古巴比伦时期外国奴隶买卖契约研究》,《古代文明》,2013年第2期。
7. 郭沫若:《奴隶制时代》,人民出版社,1954年。
8. 郭小凌:《古代世界的奴隶制和近代人的诠释》,《世界历史》,1999年第6期。
9. 李海峰:《古巴比伦时期不动产经济活动研究》,社会科学出版社,2011年。
10. 李海峰:《古代两河流域地区的"修道院"与女祭司》,《中国社会科学报》,2013年12月18日,宗教学版。
11. 李海峰:《古代两河流域文明:死而复生的文明》,《光明日报》,2012年2月23日,理论版。
12. 刘文鹏、吴宇虹、李铁匠:《古代西亚北非文明》,福建教育出版社,2008年。
13. 《马克思恩格斯选集》第3卷,人民出版社,1972年。
14. 《马克思恩格斯全集》第24卷,人民出版社,1972年。
15. 马克斯·韦伯:《经济与社会》,林荣远译,商务印书馆,199年版。
16. 童书业:《古巴比伦社会制度试探》,山东人民出版社,1957年。
17. 瓦罗:《论农业》,王家绥译,商务印书馆,1981年。
18. 王林:《苏美尔文化的瑰宝——圆筒印章》,《大众考古》,2013年,第2期。
19. 吴宇虹:《古代两河流域的长老会》,《世界历史》,1977年第2期。
20. 吴宇虹:《生态环境的破坏和苏美尔文明的灭亡》,《世界历史》,2001年第3期。
21. 吴宇虹:《古代两河流域文明史年代学研究的历史与现状》,《历史研究》,2002年第4期。
22. 吴宇虹:《南方塞姆文明和北方印欧文明五千年的冲突与交融》,《东北师大学报》,2004年第2期。
23. 吴宇虹、李海峰等:《古代两河流域楔形文字经典举要》,黑龙江人民出版社,2006年。
24. 吴宇虹:《古巴比伦法典与秦汉法典比较:私有奴隶制和国家公有奴隶制》,《东北师大学报》,2006年第6期。
25. 吴宇虹:《古达两河流域国家保护弱势公民群体的历史传统》,《东北师大学报》,2007年第6期。
26. 吴宇虹、吕冰:《乌尔第三王朝时期的尼普尔银贷业商人档案研究(上)》,《古代文明》,2008年第2期。
27. 吴宇虹、吕冰:《乌尔第三王朝时期的尼普尔银贷业商人档案研究(下)》,《古代文明》,2008年第3期。

28. 禹本华:《古代两河流域的借贷及其影响》,《东北大学学报》,2009年第6期。
29. 于殿利:《古巴比伦社会存在债务奴隶制吗?》,《北京师范大学学报》,2004年第4期。
30. 于殿利:《古巴比伦私人农业经济的商业化特征》,《中国社会科学》,2011年第2期,第208页。

后 记

一部著作完成后,照例要写一篇后记,对这部著作的写作背景、写作历程做一个交代和回顾,对帮助自己完成这部著作的众多师友表达自己的谢意,的确有许多话要说。

从2002年读博开始,我就一直关注于古代两河流域的经济契约。博士论文的选题是古巴比伦时期不动产经济契约的研究,毕业之后我继续扩展对不动产经济活动的研究,于2006年申请到了国家哲学社会科学基金的资助,最终在2011年完成了我的第一部专著《古巴比伦时期不动产经济活动研究》。该著作出版后得到了众多专家的关注和好评,也为我获得了众多的荣誉,如入选了首届《国家哲学社会科学成果文库》,获得了"日知世界史奖"青年奖等等,这也为我继续深入对古巴比伦时期经济契约的研究提供了长久的动力。

动产和不动产是不可分割的一个整体,读博时由于时间和精力的限制,我只能选择其中的一面进行研究。2009年不动产的国家社科基金结题后,我立刻把古巴比伦时期的动产研究提上了日程。2010年申请到教育部人文社科基金规划项目之后,我把主要精力都放在了对古巴比伦时期动产交易活动的研究之上。相对于土地、房屋等不动产的研究,动产的研究更加复杂,研究的对象更加广泛,契约类型也更加多样。但由于我对古巴比伦时期的经济契约已经相对比较熟悉,具备了文献释读的能力及相关的研究方法,因此做起来也算得心应手。2015年8月,我申请到了以色列阿尔布莱特考古研究所的"The Noble Group Fellow"项目资助,得以在该研究所进行了为期4个半月的学术访问,在此期间,我继续查找补充了许多资料,进一步完善了对该课题的研究。2015年底教育部的项目顺利结项。2017年,我入职华东师范大学,申请到了华东师大中央高校基本科研业务费"精品力作"培养项目,在外审专家的建议下继续对书稿进行修改和完善,最终在2017年底完成了这部书稿的写作。

这部书稿的完成,首先我要感谢我的导师吴宇虹先生。吴老师把我领进了亚述学的殿堂,手把手地教我学习楔形文字,我取得的一切成就都包含了吴老师的心血。吴老师是国际知名学者,他一直期望我也能做到在国际学术界有点影响,但由于我天资驽钝,后天努力不够,辜负了吴老师对我的期望,我一直心怀愧疚。这部书稿的完成,我还要感谢我的两位研究生:刘润和李珊珊同学。在我的指导下,他们分别把动产交易活动的有关内容作为了他们的硕士论文。在拉丁化字符的录入、契约文献的初步翻译等方面,他们做了大量的工作。我同时要感谢我的师兄、陕西师范大学的霍文勇博士,他曾对古巴比伦时期的奴隶买卖进行过研究,在几个有关奴隶买卖的契约方面,参考了他的拉丁化的文献翻译,在此也一并谢过。

此外,我还要感谢师门之外的众多师友。首先我要感谢北京师范大学的郭小凌先生。虽然与郭老师认识的时间很长,但像写序言或者推荐信之类的大事,我还是不敢轻易开口。一是知道郭老师平时太忙,更重要的是知道自己的水平太低,难以入郭老师的"法眼",让郭老师写序言实在是难为他了。当我忐忑不安地向郭老师表达了自己的意愿之后,郭老师一口答应了下来,并在不久后就收到了郭老师写好的序言,对我的研究进行了肯定,这使我备受鼓舞。北京大学的拱玉书老师、复旦大学的向荣老师、首都师范大学的晏绍祥老师、北京大学的李政老师、上海师范大学的陈恒老师、东北师范大学的郭丹彤老师、中国社科院的刘健老师等也阅读了我的书稿,给我提出了许多宝贵的修改建议,对于他们,除了表示感谢之外,我还要表达歉意,由于自己能力的欠缺,无法完全按照各位老师的建议修改,实在是遗憾。

感谢上海三联书店的黄韬总编辑把这部书稿纳入了出版计划,感谢殷亚平女士在编辑过程中的辛苦付出。最后感谢我的父母,爱人和女儿,爱人给予了我生活上的照顾,女儿则给了我每天快乐的心情。

由于笔者的学术水平有限,书中必定有这样那样的纰漏,所有的错误一概由笔者负责。

李海峰

2018 年 1 月 16 日

于华东师范大学 闵行校区 311 办公室

图书在版编目(CIP)数据

古巴比伦时期动产交易活动研究/李海峰著.—上海:上海三联书店,2018.7
ISBN 978-7-5426-6296-5

Ⅰ.①古… Ⅱ.①李… Ⅲ.①古巴比伦王国-动产-经济活动分析 Ⅳ.①D937.022.9

中国版本图书馆CIP数据核字(2018)第126351号

古巴比伦时期动产交易活动研究

著　者 / 李海峰

责任编辑 / 殷亚平
装帧设计 / 一本好书
监　制 / 姚　军
责任校对 / 张大伟

出版发行 / 上海三联书店
　　　　　(201199)中国上海市都市路4855号2座10楼
邮购电话 / 021-22895557
印　刷 / 常熟市文化印刷有限公司

版　次 / 2018年7月第1版
印　次 / 2018年7月第1次印刷
开　本 / 710×1000　1/16
字　数 / 400千字
印　张 / 22
书　号 / ISBN 978-7-5426-6296-5/D·386
定　价 / 68.00元

敬启读者,如发现本书有印装质量问题,请与印刷厂联系 0512-52219025